치유命理學

Healing Theory of Destiny

- 일러두기 -

1. 한문·영문 혼용사용 : 본 저서에 반드시 필요한 음양오행, 천간·지지, 신살 등 많이 사용하는 단어와 현대식 '치유', '경영전략' 등에 관한 내용은 국·한·영문을 혼용하여 표기하였다.
2. 참고문헌, 논문 등은 인용한 페이지에 수록하였다.
3. 기타 외국어는 원칙없이 적었다.
4. 연(年)을 년(年)으로 표기 하였다.
5. 표, 그림 등은 번호를 사용하지 않있다.
6. 주석은 장별로 시작 순번을 정하였다.
7. 사례연구의 사주명식은 좌에서 우로 쓰는 방식을 사용하였다.
8. 사례연구 등은 본 저자의 학습자료 및 교육용 책자를 바탕으로 구성하였으나 년·월·일·시 중 해석에 의미가 달라지지 않는 범위 내에서 수정하였다.
9. 이 책에서 인용한 명리 등 사주학의 내용은 본 저자의 학습자료 및 교육용 책자, 인터넷, 현재 유통되고 있는 서적, 관련 논문 등에 근거하여 창작, 인용, 필사 등의 방식으로 서술하였다.

치유命理學

Healing Theory of Destiny

성공하는 운
실패하는 운

현용수 교수의 『**치유명리학**』 이야기

"운명運命을 알면 하늘天을 탓하지 않고,
나를 알면 남他人을 원망하지 않는다."

행복한 마음

　과거 동양학은 강단講壇의 학문과 강호江湖의 학문으로 구분하였다. 이에 명리학도 구한말舊韓末까지는 강단의 학문으로 존재해 왔는데 서구철학이 득세하면서 철저히 음지의 학문으로 그 신세가 전락되어 버렸다. 하지만 요즘 음지의 학문인 동양 오술五術(동양 오술은 명命,복卜,의醫, 산山, 상相을 일컫는 말이다.)은 현대과학과 더불어 새로운 학문으로 떠오르고 있는 게 사실이다. 사주명리학이란 그중에서도 천문을 인문으로 전환하는 것으로 하늘의 이치를 인간 운명의 까닭으로 해석한 분야에 해당한다.

　천문天文과 명리命理가 시간이라면 풍수는 지리, 곧 공간의 문제를 다룬다. 동양 오술 중에서 한의학은 1970년부터 제도권 대학에서 학문적인 지위를 획득했고, 풍수지리학 또한 영주권은 땄지만 명리학은 여전히 학문적인 지위를 확실하게 얻어내지 못하고 있는 실정이다.

　학계에서는 비록 인정을 받고 있지는 못하지만 인간과 사람, 사람과 우주의 관계에 대한 동아시아 문명 5,000년의 성찰이 축적된 이 분야는 서구적인 과학기술 문명이 급속도로 발전한 오늘날에 이르러 한의학이나 풍수보다 대중적 영향력은 더 커지고 있다.

　지금 우리나라의 점술 시장의 규모가 연간 6.7조 원 정도이고, 이 분야에 종사하는 인구도 60만 명에 달하고 있다. 이는 이 분야가 사회의 불확실성이 커질수록 그 규모가 더 커질 수밖에 없다는 것을 시사하고 있다.

　인간은 모두 자신의 운명에 대해 궁금해한다. 운명으로 인해 고통을 받고 그것으로부터 돌파구를 찾으려고 노력한다. 이는 동서양을 막론하고 똑같다. 이는 과학기술이 발전하면 할수록 인간의 삶에 대한 불확실성 역시 높아지고 있기 때문이다. 또한 4차 산업혁명 시대를 주도하는 인간의 과학은 AI(인공지능), IOT(사물인터넷) 등 생활환경의 변화를 주도하고 있다.

하지만 생활의 편리성은 인간을 더욱더 소외시키고 삶을 점차 황폐하게 하기 때문에 과학과 물질이 만연한 사회일수록 명리와 자연치유는 다른 영역이 대체할 수 없는 학문으로 성장할 것이다.

호모 아우구란스Homo Augurans, '점치는 인간'이란 뜻이다. 예지욕豫知欲은 인간만의 욕구이다. 앞날을 미리 알고자 하는 성향은 인간과 동물을 구별하는 큰 특징 중 하나이다. 미래를 알고자 하는 것은 인간의 원초적인 욕망인지도 모른다.

미래를 알기 위한 점복신앙은 오랜 기원을 가진 인류의 보편적 문화 현상이다. 점은 일반적으로 바로 '닥칠 사건이나 어떤 결정에 대한 운세를 알아보기 위해 미리 판단하는 행위'이다. 이는 곧 '시간의 정지'를 결정하는 것이다. 하지만 사주명리는 '한 개인의 인생 전반에 대한 길흉화복을 추론하는 것'으로 점과는 차이가 있다.

인간이 만들어 낸 모든 도구와 사상, 그리고 학문과 종교가 끝없이 변화하고 발전하듯 사주명리학 또한 발전과 변화를 시도해 왔다. 이처럼 변화와 발전을 거듭했다는 것은 한계 또한 분명하다는 것이다. 하지만 어떻게 변화를 시도하든지 사주명리학은 인간의 탄생과 죽음에 개입할 수 없다.

이와 더불어 사주명리학의 매력은 인간의 본능과 욕망을 정면으로 다룬다는 데 있다. 한마디로 사주명리학은 사람 개인의 성정의 질서를 분명히 하는 것이다. 핵심은 이 성정의 질서는 고정 불변하는 것이 아니라 시간의 흐름 속에서 그 조건이 끊임없이 변하고 있다는 것이다.

이러한 사주명리학의 미래는 더 많은 통찰력이 필요하긴 하지만 한 개인의 범주를 벗어나 사람과 사람과의 관계를 규명하고 해석하는 문을 열어주는 데 있다. 이것은 도사, 술사의 전유물이 아니라 '자기 경영전략'의 지침으로 활용할 수 있다는 말이다.

사주·명리를 통해 사람의 일생을 검증하기 위해서는 많은 자료와 시간이 필요했었다. 이런 노력에도 불구하고 그동안 사주명리학이 더 성숙하지 못한 것은 개인의 복福·술術 차원에 머물렀기 때문에 체계화되고 이론화되지 못한 허점 때문이다. 또한, 역술인의 상업적인 이용과 간교로 인한 그 피해가 불신의 한 축을 만들었다고 해도 과언이 아니다. 종교와 명리가 인간의 나약함을 간교하게 이용한다든지 지나치게 인간의 삶을 벗어난 행동을 한다면 이 또한 치졸한 술수로 전락하는 형편없는 신세가 될 것이다.

하지만 이와 같은 여러 비판에도 사주명리학이 존재하는 가장 큰 이유는 '수요가 없으면 공급도 없다'는 경제학적 사실 때문이다. 명리와 종교는 인간의 궁극을 담당하는 초우월적인 지위에 있다. 이는 인간의 삶 속에서 이 전가의 보도를 어떻게 사용하느냐에 따라서 경우가 달라진다는 말이다.

지금도 여전히 명리를 중시하는 사람이 많다. 공식적으로는 명리에 거리를 두는 척하지만 '화이트칼라white Color'로 꼽히는 전문직이 '블루칼라Blue Color'보다 더 많이 자신의 사주팔자를 보는 것도 현실이다. 이는 명리로써 본인의 장단점을 파악하고 불길한 운에 대비하는 것은 곧 타인의 이해를 침범하지 않고 사회적 규약을 어기지 않는 긍정적이고 적극적인 삶의 자세이기 때문이다.

종교도 궁극적으로는 나약한 인간의 정신적인 안식처를 위한 방편과 목적이듯 사주·명리 또한 살아가는 문제를 상의하는 선택적 행위임은 이해하려는 열린 자세가 필요하다.

영국 철학자 칼 포퍼Karl popper는 "점을 보는 것과 과학을 공부하는 것이 크게 다를 것 같지만 과학의 목적도 결국 예측하는 것"이라고 말했다. 사주·명리를 고매하고 신비로운 차원으로 여겨 맹신해서도 안 되지만, 지식 이하의 저급한 술수로 매도해 경시하는 것은 더더욱 안 된다.

이미 선진국가에서는 점성학이 과학 학문으로 자리를 잡았고 그와 파생된 일들이 직업으로 자리매김하고 있는 것이 현실이다. 특히 사주명리학은 객관적 통계와 오랜 경험 등을 배경으로 인간의 삶을 향상시키려고 노력해왔다. 특히 사주·명리는 종교와 달리 사후가 아닌 현실 세계에서 마음의 안정과 희망을 주기 위한 목적으로 발전하면서 전통을 이어 왔다.

주역에 "유병쾌거有病快去 청의요請醫療"라고 "병이 나면 당연히 의사를 청해야 한다"라고 했다. 이 또한 삶이 힘들 때 명리학자를 찾아 삶을 위로받고 방법을 찾는 것도 현명한 선택이다. 모든 학문과 문화 그리고 종교가 그러하듯 순기능과 역기능이 있게 마련이다. 우리 삶 속에서 순기능의 역할을 찾아 활용한다면 최소한의 행복한 삶을 살아가는 방편을 얻을 수 있을 것이다.

"운명을 알면 하늘을 탓하지 않고, 나를 알면 남을 원망하지 않는다"라는 말이 있지 않은가?

본서가 진행하는 사주명리의 첫 번째 순서는 명리 인문학, 하늘이 내린 인간의 무늬이다. 명리 인문학이 자연의 통찰에서 시작하여 인간의 정치 행위를 거치면서 현대의 치유 학문에 이르기까지의 배경을 논하고, 두 번째는 음양의 구분과 배치를 보는 것이다. 음양의 대립과 공생 관계에서 필요한 것은 결국 균형이기 때문이다. 음양의 적절한 조화는 사주·명리에서 추구하는 절대 선이며, 중용의 도를 취하는 것의 의미를 파악하고자 한다.

세 번째는 명리는 나를 찾아가는 여행이다. 우선 제3장부터 제7장까지는 사주팔자의 기본 이론에 충실하고자 한다. 특히 사주명리에서는 기본 이론을 잘 갖추고 있지 못하면 '자기 예언 충족'이라는 오류에 빠지기 쉽다. 이런 오류에 빠질 수 있는 환상을 극복하는 방법은 시작부터 기초수업에 전념해야 한다.

네 번째, 제8장부터 제10장까지는 본 저자가 동양철학에 입문했을 때, 그리고 사주명리학 수업과정에서 배우고 익히면서 메모하고 기록한 과거의 학습자료를 바탕으로 기록하고, 특히 학인들과 함께 사숙하면서 공부한 내용을 중심으로 필경筆耕하는 방식으로 서술해 나간 것이다.

여기서 사용하는 사례연구는 개인의 신상을 공개하지 않는 범위 내에서 교육용 책자를 필사하였으며 가능한 범주에서 사주·명리 입문 당시 학습한 내용의 원전을 바탕으로 그대로 기술한 것이다. 또한, 필자의 스승과 사숙한 선배들의 고귀한 내용을 수정하는 것은 도리가 아닐 듯하여 본 저자의 의견과 함께 인용·필사하였음을 다시 한번 밝혀 두는 바이다.

|차례|

제2부 나를 찾아가는 명리·심리 치유 여행

제3장 _나를 찾아가는 명리학의 기본 이론

제4장 _하늘의 기운을 받지 못하는 공망의 작용

제7장 _ 자기경영철학의 핵심 협력자, 용신이론

제1부
치유명리학과
음양오행 이야기

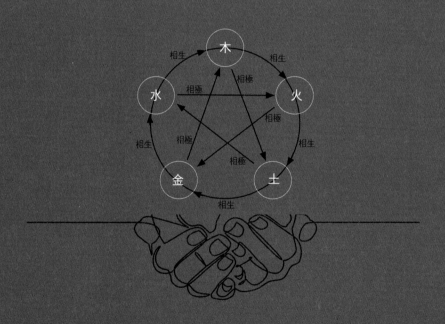

제1장

명리 인문학,
하늘이 내린 인간의 무늬

---

1. 명리학命理學은 결국 나를 찾아가는 치유여행治癒旅行이다.

1) 사주명리학에 흐르는 인간 치유 사상

동양에서 4세기부터 시작된 미래 예측을 위한 상상像·술術·수數 문화인 사주명리학의 대표적인 사상은 정명론定命論과 기복사상祈福思想 그리고 중화사상中和思想이다. 인간의 운명이 태어날 때부터 이미 정해져 있다는 정명론定命論은 생에 대한 인간의 자유의지自由意志를 무시한 이론으로 지금도 비판받고 있는 건 사실이다.

하지만 이는 정명론에 대한 협의적 해석이지 인간의 명에 대한 다양한 접근 방식은 아니다. 인간의 명에 대한 다양성, 즉 정명正命과 수명壽命 그리고 조명遭命에 대한 해석은 다르기 때문이다. 그리고 현세적 구복求福만 추구하는 기복사상起福思想은 윤리성이 배제되었다는 이유로 비판받고 있지만, 모든 종교가 그러하듯이 이 또한 해석적 전환이 필요한 시점이다.

명리학에 내재된 중화사상中和思想은 사주팔자의 생극제화生剋制化 작용을 통해 사주 전체의 균형을 유지하려는 중추적인 역할을 하고 있다. 명리학에서 말하는 중화론中和論은 몸·맘·숨의 조화이며 음양오행의 균형이다. 이러한 중화사상은 동양사상의 근간根幹을 이룰 만큼 철학적 가치가 풍부하게 내재되어 있다.

자평子平명리학에서는 인간의 명命의 이치가 물처럼 고요하고 수평적인 상태가 가장 평온하고 조화로운 상태라고 했다. 또한, 노자도 인생을 모름지기 잘 살아간다는 것은 물 흐르는 듯한 상선약수上善若水

와 같아야 한다고 했지 않는가? 이는 사람의 인생사가 물 흐름潤河과 같아야 한다는 말이다.

물은 만물의 근원이며 우주 탄생의 원인이 되는 요소이기 때문이다. 또한, 사주명리학의 부호인 10천간天干 12지지地支도 우주 음양오행의 기운과 사람 간 중화中和의 도道가 물처럼 고요하게 흘러가기를 염원하고 있다.

인간의 재물·수명·건강 등은 균형balance과 조화Harmony, 그리고 통일성Unification이 깨졌을 때 질병의 원인이 될 수 있고, 이로 인한 부조화Inharmony가 인생을 살아가는 데 커다란 장애의 요인으로 나타날 수 있다. 또한, 이게 원인이 되어 몸·맘·숨이 흩어져 신체 내 호르몬의 변화가 일어나고 악성 스트레스가 강화되어 정신적인 염려가 되는 현상이 발생할 수 있다.

이같은 현상을 사주명리학적 해석으로 재財·관官·인印이 빛을 잃었다고 한다. 재財·관官·인印이 빛을 잃었다는 것은 그 사람의 인생에 먹

구름이 온다는 것과 다를바 없다. 사주명리학은 궁극적으로 자기의 명을 깨닫고, 자기를 치유하고, 잃어가는 빛을 되찾게 하는 것이 사주명리가 추구해야 할 기본적 사명이다. 이는 사주명리학이 시대적 소명에 맞게 변화하는 인식의 대전환이 필요하다는 의미이다.

본서의 출발은 이 시대가 필요로 하고 요구하는 인간의 몸·맘·숨의 치유를 목표로 사주명리학의 범위와 과제를 넓히고자 한다. 또한, 사주명리에 대한 인문철학적 바탕이 인간에 대한 치유명리治癒命理로 해석해 나가고, 과거의 사주명리가 경험을 바탕으로 이 시대에 맞게 적용의 지평을 넓혀 나아가는 데 일조가 되기를 희망한다.

치유명리학治癒命理學[1]은 사주명리에서 말하는 조후調候, 억부抑扶, 중화中和의 이론을 근간으로 경영과 심리, 그리고 뇌 과학(자연치유)을 결합한 이 시대가 요청한 신新개념의 사주명리학이다. 이에 치유명리학을 사람이 어떻게 하면 행복해질 수 있는가? 그리고 힘들고 어려울 때 어떤 모습으로 자신을 바로 세울 것인가? 를 고민하는 학문으로 정의하고 싶다.

사주명리학의 시작은 천·지·인의 심오한 자연사상에서 비롯되었다. 자연은 하늘이며 땅이고, 인간이다. 치유명리학의 시작도 인간의 통찰, 즉 천天·지地·인人과 자연 생명체에 대한 깨달음에서부터 시작한다.

2) 치유명리학治癒命理學이란 무엇인가?

근본적으로 치유[2]란 무엇인가? 그리고 사주명리학과는 어떤 관련이 있는가? 이런 고민이 치유명리학의 시작이다. 치유治癒는 '스스로

---

1) 『치유명리학』은 본서의 저자인 현용수 박사가 주장한 독창적 이론이다.
2) 위키백과

병이 나아지는 상태'이다. 치유는 자연 그대로 고쳐진다는 뜻이 함유되어 있다. 그리고 심리적인 안정감을 주는 것 또는 그것을 주는 능력을 가진 존재의 속성이다. 이 존재의 특성에는 자연과 치유라는 똑같은 의미가 담겨져 있다.

한편으로 치유와 비슷한 개념으로 치료治療를 쓰고 있는데, 치료는 '병을 고치게 한다.'라는 뜻도 있으나 치유와는 다르게 치료는 심리적으로 안정감을 준다는 의미는 없다. 즉 치료는 병을 인간의 인위적 행위를 통해서 능동적으로 고치는 것이다. 병을 고친다는 것은 행위적이며 인공적이다.

우리가 보편적으로 말하는 현대적 의미에서 치유는 과학적인 외과치료의 의미가 아니라 스스로 그러하다는 '자연치유自然治癒'를 일컫는 말이다. 즉 자연치유란 병인에 대해서 특별한 요법을 취하지 않더라도 자연히 회복되는 것을 말함이다. 그래서 대자연을 큰 우주로, 인간을 작은 우주로 표현하지 않는가? 자연치유의 시始·중中·종終은 큰 우주와 작은 우주 간의 소통이다. 소통은 상대적이다.

전자에서 말했듯이 사주명리학은 나와 그리고 우주 간 소통을 위한 지혜의 학문이다. 이는 우주 기운의 변화가 사람의 현세에 어떤 영향으로 미치는가를 진단하고, 미래를 예측하는 독특한 시스템이 사주명리이다. 또한, 이를 바탕으로 치유명리治癒命理는 인간에게 주어진 명을 알고知命 그 명의 추길피흉追吉避凶을 진단하여 미래를 예비함을 큰 목적으로 한 몸·맘·숨을 치유하는 사람의 학문이다.

그래서 사주명리학과 자연치유는 닮은꼴이다. 이 둘은 큰 우주와 작은 우주의 몸·맘·숨을 다스리기 때문이다. 이 두 가지 학문이 융·복합하여 탄생한 사람의 학문이 『치유명리학治癒命理學』이다.

3) 치유명리학治癒命理學은 몸 · 맘 · 숨의 운동이다.

병病에 대한 치료의 기본은 생체가 지닌 방어 기능을 왕성하게 해서 자연치유를 촉진시키는데 있다. 인간이 건강하게 살아간다는 것은 인간이 본디 태어난 정·기·신의 균형을 유지하는 것이다.

인간의 정·기·신은 하늘과 땅, 그리고 인간의 삼위일체가 조화를 이룬다는 말이다. 정·기·신의 삼위일체는 체와 용이 온 몸속에서 제 노릇을 다 함이요, 하늘의 기氣와 땅의 질質이 상호작용을 원활하게 진행 중임을 말함이다. 인간의 삶은 행복한 영위를 이끌어간 데 목적이 있다. 행복한 영위는 "온전히 기능하는 몸, 그리고 전인적인 인간의 형상"을 지닌 채 살아가는 행위이다.

자연치유를 촉진시키기 위해서는 맘과 몸 그리고 숨에 대해서 무지해서는 안된다. 무지가 곧 질병의 원인이며 고통의 시작점이 되기 때문이다. 그래서 치유명리학은 그런 자기Self를 찾게 만들어 주는 등불이요, 길잡이가 되는 학문이다.

자연치유학自然治癒學은 치유Healing를 위해 인간의 내적 복구 능력과 면역력, 조화력Balance power을 회복하는 자극 등을 활성화하여 스스로 힘으로 질병을 치유하게 지도한다는 의미에서 사주명리학3)과 동일하다.

자연치유학自然治癒學의 시작도 내 자신에 대한 앎부터 시작되는 것이다. 내 자신을 알기 위한 여행은 음양오행을 기본으로 한 사주명리의 기본전제와도 같다. 그래서 자연치유학과 사주명리학은 수레의 양바퀴처럼 움직이는 것이다. 이는 자연치유와 사주명리는 음양陰陽과 오행五行을 같은 재료로 사용하기 때문이다.

---

3) 사주명리학四柱命理學은 체와 용의 균형을 위해 억부抑扶, 조후調候, 통관通關 등을 통해 몸·맘·숨의 조화를 중시한다. 이는 치유명리학이 추구하는 목표와 같다.

　치유명리학治癒命理學의 목표는 무엇인가? 치유명리학은 사주팔자를 전제로 한 명리·심리와 자연치유自然治癒가 함께하여 사람의 몸·맘·숨을 다스리는 것을 목표로 한다. 그래서 치유명리학治癒命理學은 '나를 알고자 하는 학습'을 먼저 시작한다.

　전자에 말했듯이 나를 알고자 하는 학습은 '사주명리학'의 명제와 같다. 또한, 사주명리학이나 자연치유학 그리고 인간의 욕망과 행동을 연구하는 현대 심리학은 서로 상응하는 관계이며, 인간의 삶을 치유하는『자기 경영의 기본 이론서』이다.

　사주명리학은 하늘과 땅, 그리고 인간이 주제이다. 자연치유학自然治癒學은 인간의 몸이 주제이며, 더불어 인간 심리학心理學은 인간의 맘이 그 주제이다. 그러나 이 모두의 학문은 시始·중中·종終이 같다. 그래서 치유명리학은 이 세 가지 학문이 융·복합된 '천天·지地·인人의 순환 과정'을 중요하게 생각한다.

4) 치유명리학治癒命理學의 미래

나를 안다는 것은 곧 하늘의 섭리攝理를 깨달아가는 과정이다. 인간의 사주팔자를 고친다는 말이 있다. 이는 천명으로 부여된 사주의 여덟 글자를 고친다는 말이 아니다. 사주팔자를 고친다는 것은 은유적 표현이다. 이는 나를 앎으로써 하늘이 명命한 그 인과因果를 깨달아가는 것을 훈습薰習하는 과정을 의미한다.

그러므로 인간이 몸·맘·숨을 치유한다는 명리·심리적 과정이 단지 그 인과에 대한 깨달음만이 아니라 명리를 일상생활에 실천하는 도道인 것이다.

우리가 지켜야 할 생명이란 것은 음양이기陰陽二氣가 조화를 이룬 상태를 말한다. 음양의 이기가 조화를 이룬다는 것은 서양 심리학이 말하는 로저스의 "완전히 기능하는 인간"의 전범典範과도 같다. 그러기 때문에 명리학과 심리학 그리고 자연치유의 학문은 그 용어나 표현양식이 좀 다를 뿐이지 지향하는 목표와 목적은 인간의 치유라는 공동의 과제를 추구한다.

그래서 『치유명리학』은 이 세 학문을 근간으로 출발해야 하는 숙명적 이유가 여기에 있는 것이다. 또한 이 세 학문은 중요한 경험 과학이며, 인문철학서라는 측면에서도 지향점이 동일하다.

특히 『치유명리학』은 인간이 행복해지려는 방법을 찾는데 유용한 학문이다. 그러나 치유명리학治癒命理學은 인간의 탄생과 죽음에 개입할 수 없다. 이를 개입한다는 것은 자연에 대한 무모한 도전이며, 하늘의 섭리攝理를 거스리게 되는 일이다. 『치유명리학』은 인간이 잘 살고 잘 돌아갈 수 있도록 방향을 제시하고, 한편 잘못되었을 때 삶을

뒤돌아보게 해주는 인생 풍차와 같은 역할을 해준다.

　정신분석학자 칼 융Carl Gustav Jung은 일찍이 문화·역사·예술 등 인류의 모든 행동에 상징이 깃들어 있다는 것을 발견했다. 상징이란 내재된 뜻으로 행동의 동기와 작용이 그 안에 있다는 말이다. 그런데 이것의 동양학적 표현은 "만물의 뜻이고, 음양오행의 운동과도 같다"라는 의미이다.

　칼 융Carl Gustav Jung이 말한 모든 행동의 상징은 사주명리학의 천간天干과 지지地支, 즉 60갑자甲子의 또 다른 표현으로 이해해도 무방하다. 칼 융Carl Gustav Jung 분석심리학의 주제인 정신의 원형, 개인 무의식, 집단 무의식, 아니마, 아니무스, 페르소나 등은 동양적 표현양식이며 또한 치유명리학의 음양오행, 사상과 팔괘 등과 비슷한 분석 도구유형이다. 그래서 명리학命理學과 심리학心理學을 나를 찾아가는, 그리고 너를 알아가는 『치유여행治癒旅行』이라고 표현하는 것이다.

또한, 정신의학을 주도하는 신경심리학Psychology은 인간의 몸속에 흐르는 호르몬이 직접적으로 인간에게 어떤 영향을 미치게 하고, 이로 인해 어떤 행동을 주관하고, 한편 뇌 활동의 영역이 인간 삶의 전체에 어떤 영향을 미치는가를 연구하고 있다. 또 다른 생물심리학生物心理學은 광·습·온도가 인간 활동에 미치는 영향을 고민하고 있다. 이 모든 학문이 인간 탐구의 도구로 쓰여지고 있으며, 이러한 심리학의 영역이 인간의 마음을 연구하는 학문으로 그 영역이 확대되어가고 있는 것은 사람에 대한 주제가 더 깊고 넓어지기 때문이다.

현대 물리학에서 주역의 역할이 지대한 공을 미쳤듯이 사주명리학(음양오행의 인자)이 미치는 그 영역 또한 심리학과 한의학, 그리고 학문의 전반에 끼치는 영향력이 지대할 것으로 생각한다. 이는 곧 명리심리학의 탄생을 예고하고 있다는 증명이다.

한편, 『치유명리학』에서 제일 중요하게 생각하는 것은 '인간의 심리적 위안의 단계'이다. 즉 부딪친 인생 문제에 대해서 본인의 책임의식을 주관적인 상태에서 객관적인 상태로 느슨하게 전환시켜주는 것이다. 이 말은 인생은 '어쩔 수 없다'라는 숙명론宿命論의 강한 신념에서 '인생은 운의 흐름과 환경에 따라서 변할 수 있다'는 운명론運命論으로서의 변화와 여유에 대한 계기를 만드는 것이다. 무엇이든 강한 신념은 또 다른 교조적 불평등을 낳게 마련이다.

지금 우리 시대에 가장 필요한 것은 『치유명리학』이 추구하는 방향처럼 느슨한 사회적 연대와 협동이 필요하기 때문이다.

한편, 명리를 통한 치유 상담은 규칙적인 설명을 요구하는 자연과학에서 벗어나 인문적인 통찰을 주제로 한 『자연치유의 철학』으로 전

환하는 것이 사주명리학의 현대적 의미의 정체성을 확립하는 방법이
될 수 있다. 거기에다가 철학적 깊은 성찰이 보태어진다면 인간에 대
한 탐구가 더 풍부해지고 풍요로워질 수 있기 때문이다.

이에 따른 치유명리학의 향후 과제는 사주명리와 자연치유自然治癒
그리고 현대 심리학이 결합하여 미래지향적인 인간의 몸·맘·숨 치유
시스템을 연구해 가는 것이다. 이는 오늘날 우리 사회가 '부Wealth에서
건강한 삶Life으로' 전환되어 가고 있기 때문이다. 이러한 사회적 환경
의 변화과정에서 정서적으로 희망과 위안을 주며 자기 정체성을 발견
하고, 자아 성장을 돕는 "치유명리학治癒命理學"이 새로운 학문적, 문
화적 기틀을 마련할 수 있는 계기가 될 수 있기를 희망해 본다.

2. 사주명리학과 심리학 그리고 자연치유는 '자기경영철학'의 핵심이다

인간은 모두 자신의 운명에 대해 궁금해 한다. 운명으로 인해 고통을 받고 또한 그것으로부터 돌파구를 찾으려한다. 이는 동서양을 막론하고 똑같다. 이는 과학기술이 발전하면 할수록 인간의 삶은 피폐해져 가고 그에 따른 불확실성이 높아지고 있기 때문이다.

사주명리학의 매력은 '인간의 본능과 욕망을 정면'으로 다룬다는 데 있다. 이것은 도사, 술사의 전유물이 아니라 누구나가 '자기 경영전략'의 지침으로 활용할 수 있다는 것이 사주명리학의 또 다른 매력이다.

사주명리학은 '우주정동宇宙靜動의 원리를 인간에게 적용하여 인간의 타고난 품성과 운세의 길흉을 알고자 하는 것'이다. 또한, 사주명리학의 근본정신은 인명과 인성을 하늘에 묻는 것으로問諸天 본체론적 접근이기 때문에 현대사회에서도 하늘이 변하거나 없어지지 않는 한 궁극적으로 추구할 가치가 크다고 하지 않을 수 없다.

또한, 사주명리학의 본질적 의미는 큰 우주와 더불어 생명의 본체를 인간의 욕구 또는 인간의 지혜와 덕성으로 작은 우주인 인간을 아름답고 바람직하며 보람되게 하는 쪽으로 만들어 가는 선천적 수품관受稟觀과 후천적 역학관力學觀이 일원화된 학문으로 볼 수 있다.

사주명리학은 명命·복卜·의醫·산山·상相을 두루 살피는 동양철학사의 핵심 키워드이다. 이는 주역과 함께 동양의 사유철학思惟哲學의 정수로서 또한 명리학은 인간의 명命을 구하는 경험철학의 실천서로서 그 생명의 궤軌를 함께해 왔다는 말이다.

1) 문명의 출현과 양생치유養生治癒의 출발

세계 각 민족이 석기 시대를 마치고 문명을 향하여 매진함과 동시에 모든 방법을 생각해 내어 대자연大自然으로 부터 벗어나기 위해 노력하고 있을 때 우리 조상들은 그와 반대로 대자연과 긴밀하게 소통하고 결합하였다. 이러한 천인합일天人合一을 배경으로 출발한 것이 양생치유養生治癒, 즉 문명의 출현과 자연치유의 배경이 된 것이다.

인류가 아직 자연을 관찰하고 인식하는 충분한 수단을 가지고 있지 않았을 때에 우리 동이족東夷族의 선각자들은 인체 내부의 세부구조를 탐색하는 행위를 남겨두고 독특한 특색과 견실한 물질적 기초(木·火·土·金·水)를 보유하고 있는 지리 탐구의 길을 열었다. 더구나 수천년 전에 그것을 완성했다. 자연의 비밀스러운 음양오행에서 찾아낸 것이다.

우리 동이족東夷族의 시원始原이나 동양문화의 모든 시작은 하늘에 대한 제천의식에서 부터이다. 하늘을 숭상하고 악망仰望했지만 결코 인간 위에 군림시키려 하지 않았다. 여기서 서양과 동양의 철학이 갈리어지는 것이다. 이는 동양의 하늘은 인간이었으며, 하늘과 땅의 오운육기五運六氣[4]가 인간생활에 필요한 양생치유의 근본을 결코 벗어나지 않게 하려는 우리 조상의 놀라운 인간사랑이 숨겨져 있었던 것이다.

결론적으로 주역을 비롯한 명리학 등 동양철학의 근간은 동이족이 만들어 낸 위대한 유산이다. 또한, 이를 통해 우리는 우주와 소통을 하였고, 인간사회의 질서를 만들었다. 또한, 인내천人乃天 사상을 사유

---

4) 오운육기五運六氣란 : 오운五運이란 木·火·土·金·水를 말하고, 육기六氣란 風·寒·燥·濕·暑·火를 말한다. 사람의 병리가 오운육기五運六氣의 부조화에서 발생한다고 보는 것이 동양의학의 시각이다.

에서 실천철학으로 정립하는데 노력을 다 했던 것이다. 이 시대의 명
리학은 이러한 철학적 사유를 바탕으로 사람과 함께 희·로·애·락을 나
누면서 치유의 전달자로서 역할을 다해야 한다.

2) 사주명리학과 종교와의 관계

니체는 '신은 죽었다'라고 했다. 몇 년 전 영국의 버스와 지하철
등에 "아마도 신은 없다. 이제 걱정을 멈추고 인생을 즐겨라(There's
probably no God. Now stop worring your Enjoy Your Life)"라는 문구의 광고가
실렸다. 이후 '무신론 광고 운동'은 영국에서뿐 아니라 미국 등 유럽
등지에서도 비슷한 형태로 전개되었다. 나 역시 힘들고 고통스러울 때
마다 신의 존재를 부정하면서 엎드려 통곡을 하곤 했다. 그럼에도 나
는 종교가 필요하다고 생각한다. 프랑스 계몽사상가이자 무신론자인
볼테르는 "하느님이 존재하지 않는다면 만들 필요가 있다"는 주장에
완전히 동의한다. 왜냐하면 우선적으로 종교는 결코 사라지지 않기

때문이다. 우리가 죽음, 불안, 미지의 것, 그리고 서로에 대한 두려움을 극복하기 전에는 종교적 신앙은 사라지지 않는다. 또한, 종교의 순기능이 여전하게 존재하고 있다. 이는 사람을 선하게 하는 동기부여를 말함이다.

고대사회의 종교는 인간이 미래에 대한 두려움을 해소하기 위한 수단으로 등장하기 시작했다. 대자연 앞에선 인간은 그저 작은 존재에 불과할 뿐이다. 그 작은 존재에 불과한 인간이 불을 발견하고, 직립보행을 하고, 동물을 가두어 키우고, 작물을 재배하여 인간의 울타리를 만들어 가면서 인간을 조직화해내는 방법을 고안하기 시작했다. 이무리 중 좀 더 많이 깨우친 인간이 하늘을 보기 시작한 것이다. 하늘의 변화가 땅과 인간에게 미치는 영향이 크다는 사실을 깨닫게 된 것이다. 이게 태초에 인간과 하느님과의 소통이었다. 그 인간은 하늘에서 언제 비가 오고 눈이 오며, 언제쯤 폭풍우가 몰아칠 것인가를 궁금해 하기 시작했을 뿐이다. 그래서 하늘에 제사 지내는 방법을 고안해 놓았고, 하늘을 향한 경배를 인간 무리들을 리더하는 수단으로 활용하기 위해 종교를 만들었다.

인간을 규정하는 별칭 중 '종교적 인간Homo Religious'이 있다면, '점치는 인간Homo Augurans'도 있다. 점 또한 종교와 마찬가지로 고대부터 현대까지 동서양 어디에나 있는 문화이다. 전쟁과 같은 국가의 대사부터 개인사까지 미래의 운명을 알고 싶은 것은 인간의 본능이고 욕망이다. 염세주의 철학자로 잘 알려진 독일 철학자 쇼펜하우어는 "젊었을 때는 모두가 자유를 외치다가도 늙으면 모든 것이 운명이었다고 인정하게 된다"고 말했다.

지혜로운 사람은 결국 운명론자가 된다는 의미이다. 이는 신을 외

치는 종교, 미래를 예견하는 점, 운명을 점치려는 사주팔자 등 모두가 인간이 만들어 낸 구원의 수단이자 방편으로 활용하고 있지는 않는가?

사주팔자는 이런 운명론과 함께 오랜 세월을 통해 우리와 밀접한 것이 현실이다. 구체적이고 엄밀하게는 점과 사주팔자는 구별되야 하나 혼용하고 있는 것도 사실이다. 사주팔자는 미신이며, 운명이 절대자에 의해 결정되거나 오로지 개인의 노력에 의해서 달려 있다고 믿는 사람들도 이를 단순히 민속문화 정도로 여기는 것이 크게 손해 볼일은 아니다. 하지만 종교적인 목적이든, 미래를 알고자 하는 인간의 노력이든, 이 모든 것은 결국 인간을 위해서 존재하는 가치가 되어야 그 빛을 잃지 않는다.

앞날이 궁금하거나 옳은 결정이 힘들 때 또는 현재의 불안을 해소하기 위해 전문가를 찾아가 상담하는 것이 법에 위배되거나 사회문제를 야기하지는 않는다. 또 개인의 선택을 존중하고 다양성을 인정하는 것은 이 시대에 사는 사람들의 최소한의 덕목이다.

종교가 죽음 이후를 담당한다면 사주명리학은 철저하게 현세의 삶에 관심을 가진다. 개인의 판단과 결정은 존중되어야 하지만, 사주명리학은 그만한 연륜과 더불어 과학적 통계와 깊이가 있다는 것이다. 특히 사주명리학에 대해 과학적 통계와 자연주의적 신비에 근거하려는 원리적 심판과 해석보다는 그 지평의 넓이를 인문사회적 개념으로 넓혀 문화적 해석을 다양하게 추구할 때이다.

또한, 그동안 구체적인 지식과 논리 없이 점占이나 미신처럼 사주명리학을 폄하貶下하는 선동적 행위 또한 멈추어야 할 것이다. 덧붙여 사주명리학에 관심이 있는 사람들에게도 단순히 술수와 법칙만 외우는 것이 아니라 그 원리와 유래 그리고 통찰을 통한 인간 치유의 학문으로 후손 대대로 이어지기를 바라는 마음이다.

3) 사주명리학과 명리 · 심리 그리고 경영철학과의 관계

현대인들은 조직화된 사회organized society에서 조직인organizational man으로 살아가고 있다. 개인의 행동은 조직의 목적 달성에 중요한 영향을 미치고, 조직 또한 구성원들에게 물질적, 심리적 측면에서 깊은 영향을 미친다. 이렇게 볼 때 조직 행위는 개인의 행동이 이상적으로 결합된 총화總和라고 할 수 있다. 따라서 조직 행위의 성과는 개인의 행동 여하에 달려 있고 개인의 행동을 결정하는 핵심은 곧 개인의 마음, 즉 성격Personality이다.

개인의 행동에 대하여는 외부적 인식이 가능하나 그들의 마음이나 성격 유형은 비가시적이므로 이에 대한 접근은 쉽지 않다. 오래전부터

사주명리학은 기업경영에 필요한 인사에 직간접적인 개입을 하기 시작했으며, 일명 도사라고 불리는 사람들의 일부가 기업의 오너Owner주변에서 가장 중요한 의사결

정자로 기업의 대표CEO와 함께 기업경영에 실질적 참여를 하고 있다는 것이다.

이처럼 현대 경영에서 가장 중요한 것은 조직구성원들의 동기부여이다. 조직구성원들의 행동은 기업의 흥망성쇠와 가장 관련이 크기 때문에 모든 경영자들이 조직구성원들의 성격 유형을 인사에 반영시키기 위해 노력을 다하는 것이다. 조직구성원의 좋은 행동은 그 조직을 발전시키고 잘못된 행동은 파멸의 길로 끌고 갈 것이다. 이러한 조직구성원의 행동이 출현되는 출처는 마음이다. 개인의 마음먹기와 조직의 활성화는 정의 관계이다.

그러나 사람의 마음이 제각기 다르고 마음의 움직임인 성격 유형도 무수히 많고 때에 따라 행동하는 모양도 각양각색이다. 이러한 개인의 성격을 훤히 마치 그림 보듯이 알 수 있다면 얼마나 조직에 유용할까? 미리 상대방이 마음을 올바르게 추측하고 합리적으로 대처하며 또한 자신의 마음도 조화롭게 하면 오해나 갈등, 배신 등이 없어지지 않겠는가? 이러한 질문과 소망에 해답을 구하고자 하는 것이 "치유명리·심리학"의 범주이다.

오래전부터 사람의 성격을 해석하고 행동을 예측하고 싶은 욕구는 동서양을 막론하고 오랜 세월 동안 많이 접근해 왔으며, 접근 방향에서의 차이를 배제하면 결국 눈에 보이지 않는 '마음'이라는 데에 귀착된다. 마음이 움직이는 내면 과정과 그것이 행동으로 나타나게 되는 환경조건 중에서 내면 과정보다 환경조건[5]을 중시하면서 마음에 접근하는 것이 서양의 행동심리학 이론이다. 그러나 동양의 명리학 또한 환경조건을 중요하게 보기는 하지만 내면의 성격, 즉 마음에 본성이

---

5) 이를 동양철학 즉 사주 명리에서는 '부모궁성父母宮星'이라고 한다.

환경과 어떤 교감을 하고 있는가를 더 중요하게 다룬 것은 주지할 만하다.

사주명리학은 '자기의 앎'에서 시작한다. 동양철학의 본성론, 즉 인성론의 시작도 '자신의 앎'이다.

수신제가치국평천하修身齊家 治國平天下의 교훈도 결국 자기를 알아야 하는 것을 깨닫게 함이다. 사주바탕原局과 운에서 때와 여건에 맞도록 처신하는 사람은 행운이 있고, 이를 역행하는 사람은 고통이 있다. 누구나 태어날 때부터 그렇게 되어 있다는 것이다. 그러므로 자기자신에게 닥쳐올 미래에 대한 여건과 환경을 예견하면 인생열차 전반의 궤도 위에서 해석推命해 나갈 수 있다. 아무리 극심한 불운일지라도 지극정성으로 대처하면 극복할 수 있는 게 지명론자知命論者인 본인의 생각이다.

사주명리학이 개인에게 제시하는 가장 큰 교훈은 인격수양人格修養이다. 정심자正心者의 직관력으로 홍익대중弘益大衆에게 개인의 미래에 올 행운과 불운을 예지함으로써 개인의 심리적 안정이나 사회적 처세에 공헌하는 바가 크다고 할 수 있다.

특히 현대사회는 작은 조직에서 거대한 국가적 규모의 조직에 이르기까지 경영의 원리를 적용받지 않는 곳이 없다. 경영에 있어서의 인사나 조직 분야에서 구성원의 마음과 행동이야말로 기업의 흥망성쇠에 직결되는 핵심적인 문제이다. 나를 찾아가는 통찰력과 너를 알아가는 심리가 경영과 콜라보레이션을 구축한다면 사주명리학, 심리 분석학 등에 대한 인식의 확립이 오늘날 현대생활에서 긍정적 자세로 받아들여야 할 가치로 다시 인정되는 당위성이 존재할 것이다.

이어서 조직에서 꼭 필요한 인간적인 관계는 서로의 마음을 헤아리는 지혜가 선행되어야 하고, 마음의 크기와 내용에 따라 알맞은 역할이 주어져야 하기 때문이다. 시나브로 사주 명리는 조직과 경영 행위 전반에서 관심사가 아닐 수 없다.

21세기 변화 시대에 사는 우리들은 사주명리학의 인위성과 당위성, 그리고 사회적 중요성에 비추어 형이상학적 차원과 인식론적 현실 세계의 이상적인 조화와 균형을 위해 지속적인 접근과 탐구가 필요할 것이다.

3. 사주명리학은 인문철학이면서 자기 실천 학문이다

사람의 명은 일반적으로 목숨 내지 생명이라는 의미로 이해된다. 그러나 구체적으로 보면 사람이 하늘로부터 부여받은 본체로서의 성품性稟 내지는 성명性命과 시간의 변화에 따른 명의 실상을 말하는 운명으로 구분할 수 있다.

고전을 보면 명나라 때 사용한 삼명三命의 사용이 기초가 되어 천지인天地人의 사상을 명命에 실었으며, 본디 삼명三命을 정명定命과 조명遭命, 그리고 수명壽命으로 구분하여 사용하였다고 전해진다. 그렇다면 이 명命의 출발은 어디에서 출발하였는가?

전통적으로 동양의 우주관은 시간과 공간의 짜임으로 본다. 옛 문헌에는 "하늘과 땅 그리고 동서남북의 방향을 일컬어 '우宇'라고 하고, 옛것은 가고 새로운 것이 오는 것을 '주宙'라고 한다.[6] 즉 하늘 또는 천지라고 불리는 우주는 시간과 공간으로 구성되어 있다. 대우주가 시간과 공간으로 이루어졌다면, 소우주인 사람도 시간과 공간으로 파악될 수 있을 것이다. 즉 대우주로부터 받은 사람의 명命은 공간성의 성명性命과 시간성의 운명運命으로 구분이 가능하다.

사람이 타고난 성명性命과 운명運命을 안다면 길함은 좇아서 더욱 길吉하도록 하고, 흉凶함은 피할 수 있으므로 삶을 영위하는 일이 수월해질 것이다. 그런데 명命을 아는 일은 쉽지 않다. 공자같은 성인도 "50이 되어서야 지천명知天命을 했다"고 했는데 하물며 우리들이 스스

---

6) 天地四方日字 往古來今日宙." ―朱海雷, 『屍子』 下卷(中國上海古跡出版社, 2006), 47쪽

로 명을 안다는 것은 쉬운 일이 아니다. 그래서 천지자연의 운행 법칙을 통해 인간의 명命을 읽는 방법으로 사주명리학이 출현한 것이다.

한편, 사주명리학은 인문철학이면서 자기 수양自己修養과 실천 학문으로서 그 역할을 다해야 한다. 이 말은 곧 사주명리로 천명을 알았다고 하더라도 그 지명의 결과에 대한 사람의 대처 방법과 운영방식이 중요하다. 이 말은 곧 사주명리학에 대한 자기경영철학의 중요성을 강조하는 것이다. 다시 말해 명命을 고정불변으로 보느냐 아니면 하늘이 부여한 것이기 때문에 정명성은 있으나 사람이 주체적이고 능동적으로 대처하여 흉함을 길함으로 전환할 가능성이 있는 것으로 보느냐가 문제인 것이다. 좀 더 부연하자면 명命을 고정불변의 숙명宿命으로 본다면 명리학은 그 설 자리를 잃고 말 것이다.

왜냐하면 천명天命을 알았다고 한들 이미 모두가 정해진 것이어서 개선할 여지가 없다면 명命을 알아 무엇에 쓰겠는가? 따라서 명리학의 숙명론宿命論은 그 의미가 퇴색된다. 그러므로 명命을 알아본 결과 길吉함이 많다면 더욱 노력하고 근신하여 지나침이 없도록 할 것이며, 흉凶함이 많다면 역시 삼가 보충하여 부족함을 채우려는 노력이 필요하다.

1) 주역과 사주명리학과의 관계

사주명리학은 『주역周易』과 많은 면에서 밀접한 관련을 갖고 발전해 온 학문으로 주역이 천지 변화의 기승전결起承轉結, 즉 시始·중中·종終을 논한 것이라고 하면, 사주명리학은 인간의 삶이라는 영역에서 변화의 기·승·전·결을 논한 것이다.

사주명리학의 사유체계와 자연관은 주역의 상수체계象數體系와 일

치하리만큼 닮았다. 사주명리학의 세계관은 주역에서 말하고 있는 천인합일天人合一과 중화관中和觀을 거의 일치하게 인용하고 있으며, 중화中和는 음양오행陰陽五行에서 한寒·난暖·조燥·습濕의 오운육기五運六氣를 평행상태를 조절하는 개념이요, 십신十神에서는 사회관계와 인간관계를 조절하고 격국·용신格局用神에서는 성成과 패敗를 조절하는 것이다.

사주명리학은 주지하다시피 『주역周易』과 더불어 오랜 역사 과정을 거치면서 그 변화의 중심에서 인간의 길·흉·화·복을 논해 왔다. 주역과 명리학의 상관성을 보면 음陰 아니면 양陽으로 이루어졌다는 것에서 출발한다.

주역에서 말하는 음효陰爻와 양효陽爻는 단순한 상像인 음양이 아니라 수數와 리理의 철학적 사상이 결합하여 철학적인 의미가 있게 되고 길흉을 분별하는 척도가 된다. 주역의 음양은 천지와 자연을 구성하는 기본물질이다. 이는 사주명리학에도 『주역周易』의 음양론을 그대로 받아들여, 천간天干 10자를 양과 음으로 분류한다. 갑甲·병丙·무戊·

경庚·임壬은 양陽이고, 을乙·정丁·기己·신辛·계癸는 음陰이다. 12지지地支 역시 각각 음양으로 나뉜다. 자子·인寅·진辰·오午·신申·술戌은 양陽이고, 축丑·묘卯·사巳·미未·유酉·해亥는 음陰이다. 사주명리학에서 음양론을 보면 양간陽干은 양지陽支와 짝을 이루고, 음간陰干은 음지陰支와 짝을 일어 60갑자甲子가 이루어진다.

이처럼 사주명리학은 역易의 이론을 모체로 하여 중화[7]사상中和思想을 그대로 간직하여 하늘과 땅과 사람의 삼재지도三才之道를 유기적으로 접목하고 개인적 길흉화복을 가늠하는 길잡이 역할을 수천 년 동안 이어오고 있다. 이는 동양철학의 위대한 학문적 정신적 문화적인 유산이라고 말할 수 있다.

이에 서양 정신의학자 칼 융Carl Gustav Jung[8]도 인격의 궁극적인 목표를 자기실현Selb Stverwirklichung이라 보았다. 융이 말한 자기실현이란 '자기가 되는 것Selb Stwerdung', 즉 자기가 누구이며 무엇을 원하는가를 제대로 알고 자기의 참모습을 찾아가는 과정을 말한다. 또한, 완전한 자기실현은 불가능하나 자아와 잘 협력하여 자신의 본성을 파악하고 무의식을 의식화함으로써 조화로운 인생을 살 수 있으며, 이때 중심 역할을 할 수 있는 것이 자기라고 하였다.

이렇듯 자기실현을 목표로 하는 자아는 개인 및 집단이 속한 사회·문화적 맥락 속에서 형성되어 '자기원형自己原形'을 작용하려고 한다.

---

7) 중용에는 "희로애락의 감정이 아직 생겨나지 않은 것을 '중中'이라 하고, 그것들이 생겨나 모든 절도에 맞는 것을 '화和'라고 한다.'중中'은 천하의 커다란 근본이고, '화和'는 천하에 통하는 도다. 중화中和에 이르면 하늘과 땅이 자리를 잡고, 만물이 자라난다." 다시 말하면, '중中'은 감정이 겉으로 드러나지 않은 고요하고 평온한 마음을 말한다. 하늘이 준 선한 본성이 그대로 보존되어 있기에 세상에 근본이 되는 것이다. '화和'는 감정이 드러나되 지나치지도, 부족하지도 않도록 조화롭게 드러난 상태이다.
8) 칼 융Carl Gustav Jung은 주역연구소를 별도로 운영하였다고 전해진다.

이는 사주명리학이 추구하는 목표와도 일치하며, 칼 융Carl Gustav Jung 스스로가 동양철학을 중시했다는 결과이기도 하다.

2) 과연 운명은 있는 걸까?

간혹 운명을 논하는 사람들은 말을 들으면서 '사주는 바꿀 수 없고 운명은 주어진 사주대로 사는 것'이라고 말한다. 사람이 태어난 년年·월月·일日·시時에 따라 길흉화복이 정해져 있다는 소리인데, 우리의 운명이 이미 짜인 각본이라면 그것만큼 허무한 삶도 없을 것이다.

사주팔자란 인생의 '라이프 코드Life code'라고 말한다. 자신의 라이프 코드는 개인의 성격과 환경으로 구성되어 있기 때문에 그 라이프 코드가 가지고 있는 의미를 잘 풀어서 해석하고, 부족한 부분을 보완해야 하며, 위험한 것은 경계할 수 있어야 한다. 그런 개선의 노력이 필요한 게 개운開運이며, 곧 운명을 바로 해석하는 지명론知命論이다.

예를 들면, 우리가 시원한 것을 먹고 나거나 목욕을 하고 난 후 골치 아픈 일을 해결하고 나면 '개운開運하다'라고 말하는데, 실제로는 골치 아픈 일을 해결하거나 목욕 후 온몸이 개운한 것처럼 운運을 트이게 하는 개운開運의 효과가 있다. 이처럼 인생의 어려운 문제를 알고 그 운명을 이겨낼 수 있도록 길을 바로 인도해 주는 역할을 하는 것이 사주명리학이다.

또한, 내 인생의 라이프 코드Life code인 하늘의 기운氣運 네 자天干와 땅의 기운氣運 네 자地支를 통해 내 운명의 미래를 잘 살피도록 조심스럽게 안내하는 것이 지명론知命論을 설파하는 치유·명리 이론이다.

어느 역학 조사에 따르면 78% 사람들이 별다른 노력 없이 흘러가

는 운명대로 살고 있다고 한다. 즉 20:80의 비율로 운명을 개선하는 사람도 '팔레토Pareto의 법칙'을 따른다고 말할 수 있다.

하지만 예나 지금이나 동일한 사주에 대한 고민과 의문을 가지고 있다. 이런 사람들의 고민은 동일한 조건에서 태어난 사람들은 모두가 동일하게 살아가고 있는가에 대한 생각이다. 그런데 동일한 팔자를 가진 사람들이 전혀 다른 삶을 살았다는 증거가 차고 넘친다. 이는 곧 하늘로부터 받은 천명도 중요하지만 내가 살아가는 시대와 주변에 대한 환경의 변화가 더 중요하다는 반증이다.[9]

오래 전에 이런 의문을 품고 동일한 조건의 사주팔자四柱八字를 조사했던 사람이 있다. 바로 중국 명나라를 건국한 주원장이었다. 명나라 주원장은 전국에 방을 부치고 자기와 똑같은 사주를 수소문하였다. 그 후 주원장과 똑같은 사주를 가진 자들을 찾았는데, 각자 비슷한 무리를 거느린 자가 되어 있었다.

그중 명 태조 주원장과 가장 똑같은 사주를 한 자 또한 한 무리의 떼를 거느리고 있는 양봉업자였다. 그는 주원장과 똑같은 사주를 가지고 태어났지만, 자란 환경의 영향을 받아 사람의 우두머리가 된 것이 아니라 벌떼의 우두머리가 된 것이다.

어느 시대나 자기가 사는 시대의 예언자가 있게 마련이다. 그 시대

---

9) 그래서 사주명리학에서는 부모궁父母宮의 월지月支를 200점으로 판단한다. 부모궁父母宮의 월지月支는 그 사람 사주의 성장환경을 표현하기 때문이다.

는 그 시대가 포함한 과거의 연속부터 시작하여 미래에 대한 궁금증을 가질 수밖에 없기 때문이다. 인류사에서 '점占'은 늘 인간과 함께 해왔다. 중국 최초의 유물론적 학자로 평가받고 있는 왕충[10]은 알 수 없는 운명의 힘에 대해서 이렇게 말했다. "왕에서 서인에 이르기까지, 성현에서 지극히 어리석은 사람에 이르기까지, 머리와 눈이 있고 혈기를 지닌 동물이라면 운명을 지니지 않을 수 없다. 빈천해질 운명이라면 부귀하게 해주더라도 화를 만나고, 부귀해질 운명이라면 비록 비천하게 해도 복을 만난다. …귀하게 지닐 운명을 지닌 사람은 남들과 함께 배워도 홀로 벼슬을 하고, 함께 관직에 나가도 혼자 승진한다.

이는 부자가 될 운명을 지닌 사람은 남들과 함께 구해도 혼자 얻게 되고, 일을 해도 홀로 성공한다. 빈천貧賤의 운명을 지닌 사람은 이와 상황이 다르다. 어렵게 벼슬에 이르고 겨우 승진하며, 어렵게 얻고 일을 성취하지만 잘못을 저질러 죄를 받고, 질병으로 뜻하지 않게 재산을 잃게 되어 지녔던 부귀마저 상실하고 빈천해진다."라고 예언하기도 한다. 이러한 인류사에서 점占, 사주·명리 등이 시대의 예언자인 선각자들에 인용 되어지는 까닭은 인간이 우주 변화의 틀을 벗어날 수 없는 한계를 지녔기 때문이다.

조선시대 세종대왕 또한 재위기간 동안 굿을 하기도 했고 점占을 치기도 했다. 세종대왕도 사주를 봤다는 기록은 세종실록에 나온다. 임진왜란 당시 이순신 장군도 난중일기에 따르면 복점卜占을 쳤다고 기록이 있으며, 그 후 아들의 병세가 걱정되어 일종의 윷점 같은 척자점

---

10) 왕충王充: 한대漢代 의 천재로 평가받은 인물. 벼슬은 하지 못 했지만 2,000년이 지난 지금까지도 읽혀지는 고전『논형論衡』이라는 명저를 남겼다.

擲字占을 친 기록이 있다.

　고대 서양에서도 궁정에 전속 점성술사가 항상 있었으며 프랑스 왕 루이 12세 때의 점성술사의 이야기는 유명하다. 유럽에서 17세기까지는 점성학이 천문학, 사회과학과 나란히 학문의 주류에 포함되기도 했다. 점에 대한 생각은 과학적으로 무지했던 고대사회만 그런 것이 아니다. 현대에서도 점에 대한 의존도는 시대가 발전할수록 더해지고 있는 실정이다.

　현대에 이르러서도 로널드 레이건Ronald Reagan 전 대통령의 부인 낸시 레이건Nancy Reagan 또한 부군 대통령을 위해 일정과 안전을 점성술사에게 의지했다. 프랑스의 프랑수와 미테랑 대통령도 미녀 점성술사를 공식적인 자리에 두고 자문을 받았다. 그 외 작금 서양의 대통령과 각료 등도 점성술사에 의존하여 각종의 예언과 미래를 읽어내는 통찰에 대한 식견을 키워내고 있다.

　그렇다면 사주팔자四柱八字, 즉 사주명리학四柱命理學을 믿을 수 있을까? 우선 사주팔자를 경우의 수數로 따질 때 사주의 결과가 60년*12월*60일*12로 '51만 8,400'가지에다 남녀를 구별하여 더한다면 103만 8,600개에 달한다고 한다.

　이를 바탕으로 첫 번째로, 사주에 대한 부정론자들은 명리학에서는 남녀의 대운이 다르므로 우리나라 인구수를 5,000만 명으로 보너라도 같은 운명의 확률은 결국 50명이 같은 인생항로를 걸어야 하는데 그렇지 않다는 그럴듯한 논리로 반대론을 펴고 있다.

두 번째로, 사주명리학을 비판하는 근거로 '바넘Barnum Effect효과'[11]를 말한다. "당신은 대체로 외향적이면서 가끔은 내향적이고 말이 없으며 차갑기도 하다"라는 애매하지만 일반적이고 보편적으로 적용되는 성격 특성을 말한다는 것이다. 이는 자신의 성격과 일치하는 것만을 믿으려는 사람의 심리적 성향을 이용한 것이다. 이는 심리학에서 말하는 어떠한 사전정보도 없이 상대방의 성격이나 심리를 읽어낼 수 있다고 믿게 만드는 '콜드 리딩Cold Reading'이란 기법과도 연관된다. 이 또한 사주 등 점술사들이 사람들의 보편적 성격이나 심리적 특징을 자신만의 특성으로 여기는 심리적 경향을 이용한다는 비판을 주장하고 있다.

이런 비판에도 불구하고 사주·명리 등 점술업占術業이 2,500여 년이 넘도록 존재하는 것은 분명 그 이유가 명확하다. 경제학 법칙 중 '필요가 수요를 만들고, 수요가 공급을 이끌어 간다'라는 명제가 있다. 사람이 점을 믿지 않고 찾지 않으면 점술업占術業과 술사術士들은 오래전에 소멸했을 것이다. 이처럼 지금까지 점술업이 소멸하지 않고 성장하는 배경에는 분명, 경제학의 원리가 숨겨져 있을 것이다.

또한, 정통적인 지명학자들이 주장하는 사주명리학은 정해진 명命의 100%라고 하지 않는다. 약 80% 주어진 운명에 환경과 개인의 개운開運 노력으로 일부 달라진다고 생각한다. 그래서 명리학은 일명 운명학運命學이라고도 한다. 이런 운명학도 많은 오해를 받고 있는 것도 사실이다. 운명運命이라는 한자어도 알고 보면 매우 흥미롭다. '움직일 운運'에 '목숨 명命'으로 운명 역시 변한다는 의미를 담고 있다.

---

11) 피니어스 바넘Phineas Barnum은 곡예단에서 사람의 성격을 맞히는 일을 하던 사람으로 그의 이름에서 유래되어 심리학 용어로 정착되었다.

세상에 변하지 않는 것은 아무것도 없다. 우리의 삶도 마찬가지이다. 태어나서 죽는 날까지 우리는 끊임없이 변화의 과정을 거친다. 그 변화를 기록한 것이 대운大運이요, 세운歲運이다. 그래서 사주·명리도 역易의 범위에서 벗어나지 않는 것이다. 운運이라는 것은 우리가 생명체로서 매 순간 변화하는 삶을 산다는 것이다.

생물학적으로 말하면 매 순간 진화를 거듭하고, 환경의 변화에 적응해간다는 것이다. 그리고 어떤 삶도 그 흐름이 같은 경우는 없다. 그것이 운명이요, 다른 이름으로 지명知命이라고 한다. 이는 명命을 "지혜롭게 받들고 통각通覺한다"는 의미이다. 즉 지명知命은 운명運命의 변화를 온 맘·몸·숨으로 체득하고 느끼는 하늘의 순환과정이다.

지금도 여전히 사주四柱와 점占을 보는 사람이 많다. 공식적으로는 이를 부인하지만 '화이트 칼라White Collar'로 꼽히는 전문직이 '블루칼라Blue Collar'보다 더 많이 사주·점을 이용하는 것이 현실이다. 점술로써 본인의 장단점을 파악하고 불길한 일에 대해 조심하는 것이 타인의 이해를 침범하지 않고 사회적인 규약을 어기지 않는 한, 긍정적이고 적극적인 삶의 자세라고 판단하기 때문이다.

이는 종교도 궁극적으로 나약한 인간의 정신적인 안식처를 위한 방편이듯 점술 또한 사람의 살아가는 문제를 상의하는 선택적 행위임을 이해하려는 열린 자세가 필요하다. 전자에서 말했듯이 사주·명리 등 점에 대한 이해를 교조적인 형태로만 바라본다면 인간의 지혜는 결코 자유롭지 못할 것이다.

또 한편으로 사주·명리 등 점술을 바라보는 형태가 자연 과학적 테두리에서만 바라본다면 그 또한 해석의 범위가 좁아질 수밖에 없다. 영국의 철학자 칼 포퍼는 "점占을 보는 것과 과학을 공부하는 것이 크게 다를 것 같지만 과학의 목적도 결국 예측하는 것"이라고 말했다.

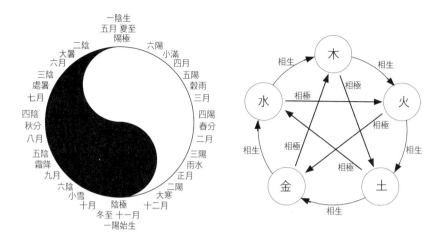

사주명리학을 고매하고도 신비로운 차원으로 맹신해서도 안 되지만 지식 이하의 저급한 술수로 매도해 경시하는 것도 경계해야 한다.

특히 사주명리학命理學은 객관적 통계와 오랜 경험 등을 배경으로 인간의 삶을 향상시키려 노력해 왔다. 특히 명리학命理學은 종교와 달리 사후가 아닌 현실 세계에서 마음의 안정과 희망을 주기 위한 목적으로 발전하면서 그 명맥을 유지해 왔다. 이제 명리학도 현대사회에 맞는 변화를 시도할 때가 되었다.

그게 바로 사람의 맘·몸·숨을 다스리는『치유명리학』의 새로운 과제이다.

『치유治癒명리학命理學』은 사람의 사주팔자四柱八字를 중심으로 정신세계의 변화, 행동심리의 학습, 그리고 자연치유학自然治癒學이라는 융·복합 학문을 결합하여 〈자기경영철학自己經營哲學〉이라는 새로운 장르를 개척하게 된 것이다.

이는 사주명리학이 현대 사회·문화에 맞게 능동적 변화를 시도하는 것이며, 운명에 대한 해석의 지평을 넓혀가고 있는 시대적 반증의 결과이다.

3) 왜 우리는 마음이 아플 때나 힘들고 지칠 때 점집을 찾을까?

명리학은 숙명론宿命論이라기보다는 '경험의 해석학' 또는 '관계의 심리학'이라고 한다. 즉 나와 사람, 나와 세계, 나와 우주와의 관계를 어떻게 경험하고 예측하며, 그 경험을 통해 어떻게 해석할 것인지를 연구하는 학문이다. 우리가 흔히 마음이 아프다는 것은 관계에서 비롯되는 혼란과 고통이다. 과거에 경험했던 관계와 교감이 지금은 서로 맞지 않고 비껴가는 현상이 비롯되기 때문에 괴롭고 힘든 것이다.

인간은 한없이 자기중심적인 존재이다. 또한, 인간의 욕망은 끝이 없다. 욕망이 불러오는 사고와 행동은 삶의 부조화를 낳고 자기중심적 해석을 할 수 밖에 없는 뇌 구조가 또 다른 욕망을 잉태하여 끝없이 반복되는 악순환을 거듭하고 있는 것이다. 이런 측면에서 볼 때 인간의 삶은 매번 아프고, 다치고, 힘든 상처를 가질 수 있는 사회적 환경의 굴레를 벗어날 수가 없다. 그래서 우리는 매번 아프다. 그건 우주의 모든 관계를 자기중심적으로 해석하기 때문이다.

역설적으로 사주명리학의 시작은 내가 자기중심적이라는 것을 인정하는 작은 실천에서부터 비롯된다. 그것을 인정할 때 우린 비로소 타인에 대한 이해도 넓혀갈 수 있기 때문이다. 따라서 그처럼 소중한 존재인 나 자신을 알게 되고, 또 가족과는 어떤 인연을 가지고 있으며, 사회와의 교감은 어떻게 이루어지고 있는가를 배우는 것이다. 그

리고 내 앞에 놓인 삶이 궁금하고 미래에 대한 불안과 의문은 너무나 당연한 이치이다. 명리학은 그것에 대한 답을 주는 학문이다.

또한, 이처럼 소중한 존재인 내가 원하는 삶을 살기 위해서는 우선, 내가 누구인가를 알아야 하고, 내 마음이 어떻게 움직이는지를 세심하게 알아야 한다. 그리고 인생의 희로애락喜老哀樂이 나하고 어떤 관계를 맺고 있는가, 나와 주변에 둘러쌓인 환경은 지금 어떤 변화의 방향으로 흘러가고 있는가를 고민해 볼 때 우리는 더 건전하게 마음의 아픔을 극복할 수 있는 계기를 마련할 수 있다.

그렇다고 매번 아플 때마다 점집을 찾을 것인가? 우리가 인생을 살면서 한두 번 정도는 재미 삼아 점집을 찾을 수는 있다. 하지만 그게 일상이 되어서는 안 된다. 점집에 의존하고 기도와 명상만을 위한 삶을 살아간다는 것도 치유명리학이 추구하는 인간 치유의 목표가 아니기 때문이다. 이는 도道가 산이나 교회, 절 그리고 성당에 있는 것이 아니라 나와 함께하는 주변, 즉 생활 속에 도道가 있기 때문이다. 내가 생활하는 모든 것이 도道이며, 기도祈禱이고 명상冥想이다.

전자에 이야기했듯이 치유명리학은 사주명리학과 자연치유학 그리고 현대 심리학이 결합한 학문이다. 이 융·복합한 학문의 궁극적인 핵심은 진심으로 나를 알고 나를 사랑할 때 세상은 내가 그동안 보지 못한 것을 보여준다는 것이다. 또한, 나와 함께 이루어진 세계에 대한 이타적 공진화가 만들어진다는 것이다.

이런 말이 있다. 오늘의 삶의 모습은 5년 전 내가 살았던 과거를 보여주는 것이요, 지금 살고 있는 내 모습은 앞으로 5년, 또는 10년을 어떻게 살 수 있는가를 가늠할 수 있는 잣대가 될 수 있다는 것이다. 이 말은 지금 살고 있는 '현실을 바로 보고, 최선을 실천하는 삶을 살아간다면 점이라는 구복신앙이 필요없다.'는 의미일 것이다.

지금 나의 모습을 바라볼 수 있는 힘은 바로 내 자신의 앎이다. 내 자신 앎은 명리이다. 명리는 명命의 이치를 깨닫게 하는 학문이기 때문이다.

그렇다면 삶의 방향을 결정하는 데 명리학은 어떤 역할을 하는가? 가장 중요한 것은 본인의 판단과 의지이다. '관상불여심상觀相不與心相이요, 심상불여용심心相不與用心'이라는 말이 있다. 즉 생김새보다는 마음의 상이요, 마음의 상보다는 그 마음을 어떻게 사용하느냐?에 따라 삶의 방향이 결정된다는 의미일 것이다.

사주명리학은 수용受容의 학문이다. 그리고 위로慰勞의 학문이다. 나를 수용하면 편하다. 그게 나인데 어쩌라는 것인데, 그리고 나를 인정할 때 배짱이 생기게 된다. 나와 너의 다름을 인정하는 용기가 마련될 때 비로소 우리는 나 다운 삶을 바라보고 행동할 수 있는 자신감이 생기기 때문이다.

아이러니하게도 사주명리학을 공부한 사람은 점집을 찾지 않는다. 사주명리학은 위로와 감사 그리고 용기의 학문이기 때문이다. 힘들고

어려움이 닥칠 때 쉬어갈 줄 아는 배짱이 생기는 것이다. 그게 나이고 내 팔자인데 그래서 어쩌라는데 하는 마음도 생겨나면서 이상하게 그 다음에는 좀 더 자신을 발전시키고 성장시키고 싶은 마음이 드는 것이다.

인생의 모든 문제의 고통은 자신에게 일어난 일들을 받아들일 수 없기 때문에 생겨난 것이기도 하다. 하지만 받아들이지 못한다고 해서 달라지는 것은 없다. 다시 한번 세네카의 표현을 빌자면 "삶 전체가 눈물을 요구하는데, 그 단편을 놓고 흐느껴봐야 소용이 없는 것"이다. 결국, 남에게 일어나는 힘든 일이 내게도 일어날 수 있으며, 그게 인생이라는 것, 단지 누구에게나 일어날 수 있는 일이 확률적으로 나에게 일어난 것뿐임을 받아들인다면 삶의 무게가 조금은 가벼워지지 않을까? 또한, 인간이 가지고 있는 욕망의 무게를 좀 더 덜어낼 수만 있다면 우리는 삶을 더 풍요롭고 아름답게 살아갈 수가 있지 않을까? 그렇기 때문에 누구에게나 삶은 고통스럽고, 또한 아름다운 것이다. 이런 고통과 아름다움을 나에게만 준다고 절망하거나 희망하지는 말자.

4) 운명을 알면 하늘天을 원망하지 않고, 나를 알면 남他人을 탓하지 않는다.

삶에서 내가 누구인지 알아가는 과정만큼 중요한 것은 없다. 서양에서는 "나는 생각한다. 고로 존재한다Cogito Ergo Sum"라는 데카르트의 말처럼 좀 더 이성적인 존재로서의 인간을 강조해 왔다. 이는 서양 철학은 철저하게 인간중심의 학문이면서, 이성적인 판단을 중시한 사판事判의 학문이다. 하지만 동양철학은 시작은 자연이다. 그리고 이판理判의 학문이다.

명리학이 동양에서 생겨난 까닭은 동양이 하늘을 의지한 채 살아야 하는 농경사회였기 때문이다. 농사를 짓기 위해서는 자연과 더불어 살면서 늘 하늘과 땅을 살펴야 했을 것이다. 그래서 더욱 자연의 섭리에 따라 사는 것을 자연스럽게 받아들였고, 천인합일天人合一사상에 동양의 기본사상이 바탕을 두게 된 것도 그 때문일 것이다. 그렇다면 다시 처음으로 돌아가 주어진 운명대로 사는 것이 명리학인가? 그리고 운명을 알면 하늘을 원망하지 않는가? 또한, 나를 알면 남을 탓하지 않는 것인가? 그 질문에 대한 답을 해 보자.

사주명리학을 상담할 때 원국原局이라는 말이 있다 원국이란 쉽게 말해 '태어날 때 주어진 명命'이라는 뜻이다. 그렇다면 원국대로 사는 사람과 그렇지않은 사람의 차이는 무엇일까? 자신의 원국대로 살아가는 사람은 자신의 삶에 대해 자존감과 행복을 느끼는 시공간이 다르다. 이는 자신의 삶이 더 편하고 가볍다는 것이다. 삶의 자존감과 행복은 힘들 때 쉬어갈 줄 알고, 고통스러울 때 참아내는 힘이 더 크다는 걸 말함이다.

이에 비해 자신의 원국대로 살지 못하는 사람은 그가 이룬 사회적 성취와는 상관없이 늘 허전함을 느끼고, 자신의 삶에 만족하지 못한다. 자신의 삶이 만족스럽게 살지 못하는 사람들은 빨리 자신의 원국을 정비해 볼 때이다. 그리고 만일 자신의 삶이 고민스럽거나 또는 다른 이유로 이들의 고민을 들어줄 기회가 있다면 원국原局을 살펴보는 것이 유의미하다.

왜냐하면 명리학은 뭔가를 적중시키거나 미래의 일을 알아맞추기 위해 존재하는 게 아니라 누구에게나 닥칠 수 있는 불운을 예비하고, 그 불운으로 발생하는 고통을 나누려는 이타심利他心이기 때문이다. 특히 '치유명리상담治癒命理相談'은 누군가의 삶에 대한 고민과 이야기를 들어주는 「위로의 카운슬링Counseling」이기 때문이다.

또한, 사주명리학은 타고난 명命을 말하고, 몸體을 말하고, 길道을 말한다. 그것은 숙명처럼 정해져 있어서 어찌할 수 없는 게 아니라 그 길이 '앎을 통해 바로 볼 수 있다.'라는 자신감을 고취하는 열정을 만들어 주는 인생의 통로가 될 수 있음을 말해준다. 세상은 아는 만큼 걸을 수 있고, 걷는 만큼 즐길 수 있다. 그래서 앎이 삶의 복지福祉이며 길道이자 내 삶의 치유治癒이다. 그리고 모든 치유는 나를 아는 명命에서 시작한다.

인생을 살면서 가장 많이 듣는 말 중 하나가 운칠기삼運七技三이라는 말이다. 운칠기삼은 세상의 모든 일이 운運이 칠7이요, 실력이 삼3이라는 뜻이다. 흔히 "아무리 노력해도 머리 좋은 사람은 당하기 어렵고, 아무리 머리가 좋아도 운運 좋은 사람만 못하다"는 말도 넋두리만은 아니다.

'운 좋다', '운 나쁘다', '운이 다하다' 등은 우리가 일상에서 자주 접하는 말이다. 사람들이 십년운세十年運勢와 오늘의 운세運勢, 띠별 운세運勢, 일진日辰 등도 우리가 함께하는 익숙한 용어이다.

운에 대한 국어적 의미와 한자적 의미는 좀 다르다. 국어적 의미는 정해진 운명, 즉 인간의 힘으로 어쩔 수 없는 것이라고 표현한다. 하지만 한자적 의미는 자동차가 차근차근 움직인다는 뜻이다. 또한 운運은 돌고 돈다는 의미도 내포하고 있다. 또 운運은 누구에게나 공평하다는 사실이다. 그래서 하늘은 천지불인天地不仁이요 천도무친天道無親이라고 하지 않는가? 이는 인간에 대한 운의 분배가 공정하게 이루어짐을 표현하는 말이다.

명리학에서는 흔히 타고난 사주원국四柱原局을 자동차에 비교한다. 운運을 도로로 비유하고, 자신의 원국原局을 자동차의 크기 또는 엔진으로 비유한다. 자동차가 아무리 명차라고 해도 도로 사정이 나쁜 곳을 운행하면 그 자동차는 오래가지 못할 것이다. 반대로 자신의 원국이 경차로 태어났지만 내 자동차가 운행하는 도로가 10년 동안 막힘없는 고속도로라면 그야말로 인생은 거침없이 질주할 것이다. 이처럼 운運은 원국原局의 연장으로 볼 수 있다.

그래서 사주는 원국도 중요하지만 만나는 대운大運이 더 중요하다는 것을 말한다. 대운이란 나에게 적용되는 우주의 기운을 천간天干과 지지地支, 즉 간지干支라는 두 글자로 표현한 것이다. 특히 대운大運은 개인의 후천운세後天運勢에 미치는 영향이 크다. 일부 학자는 후천적으로 돌아오는 대운을 한 기둥으로 하여 사주가 아닌 '오주五柱'라고 부르기도 한다. 하지만 대부분의 사람은 다양한 이유로 자신의 원국原局대로 살지 않는다. 즉 원국이 주어진 대로 살아가는 사람은 30%밖에 되지 않는다는 것이다. 사람은 타고난 팔자대로 살아야지 대운大運이 바뀌면서 공평한 기회를 가질 수 있는 것이다.

흔히 사람이 태어난 년월일시를 원국原局이라 하면, 사주원국 뒤에 따라오는 것이 운運이다. 후생後生에 발생하는 운運은 크게 대운大運과 세운歲運으로 구분하고, 작게는 월운月運과 일진日辰으로 나눈다. 대운은 누구나 10년마다 바뀌는 운을 말한다. 우리에게 여러 가지의 운運이 있다는 것은 하늘은 모든 사람에게 똑같은 섭리를 베푼다는 의미이기도 하다.

명리학에서는 새로운 해가 시작되는 시점은 입춘일立春日을 기준으로 한다. 따라서 대운大運도 입춘이 지나면 새롭게 시작되는 것이다. 한편, 우주의 공전과 자전에 의해서 해가 바뀌고 입춘이 온다는 것은 누구에게나 행운과 불운이 공존한다는 의미이기도 하다.

즉, 사시계절四時季節에 맞는 희로애락喜怒哀樂과 생로병사生老病死가 공평하다는 논리이다. 모든 인생의 시始·중中·종終이 거의 비슷할진데 하루빨리 "내 명運을 알고 또한 내 운명을 사랑하고 싶지 않은가? 아모르 파티Amor fati"

5) 운명運命과 인간의 존재

사주명리학이란 인간이 타고난 명의 이치를 밝혀서 변화하는 시간에 따라 공간의 성패를 예측하는 학문이다. 불확실한 삶을 살고 있는 현대인에게 가장 필요한 지혜로운 학문이고, 현대 서양과학의 학문적 목적과도 일치하는 경우가 많다.

사주명리학에서는 네 가지 주요 개념[12]이 있다. 즉 명命, 운運, 운명運命 그리고 피흉추길避凶趨吉이다.

첫 번째, 명命이란 하늘로부터 받는다는 필연적·공간적 현상이다. 여기에 운運이라는 시간적·상대적 변화 현상을 가미한 것이다.

두 번째, 운運이란 고정되어 있는 것이 아니고 시간이 흐르면서 항시 변화하고 있다는 의미이다. 예를 들면, "쥐구멍에도 볕 들 날이 있다"는 말이 있다. 쥐구멍은 공간적인 명을 나타낸 것이고 볕 들 날은 시간적인 운의 변화를 나타낸 것으로 볼 수 있다. 시간의 변화, 즉 운이 변하면서 그늘진 공간인 쥐구멍에도 볕이 들어 좋은 운이 올 때가 있다는 것이다. 이것은 인간사人間事를 비롯해서 모든 만물사萬物事는 영원한 음지도 영원한 양지도 없고, 시간의 변화에 따라서 좋고 나쁜 일이 순환한다는 의미이다.

세 번째, 운명이란 무엇일까? 운명運命이란 다른 말로는 '명운命運'이라고도 하는데, 명과 운이 상호작용하면서 나타난 현상을 말한다. 즉 시간적 흐름에 따라 변화하는 운에 인간의 명이 어떻게 대응하냐에 따라서 그 사람의 미래가 펼쳐진다는 것을 의미한다. 흔히 쓰는 말 가운데 '운명의 장난'이라는 말이 있다. 이는 명과 운의 상호작용으로 나타난 결과가 바람직하지 않을 때 빗대어 하는 말이며, 운명론이란

---

12) 권일찬, 동양과학개론 인용, 충북대학교 출판부, 2010.

운과 명의 상호작용으로 모든 것이 결정된다는 것을 표현한 것이다. 그렇다면 피·흉·추·길이란 무엇일까?

네 번째, 피흉추길避凶追吉이라는 말은 자신의 미래를 미리 예측하고 대비하고자 하는 인간의 행위이다. 인간사, 즉 흉한 일은 피하고 싶고, 길한 일은 적극적으로 받아들이고 싶은 게 인간의 마음인데, 이 모든 게 어찌 인간이 마음대로 될 수가 있겠는가? 사주명리학의 출발은 이 네 가지 고민을 해석하는 학문이다.

그래서 사주명리학은 상업적商業的인 사술邪術이 되어서는 안 되고, 인간의 몸 · 맘 · 숨을 어울리게 하는 『치유 · 명리 · 심리 · 상담학』이 되어야 하는 필연적 목표가 창생創生된 것이다.

『설문해자說文解字』[13)에서 명命은 口와 令의 합성어인 '명령命令'으로 쓰였다. 명은 고대 동양철학의 중요한 개념의 하나로 인력으로 어찌할 수 없는 객관적인 필연성이기 때문에 사람이 파악하기 매우 어렵다. 그래서 공자도 50 나이에 "지천명知天命을 인식했다."고 한다. 이

---

13) 《설문해자》는 중국의 가장 오래된 자전字典으로, 중국 후한의 경학자經學者인 허신이 필생으로 노력을 기울려 저술한 책으로 알려져 있다. 다음, 위키백과.

렇게 명은 인간 밖에서 인간의 존재 방식을 규정하고 한정하는 일종의 힘 또는 명령을 가리키지만, 보통은 인간이 노력을 다한 뒤에 어쩔 수 없이 오는 운명 내지 인간의 힘으로 결정하거나 변화시킬 수도 없는 어떤 필연성을 의미한다.[14]

여기서 필연적必然的이란 부여받은 쪽을 기준으로 표현할 때는 명命이고, 외부적인 작용이나 힘을 부여하는 쪽을 기준으로 할 때는 천天이기 때문에 천과 명은 상통한다. 천명과 더불어 천인天人 관계는 동양철학의 중요한 키워드이면서 논쟁거리이다. 기본적으로 천天이라는 글자의 큰 함의는 주제성主宰性에 있다.

주제성이란 자신이나 인간이 주도하는 것이 아니라 인간 이외의 어떤 것이 주도한다는 타자적 의미가 강하다. 그러므로 주제主宰라는 말에는 인간보다 더 높고 고귀한 의미가 들어 있으며 철학적으로 보면 필연적이라는 의미가 된다. 이렇게 부득이하고 어찌할 수 없다는 면에서 천天과 명命은 상통하기도 하지만 작용의 측면에서 보면 구분되기도 한다.[15]

고대사회에서는 천과 명은 뚜렷한 구별 없이 사용되었다. 가장 많이 쓰인 것은 천·지·인 삼재三才 사상이며, 천지인 삼재 사상은 곧 인간의 명을 하늘과 땅 사이 시공간을 연결해주는 중요한 개념으로 정립되어 동양사상의 뿌리가 된 것이다.

특히 『서경』에 근거한 명命은 상제가 명을 써서 백성을 다스리고, 이로써 은대殷代, 주대周代 때는 전통적인 종교관에 근거한 상제가 명

---

14) 김철완, 「명리학에서 나타난 수양론의 유가적 연구」 대전대학교 대학원 박사학위 논문, 2013, 13쪽.
15) 신영호, 「命理約言의 知命體系研究」 동방문화대학교 대학원 박사학위논문, 2018, 81쪽

의 관념으로 존재했음을 알 수 있다. 이 시대의 명은 하늘에 바탕을 둔 명령이기 때문에 인격적인 하늘의 명령을 의미하며 통치권을 나타냈는데, 춘추시대에 전·후 일반 민중에게도 명의 품수稟受를 언급하게 되어 명의 개념이 확대되었다.

하지만 『논어』에서 천명天命은 사명使命과 운명運命이라는 둘로 구분하는데 공자가 주장하는 명命은 '사명使命'에 무게 중심을 두고 있다. 그래서 "말씀하지 않으면 도를 어떻게 전하겠느냐" 하는 제자 자공子貢의 질문에 공자가 답하기를 "하늘이 무슨 말을 하더냐? 사계절이 운행되고, 모든 만물이 거기서 생겨난다."[16]라고 하였다.

공자의 사상을 계승한 자사子思는 좀 더 나아가서 "하늘이 사람에게 명한 것을 본성이라 하고, 그 본성을 따르는 것을 도道라고 한다."[17] 하여 천명을 곧 성性이라고 규정하였다. 이어서 맹자는 천명사상을 체계화하여 "그 마음을 지극히 하는 자는 본성을 알게 되고, 본성을 알게 되면 하늘을 알게 된다."고 하여 인간의 본성을 천명에 비유하였다.

특히 맹자는 인·의·예·지와 같은 자아의 내적인 도덕적인 가치와 부귀영달富貴榮達이나 수요壽夭와 같은 자아 외적인 가치로 명을 나누어 쓰는데, 천명을 아는 사람은 위험한 담장 밑에 서지 않는다고 하면서 "도를 다하고 죽는 것은 바른 명命이며, 죄를 지어 구속되어 죽는 것은 바른 명命이 아니다."[18]라고 하여 천명의 가치를 도덕에 두었다.

---

16) 『論語』, 「陽貨」: 天何言哉 四時言行 百物生焉
17) 『맹자』, 「盡心章句上」: 盡其心者 知其性也, 知其性 則知天矣
18) 『中庸』, 第1章 : 天命之謂性

그래서 하늘이 부여한 명命을 인간의 본성으로 보면 성性은 천天으로부터 인간에게 부여된 것이므로 인간의 심성에 부여된 천리天理를 위주로 이론을 정립한 것이 성리학性理學이

며, 개괄적이고 외부적이며 길흉화복과 같은 인간의 운명적인 측면을 이론적으로 정립한 것이 명리학命理學이다.

우리가 흔히 명리학에서 명命이라 할 때는 광의의 명과 협의의 명으로 나누어 생각한다. 인간이 살아가는 전체의 삶을 말할 때 '천명으로서의 운명'은 광의의 命이라 할 수 있지만, 명리학에서 말하는 인간이 타고난 명命은 사주팔자의 명식命式, 운을 운행하는 대운과 세운 등 협의적 개념의 명으로 사용하기도 한다.

하지만 천문학적인 개념에서의 숙명론 등은 별도의 구별이 있다. 또한, 협의적 개념에서 명리命理를 말할 때 인간이 태어날 때부터 하늘로 받은 인간의 기氣를 나타내기도 한다. 여기서 기를 더 구체적으로 말하면, 오운육기五運六氣를 의미한다.

즉, 인간이 태어나는 년월일시의 우주의 상태, 즉 코스모스적인 개념에서는 일월성신의 위치 변화에 따라 기氣 운행이 변하는 '우주의 분위기'를 오운육기로 나타낸 것을 말한다. 따라서 황제내경에서는 사람이 태어나는 년월일시에 해당하는 우주의 기운, 즉 음양오행陰陽五行과 오운육기의 운행을 그 사람의 명命이라고 한다.

본서에서 말하는 사주명리는 우주의 시간대별의 위치에 따른 우주

의 분위기 또는 기운을 나타낸 부호 또는 비밀코드이다. 이 부호와 비밀코드를 그 사람의 사주四柱, 명조命造 그리고 명식命式이라고 표현하는 것이다.

이는 운이란 시간에 따라서 변화하여 나타나는 우주의 기운 또는 분위기를 말하는데, 황제내경에서 말하는 명이 인간이 태어날 때 하늘로부터 부여받은 어느 한 시점의 우주의 기운 즉 오운육기五運六氣의 한 시점을 나타낸 것이라면 명리학에서 운은 계속 변화하는 패턴을 나타낸 이론 체계이다. 즉 명은 공간적 의미이고, 운은 시간적 의미로 해석할 수 있다. 따라서 명은 한번 설정되면 영원히 변하지 않지만, 운은 계속 변화하는 생장소멸의 기운 체계이다. 즉 운은 계속 변화하면서 삼라만상에 영향을 미친다. 이에 운명이라 함은 명과 운을 서로 상호작용하면서 나타난 결과를 말함이다.

인간이 하늘로부터 받은 천명, 즉 사주팔자가 변화하는 우주의 기운, 즉 운이 어떻냐에 따라서 상호작용이 다양하며, 그 상호작용의 결과가 펼쳐지는 현상을 운명이라고 볼 수 있다. 흔히 때를 알고 나아갈 때 나아가고, 물러날 때 물러날 줄 아는 인간 경영철학의 밑거름이 바로 본서에서 표현하고자 하는 사주운명학을 말함이다. 그래서 사주운명학은 시공간의 과학·인문적 학문이다.

그래서 인간의 명命과 인간 존재 가치 함의는 결코 음양오행의 범주 안에서 머물고, 지구상의 모든 만물이 코스모스적 변화의 틀을 벗어날 수 없다. 또한, 내가 누구인가? 라는 인간 본연의 질문은 인간에 대한 천명, 즉 나에 대한 명식命式을 알았을 때 더욱 겸손해질 수 있다. 특히 명리에서의 깨달음은 인간의 존재를 어떻게 인식하고 있는가? 이다. 인간의 존재를 인식하는 정도는 각 개인 간의 명식命式에 대한 운運과 명命의 상호작용에 어떻게 반응하느냐를 나타낼 수 있다.

이런 반응을 연구하는 분야가 명리·심리학 분야이며, 이 운運과 명命의 상호작용의 틀을 체體와 용用의 관계로 확장하여 인간 성정을 다스리는 게 치유명상학治癒瞑想學이다. 그래서 명리는 인간 수양과 치유의 도를 깨닫게 해주는 디딤돌 학문이면서, 과학·인문·철학의 중심 학문이다.

또한, 사주·명리는 심리와 치유, 그리고 자기경영이 결합한 융·복합 학문으로 성장 발전해야 한다. 이는 사주명리학의 유구한 역사가 사람을 위한 몸·맘·숨 중화사상中和思想과 자기수양自己修養을 위한 인간 치유의 대서사시이기 때문이다.

4. 역易은 천문학天文學이며, 사주명리학四柱命理學의 출발은 역易이다

지구에서 살아가는 모든 생명체는 몸 안에 시계를 하나씩 달고 있다. 생명체들이 밤낮을 구별하고, 계절 변화를 예측하고, 이에 따라 행동을 조절하는 것은 이러한 생체 시계 덕분이다. 사람 역시 24시간을 주기로 생체리듬을 조절하는 생체 시계가 작동하기 때문에 몸·맘·숨의 항상성을 유지할 수 있는 것이다.

인간에게 생체리듬이 존재한다는 것은 끊임없이 우주와 소통하고 있다는 것이다. 우주와의 소통은 우주의 시공간의 교통이며, 인간이라는 소우주의 생극제화生剋制化를 지배한다.

하늘과 땅에서의 인간은 해와 달의 영향 속에서 살아가며 이때 해의 영향을 양陽의 작용이라고 하고, 달의 영향을 음陰의 작용이라고 한다. 이에 해와 달, 그리고 오성日月星辰의 영향에 따라 인간의 운명이 결정되는 것이다. 그래서 역易과 사주명리학의 모태는 천문天文을 읽는데서 부터 출발해야 하는 것이다.

1) 천문天文이 곧 사람 사는 무늬人文이다.

역易을 한다는 것은 위로는 천문天文을 통하고 아래로는 지리地理에 달통하며, 또한 인사人事를 살펴볼 줄 아는 것을 말한다. 이것을 우리는 상통천문上通天文, 하달지리下達地理, 중찰인사中察人事라고 한다. 그래서 사주명리학의 근본적인 해석 기반은 시공간이다. 왜냐하면 별星辰은 시공간을 나타내고, 시공간은 사건 및 존재의 본성과 직결되기

때문이다.

이미 동양에서는 상고시대부터 천문 현상이 인간사에 미치는 영향을 연구하여 하나의 학문으로 발전시켜왔다. 지구는 태양을 일주하고, 태양은 북극성을 일주하며, 북극성은 또 우주의 중심을 일주하기 때문에 우주에서 일어나는 천문학적인 현상은 당연히 지구에 영향을 미치게 마련이다.

고대부터 사람의 얼굴을 우주의 형상, 배를 땅의 형상 그리고 사람의 아래 부분을 인간의 형상으로 표현하여 원·방·각圓方角이라고 불렀다. 또한 사람을 천즉인天卽人, 인즉천人卽天하여 소우주라고 표현하는 것이다. 이는 사람과 우주를 하나의 태생으로 인식했다는 의미이다. 이런 우주의 모습은 일월성신日月星辰의 변화와 함께 〈명리학〉에 접목하여 사람의 운명을 예측하고, 이 변화가 자연계에 미치는 영향을 연구하여 사람의 병리를 파악하는 목적으로 『황제내경』이 탄생하게 된 것이다.

역易의 시작은 지구상의 만물이 소생하기 전의 지구는 혼돈한 상태부터이다. 이 혼돈한 상태에서 청靑한 기운은 따뜻한 기운과 함께 상승하여 하늘이 되었고, 탁濁하고 차가운 기운은 아래에 머물러 대지가 되었다. 흔히 형상形象이라는 말을 할 때 쓰는 상象이라는 글자는 하늘을 비유할 때 쓰고, 형形이라는 글자는 땅을 비유할 때 쓴다. 그래서 하늘은 맑고 청靑해서 상을 이루고, 땅은 어둡고 탁濁해서 형을 이룬다는 것이다. 이렇게 구분된 상과 형은 기질로 구분해 볼 수 있는데, 하늘을 나타내는 상象이라는 것은 요즘 흔히 쓰이는 기氣라는 말로 나타낼 수 있고, 땅을 나타내는 형形이라는 것은 질質로 나타낼 수 있다.

역의 원리는 항상 변화에 의해 생장소멸生長消滅의 과정을 겪게 되는데, 이때 하늘의 기운이 우주의 운기에 영향을 받아 양과 음의 작용이 나타나게 되었다. 이는 해와 달의 작용을 뜻하며, 이 해와 달의 작용을 통해 모든 만물이 소생하게 되었다. 그리고 모든 만물이 소생하면서 지구상에 인류가 탄생된 것이다. 따라서 인간은 해와 달의 영향 하에 살아가게 된 것이며, 이 해와 달이 지구에 미치는 영향에 따라 인간의 운명도 달라지게 된다. 그에 따라 해와 달의 작용을 연구하면서 천문학이 등장하였고, 이에 따라 인간의 길흉을 연구하게 되었는데 여기서 역易이 출발한 것이다.

역이라는 글자는 일日과 월月의 합성어인 것도 이런 연유에서 시작한 것이다. 역의 의미를 살펴보면 첫째는, 철학적 의미의 도道이다. 동양철학의 세계에서 우주의 순환원리나 법칙을 도라고 한다. 그 도가 바로 역易에서 시작된 것이다. 도道는 우주의 질서요, 천·지·인이 순환하는 과정이다. 따라서 역易은 우주 만물과 그 변화를 대표하는 하늘天과 땅地, 그 속에서 인간을 기본으로 하는 것이다.

두 번째, 역이란 주역점周易占과 같은 길흉화복을 점치는 술術이라

는 것이다. 오래전에 역易은 인사를 관리는 정치적 수양의 학문보다는 미래의 변화을 예측하는 점복술占卜術로서 그 역할을 했다. 점복술占卜術은 고대古代 제정일치 시대에는 일종의 부족을 통치하는 방법으로 활용하였기 때문이다.

세 번째, 수數의 개념이다. 수라는 개념은 우리가 흔히 달력이 수의 개념으로 만들어진 것이다. 우리 조상 중 몇몇 선각자들이 백성들의 고단한 농사를 좀 더 쉽게 지을 수 있는 방법을 고민하다가 부호와 숫자로 24절기 월력月曆을 고안하기 위해 역을 수로 환산하기 시작한 것이다.

끝으로 역이란 하늘의 변화인 천역天易과 땅의 변화인 지역地易과 그 속에서의 인간의 도리人易를 연구하는 학문인 것이다. 이러한 역은 자연계의 변화를 통해서 나타나는 것이며, 이러한 자연계의 변화는 인간의 운명을 직간접적으로 지배하여 각종의 인간사회의 시스템을 구축하게 된 것이다. 이러한 시스템 중에 하나가 사주명리학이다.

사주명리학에서 말하는 음양오행陰陽五行이라는 것도 형체가 있는 것과 없는 것으로 표현할 수 있다. 음양이라는 것은 형체가 없고, 오행이라는 것은 형체가 있으므로 상象과 형形, 그리고 기氣와 질質이라는 것으로 나타낼 수 있다. 또한, 형체가 있는 것과 없는 것들은 서로 엉키고 섞여서 체体와 용用의 관계를 가지게 된다. 인문적 관계에서 체와 용은 사람의 그릇을 판단하는 격국格局으로 발전하고, 용신이라는 유용한 신有用之神으로 활동하게 되는 것이다.

2) 우리가 살고 있는 우주가 언제 어떻게 생성되었을까?

지금 우리가 살고 있는 인간 세상은 차가운 밤이 지나고 다시 세상을 살리는 듯 따스하게 비추는 아침 햇살이 주는 느낌을 알고 있다. 태양은 생활에 활력을 준다는 상징적인 의미를 갖고 있는데, 이는 태양이 지구에 에너지를 공급하는 유일한 근원이기 때문이다.

우리하고 가장 가까운 태양계는 거대한 은하의 중심에서 약 3만 200광년 떨어진 거리에 있다. 즉 거대한 은하면의 3분의 2 위치에 자리 잡고 있다. 과학자들이 추측하는 우리 태양계의 탄생 시나리오는 대략 다음과 같다.

약 46억 년 전 거대한 별 하나가 초신성의 폭발을 일으켰는데, 격렬한 폭발로 생긴 충격파가 파도처럼 우주 공간으로 퍼져 나가면서 가스와 우주먼지로 된 소용돌이 구름이 생겨났고, 구름은 점점 더 빠르게 회전하면서 중심부에 붉게 타오르는 볼록한 원반 모양을 만들었다.

이런 탄생 과정을 거친 태양계는 우리가 몸을 싣고 있는 지구를 비롯해 수성·금성·화성·목성·토성·천왕성·해왕성 등 여덟 개의 행성, 5개의 외행성 170개가 넘는 위성군단을 거느리고 있다. 밤하늘에 반짝이다 사라진 별똥별까지 합치면 이루 헤아릴 수 없다. 이중 우리 인간에게 가장 크게 영향을 미치는 별자리를 일월과 오성이라고 한다.

천문학적인 관점에서 보면 태양을 중심으로 한 태양계에서 지구에 영향을 미치는 행성은 지구를 반경으로 목성木星, 화성火星, 토성土星, 금성金星, 수성水星 외에 천왕성, 명왕성, 해왕성 등 많은 행성이 있다. 그중 지구에 영향을 미치는 행성은 목·화·토·금·수 등의 오행성뿐이며 그 외 행성은 지구와의 거리가 수십 억 광년에 이르고 있어 지구에 미치는 영향은 없다고 보아야 한다. 따라서 목·화·토·금·수의 오행성이 지구에 지대한 영향을 주며, 지구상의 인간은 일월日月과 오행성五行星의 영향 속에서 살아간다.

오행성 중 우선 수성을 보면 지름은 4,880Km이고 태양과의 거리는 5,790Km이며 자전주기 59일, 공전주기 88일, 중력은 85kg인 검은색의 행성으로 지구상의 물水에 지대한 영향을 미치는 행성이다. 금성은 지름이 1만 2,100Km로 태양과의 거리는 1억 820만Km이며, 자전주기는 243일, 공전주기는 224일 중력은 85kg으로 금속金屬과 연관된 행성이다.

화성은 지름이 6,794Km로 태양과의 거리는 2억 2,800Km이고, 자전주기는 24시간 37분, 공전주기 687일이며, 중력은 85kg으로 지구의 불火과 연관된 행성이다. 목성은 지름이 14만 3,200Km이고, 태양과의 거리는 7억 7,830Km로 자전주기 9시간 55분, 공전주기 11년, 중력 85kg인 나무木와 연관된 행성이다.

토성은 지름이 12만 Km이고, 태양과의 거리 14억 2,700Km이고, 자전주기 10시간 40분, 공전주기 29년으로 중력이 85kg으로 지구상의 흙土과 연관된 행성이다.

자, 여기까지는 누구나 알아두어도 좋은 상식에 속한다. 이제부터 천문의 자음과 모음에 대해서 이야기를 시작해 보자.

천문학Astrology은 하늘의 글월을 배운다는 뜻이다. 하늘에 떠 있는 황도12궁과 10행성은 하늘나라 말의 자음과 모음에 비유될 수 있다. 한글의 자음과 모음이 모여 다양한 음절들이 생겨나듯이 각 행성들도 황도12궁 중 어느 한 궁을 배경으로 할 때 그 궁의 기질에 의해 채색된 자신의 기능을 표현하게 되는 것이다. 황도12궁과 10행성은 이 세상에 존재할 수 있는 모든 기氣와 질質, 그리고 체体와 용用으로 표현할 수 있는 천간天干·지지地支의 다른 양식적 60갑자의 원형이다.

옛날에는 농사가 중요했는데 시공간을 구별할 수 있는 방법이 없었기 때문에 언제 씨 뿌리고 수확해야 하는지를 알기 위한 방법을 찾아내야 했었다. 우리 조상들이 찾은 방법 중 하나 바로 인간사에 가장 크게 영향을 미치는 일월 오성과 28수 별자리를 찾아낸 것이다. 그중 오행성이 달과 해의 중력 속에서 지구에 영향을 미치며, 지구상의 인간은 이 오행성의 영향 하에서 살아가는 것을 알게 되었다.

이처럼 역은 해와 달의 영향 아래 오행성의 작용에 따라 지구상에 존재하는 인간의 길흉이 달라진다고 보고, 이의 상호작용에 따라 인간의 길흉을 연구하는 학문으로 발전하게 된 것이다.

따라서 지구상의 모든 인간은 양의 작용인 해와 음의 작용인 달의 영향과 목·화·토·금·수의 오행성의 상호작용 하에서 살아간다. 따라서 오행성이 어떤 영향 하에 있느냐에 따라 인간의 길흉화복은 달라질 것으로 보며 이를 연구하는 학문이 역학이면서 명리학 등 인간의 학문이 된 것이다.

결국, 역학은 천문학에서 출발한 것이고, 사주명리학은 역에서 인문철학적 해석의 지평을 확대한 것이다. 그래서 역과 명리는 과학적인

접근 방식으로 인문철학적 해석을 열어가야 할 학문인 것이다. 즉 역학과 명리학은 논리적이고, 경험적이고, 과학적인 학문이지 미신이 아니다.

결론적으로 역학과 명리를 체계적으로 분석한다면 인간의 미래를 예지豫知할 수 있는 것이다.

5. 하도河圖와 낙서洛書의 의미

1) 역易의 출발지

지금부터 5천여 년 전 중국의 황하 주변을 복희伏羲씨가 왕이 되어 그 지역을 다스릴 때 황하에서 용마龍馬가 나타났는데 이 말 등에 그림이 그려져 있어 이 그림을 보고 질그릇에 옮겨 그린 것을 하도河圖라고 한다. 그 후 낙수洛水라는 호수에서 거북이가 출현했는데 거북이 등에 무늬가 새겨져 있어 이를 보고 연구한 것을 낙서洛書라고 명명하였다.

「의역동원醫易同原」의 설명을 보면 "성인인 복희씨가 이를 보고 천하의 진리가 함축된 하늘의 계시啓示인줄 알고 깊이 간직하고 연구한 후 이치를 후세인이 알기가 어려울 것을 염려하여 이 수數의 상象을 보고 이미 설說한 팔괘八卦를 작作하였으므로 이를 일명 상수학象數學이라고도 하여 동양사상의 모든 핵심이라할 수 있는 주역周易 또는 이기학理氣學의 태동이라고도 하는 것이니 모든 음양오행론陰陽五行論의 연원인 것이며, 공자의 말도 그 후에 속하는 설문說文이라 할 수 있는 것

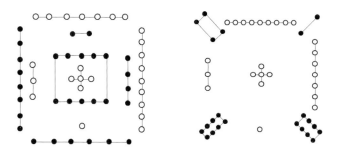

이다."[19]라고 하였다.

한편, 복희씨가 그린 하도河圖는 질그릇에 그린 그림인데 한자가 나오기 전으로 의사소통하는 방편으로 연구된 그림이었다. 그런데 이 그림을 자세히 연구한 결과 오늘날의 바둑판과 같은 모형을 갖고 있었는데 이 모형이 우주 만물의 법칙을 나타낸 것이라 생각하고 연구하면서 역易이 출발했다고 한다.

하도河圖의 위대함은 그림에서 보듯 전달에 있어 문자를 전혀 사용하지 않고 최대한 간결하게 전하였다는 것이다. 수천 년 전에 이미 고도로 발달한 전달체계를 고안해낸 것으로 그 시대 선각자들의 천재적인 발상이며, 하늘의 섭리를 헤아리지 않고는 창조할 수 없는 통찰력이다. 하도는 천체의 운행, 음양오행, 체體와 용用, 방위, 시간, 생生과 성成의 모든 내용을 담고 있으며, 해석을 위해서는 천문학 지식이 반드시 필요할 정도이니, 아득한 옛날에 더하여 새로운 전달 매체까지 고안해 낸 것은 인류사에 대단한 인문적 발견이라고 할 수 있다.

하도河圖는 하늘의 이치를 설명한 그림이었으며, 낙서洛書는 하늘의 이치가 인간이 사는 땅에서 일어나는 원리를 표시한 그림으로 중국의 문왕文王과 공자에 거쳐 연구되면서 역으로 발전하게 되었다. 결국 역의 근원지는 하도와 낙서인 것이다.[20]

2) 하도河圖·낙서洛書의 수數, 음양오행의 이론

음양오행으로 하도·낙서를 이야기할 때 음양이 하늘에서 상을 이

---

19) 이정래, 〈의역동원〉, 동양학술원, 1933, p. 59
20) 흔히, 도서관圖書館, 도서圖書, 즉 책이라는 뜻은 하도와 낙서에서 유래되었다고 한다.

루고 땅에서 오행이 행하여지는 것을 말한다. 다시 말하면 하도와 낙서는 서로가 경經과 위緯가 되어 하도에서 나온 팔괘와 낙서에서 나온 구궁九宮은 서로 안과 밖이 된다는 것이다. 즉 하도河圖가 체이면 낙서는 용이 되는데, 하도는 자연의 보편적인 변화에 대한 것이다. 천체의 변화, 식물의 변화, 그리고 인체의 경락에 대한 상도 포함된다. 그리고 후천 팔괘인 낙서洛書는 땅에서 사계절의 나아감과 물러감을 그 순서로 하여 위가 되고 역의 작용이 된다.

하지만 경우에 따라서는 하도가 위緯가 되고 낙서가 경經이 되기도 하며, 하도가 용用이 되고 낙서가 체体가 되기도 하는데, 이런 후에야 서로가 그 안과 밖을 다 갖추었다고 할 수 있다. 이러한 하도와 낙서는 우주변화의 전체를 그림과 숫자로 표현하여 인간만사人間萬事를 주관하고 인도하게 되는 것이다.

(1) 하도와 낙서가 나타내는 수

하도는 하늘의 상象을 음양으로 표시하였는데 북쪽의 1부터 시작해 동서남북을 골고루 돌아다니면서 하나씩 수가 증가하여 중앙에서 10이 되어 멈추게 된다. 여기서 하도는 하늘의 상을 음양으로 나타낸 것이고, 하늘에 펼쳐진 오행의 음양에 해당되는 1, 2, 3, 4, 5, 6, 7, 8, 9, 10의 열 개의 수가 하도의 수가 되는 것이다.

이때 1, 3, 5, 7, 9는 양의 수로 하늘의 숫자이고 2, 4, 6, 8, 10은 음의 수로 땅의 숫자를 표시한다. 또한, 1은 북쪽으로 오행상 수水를 표시하고, 2는 남쪽으로 오행상 화火를 표시하고, 3은 동쪽으로 오행상 목木을 표시하고, 4는 서쪽으로 오행상 금金을 표시하고, 5는 중앙으로 오행상 토土를 표시한다.

이때 1, 2, 3, 4, 5는 오행이 생겨날 때 부여받은 고유번호이며 이를 생수生數라 한다. 이 생수는 하늘의 수이며, 이 생수가 땅에서 조화를 이뤄 생긴 수가 성수成數이다. 이 성수는 생수에 5를 더해 땅에서 이뤄지는 숫자를 뜻한다.

즉, 하늘은 1로써 수水를 생 하면 땅은 6으로써 이루게 하며, 2로써 화火를 생 하면 땅에서는 7로서 이루게 하며, 하늘에서 3으로써 목木을 행하면 땅에서는 8로써 목木을 이루게 하고, 4로써 금金을 생 하면 땅에서는 9로써 금金을 이루게 한다.

하늘이 5로써 토土를 생 하면 땅에서는 10으로써 토土를 이루게 한다고 보는 것이다. 결국, 하늘의 수는 땅에서 이뤄지는데 수水의 경우는 1과 6이, 화火는 2와 7이, 목木은 3과 8이, 금金은 4와 9가, 토土는 5와 10이 짝을 이루고 있다.

이때 1은 양수이고 6은 음수인데 이는 음과 양이 조화를 이뤄 땅에서 이뤄짐을 뜻하는데 결국 음양의 조화 속에서 인간이 이뤄짐을 말해 주고 있다. 이는 남陽과 여陰 결합을 의미하며 지구상의 인간은 음양의 조화 속에서 생성되고 소멸됨을 뜻하는 것이다.

낙서洛書에 표시되는 숫자는 1에서 부터 9까지만 있는데 9 다음은 0이 존재한다고 본 것이다. 이 0은 우주의 숫자로 보이지 않는 곳에서 지구를 지배한다고 보고 있다. 이는 토土가 5인데 성수인 10은 필요 없다고 보는 것이다.

즉, 토土는 중앙으로 짝이 필요치 않으며 하도는 동서남북과 중앙에서 생수가 성수를 거느리고 있지만 낙서에서는 동서남북의 양수가 각 음수를 거느리고 있음을 표시하고 있다. 이는 하도는 하늘의 수 땅에서의 조화를 표시하는 것이기 때문이며 낙서는 땅에서의 오행을 표시하기에 생수와 성수의 구분보다는 숫자로써의 음양을 표시하는데

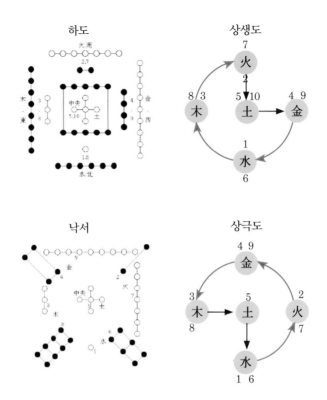

있기 때문이다. 그림으로 설명하면 다음과 같다.

그림에서 보듯이 하도에서 표시하는 숫자는 동서남북과 중앙에서 생수가 성수를 거느리고 있고, 낙서에서의 숫자는 동서남북의 양수가 각기 음수를 거느리고 있어 음양이 조화 이루고 있음을 표시하는 것이다.

낙서의 숫자 모형을 보면 어느 방향으로 더해도 15가 되니 15에서 10을 빼면 5가 남고 이 5가 중앙임을 말해주게 된다.

(2) 하도와 낙서의 생수生數와 성수成數

하도의 수는 열 개다. 여기서 1·3·5·7·9는 양수로 하늘의 수이고, 2·4·6·8·10은 음수로 땅의 수이다. 하늘의 수와 땅의 수를 생수와 성수로 나누어 보면, 생수는 1·2·3·4·5이고, 성수는 5에다가 다시 1·2·3·4·5의 수를 더한 6·7·8·9·10이 바로 성수가 된다.

생수는 오행이 생겨날 때 부여받은 고유의 수이고, 성수는 이 생수가 다시 작용을 하게 되면서 부여되는 두 번째 오행의 수이다. 하도와 낙서의 수는 모두 홀짝으로 이루어졌다. 만약 홀수와 짝수가 따로 존재하여 서로 만나지 않는다면 양이나 음이 서로 섞이지 않아 만물을 생성할 수 없게 된다.

반면에 낙서는 10이 빠진 아홉 개의 수로만 되어 있다. 하도에서는 음양이 서로 짝을 가지고 있는데 낙서에서는 짝이 하나 없게 된다. 이것은 하도가 음양을 빌어 하늘의 상을 설명하고 낙서는 오행을 빌어 땅에서 작용을 설명하기 때문이다. 땅의 주체는 5이다. 토는 땅의 주체로서 5로 나타내고 10 토土는 보이지 않는 곳에서 땅의 행사를 주관하기 때문에 낙서의 수는 9가 되는 것이다.

또한, 하도에서는 생수가 성수를 거느리고 같은 방향에 있는 반면에, 낙서에서는 중앙 5 토土를 중심으로 홀수가 짝수를 동서남북에 하나씩 위치하면서 네 모퉁이에 2·4·6·8의 짝수를 거느리는 것을 볼 수 있다. 그런데 낙수의 수가 9로 끝난다는 것은 사실은 9 다음에 0이 되는 것을 말한다. 즉 낙서의 수는 1·2·3·4·5·6·7·8·9·0이 되는 것이고, 0은 보이지 않는 수이기 때문에 표시하지 않는 것이다.

하도의 수와 낙서의 수는 모양은 서로 같지 않으나 이들이 갖고 있는 원리는 똑같은 것이다. 이는 하도의 수는 땅의 수를 체體로 하고, 낙서의 수는 하늘의 수를 체體로 하여 서로 간 체·용 관계를 이루며 안과 밖의 상호성을 유지하므로 결국 모양은 다를지라도 종국에서는 하나가 된다는 뜻이다. 이러한 하도와 낙서의 체·용 관계는 우주의 기운을 이끌고 당기는 것이 하나이고, 그 작용의 순서가 결국은 선후가 있는 게 아니라 동시적인 모습이라는 것이다.

(3) 하도 · 낙서에서 중앙 5 토土의 의미

삼천양지參天兩地에서 말하기를 하늘의 수는 3이고, 땅의 수는 2이다. 생수生數인 1·2·3·4·5 가운데 하늘의 수는 1·3·5가 되어 삼3이며, 땅의 수는 2·4가 되어 둘2이 된다. 여기서 3과 땅의 수인 2의 합이 곧 오5가 되는 것이다.

이것이 하도와 낙서의 수는 모두 5를 가운데로 하는 이유이다. 하도의 중앙 다섯은 1·2·3·4·5의 생수를 의미하며, 낙서의 중앙 다섯은 1·3·5·7·9의 홀수를 의미한다. 이는 하도의 수는 5를 가운데 두고 1·2·3·4·5 의 생수가 6·7·8·9·10의 성수와 짝이 되어 안과 밖의 관계를 가지고 나타낸 것이고, 낙서는 5를 가운데 두고 홀수인 1·3·7·9가 동서남북의 정방향에 와서 음수인 2·4·6·8을 거느리게 되는 것이다.

하도와 낙서에서 표시하는 5의 숫자는 중앙으로 오행상 토土를 뜻하는데 이는 하늘과 땅과 인간의 천지인天地人 사상을 말하고 있다. 즉 하늘에 있어서 춘하추동春夏秋冬이 되고, 이는 땅에서 동서남북東西南北이 되며 인간에게는 희로애락喜怒哀樂을 표시하는 오행五行이 됨을 뜻하니, 가운데는 중심이니 중앙 5의 토土는 인간됨을 뜻한 것이다.

하도는 흑백의 음양, 상수象數, 방위方位, 체용体用을 통하여 오행을 나타내며, 하도와 낙수의 천지인 사상을 5 토土를 중심으로 다시 전후, 좌우, 상하의 시간적·공간적 개념으로 표시할 수 있는데 이것은

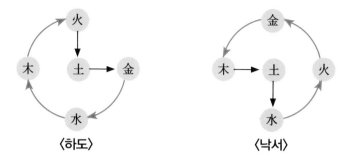

<하도>　　　　　　　　<낙서>

천문이 돌아가는 원리와 기본적인 틀이 같다. 결국 하도·낙서는 중앙 5 토를 기준으로 하늘의 운행과 지상에 펼쳐지는 법칙의 근본이 된다.

　하늘에서의 춘하추동이 땅에서는 동서남북의 방위가 되며 땅에 사는 인간에게는 수·목·화·토·금水木火土金의 오행이 됨을 말해주는 것이다. 결국 하도와 낙서에서 오행이론이 출발한 것임을 알 수 있다.

　또한, 생명체의 한 알의 씨앗이 개체에 대한 모든 정보를 담고 있는 것처럼 하도河圖와 낙수洛書는 한 면에 천체, 지구, 만물의 변화에 대한 모든 정보를 담고 있다.

6. 사주명리학의 흐름과 역사

1) 사주명리학의 흐름

사주명리학에서 가장 기본전제는 사주四柱이다. 사주에 대한 분석과 간명은 역의 상수원리에서 도출된 오행의 상생상극 원리에 따라 논리적 체계를 갖고 전개된다.

또한, 사주명리는 일월오성日月五星과 28수宿 등 천체의 운행을 포함한 자연의 질서와 그 질서에 상응하는 천인합일天人合一 내지 천인상감天人相感의 관계를 음양의 소식消息과 오행의 생극제화生剋制化를 통해 인간의 미래를 예측하고 간명看命하기 위하여 음양오행의 이론으로 정립하였다.

한편, 사주명리는 오랜 역사를 가지고 있지만 기본적으로는 하늘과 땅의 변화표인 간지력干支曆을 통해서 사람의 년월일시의 4기둥이 간지 오행과 더불어 어떤 작용을 하는가를 보아 인간 삶의 길흉과 관련된 요수夭壽 · 빈부貧富 · 귀천貴賤 · 성패成敗 등의 차별을 추리하고, 인간사人間事의 미래 운명을 추측하는 원리인데, 일명 사주추명학四柱推命學이라고도 한다.

동양에서는 우주 본체론적 접근 사상에서 사람도 하나의 작은 우주로 보고 우주의 생성과 변화의 원리를 사람에게 똑같이 적용하여 우주와 인간의 관계성에서 곧 '우주정신과 인성의 동의적同意的' 개념을 설정하게 된다.

그러므로 사주의 궁극적 의의는 개인의 미래 예측이나 길흉화복에 있다는 것보다 그 사람의 인성과 마음의 움직임을 보는 것에 있다. "관상불여심상觀相不與心相이요, 심상불여용심心相不與用心이라." 이 말

그것이 궁금하다
사주학의 역사

은 사람의 사주팔자가 태어나면 한번 정해진다는 숙명론적인 근원보다는 사람의 들고 나는 명命 살아서 움직이고, 시공간에 따라서 변화하는 참 운명론적인 의미가 크다는 것이다.

결국, 사람의 명命은 각자의 노력에 따라 그 성패의 기운이 달라질 수 있다는 것을 암시하기도 한다. 즉 사람의 명이 달라질 수 있다는 것이 우리가 공부하는 근본적인 취지이며, 사주명리학을 널리 알려야 하는 사명감이기도 하다.

2) 사주명리학의 역사

사주명리학의 기원은 상고시대까지 거슬러 올라간다. 이때는 모든 일이 상제의 뜻에 따라 지배되는 시대로서 감히 인간을 내세우는 건 어불성설이다. 정확하게 말하자면 상고시대의 명리학은 인간 중심의 문제가 아니라 역易이라는 통칭으로 점복술占卜術을 중심으로 유행되었다고 보아야 한다. 그 시대의 점복술은 지배자의 통치행위이며, 일종의 정치적 기술이었다.

그 뒤에 점차 인간의 존엄성을 깨닫게 되어 춘추시대 722~481 BC.를 거쳐 전국시대 480~222 BC.에는 인간의 가치에 대한 자각을 하게 되고 귀신보다는 사람이, 신의 뜻보다는 백성의 뜻이 더 부각되고 존중되는 시대로서 귀신의 독립 의지는 상실되고 인간 의지의 중심사상으로 가치관 전환이 이루어졌다. 그러므로 춘추전국시대를 중국 최초의 인본주의 사상, 즉 서양처럼 르네상스가 대두된 시대로 볼 수 있다.

　그래서 사주명리학의 기원은 기원전 중국의 춘추전국시대부터 시작되었다고 보아야 한다. 사주명리학은 전국춘추시대 낙록자珞祿子라는 사람이 처음으로 원리소식부元理消息賦 한 편을 지은 데서 비롯되었다고 한다. 그 뒤를 이어 귀곡자[鬼谷子: 춘추전국시대 때 손자병법의 저자 손빈의 스승], 동방삭東方朔, 엄군평嚴君平 등의 대가가 심오하게 연구하였다.

　한나라 이후 삼국시대 때 유명한 관로管路가 등장하면서 사주명리학은 급속한 속도로 보급되게 되었다. 그 뒤 당唐대의 이필李泌, 이허중李虛中 선생이 생일을 중심으로 하는 오늘날의 분석기법의 원천이 된 사주명리학을 체계화하였다.

　그 후 명나라 때 서거이徐居易라는 역易의 대가가 등장하여 사주에서 생일을 주로 하되 생월을 용신으로 잡고 생년과 생시를 보조하는 간명원칙看命原則을 제시하였는데, 이때부터 오늘날 일日을 중심으로 한 용신을 분석하는 원리가 정착하게 된 것이다.

　서거이徐居易 사후死後 충허자沖虛子 뒤를 이어 서대승徐大升에 전수되었고, 이때 전수된 [연해자평서淵海子評書]가 사주명리학의 중요한 고전이 되었다. [연해자평서]라는 이름이 붙은 이유는 자子란 수水로써 지지 12간지 중 첫 글자인데 물은 만물의 근원이 되며 물은 위에서 아래로 흐르며 수평이 되면 멈춘다. 따라서 중정中正의 도를 뜻하는데 인간도 마찬가지로 운명을 저울질할 때 수평이 되면 순탄하다. 즉 모든 오행이 골고루 순행하면 순탄한 것이 되고, 순탄치 못하면 빈천한 운명이 된다고 보았다.

따라서 「자평子平」이란 물이 수평을 이루고 있음을 뜻하며 인간의 운명도 물의 수평 상태 여부를 검토해 길흉을 판단하고자 하였기에 『자평서子平書』라고 명명한 것이다.

명나라 때의 사주명리학에 대한 권위자와 문헌을 살펴보면 장남張楠의 〈명리정종命理正宗〉, 만육오萬育吾의 〈삼명통회三命通會〉, 유백온劉白溫의 〈적천수適天髓〉를 들 수 있다. 사주명리학이 꽃 피던 청나라 초엽에는 진소암陳素菴의 〈명리약언命理約言〉, 중엽에는 심효첨沈孝瞻의 〈자평진전子平眞詮〉이 있었고, 1935년에는 서락오徐樂吾가 〈궁평보감窮通寶鑑〉을 저술했으며, 근대에 와서는 위천리韋千里의 〈명학강의命學講義〉, 〈팔자제요八子提要〉 등 의미 있는 저술들이 있다.

한편 [연해자평서淵海子評書] 이후 많은 역학서가 등장하였으나 그 기초는 여기에서 출발하였고, 조선시대 토정 이지함 선생도 [연해자평서]를 필독하였다고 한다.

근대에 이르러 우리나라 역학계의 대표적인 명인을 살펴보면, 〈명리실관命理實觀〉과 〈명리사전命理事典〉을 저술하여 명리학계의 발전에 공功인 큰 도계陶溪 박재완(朴在玩: 1903~1922) 선생과 〈사주첩경四

柱捷勁(전 6권)〉을 저술한 자강自彊 이석영(李錫英: 1920~1983) 선생, 그리고 학문이나 저술보다 직관과 도통에 더 뜻이 컸던 제산霽山 박재현(朴宰顯: 1935~2000) 선생을 들 수 있다. 하지만 한때 외세의 학문이 득세하여 사주명리학四柱命理學은 미신으로 치부되어 변방으로 전락하는 신세가 되었

다. 하지만 지금도 사주명리학에 대한 탐구 의욕은 그 맥을 이어오고 있다.

3) 현대 명리학의 해석

동양에서 4세기부터 시작된 미래 예측 술수 문화인 명리命理가 오늘날 학문적 제도권에 진입하는 과정에서 '과학과 미신' 사이에서 명확한 정체성을 요구받고 있다. 그러나 안타깝게도 과학적인 검증을 거치지 못하여 학문으로서 정체성을 갖지 못한 채 오늘날에 이르고 있다.

이에 현대사회뿐만 아니라 미래에서도 지속 가능한 명리의 정체성을 찾기 위해서는 '과학과 미신'이라는 프레임에서 벗어나 새로운 사고의 전환이 필요하다. 전자에 저자가 사주명리학에 대한 과학과 미신 사이에 재해석을 요구했듯이 인간의 사주팔자에 대한 부정적인 이미지도 해석학적 전환을 통하여 긍정적으로 재해석해야 한다.

아시다시피 사주명리의 기복사상에는 인류가 전통적으로 갈망해온 피·흉·추·길의 본능이 담겨져 있으며, 본서가 추구하는 지명론에는 현재를 같이 살아가는 공동체의 힘든 삶을 위로하려는 위안의 미학이 담겨 있다. 그리고 명리에 내재된 중화사상은 동양 사상의 근간을 이룰 만큼 철학적 가치가 풍부하게 내재되어 있다.

다행히도 현대의 명리학은 이미 그리고 서서히 제도권 내 학문으로 진입하고 있다. 이는 '필요는 수요를 만들어 간다'라는 경제 논리가 아닐지라도 동서고금을 통해 명리학이 유구한 역사와 함께 우리들의 생활에서 유용하게 활용되었고, 또한 다양한 학문과 결합하면서 정치·사회·문화와 경제에 미치는 영향력이 매우 커지고 있다는 반증反證일 것이다.

그렇지만 현대의 명리학은 규모에 비해 연구가 미비하고 초라한 것은 부인할 수 없는 사실이다. 지금부터라도 현대 명리학이 사람들에게 희망과 치유를 손잡아주는 새로운 학문으로 그 역할을 다 하려면 명리학을 선도하는 학자들의 노력이 절대적으로 필요한 시점이다.

제2장

태극太極,
음양오행의 이론

1. 음陰양陽의 기본개념

천도변화天道變化의 원리를 나타내는 부호로 음양오행陰陽五行을 사용한다. 천도의 변화는 일상의 일월日月과 사시사철의 변화를 말함이다. 우주가 변하는 것은 에너지의 작용이고 주된 원천은 일월日月과 오성五星이다.

사물의 변화에 근본적인 역할은 천체가 한다. 천체의 변화가 내적인 기운이라면 사물은 이를 외적으로 표현한 것이다. 이것은 "천체의 변화인 기운의 변화가 사물의 변화 즉 형체의 변화"로 이어진다. 넓게 보면 천체와 자연계는 인간의 영육靈肉과 같은 관계이다.

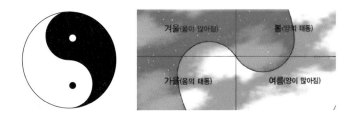

천도의 변화는 음양의 왕래往來에서 이루어진다. 그런데 여기서 말하는 음양의 오고 감이란 한 번은 음만 오고, 한 번은 양만 온다는 의미가 아니다. 음양은 서로 대대對待하면서 음이 자랄 때는 양이 소멸하고, 반대로 양이 자랄 때는 음이 소멸함을 말한다. 즉 음양은 서로 대대對待하면서 소장消長을 반복한다는 것이다.

여기서 우리가 관심을 가져야 할 것은 대대對待와 소장消長이라는 개념이다. 음양이 대대對待한다는 것은 공간적 실체적 의미를 말하며 소장消長한다는 것은 순환변화의 동태적 의미를 갖고 있는 것이다.

역易에서는 실체적 관점의 음양을 대대對待, 대립對立, 대치對峙, 상대相對, 강유剛柔 등으로 표현하고, 동태적 관점의 음양은 유행流行, 왕래往來, 착종錯綜, 변화變化 등을 말한다. 그리고 소장의 음양은 시간적인 흐름을 타고 생멸生滅 변화하는 현상으로서의 용用이라면 대대對待의 음양은 그 변화의 현상을 가능하게 해주는 체體라고 볼 수 있다.

1) 음양의 이치

음양은 우주라고 하는 바다에 던지는 그물과도 같다. 흔히 음양을 우주의 발생 요소라고 한다. 서양식 표현을 빌리자면 형이상학적 이데아라고 표현해도 무방하다. 음양을 구별하는 보편적인 방법은 외부로부터 보이는 형체와 현상으로 하는 것인데, 이는 정적인 면에서 관찰하는 것이다.

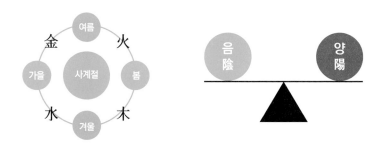

천지를 음양으로 설명하면 하늘은 양이요, 땅은 음에 속한다. 하늘은 가볍고 위에 있어 양이고, 반대로 땅은 무겁고 아래에 위치하므로 음에 속한다. 태양과 지구의 관계에서 태양은 양이요, 지구는 음이다. 혹은 태양은 화이며, 지구는 수라고 구분한다. 한편, 상승과 하강의 관계에서 상승은 양이요, 하강은 음에 속한다. 상승을 발전하는 상象

이고, 하강은 수련 혹은 쇠퇴하기에 음양의 관계이다.

계절로 보면, 태양열이 증가하는 봄·여름은 양이고, 반대로 태양열이 감소하는 가을·겨울은 음에 속한다. 춘·하는 열이 증가하므로 만물이 번성하고 추·동은 열이 감소하여 만물이 수렴하므로 서로 대비된다. 하루를 보면 낮은 양이요, 밤은 음에 해당하여 활동적인 낮에 비해 밤은 정적이라 이 역시도 음양으로 대비된다. 음양은 상대적인 두 개의 힘으로 이 세상 삼라만상에 존재한다.

음양은 태양과 지구를 중심으로 태양과 하늘은 양이요, 달과 지구의 대지는 음으로 구분하였다. 태양의 열陽 기운은 지구에 양기를 만들어 주어 끊임없이 생명체에 활기를 불어넣는 에너지원이 되며, 이 에너지원을 활용해 지구상의 생명체는 대지의 물水과 결합 「음陰의 기운」하여 생명체를 영속해 가는 것이다. 이렇게 태양의 양의 기운과 대지의 음의 기운이 결합해 지구상의 인간은 조화를 이루며 생성·발전해 가는 것이다.

역학易學의 모든 것은 음양을 뿌리로 출발하였다. 흔히 역학을 변화의 학문이라고 한다. 이때 변화의 운동성은 음양의 정과 동을 말함이다. 음양을 공부한다는 것은 태극을 깨닫는 것이다. 태극은 음양이 생겨나기 전 무극에서 비롯된 것인데, 이는 우주와 삼라만상이 아무것도 없는, 즉 비어있는 시공간이라는 의미이다.

음양에는 다음과 같은 몇 가지 속성이 있다.

첫 번째는 음양의 상대성이다. 태초에 빛이 생겨 밝음과 어둠이 나누어졌고, 밝음과 어둠은 빛과 그림자라는 우주의 짝을 이룬다.

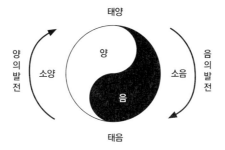

두 번째 특성은 음양의 일원성이다. 즉 음양의 일원성은 모든 개체가 스스로 음양의 조화를 이룬다는 뜻이다. 음양의 일원성은 음양의 수평적 변화로서 시간을 나타낸다.

태극은 음과 양으로 나누어져 있는 것처럼 보이지만 그 변화는 음과 양에서, 혹은 양에서 음으로 하나의 규칙을 가지고 운동하고 있다. 양은 낮이라는 양의 시간을 만들고 음은 밤이라는 음의 시간을 만든다는 뜻이다.

세 번째는 음양의 역동성이다. 시간은 태양을 동에서 서로 움직이게 하고, 태양이 빛은 언덕을 비추면서 시간에 따라 응달과 양달의 세력의 변화를 만들어 간다. 세력의 변화가 일어난다는 것은 음양이 움직이고 살아있다는 것이다.

이렇게 음양은 시간이 개입되면서 드디어 생명을 가지게 되는 것이다. 음양의 역동성은 시간뿐만 아니라 공간에도 영향을 미치게 된다. 우주는 시공간의 교차가 만들어 내는 음양의 산물이기 때문이다.

2. 오행五行의 기본개념

    음양의 조화 속에서 지구상의 인간은 지구를 둘러싼 오행성五行星, 즉 수성水星, 목성木星, 화성火星, 토성土星, 금성金星의 영향 속에서 살아가는데 이 오행성이 인간에 미치는 영향도에 따라 인간의 길흉화복이 결정되는 것이다. 따라서 인간의 길흉화복을 알기 위해서는 먼저 이 오행의 의미와 작용을 알아야만 한다.

    그리고 음양의 조화가 땅에서 결실을 거두려면, 음양과 오행의 관계성을 살펴보아야 한다. 우선, 오행 중 인간에게 가장 중요하고 필요한 오행은 물인 수성이다. 하늘에서 수운水雲이 모여 비가 되어 대지를 적시고 지구의 땅속에 스며든 물은 산꼭대기에서부터 흘러내려 만물을 적시고 만물을 소생시킨다. 따라서 물水은 흘러내림의 의미이며 물이 모여 강을 이루고 강이 바다로 흘러 짠맛을 만들어 낸다. 즉 물인 수성水星은 흘러내림과 짠맛을 지닌 오행으로 인간에 가장 필요한 오행인 것이다.

    다음은 나무 목木인 목성木星이다. 나무는 물이 있어야 자랄 수 있으며 곧게 뻗어나는 성질이 있으며 나무에서 열매가 맺혀 인간을 풍요롭게 한다. 나무에 열매가 맺히면서 신맛을 낸다. 나무의 열기로 불이 타오르는데 이에 따라 열기火의 오행이 생성한다.

    불은 타오르고 퍼지는 성질이며 자기 몸을 태우니 쓴맛을 만들어 낸다. 물이 있어 인간의 삶이 여유로워졌다. 불이 타서 재가 되고 재가 모여 흙이 되니 흙의 성질인 토성土星의 역할이 인간을 풍요롭게 하였다.

    흙에서 금속이 생성되니 바로 금성金星이다. 금속으로 인류의 도구가 만들어져 삶을 편안케 하면서도 타 종족을 멸망케 하였으며 이 상호작용을 보면 다음과 같다. 즉 나무가 자라기 위해서는 물이 필요하고 불이 타기 위해서는 나무가 필요하고, 흙을 위해서는 나무의 재가 필요하고, 금속의 생성을 위해서는 흙이 필요하고, 물을 위해서는 금속의 작용이 필요한 것이다.

相生 ——→	相剋 ——→
木生火	木剋土
火生土	火剋金
土生金	土剋水
金生水	金剋木
水生木	水剋火

위 그림에서 보듯이 수생목水生木, 목생화木生火, 화생토火生土, 토생금土生金, 금생수金生水의 상호작용이 있는 것이다. 즉 태고의 물은 나무를 자라게 하고, 나무는 불꽃을 만들며, 불꽃의 재는 흙이 되고, 흙에서 금이 생성되며, 금에 의해 수水의 기운이 다시 생성되어 수水 · 목木 · 화火 · 토土 · 금金이 상생相生하는 것이다.

한편, 오행의 이치는 상생하는 작용만 하는 게 아니다. 더불어 오행은 상승相乘, 상모相侮, 상극相剋작용[1]을 함께 반응한다.

1) 오행의 이치

오행에서 오5라는 것은 만물의 수이다. 하도와 낙서에서 수의 기원을 생수와 성수라는 개념으로 설명하였다. 다시 반복하자면 목 · 화 ·

---

1) 상승과 상모 작용은 대립 되는 오행의 작용이 그 정도를 지나쳐 상극의 작용을 하지 못하는 것을 일컫는다.

토·금·수를 차례대로 세어나가면 1, 2, 3, 4, 5가 되고, 다시 5를 더해가면 6, 7, 8, 9, 10 이 된다. 이중 1에서 시작하여 5에서 끝나는 것은 생수요, 다시 육6에서 시작하여 십10으로 끝나는 것은 성수이다. 이 생수와 성수가 끝없는 변화를 거쳐 우주의 심오한 변화를 이끌어간다.

우주의 역동적 변화의 주체는 오5이다. 그래서 오5를 만물의 이치를 밝히는 수라고 한다. 그렇다면 행行이란 무엇인가? 음양은 우주의 기운이다. 우주는 하나의 태극으로부터 움직여 양이 되고, 고요해져서 음이 된다. 이 음과 양은 땅의 기운과 만나서 다섯 자식이라는 만물을 만들어낸다. 이를 행이라고 하는 이유는 이 다섯 개의 물질이 하늘과 땅 사이에 널리 퍼져서 분리, 결합하거나 멈추고 움직이는 과정을 끊임없이 반복하면서 만물을 만들어내기 때문이다.

(1) 목木 오행의 성질

첫 번째 이야기는 목이다. 목은 옛날에는 '모冒'라고도 했다. 모는 덮고 가린다는 의미이기 때문이다. 즉 나무는 땅속에서 땅 위로 뚫고 나올 때 흙을 뒤집어쓰고 나오는데, 이 싹이 나와 자라면서 땅을 가리게 된다. 그래서 모冒를 목木이라고 한 것이다. 또한, 목은 곡직曲直이라고 하는데, 나무는 곧으면서도 동시에 부드러워 휘어지는 성질이 있는 물질이기 때문이다.

계절	봄
방위	동쪽
색상	파란색
풍수	좌청룡
오상	인(仁)
시간	오전

한편, 목木은 하늘에서 목성으로 나타내는데, 목에 해당되는 목성은 또 다른 명칭으로 세성歲星이라고 부른다. 그리고 목은 오행상생의 시작이므로 세성은 시작을 의미하게 된다.

위 표처럼 목은 한문으로 나무를 나타내지만, 목이 나무 자체를 일컫는 것이 아니라 나무에서 볼 수 있는 상승하는 모습을 나타낸다. 봄이 되면 온 산과 들에 새싹이 솟는다. 씨앗이 스스로 판단하여 지상으로 나오는 것이 아니고 겨우내 수축하던 수기가 물러나고 상승하는 목기가 내부에 생生 하는 것을 그대로 따르는 것이다. 씨앗이 꽃을 피우려면 먼저 성장해야 하며, 성장하려면 상승해야 하는데, 이 기운의 역할을 목기가 감당하는 것이다.

木 : 나무는 곧게 자라는 성질로 방위로는 동쪽이요, 푸른색을 지닌다. 계절로는 봄이며 신맛을 지녔다. 인간의 신체상으로는 신경계이고 간을 뜻하며 눈의 의미를 지녔다.

나무는 인생의 초년기로 학문을 배우는 자세를 뜻한다. 한반도에서는 강원도요, 세계지리상으로는 극동지역을 의미한다.

(2) 화火 오행의 성질

두 번째 이야기는 화이다. 화는 양의 성질을 가장 많이 받은 오행이다. 화火는 뜨겁고 위로 올라가는 성질을 가진 물질로 불꽃을 나타낸다. 그래서 화를 염상炎上이라고 표현한다. 팔괘에서 화☲는 속은 음--괘를 쓰고 겉은 양-괘를 쓴다. 이는 내적인 성품은 음에 해당하고 외부의 성품은 양에 해당된다. 그래서 불을 자세히 살펴보면 밖은 밝고 안은 어둡다. 화火는 활짝 핀 꽃에 비유되는데, 씨앗은 만개한 꽃으로 화化하는 것이 목표이며, 만개한 꽃은 씨앗을 만드는 것이 목표이다. 만개한 꽃은 씨앗이 자랄 수 있는 최대의 성장을 말하므로 양의 운동은 화火에서 끝나게 된다. 더 이상 자랄 수 없다는 것은 더 이상 양의 기운이 없음을 말한다.

화火에 해당되는 화성火星은 형혹熒惑이라고 불리운다. 형혹은 다스림이니 밖으로는 군사를 다스리고 안으로는 정치를 다스리는 것으로 천자의 다스림이 된다. 오성이 형혹을 따라서 한 자리에 모이면 그 아래 있는 나라는 예로써 천하를 다스릴 수 있게 된다.[2]

계절	여름
방위	남쪽
색상	붉은색
풍수	남주작
오상	예(禮)
시간	한낮

또한, 화火는 여름에 해당되는 하夏라고도 한다. 하를 다른 말로 가假라고도 하는데, 가란 만물을 불려서 기르는 것을 의미한다. 삼황오제 시대에 수인씨가 불을 밝히고, 복희씨는 하늘을 숭상하는 문화를 만들고 신농씨는 농사짓는 방법을 알려주었듯이 불의 발견은 곧 인간에 대한 밝음의 지혜를 만들어 준 것이다.

火 : 불은 타오르는 성질로 방위로는 남쪽이요, 붉은색을 지녔다. 계절로는 여름이며 쓴맛을 지녔다. 인간의 신체상으로는 순환계이며 심장과 혀를 뜻한다. 불은 인생의 청년기로 발랄한 시기이다.

지역적으로는 경상도이며 세계지리상으로는 적도 부근을 뜻한다.

---

2) 천문유초에 등장하는 화성에 대한 기록이다.

(3) 토土 오행의 성질

세 번째 이야기는 토土이다. 오행에서 가장 중요한 역할을 하는 것은 토이며, 동시에 특징적인 기운이 잘 드러나지 않는 것도 토이다. 토는 정기를 품어 물질을 태어나게 한다. 그래서 토를 다른 말로 吐라고도 한다. 또한 토를 씨앗을 심고 농사를 짓는다 하여 곡식농사를 의미하는 가색稼穡이라고도 한다.

토土는 중화中和하는 기운으로서 모든 변화를 이어준다. 토의 중화란 동서남북 사정방위의 한가운데처럼 어느 쪽으로 기운이 편향되지 않은 상태를 말한다. 토는 시간적으로는 여름과 가을의 중간이고, 공간적으로는 모든 것의 중심에 위치하여 회전하는 물체가 중심에 작용할 수 있도록 그 물체의 균형과 조화를 이루게 한다.

토는 오행의 목·화·토·금·수가 각각 봄·여름·가을·겨울의 한 계절씩을 72일씩 주관하는 것과 다르게 오행의 가운데 자리하여 사계절을 각각 18일씩 주관하게 되는데, 이것은 토를 제외한 나머지 오행들이 토를 매우 중요하게 여긴다는 의미이다.

토는 오성 중에 토성土星, 즉 진성塡星에 해당되고, 땅에서처럼 하늘의 중앙을 의미한다. 또한, 토는 계절로 보면 계하季夏, 즉 늦여름을

계절	환절기
방위	중앙
색상	노란색
풍수	혈자리(집터)
오상	신(信)
시간	오후

말한다. 늦여름에는 만물이 완숙하고 무르익어 가기 때문에 노숙한 계季와 늙을 노老를 함께 쓰는 것이다.

土 : 흙은 농작물을 심고 거두는 성질이며 방위로는 중앙이요, 노랑 黃색을 지녔다. 계절로는 환절기요, 단맛을 뜻한다. 인간의 신체상으로는 근육계이고 위장을 뜻하며 입을 말해준다.

흙은 인생의 중년기로 성숙해가며 지정학적으로는 충청도요, 세계 지리상으로는 중국을 뜻하기도 한다. 인생의 삶을 비유했을 때, 중후한 중년기에 국가에 봉사하는 자세를 의미한다.

(4) 금金 오행의 성질

네 번째 이야기는 금金이다. 금金은 음기陰氣가 처음으로 일어나는 곳이다. 양의 기운이 멈추고 소멸하기 시작하는 부분이 오행 중에 금에 해당된다. 하늘의 음기의 변화는 하지夏至에서 시작되나 그 기운이 미미하여 형形의 변화를 알 수 있는 것은 금의 계절인 가을이다.

금기金氣는 만물의 양적인 성장을 억제하는데 이를 거두어들이는 작용, 즉 수렴收斂이라고 한다. 금은 계절로는 가을에 해당되는데, 가을을 나타내는 추秋라는 글자는 다른 뜻으로 수愁라고도 표현한다.

왜냐하면 가을이 되면 만물은 성장을 멈추어야 하는 걱정과 근심이

계절	가을
방위	서쪽
색상	흰색
풍수	우백호
오상	의(義)
시간	저녁

생기기 때문이다. 한편으로 금을 숙肅이라고도하는데, 숙은 만물을 엄숙하게 한다는 뜻으로 숙살지기肅殺之氣라고도 표현한다. 금은 오성중에 금성金星, 즉 태백성太白星에 해당하고, 태백太白은 형벌과 죽음을 주관하므로 떠올라야 할 때 떠오르지 않거나 져야 할 때지지 않으면 자리를 잃는다. 이를 어기면 '천하에 혁명이 일어나 백성이 왕을 바꾸게 된다.'[3]

金 : 금은 단단히 굳히는 성질로 방위로는 서쪽이고 흰색을 지녔다. 계절로는 가을이고 매운맛을 지녔다. 인간의 신체상으로는 뼈 조직을 뜻하고 폐와 코를 상징한다.

금은 인생의 장년기로 의리를 중시하며 한반도에서는 전라도요, 세계지리상으로는 미국이나 유럽지역을 표시한다.

(5) 수水 오행의 성질

다섯 번째 이야기는 수水이다. 수는 변화의 출발점이라 아직 변화되기 전의 상태이므로 순수한 원형의 모습이다. 수는 만물의 생성을 의미하는데, 역易에서 모든 사물은 1에서 시작하여 1로 끝나는데 이는 모든 사물은 수에서 시작하여 수로 끝남을 의미한다.

모든 사물의 시종은 수가 되며, 팔괘에서 수==의 내부는 양ㅡ이고 외부는 음ㅡㅡ이 된다. 이는 수가 지닌 기운의 속성을 나타낸다.

한편 수水는 태극의 음(ㅡㅡ)과 양(ㅡ)사이에서 한 가닥 물이 나오면서 만물이 탄생한다는 의미가 있다. 이는 만물의 오행이 비로소 수에서 시작된다는 사실이다. 수는 하늘의 오성중 수성, 즉 진성에 해당된다.

---

3) 천문유초에 등장하는 화성에 대한 기록이다.

천문유초[4]에 진성은 달과 같은 정精으로 이루어져 있으므로 일찍 뜨면 월식이 되고 늦게 뜨면 혜성彗星과 천용성이 된다. 어떤 계절에 뜨지 않으면 그 계절은 조화를 이루지 못하고 사계절 모두 뜨지 않으면 큰 기근이 일어난다. 또한 진성辰星[5]이 흰색이면 가뭄이 든다고 했다. 흰색은 금이고, 금은 견고하여 메마름을 의미하기 때문이다. 이것은 수가 금의 성질로 변하는 것을 나타낸다.

자연계에서 발생하는 수水, 즉 물은 자연의 생존에서 태양 못지 않게 중요한 요소이다. 자연의 변화는 물의 이동과 밀접한 관계가 있으므로 물의 이동을 이해하는 것은 자연의 변화와 오행을 이해하는 또 다른 방편이다. 그러나 수를 물로만 해석하게 되면 오운육기五運六氣 중 화·수의 작용을 이해하는 데 어려움이 있다. 곧 음양오행의 이해는 자연계의 총체적 기氣와 물物 그리고 체体와 용用의 관계를 폭넓게 해석해야 한다는 의미이다.

水 : 물은 차갑게 위에서 아래로 흘러내리는 성질을 갖고 있으니 방위로는 북쪽이고 검정색을 띠며, 계절로는 겨울이며 짠맛을 지녔다. 인간에 비유하면 신체상으로는 혈액계이고 방광 및 비뇨기계통이며 귀를 표시한다. 물은 인생의 노년기로 연구하는 자세를 갖고 있다. 지

계절	겨울
방위	북쪽
색상	검정색
풍수	북현무
오상	지(知)
시간	밤

---

4) 세종 때 천문학자 이순지가 지은 책
5) 옛 천문에서는 토성을 진성塡星이라 표기하고, 수성을 진성辰星이라고 불렀다.

역적으로는 북쪽이니 한반도에서는 함경도이고, 세계지리상으로는 러시아를 뜻한다.

2) 사주 명리의 음양오행

(1) 음양적 특성

사람이 태어난 년·월·일·시의 간지干支 8자의 음과 양 그리고 오행의 관계를 통해 그 사람의 성명과 운명에 관한 암시를 파악하고자 하는 것이 사주명리학이다. 그런 후에 어떤 사람의 명에 관한 정보를 알기 위해서는 원국原局과 대운大運을 파악해야 한다. 원국은 그 사람이 타고난 성품, 자질, 능력 등에 관한 정보를 담고 있다. 즉 원국은 하늘로부터 받은 명 가운데 성명性命에 해당된다.

전자 음양의 일반론에서 밝힌 바와 같이 성명性命은 공간성을 갖는다. 이에 비해 운은 명의 실체적 내지는 본체인 성명이 변화하는 실상을 예시하기 때문에 시간성을 갖고 있다. 운運에는 각자 사람마다 타고나는 자체의 타임스케줄인 대운과 대우주의 시간표인 세운歲運이 있다.

이렇게 보면 음양은 시간과 공간성을 갖지만 서로 보완하면서 만물을 생성하는 본뜻을 이루는 것처럼 사주명리에서도 공간성의 원국을 보완하는 것은 시간성의 운이라는 것을 알 수 있다. 즉 음양은 시공간을 함축한 것으로 우주 발생의 근원이기도 하다.

(2) 오행적 특성

『연해자평淵海子平』에서는 "천지로부터 받은 사람의 명은 음양에 속하고, 삶은 모두 오행의 원리 가운데 있다."라고 한다. 사주명리학의 요체가 음양오행에 있다는 것을 표현한 것이다. 이처럼 오행은 실제로는 음양과 분리해서는 생각할 수도 없다.

사주의 오행은 간지干支로 표시되기 때문에 천간天干의 오행은 음양을 나누어 각각 5개씩 10개가 된다. 또 지지地支의 오행도 음양으로 구분한다. 오행의 상생·상극작용은 만물을 생성生成·화육化育하고자 하는 천지의 뜻을 이루기 위한 것이기 때문에 태과太過하거나 불급不及한 것을 꺼리고 중화中和를 이루어야 한다.

사주명리학에서 가장 중요한 것은 공간상의 원국原局에서 필요한 오행이 시간상에서 보충되거나 힘을 더 하여야 중화中和를 이루고 성공하는 운運이 된다. 다음은 세운歲運에서 필요한 오행을 만나야 한다. 여기서 대운이 세운보다 더 중요하고 영향을 미치는 시간도 긴 것은 대운은 소우주 자신이 타고나는 고유한 운명이기 때문이다. 다시 말하자면 사주명리학에서 음양이 나타내는 시간과 공간성, 그리고 오행이 갖는 상생·상극작용은 조화와 균형, 즉 중화의 도를 이루어 천지 변화의 도를 달성하는데 그 목적이 있음을 알 수 있다.

3) 오행 상생상극相生相剋의 원리

모든 동양사상은 삼라만상이 상대되는 짝을 가지고 있다는 음양론과 자연의 변화 원리를 고찰하여 체계적으로 정립한 오행론에 기초하고 있는데 오행론의 근간을 이루는 변화의 기본법칙과 작용은 상생과 상극에서 찾을 수 있다.

오행에는 구성인자 서로가 도와주거나 견제하는 관계 법칙이 있는데 도와주는 관계를 상생관계相生關係, 견제하는 관계를 상극관계相剋

關係라고 한다. 음이 양을 生生 하고 양이 음을 生生하는 법칙은 상생에 해당하고 음과 양이 서로 대립하는 관계는 상극에 해당한다.[6] 상생에는 밑거름이 되는 희생과 서로 돕는 상부상조의 의미가 담겨 있으며, 상극에는 처음부터 성장을 못하도록 막는 극제剋制와 일정한 것만 허락하고 더 이상의 진행은 막는 억제抑制의 뜻이 들어 있다.

상생관계란 하도河圖에서 비롯된 것으로 오행 간에 서로 낳고 낳아 무궁하게 순환하는 관계를 의미한다. 수·목·화·토·금의 오행은 서로 상생상극 작용을 한다. 오행은 서로 수생목水生木, 목생화木生火, 화생토火生土, 토생금土生金, 금생수金生水하고 있다. 그러나 상극관계相剋關係는 낙서洛書에서 처음 비롯된 것으로 오행 간의 서로 상호제약을 통해 억제관계抑制關係를 나타낸 것이다.

물은 불을 보면 죽이는 상극작용을 하는데 이를 수극화水剋火라 한다. 불은 쇠를 녹이니 이를 화극금火克金이라 한다. 흙과 물의 관계도 서로 죽이는 작용을 한다. 쇠金 나무를 죽이는 작용을 하니 금극목金克木이라 한다. 나무는 흙을 극剋하게 되니 이를 목극토木剋土라 한다. 상생의 힘인 생력生力과 상극의 힘인 극력剋力이 만나서 새로운 상생과 상극의 흐름을 만드는데 만물은 이러한 흐름에 의해서 새로운 원운동이 일어난다.

원운동은 상생과 상극의 벡터Vovtor의 합으로 일어난다고 할 수 있다. 오행의 상승작용은 목·화·토·금·수가 차례로 상생해 가는 형태로 서로 공생과 윤회의 우주 순환주기를 나타낸다. 반대로 오행의 상극작용은 목·토·수·화·금이 반대 방향으로 작용하여 반작용의 의미가 있다. 지구 위에서 발생하는 만물은 生生 하기도 하고 극剋 하기도 하는

---

6) 이성환, 김기현(2002).p.304.

데 이러한 모든 현상을 상생·상극관계라고 하며 오행의 다섯가지 요소를 바탕으로 설명되어진다.

오행의 상생관계를 다시 한번 요약해보면,

목생화 : 나무는 불을 만들어 낸다. 목과 화는 음양 중에 양의 성질을 가장 많이 닮은 요소이다. 일반적으로 나무가 불을 북돋워 주는 것으로 알지만 이런 작용은 나무가 메마른 상태일 경우를 말함이고, 반대로 나무가 물을 먹고 있는 상태여서는 오히려 불을 없애게 되는 모양이 된다. 물과 불은 상극이기 때문이다.

또한, 불의 세력이 아주 클 때는 작은 나무가지를 더 해도 별다른 生생 작용을 하지 못한다. 이처럼 오행의 생성작용이 과하거나 부족하게 되면 생성하지 못하거나 오히려 해를 주게 되어 생·극의 변화가 바뀔 수 있게 된다.[7] 그러므로 오행의 생성작용은 가장 적당한 상화관계相和關係를 유지할 때 그 빛을 발하게 된다.

화생토 : 불은 흙을 만들어 낸다. 불은 흙을 구워 그 사용의 가치를 극대화시킨다. 앞서 이야기한 것처럼 나무의 희생에 의해서 생겨난 재材를 화가 흙에다 묻어주면 그 바탕이 되어 흙은 기름진 양생토養生土를 만들어 낸다. 그래서 나무가 타고 난 재가 흙의 모태가 된다. 또한 화는 목과 상생이 되어 흙을 재창조해 내는 에너지를 갖고 있다.

토생금 : 흙은 금속을 만들어 낸다. 흙 속의 금속 즉, 광물은 흙의 노력으로 만물 중 으뜸으로 변신하게 된다. 모든 물질 중 단단함과 우

---

7) 전 장의 상승相乘, 상모相侮 작용 참조

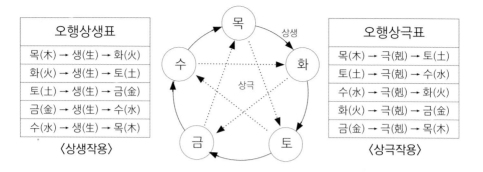

오행상생표
목(木) → 생(生) → 화(火)
화(火) → 생(生) → 토(土)
토(土) → 생(生) → 금(金)
금(金) → 생(生) → 수(水)
수(水) → 생(生) → 목(木)
〈상생작용〉

오행상극표
목(木) → 극(剋) → 토(土)
토(土) → 극(剋) → 수(水)
수(水) → 극(剋) → 화(火)
화(火) → 극(剋) → 금(金)
금(金) → 극(剋) → 목(木)
〈상극작용〉

아함이 가장 넓고 크다. 또한 열매와 씨는 오곡백과의 결실을 맺게 한 후 그 씨앗은 다음 생의 뿌리가 되어 수장고를 통해 저장한다. 그리고 나무와 잎 등을 땅속에 묻어 두었다가 썩기 시작하면 금속을 윤택하게 하는 데 사용한다.

금생수 : 금속은 물을 만들어 낸다. 금은 반드시 금속만을 나타내는 것은 아니다. 금은 열매이면서 씨앗이고 또한 살아 있는 광 미네랄이다. 이 모든 금은 흙으로부터 양분을 흡수하여 물을 생生 하는 원동력을 만드는 것이다.

수생목 : 물은 나무를 만들어 낸다. 금의 도움으로 생성된 물은 나무를 생生 해주는 역할을 한다. 결국 나무는 불을 가장 무서워하지만, 물이 불을 경계하도록 유도하고 더불어 나무를 생生 해주는 역할을 한다. 봄에 새싹들이 자라게 되는 것은 이러한 이유 때문이다. 수는 나무가 무럭무럭 자랄 수 있도록 도와주게 된다.

이상의 상생·상극 작용을 연구해 인간의 길흉화복을 분석하는 학문이 사주명리학의 중심이론이다.

수數와 하늘 글자-한글의 오행五行

동양의 상수象數이론은 사주명리학을 이해하는데 필수적인 관문이다. 상수는 음양의 표현이다. 기는 빛과 어둠에 따라 본인의 모습을 음양으로 나타낸다. 음은 그늘이고 양은 볕이다. 해가 뜨면 언제나 볕과 그늘이 존재한다. 또한, 계절이 변화함에 따라 볕이 우세하기도 하고 그늘이 우세하기도 하다. 봄·여름이 양陽이면 가을·겨울은 음陰이다. 음양의 변화는 생활 곳곳 그리고 세시풍속, 계절의 흐름에서 분명히 드러난다.

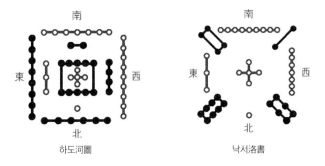

하도河圖　　　　　낙서洛書

음양은 고정적이지 않고 늘 변화하면서 적절한 균형을 이룬다. 이는 수와 하늘 글자인 한글에서도 그 역할이 같다고 할 수 있다. 음양오행에서 하도河圖와 낙서洛書를 이야기할 때 음양이 하늘에서 상象을 이루고 땅에서 오행이 행하여지는 것을 말한다.

특히 하도河圖를 보면 사정방四正方[8]과 중앙에 있는 흑백의 수로 구성 되었는데, 하도의 각 수는 고유한 상징성을 가지고 있다. 이를 하

---

8) 자子·오午·묘卯·유酉 네 방위를 뜻한다.

천간의 선천수와 후천수

天干	甲	乙	丙	丁	戊	己	庚	辛	壬	癸
先天數	9	8	7	6	5	9	8	7	6	5
後天數	3	8	7	2	5	10	9	4	1	6

지지의 선천수와 후천수

地支	子	丑	寅	卯	辰	巳	午	未	申	酉	戌	亥
先天數	9	8	7	6	5	4	9	8	6	7	6	5
後天數	1	10	3	8	5	2	7	10	9	4	5	6

늘의 기운을 수로 표현하였으며, 이를 상수象數라고 한다. 우선, 상수를 이해하려면 생수 1, 2, 3, 4, 5 양의 수, 즉 선천수先天數라 하고, 성수成數 6,7,8,9,10 음의 수를 후천수後天數라 한다. 또한, 기수奇數 · 홀수 1,3,5,7,9는 양의 수, 우수偶數 · 짝수 2,4,6,8,10은 음의 수라고 하여 이를 음양오행과 연결하고, 천지인天地人의 변화를 수數와 공존하는 지혜로 삼아 이 모든 것을 상수象數의 원리로 표현하였다.

음양오행을 수數에 적용하면 첫 번째, 수水가 만물의 근원이라 하늘이 만든 선천수先天數로 1이 된다. 지구의 방위로는 북쪽이 된다. 두 번째, 화火는 남반구로 열기가 강해 선천수先天數는 2가 된다. 지구의 방위로는 남쪽이 된다. 세 번째, 목木은 해가 떠오르는 동쪽으로 선천수先天數는 3이 되며, 만물의 소생을 나타낸다. 네 번째, 토土는 중앙中央이라 5가 되며, 사방의 중심이 된다. 다섯 번째, 금金은 서쪽으로 사방의 열기를 수렴하는 4가 된다.

이때 목木의 후천수後天數는 1에 5를 더한 6이 되며, 화火의 후천수는 2에 5을 더한 7이 되며, 목木의 후천수는 3에 5를 더한 8이 되며, 토土의 후천수는 5에 5를 더한 10이 되며, 금金의 후천수는 4에 5를 더한 9가 된다.

이 수數의 오행五行은 일간日干을 기준으로 다음 장에서 배우는 용신用神에 따라 자기의 행운의 숫자가 되기 때문에 숫자를 선택할 때 활용하면 된다.

또한, 상수象數의 표현은 음양오행뿐만 아니라 한글을 음양오행으로 표시할 때도 적용한다. 1940년 발견된 훈민정음 해례본의 제자해制字解를 보면 '천지지도일음양오행이기天地之道一陰陽五行而己'라는 문구로 시작한다. 이는 "천지자연, 즉 우주만물의 원리는 음양오행뿐이다."는 의미이다.

이와 같이 우리 선조들은 한글 창제 원리에도 음양오행론을 적용하여 이름을 작명할 때 그리고 대·세운大歲運이 평탄하지 못할 때나 신약身弱한 사주원국의 기氣를 보존할 때도 한글의 용신 글자를 활용하여 개운開運하는 지혜를 발휘하였다.

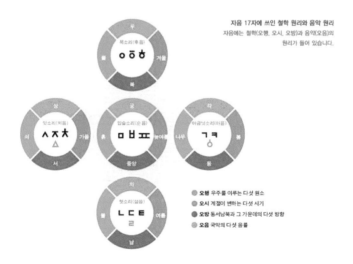

자음 17자에 쓰인 철학 원리와 음악 원리
자음에는 철학(오행, 오시, 오방)과 음악(오음)의
원리가 들어 있습니다.

● 오행 우주를 이루는 다섯 원소
● 오시 계절이 변하는 다섯 시기
● 오방 동서남북과 그 가운데의 다섯 방향
● 오음 국악의 다섯 음률

〈오행과 우리말 소리〉

목(木)	아음(牙音, 어금닛소리)	ㄱ, ㅋ
화(火)	설음(舌音, 혓소리)	ㄴ, ㄹ, ㄷ, ㅌ
토(土)	순음(脣音, 입술소리)	ㅁ, ㅂ, ㅍ
금(金)	치음(齒音, 잇소리)	ㅅ, ㅈ, ㅊ
수(水)	후음(喉音, 목구멍소리)	ㅇ, ㅎ

또한 한글의 창제원리를 들여다보면, 발성 기관의 모양을 본 떠 만들어진 것이 다섯 개의 기본자음이며, 이것은 오행의 원리에 따른 것이다. 사람이 소리를 낼 때 입안의 목구멍에서 시작해 어금니, 혀, 이, 입술을 통해 나오게 된다. 이때 혀 꼬리가 목구멍을 막는 모양에서 기역(ㄱ, 木), 혀끝이 윗잇몸에 닿는 모양은 니은(ㄴ, 火), 입술의 모양은 미음(ㅁ, 土), 이가 서로 엇갈려있는 모양은 시옷(ㅅ, 金), 목구멍의 모양을 본 떠 이응(ㅇ, 水)이 만들어졌다. (참고 : 『훈민정음 해례본』)

이처럼 한글은 이처럼 만물에 적용되는 우주원리를 바탕으로 만들어진 기호이기 때문에, 오늘날 세상의 모든 소리를 표현해 낼 수 있는 지구상에서 유일한 문자가 된 것이다.

다시 한번 한글을 음양오행으로 구분하여 보면 첫 번째, 어금니 소리 ㄱ, ㅋ은 목木의 오행이 되며, 두 번째, 혓소리인 ㄴ, ㄷ, ㄹ은 화火의 오행이 되며, 세 번째, 목구멍소리인 ㅇ, ㅎ은 수水의 오행이 되며, 네 번째, 잇소리 ㅅ, ㅈ, ㅊ은 금金의 오행이 된다. 그리고 마지막으로 입술소리 ㅁ, ㅂ, ㅍ은 토土의 오행이라고 밝히고 있다.

우리의 한글은 하늘과 땅의 지혜를 모아 창제한 과학적인 글자이다. 특히, 자음과 모음의 음양오행론은 성명학으로도 이어져 이름을 작作하는 경우에도 오행의 상생·상극의 원리가 적용되고 있다.

3. 천간天干과 지지地支의 이론

1) 천간 · 지지의 의미

우주의 구성은 천간天干의 기氣와 지지地支의 작용作用으로 구성되어 있다. 이는 사주명리학의 관점에서 보면 모든 사람은 인생의 코드, 즉 하늘의 기운과 땅의 작용인 천간과 지지를 갖고 있다는 의미가 된다. 이는 열 개의 하늘 기운, 즉 천간의 오행과 땅의 기운 지지의 오행이다.

여기서 간干은 뿌리와 줄기를 의미하며, 지支는 가지를 의미한다. 그런데 왜 천간은 열 개이고 지지는 열두 개일까. 하늘에서 오행(목 · 화 · 토 · 금 · 수)은 그 생 해주는 순서대로 각각 두 개의 음양을 가지고 작용하게 되므로 열 개의 천간이 되고, 반면에 땅에서도 오행이 음과 양으로 작용하여 열 개의 지지가 있게 되는데, 여기서 토는 음양오행 사이에 있으면서 각각의 오행을 매개해 주는 다리 역할을 한다. 이를 사계절의 기운을 정제淨濟하는 중화中和라고 하는데, 토土는 그 오행의 성질을 바로 전달하기 위함이다.

2) 10천간天干의 생성과 의미

우주가 탄생하여 긴 시간이 흘렀다. 그리고 우주라는 생명 안에서는 크고 작은 생장소멸生長消滅을 거듭해 왔다. 이러한 변화 과정을 역易이라고 한다. 역은 사주명리학의 출발이다. 사주명리학은 천간·지지의 조화이며, 생극제화生剋制化의 원리이다. 또한 음양오행과 천간·지지는 체·용관계体用關係의 긴 세월 속에서 그 의미가 변해 왔다. 체·용관계[9]가 변해왔다는 것은 새벽이 되면 긴 어둠이 지나고 밝은 해가 떠오르며, 다시 저녁이 되면 해가 지고 어둠이 내려온다. 한 우주라는 큰 울타리 안에서 이런 작용은 계속 반복되는 것이다. 그래서 체·용은 분리하여 작용하는 게 아니라 공존하여 생존하며, 천간과 지지의 속성 또한 그 시간적 공간적 흐름 안에서 계속 변해 가고 있는 것이다.

우주의 틀 안에서 天干은 변화를 주도하는 능동적인 위치에 있고 地支는 변화를 수용하는 수동적인 입장이다. 즉 천간의 도움 없이 지지의 변화는 없으며, 간干은 항상 천天과 조화를 이루어 생生의 의미를 가진다.

(1) 10천간의 의미

10개의 천간은 하늘에서 내려오는 오행의 기를 말하며 태양과 달의 영향에 따라 양과 음으로 다시 나누었다. 즉 목木의 오행은 태양의 영향에 따른 양목陽木을 갑甲으로, 달의 영향에 따른 음목陰木을 을乙로 표시하였다. 화火의 오행도 양화陽火인 병丙과 음화陰火인 정丁으로 구분하였고, 토土의 오행은 양토陽土인 무戊와 음토陰土인 기己로 구분하였으며, 금金도 양금陽金인 경庚과 음금陰金인 신辛으로 구분하였다.

그리고 수水도 양수陽水인 임壬과 음수陰水인 계癸로 구분하여 10천간을 만들었다. 이에 따라 양간陽干은 갑목甲木, 병화丙火, 무토戊土, 경금庚金, 임수壬水이고, 음간陰干은 을목乙木, 정화丁火, 기토己土, 신금辛金, 계수癸水이다.

양간陽干은 일반적으로 동동적動動이고 공격적이고 적극성을 성질을 갖

---

9) 체·용관계体用關係란? 하나의 그릇이 있다고 할 때 그릇의 형태를 体라고 하며, 그 릇을 사용하는 용도를 결정하는 것을 用이라고 한다.

고 있으며, 음간陰干은 정靜적이고 방어적이고 소극적인 성격을 갖는
다. 즉 같은 오행이라도 음과 양에 따라 그 성질이 다르다는 의미이다.

■ 甲 木의 성질

　갑甲은 싹이 나온다는 뜻을 가지고 있
다. 갑 자의 윗부분인 田이 땅이고 아래
부분의 곤 ㅣ 은 뿌리를 내리는 것을 의미
하며, 이것은 시작을 의미한다.
　갑은 "내양내이음상포지乃陽內而陰尙包之
니 초목草木이 시갑이출야始甲而出也오."[10]
갑은 양에 속하나 아직 음에 싸여 있다.
　초목은 갑에서 처음 시작되어 즉 갑의 힘
에 의하여 지상으로 혹은 외부로 나오게 된다는 뜻이다.

　물상物像으로 甲 木은 울창한 삼림 속의 거목이며 동방의 나무를 상
징한다. 또한, 甲 木은 모든 생명체의 뿌리를 말하며 水에 근원을 두고
있다.

■ 乙 木의 성질

　을은 알軋의 의미이다. 알은 고통을 겪으면서 땅을 뚫고 나오는 모습
이다. 봄에 씨앗이 껍질을 깨치고 스스로 밀어내면서 나오는 형상이다.
乙은 음간陰干이면서 그 쓰임과 용처用處는 양의 기운을 가지고 있다.

　을은 "양과중陽過中이나 연然이나 미득정방未得正方하야 상을굴야尙
乙屈也라." 을은 양이 진행되는 과정에 있으며 아직 정동正東에 이르지

---

10)　유온서劉溫舒,《素問入式運氣論奧》의 재인용, 윤창렬,〈십간과 십이지에 대한 고
　　찰〉, 대전대학교 한의학연구소, 1996.

않아 을이 억압받는다는 의미이다.

물상物像으로 乙 木은 작은 나무로 여성적이고 내성적이나 인내심과 끈기가 강한 면을 갖고 있다. 乙 木은 싹이 트는 생명체를 의미한다. 따라서 머리가 총명하고 리더쉽이 강하다.

■ 丙 火의 성질

병丙은 자루나 손잡이를 뜻하는 병柄으로도 해석한다. 그리고 후한의 반고班固가 저술한 《한서漢書》[11]에서는 병을 '밝게 드리우다, 炳'으로 표현하기도 했다.

丙을 풀어 보면 內자 위에 一을 가하여 만들어진 것이다. 즉 가지에 매달린 음의 풋열매가 양기를 흡수하여 생장함을 의미한다. 丙은 "내양상이음하乃陽上而陰下하고 음내이양외陰內而陽外오." 병은 양국에 해당하므로 양이 최고의 위치에 오름을 말하고, 양의 성질은 발산하므로 바깥에 재在하며, 음은 수렴하므로 안쪽에 재함을 말한다.

물상物像으로 丙 火는 태양열로 열정적이고 활동성이 강하다. 또한 자기주장이 강하다.

---

11) "甲에서 껍질이 벗어져 나오고, 乙에서 분발하여 가까스로 자라고, 丙에서 밝게 드리우다 나오고, 丁에서 크게 성장하고, 戊에서 풍성하게 만들어지고, 己에서 줄기가 이어지고, 庚에서 거두어 다시 익어지고, 辛에서 온전히 새로워지고, 壬에서 회임 되고, 癸에서 가히 헤아려진다."라고 표현했다.

■ 丁 火의 성질

丁은 亭이다. 정亭의 뜻은 멈춘다는 의미이다. 丁은 줄기一 아래로 | 열매가 맺히는 모양이다. 정은 병을 도와 열매를 맺을 수 있게 도와주는데 계속 생장만 하여서는 과실을 맺을 수 없기 때문이다.

정은 "양기강陽其强하여 적능여음기상정適能與陰氣相丁이라." 丁은 양이 강하게 된 것이며, 양이 왕성하여 더 이상 음기의 손상을 받지 않게 됨을 의미한다.

물상物像으로 丁 火는 촛불 같은 은은한 빛과 열을 뜻하며 은근과 끈기가 있다. 어두운 곳을 밝혀주는 불로서 己 土와 같이 있으며 땅속을 온화하게 해준다.

■ 戊 土의 성질

戊는 바꿀 質의 뜻이다. 무는 생장을 다하여 양이 음으로 바뀐다는 의미이다. 戊 자를 파자하면, 오른쪽 별은 전쟁하는 모습이고, 좌변은 병사들이 늘어선 모습이다. 그래서 무는 위엄있는 무사의 모습으로 질서를 관할한다는 의미가 있다.

무는 "양토야陽土也니 만물萬物을 생이출지生而出之하고 만물을 벌이입지伐而入之라." 戊는 양토陽土이고 만물이 출생한다고 하였는데, 갑·을·병·정을 거친 만물은 戊 土에 이르러 완전한 생을 이루게 된다.

그리고 토는 중화의 기운이기에 갑·을·병·정이라는 양기가 중화되므로 벌伐이라 한 것이며, 또한 다시 원래의 자리로 돌아가는 시발점이 되므로 入이라 하였다.

물상物像으로 戊 土는 광대한 대지이며 성정이 활달하고 도량이 넓다. 戊 土는 땅 표면을 의미한다.

■ 己 土의 성질

己는 이己 의미이다. 己는 만물이 처음으로 이루어져 조리와 기강이 있게 된다는 의미이다. 여름 동안 활발하던 양기를 누르고 음기가 일어남을 보여주는 것이다. 흔히 만물이 처음 일어난다고 하여 일어날 起로도 통한다.

己는 "음토야陰土也니 무소위이득이자야無所爲而得己者也라." 己는 음토여서 양토인 戊와 달리 그 작용이 밖으로 드러나지 않기에 무소위無所爲라 한 것이며, 己는 무의 작용이 완전하게 이루어짐과 동시에 앞의 갑·을·병·정·무 전체가 극에 이르는 지점이므로 己를 고비로 음으로 향하게 되는데, 이를 득이得己라 하여 완전한 양의 작용이 이루어짐을 나타낸다.

십간의 무와 기는 오행 중 토에 해당되는데, 土는 오행을 중화中和하는 중심 역할을 한다. 토가 상징하는 중궁은 황제의 자리로서 戊는 무신에, 己는 문신에 해당되어 만물을 주관하게 된다.

물상物像으로 己 土는 문전·답과 같이 기름진 땅을 뜻하며, 戊 土보다는 융통성이 있는 땅이다. 또한 己 土는 땅속을 뜻한다.

■ 庚 金의 성질

경은 갱更의 의미이다. 갱은 사물을 고치고 바꾼다는 뜻이다. 부드러운 사물들이 굳게 변하여 단단해진다는 것이다. 또한, 경 금庚金은 용기와 결단력의 상징이다. 겉보기에는 냉정하지만 내면의 따뜻한 정을 품고 있는 게 또한 경 금이다. 경 금은 초가을의 기운으로 처럼 서늘한 기운을 품고 있어 숙살지기肅殺之氣라 말한다.

경庚은 "내음간양乃陰干陽이니 갱이속자야更而續者也라." 경은 오행상 금이므로 음에 속하나 양간임을 나타내고, 금은 음성이고 수렴하기에 갑·을·병·정이 상승, 발산하면서 이루어 놓은 것을 그대로 연결됨을 말한다.

물상物像으로 庚 金은 단단한 무쇠이며 총칼을 뜻한다. 성정이 강직하고 의리가 깊다. 곡식에 비유하면 과실을 뜻한다.

■ 辛 金의 성질

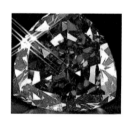

辛은 신新이다. 辛은 새롭다는 의미의 新과 유사하며, 새로이 바꾼다는 혁革의 옛 글자이기도 하다. 辛 金은 깨끗하고 섬세하며 예민하다. 땅 위의 곡물은 가을이 무르익을 때 지기와 천기가 응결된 생명의 결과물인데, 이를 辛 金으로 표현한다.

이를 《서경書經》의 〈홍범편洪範編〉에서 이르기를 "오행五行의 金은 변화[革]를 따른다." 즉 가을에 만물이 이루고 나면 쇠퇴하게 되는데 이때에 이르러 모든 것이 변화를 꾀하게 됨을 표현한 것이다.

辛은 "내양재하乃陽在下하고 음재상陰在上하니 음간양陰干陽이 극어비極於此니라." 辛은 계절적으로 늦가을이기에 음성양쇠陰盛陽衰하게 되어 양이 하강하고 음은 上에 거居하게 되며, 庚 辛 모두 金이나 辛은 음금陰金이 되어 金의 극極이 되는데, 이를 음간양陰干陽 · 庚 金이 극에 이른다고 한다.

물상物像으로 辛 金은 세공된 보석으로 잘 다듬어진 금속이다. 따라서 연약하면서도 심성이 강하다. 곡식에 비유하면 열매이다.

■ 壬 水의 성질

壬은 임任이다. 任은 水를 취하는 한 자어이다. 즉 물의 흐름을 나타낸다. 壬 水는 장강長江이며, 대해大海이다. 임 수의 흐름은 막히면 머무르고, 장애가 나타나면 에둘러 돌아간다. 그 유연함은 지혜롭고 총명함으로 이어진다. 생명의 근원은 물이다. 물은 삶을 살아가는 지혜이면서 만물을 품에 안은 포용력이다.

임은 "내양기수태乃陽氣受胎 하고 음임지陰壬之니 내양생지위乃陽生之位오." 壬은 양기를 수태하게 되는데 이는 마치 어머니가 배 속에 자식을 잉태하는 것과 같으며, 오행상 수로서 음이 되고, 다음 세대를 잇는 양이 최초로 생生 하는 곳이다.

물상物像으로 壬 水는 큰 강물로 도량이 넓고 포용력이 큰물이다.

■ 癸 水의 성질

癸는 규揆이다. 규揆는 헤아림이다. 또한, 만물이 싹트는 조짐을 의

미한다. 계는 겨울의 수이며, 사방에서 가운데로 모이는 형상을 가지고 있다. 또한 癸는 하늘에서 떨어지는 빗물이다. 하늘에서 쏟아지는 봄비, 가을비, 여름비, 겨울비 등은 만물을 싹 틔우게 하는 역할을 하지만, 땅속 깊이 스며들어 작은 내川를 이루기도 한다. 癸 水는 안개처럼 예민하고 그윽하며 온화한 수용의 물이다.

계는 "규야撥也니 천령天令이 지차至此하면 만물萬物이 폐장閉藏하여 회임어기하懷妊於基下가 규연맹아撥然萌芽니라." 계는 임에서 생한 일양一陽을 품고 기다렸다가 때가 되면, 즉 계절적으로 봄에 이르게 되면 싹을 틔운다는 것이다. 계 수癸水는 마지막 천간天干이다. 계 수가 지나면 곧 甲 木으로 이어진다.

이렇게 모아지고 응축된 기운은 다시 새순처럼 솟아난다. 이것이 갑목 기운인데, 이는 계 수의 기운이 땅속에 흐르고 있기 때문이다. 이렇게 자연의 기운은 순환하면서 생명을 키워내고 있다. 물상物像으로, 癸水는 작은 옹달샘으로 생명력이 강하면서 지혜로운 물이다. 또한 癸水는 물이 위로 발산하여 생명체에게 공급되는 물이기도 하다.

(2) 천간의 오행과 성질

[알아두기]
10천간의 시작과 60갑자의 유래
『사기史記』의 〈오제본기(五帝本紀)〉에 따르면 지금부터 4,600년 전에

〈천간의 상징〉

天干	甲	乙	丙	丁	戊	己	庚	辛	壬	癸
數理	3	8	7	2	5	10	9	4	1	6
季節	春		夏		四季		秋		冬	
方位	東		南		中央		西		北	
色	靑		赤		黃		白		黑	
味	酸		苦		甘		辛		鹹	
聲	角音		徵音		宮音		商音		羽音	
意	仁		禮		信		義		智	

〈천간의 음양오행〉

天干	甲	乙	丙	丁	戊	己	庚	辛	壬	癸
陰陽	陽	陰	陽	陰	陽	陰	陽	陰	陽	陰
五行	木		火		土		金		水	
相生	木生火		火生土		土生金		金生水		水生木	
相剋	木剋土		火剋金		土剋水		金剋木		水剋火	

황제黃帝라는 영적인 지도자가 무기의 사용법과 곡식을 기르는 법을 밝혀주는 오기·오행의 원리를 창시하면서부터 유래되었다고 한다. 이 때 대요씨라는 사람이 하늘의 기를 밝히는 천간을 10글자로 日을 표시하면서부터 10천간이 밝혀졌고, 후에 다시 땅의 기운인 12지지를 창시하여 月을 기록하게 되면서부터 12지지가 사용되게 되었다.

日의 10천간과 月의 12지지가 결합해 60갑자를 만들어 사용하니 황제가 처음 사용한 해를 甲子年, 申子月, 申子日, 申子時라 하였으며, 이때부터 역에서 60갑자를 활용하게 되었다. 이때 60갑자를 창시하

天干		성질
甲	果實樹	곧고 강직하고 바르며 재목으로 쓰임을 제일로 한다.
乙	花草木	약하고 남에게 의지하며 타고 오르기를 좋아한다.
丙	太陽火	명랑하고 밝고 바르며 희생적이다.
丁	燈燭火	인내가 강하고 어둠을 밝히는 일을 잘한다.
戊	城垣土	진실되고 단순하며 남들을 이끌어 나간다.
己	田圓土	환경에 잘 적응하며 소극적이고 이기적이다.
庚	頑鐵	의지가 굳고 적극적이며 주위를 무시한다.
辛	珠玉	섬세하고 예민하며 자기주장이 강하다.
壬	江湖	끊임없이 실천하며 정열적이다.
癸	雨露	온화하며 조용하고 다정하나 약하다.

면서 한자漢字도 동시에 창시되었다고 볼 수 있다.[12] 결국, 역易의 역사는 한자의 역사와 같이하며 60갑자의 의미를 아는 것이 곧 역易을 아는 것이 된다.

---

12) 이는 한자의 기원으로 갑골문자甲骨文字의 탄생을 추정한다.

4. 12지지의 생성과 의미

사주팔자 안에는 인간의 기질을 살펴볼 수 있는 다양한 코드Code가 결합되어 있다. 인간은 누구나 열 개 중 한 개의 인생코드, 즉 부호符號를 가지고 태어나는데, 천간은 인생코드Life Code이며, 이 코드가 사람의 성격 그 자체를 결정한다. 반면 열두 개의 지지는 각각의 인생코드가 어떤 방식으로 움직이는지 암시한다.

하늘과 땅의 변화는 같으면서 다르다. 천지는 각각 생生과 성成이라는 고유의 영역을 가진다. 하늘天의 생生은 운기라 정확히 감지할 수 없으므로 땅地에서 이루어지는 성成에서 그 결과를 추측해 볼 수 있다. 지地는 스스로의 힘으로 변할 수 없고 반드시 천天의 기운을 필요로 한다. 그렇기 때문에 하늘은 변화의 시발점이며, 땅은 종점이다.

하늘에서 햇살을 비추면 땅은 햇살을 받고, 한기寒氣가 흐르면 땅이 어는 것처럼 항상 하늘의 변화에 따라가는 것이 땅이다. 그러므로 간지干支의 변화를 통해 하늘의 무형의 기운과 땅의 유형의 물질을 분석할 수 있다. 그래서 천간·지지는 체·용体用 관계이며, 그 그릇과 용도가 결정된 바가 없어 우주변화에 순·역順逆하면서 삼라만상森羅萬象을 지켜내고 있는 것이다.

1) 12지지의 의미

천간天干이 하늘의 기운을 열 개의 글자로 설명했다면, 지지地支는 땅의 시간의 변화를 열두 개의 글자로 표현한 것이다. 지구의 공전과 자전에 의해서 사계절과 낮과 밤이 생긴다. 그 변화는 인간 삶을 파노라마처럼 엮어나가는 에너지 역할을 한다. 사람의 팔자는 생·년·월·시의 음양오행과 생生·극剋·제制·화化 등으로 추론하는데, 그중 연지와 일지는 시간과 관계없이 甲子부터 癸亥까지 순서대로 바뀌는 육십갑자의 변화의 순서를 따르지만, 월지月支와 시지時支는 사람이 태어난 해와 관계없이 동일하게 적용한다. 즉 각 지지에 해당하는 절기와 기간, 시간 등은 그 적용 범위가 동일하다는 것이다. 아래 표를 참조해 보면, 결국 12지지는 모두 계절에 따라 만물이 봄에서 겨울에 이르기까지 변화하는 상태를 기초로 한 것이다.

『사기』와 『한서』에서는 12지지는 만물이 음양의 활동과 더불어 태어나서 자라고, 성장하여 무성해진 다음에 쇠약해져 그 생명을 마치고, 다음을 준비하는 일 년 동안의 시간적 흐름에 비교하여 설명하고 있다.

子	쥐	대설~소한	12월 7,8일~1월 5,6일	밤 11:30~새벽 01:30
丑	소	소한~입춘	1월 5,6일~2월 4,5일	새벽 01:30~새벽 03:30
寅	호랑이	입춘~경칩	2월 4,5일~3월 5,6일	새벽 03:30~새벽 05:30
卯	토끼	경칩~청명	3월 5,6일~4월 4,5일	새벽 05:30~오전 07:30
辰	용	청명~입하	4월 4,5일~5월 5,6일	오전 07:30~오전 09:30
巳	뱀	입하~망종	5월 5,6일~6월 5,6일	오전 09:30~오전 11시30
午	말	망종~소서	6월 5,6일~7월 7,8일	오전 11시:30~오후 01:30
未	양	소서~입추	7월 7,8일~8월 7,8일	오후 01:30~오후 03:30
申	원숭이	입추~백로	8월 7,8일~9월 7,8일	오후 03:30~오후 05:30
酉	닭	백로~한로	9월 7,8일~10월 8,9일	오후 05:30~오후 07:30
戌	개	한로~입동	10월 8,9일~11월 7,8일	오후 07:30~밤 09:30
亥	돼지	입동~대설	11월 7,8일~12월 7,8일	밤 09:30~밤 11:30

이처럼 천간天干·오행五行이 땅으로 내려와 펼쳐진 지지의 속성을 들여다보면, 지支는 나뭇가지를 뜻하는 지枝와 같은 의미이다. 가지에서 꽃망울이 나오고, 꽃이 피고 열매가 맺히는 등 가지를 통해 사계절의 변화를 볼 수 있다. 하늘의 기운이 동하여 땅에 영향을 주면 영양소가 줄기를 타고 가서 열매를 만든다. 이렇게 가지는 식물 내부의 변화 결과를 나타내므로 한 마디로 천지의 모든 요소가 응집된 결정체라고 할 수 있다.

한편, 중국의 『사기』, 『한서』, 『백호통』, 『석명』 같은 문헌에 12지지에 대한 설명이 나와 있다. 이에 따르면, 12支는 때에 따라 변하는 자연현상과 관련된다.

"子는 자滋 '번식·번성함'으로서 이 절기에는 만물이 앞으로 번성하게 될 싹이 움튼다. 丑은 뉴紐 '끈'으로서 애써 싹튼 것이 아직은 끈에 묶여 있어 충분히 성장하지 못하며, 寅은 연演 '펼침·자라남'으로서 만물이 자신을 드러내서 처음으로 땅 위에 돋아나는 것을 말한다.

그리고 卯는 무茂 '무성함'으로서 만물이 무성하게 우거지는 것을 뜻하고, 辰은 신伸 '늘어남·자라남'으로서 만물이 자라나는 것이다. 巳는 이已 '생장의 완료'로서 이미 만물의 무성함이 지극하여 이때부터는 열매를 맺는 시기로서 접어드는 시기이다. 이상의 여섯 자는 모두 양기가 점차 왕성해 가는 모양을 나타낸다."

다음 지지地支 여섯 자는 모두 음기가 아래서부터 발생해 올라오는 모양을 나타내는 것이다.

"午는 오伍 '섞임'으로서 음기가 아래에서부터 올라와 양기와 서로 섞이는 것, 未는 미昧 '맛'으로서 만물의 본체가 완성되는 시점이다. 酉는 노老 '늙음' 혹은 포飽 '물림·떨어짐'과 운이 통하는 것으로 만물이 충분하게 완성되면 노쇠하는 것, 戌은 탈脫 '벗음·떨어짐' 또는 멸滅 '소멸함'과 운이 다하여 사물이 떨어져 나가거나 혹은 소멸하는 것이다. 亥는 핵核 '씨앗'으로서 만물이 다음 대의 씨앗이 되는 것이다."

하늘을 빌어 땅에서 작용하는 12지지는 子·丑·寅·卯·辰·巳·午·未·申· 酉·戌·亥이다. 이것을 寅·卯·辰은 봄으로 巳·午·未는 여름, 申·酉 ·戌은 가을, 亥·子·丑은 겨울로 나누고, 이를 다시 다음 표와 같이 음과 양으로 구분하였다.

양	子	寅	辰	午	申	戌
음	丑	卯	巳	未	酉	亥

2) 12지지의 의미와 해설

(1) 子(쥐띠)

子는 자孶이다. 자孶는 '부지런하다', '낳는다'는 의미가 있다. 또한 子는 한겨울 11월을 뜻한다. 자는 "자야孶也니 양기시맹陽氣始萌하야 자생어하야孶生於下也라 어역위감於易爲坎이니 감坎은 험야險也라."[13] 양기가 움직이기 시작하여 만물이 잉태하고 양기가 무르익어 새끼가 태어나 자라게 된다. 자는 료了 '마친다'와 일一 '시작'이 합하여

---

13) 유희, 후한말 생, 《석명》, 윤창렬, 〈십간과 십이지에 대한 고찰〉, 대전대학교 한의학연구소, 1996.

만들어진 글자이다. 이는 멈추었던 양기가 11월에 이르러 다시 시작된다는 것을 의미한다.

11월에 子를 세우는 것은 양에 해당되는 子가 오행의 시작을 나타내기 때문이다. 역易에서는 감坎이 되고, 감은 한극寒極이기에 험險하다고 표현한다.

子는 쥐라는 동물을 상징하며 오행으로는 水이며 陽의 개념이다. 60갑자에서 쥐띠는 甲子生·丙子生·戊子生·庚子生·壬子生 등 5가지가 있다. 사주는 연·월·일·시 모두를 보고 파악하여야 하는데 일반적으로 년을 중심으로 띠별로 볼 때, 쥐띠생들은 일반적으로 활달하고 집안에 있기를 싫어해 밖에서의 활동력이 좋다.

쥐띠들은 번식력이 강해 남녀 모두 정력이 강하다. 민첩하고 예지력豫知力이 있으나 의지력과 추진력이 약한 게 흠이다. 재능과 재치는 있으나 주색잡기에 빠질 우려가 있으며 문학 및 예체능에 능하다. 일반적으로 초년보다는 노년이 좋아 노후에 명예와 재물 운이 좋다. 이때 子는 물의 근원이며 모든 생명체의 원천이 된다. 계절적으로는 음기가 왕성한 11월을 뜻한다.

(2) 丑(소띠)

축丑은 뉴紐 '끈'과 계繫 '맬'의 의미이다. 이는 씨앗이 실이나 끈처럼 이어져 자란다는 뜻이다. 축은 물이 모여 봄을 위해 쪼개지는 물이며 12월을 뜻한다.

축丑은 "뉴야紐也니 한기자굴뉴야寒氣自屈紐也라. 어역위간於易爲艮이니 간艮은 한야寒也라 시말가청물생時未可聽物生하고 한지지야限止之也라." 축을 묶는다고 표현했는데, 그 대상은 한기寒氣이다. 한기라는 수기가 멈추어야 다음의 목기로 이어질 수 있으므로 한기의 작용을 멈추게 하는 것을 묶는다고 한 것이다.

축은 음토이지만, 축월에 태어난 사람들은 사실상 수가 많은 사람으로 해석한다. 축은 토로서 중화의 기운이기에 정북에 위치한 자의 한기가 동북의 축에 이르러 기운이 약해짐을 나타내고, 또한 자의 응축하려는 수기가 새로운 생명을 탄생하기 위해서는 중화되어야 하므로 "한기자굴寒氣自屈"이라고 한다. 역易에서는 간艮이 되고 土의 작용을 하고, 축은 한습寒濕이므로 만물이 생명을 유지하기 어려운 때이다.

또한, 축丑은 소를 말하며 겨울 土로 陰의 성질을 갖는다. 소띠는 子丑生·丁丑生·乙丑生·辛丑生·癸丑生이 있다. 소띠생은 우직하게 참을성이 많으며 성실하게 살아간다. 소띠생은 적극성이 결여되는 것이 단점이며 초년에 일반적으로 고생이 많고 인덕이 없는 경우가 많아 결혼 및 부부 운이 좋은 편은 아니다. 계절적으로는 음기가 수렴하는 12월을 뜻한다.

(3) 寅(호랑이띠)

인寅은 이移 '옮긴다'와 인引 '당긴다'의 의미로 해석하며, 씨앗이 터져 싹이 땅 밖으로 옮겨져 나오는 것을 나타낸다. 인寅은 "연야演也니 연생물야演生物也라." 인寅은 펼치는 것이니 인에서 생물이 지상에 널리 퍼진다고 하였다. 연演은 널리 편다는 의미니 인은 계절적으로 봄이라 만물이 마치 싸매두었던 물건을 펼치듯이 지하에서 지상으로 나오는 모습을 은유적으로 표현하였다. 또한, 인演은 正月에 양기가 굳센 형상을 하고 있는 모습이다.

인演은 호랑이로 봄의 시작이며 입춘이 지나 한 해를 시작하는 첫 달(1월)을 뜻한다. 木의 성질이며 양의 개념이다. 寅年生에는 甲寅生·丙寅生·戊寅生·庚寅生·壬寅生이 있으며 용맹스럽고 강인하고 솔직 담백하고, 의협심이 강한 성격을 지녔다.

호랑이띠 생은 지도자적 기질과 추진력이 좋으나 동분서주해 남의 인심을 잃거나 불신을 받을 우려가 있다. 계절적으로는 봄의 시작을 알리며 1월을 뜻한다.

(4) 卯(토끼띠)

묘卯는 모冒 '무릅쓰다'와 같은 자로 쓰이며, 물질이 성장하여 '땅을 덮는다'는 뜻이다. 묘를 무茂 '우거지다'라고도 하는데, 무연茂然 '왕성한 모양을 한다'는 것은 양기가 묘에 이르러서 물질이 무성해지는 것으로 2월에 땅 위에 만물이 창성하여 문을 열고 나오려고 하기 때문이다.

卯는 "모야冒也니 재모토이출야載冒土而出也라 어역위진於易爲震이니 이월지시二月之時에 전시진야雷始震也." 묘는 토를 무릅쓰고 나오는 모습을 상한 것이고, 역에서는 진으로 음력 2월 천둥소리가 천지를 깨우듯 진이 겨우내 잠든 자연계를 깨워 기상하게 함이니, 이때 하늘의 문에서 만물이 튀어나오게 된다.

묘는 토끼로 2월을 뜻하는 나무木로 음의 성질을 갖는다. 卯年生에는 丁卯生·己卯生·辛卯生·癸卯生·乙卯生이 있다. 토끼띠 생은 심성이 온화하고 착하며 인정이 많은 편이다. 그러나 추진력이 약하고 사치심이 있고 타의 유혹에 잘 넘어간다.

토끼는 달月을 상징하며 陰적인 동물로 심신이 평온하기를 바라나 험한 속세 생활에 적응하기가 쉽지 않다. 계절적으로는 생명체가 발아되는 2월을 뜻한다.

(5) 辰(용띠)

진은 진震 '진동하고 떨치다'와 같은 자字로서 '옛것을 씻어 없애고 새롭게 시작한다.'라는 의미이다. 진은 "신야伸也니 물개신서이출야物皆伸舒而出也라." 진은 펴는 것이니 겨우내 최대한 응축한 만물이 새로운 생을 맞아 펼쳐서 나온다는 의미이다. 예부터 한 해를 말할 때 진은 땅에서는 오행의 시가 되고 하늘에서는 일월의 시가 되는데, 해가 낮에 비치고 달이 저녁에 비치고 별이 운행하는 것으로 하늘의 어둠을 밝혀서 시와 절기를 얻는다고 했다.

진은 용으로 상상의 동물이다. 봄의 기름진 땅土로 지혜롭고 상상력이 풍부한 동물이다. 辰生에는 甲辰生·丙辰生·戊辰生·庚辰生·壬辰生이 있으며 모두 자존심과 고집이 강하고 우두머리 기질이 있다. 상상력이 지나쳐 허구심에 빠질 우려가 있고 투기성이 지나쳐 곤경에 빠질 우려가 있다. 계절적으로 진辰은 생명체가 위로 솟구치는 3월을 뜻한다.

(6) 巳(뱀띠)

사巳는 이巳 '마친다'와 같은 뜻으로 해석한다. 이巳는 옛것을 씻어

보내고 사물의 원물元物을 마친다는 의미이다. 한편으로 巳를 기起라고도 하는데 이는 만물이 일을 마치고 일어나기 때문이다. 사는 "이야巳也니 양기필포이야陽氣畢布巳也라 어역위손於易爲巽이니 손巽은 산야散也라 물개생포산야物皆生布散也라." 사巳는 '그치는 것'이라 양기가 퍼지는 것이 그치게 된다는 것이다. 역易에서는 손巽이라 흩어지는 것이며, 만물은 태어나 흩어지고 퍼지는 것이다.

巳는 뱀으로 여름의 시작을 뜻한다. 巳는 여름의 시작으로 불火이고 음의 성질을 갖는다. 巳年生은 乙巳生·丁巳生·己巳生·辛巳生·癸巳生이 있다. 뱀띠 생은 깨끗하고 고상하며 문학을 좋아하며 정직한 성품을 지녔다. 뱀띠는 사색을 즐겨 대인관계가 좋지 못한 경우가 많다. 또한 권모술수가 뛰어나나 상대방에게 신뢰감이 부족한 게 흠이다. 계절적으로 사巳는 무더운 여름을 알리고 곡식이 여무는 4월을 뜻한다.

(7) 午(말띠)

오는 오仵 '짝'과 같은 자이며, 악蕚 '꽃받침'으로도 해석한다. 이는 오의 반대편인 자와 짝을 이루고, 5월에 나무들이 자라서 나뭇가지나 꽃받침이 퍼져나간다는 의미이다. 午와 짝인 子는 음기가 충만하고, 오는 땅에 '양기가 창성昌盛한다'는 것이다. 또한, 동서남북을 표현할 때 남북이 종縱이 되고 동서가 횡橫이 되는데, 이는 자오子午가 종縱으로 짝을 이루고, 묘유卯酉가 횡橫으로 짝을 이룬다.

오는 "오야仵也니 음기종하상상하야陰氣從下上하야 여양상오역야與陽相仵逆

也라 어역위리於易爲離니 리離는 려야麗也라 물개부려양기이무야物皆附
麗陽氣以茂也라." 오는 음기가 밑에서 위로 올라오니 거스르는 것이다.
역易에서는 리괘離卦라 하여 만물이 양기와 더불어 무성하게 되는 것
이다.

오는 말로써 5월의 한여름으로 불火이고 陽의 성질을 갖는다. 午年
生에는 甲午生·丙午生·戊午生·庚午生·壬午生이 있다. 말띠 생은 활동성
이 좋고 독립심이 강하다. 성격이 다혈질이라 이성 간이나 대인관계에
서 갈등이 야기되는 경우가 많은 게 흠이다. 계절적으로 午는 해가 가
장 강렬하여 곡식이 여무는 5월을 뜻한다.

(8) 未(양띠)

미未는 매昧 '어둡다'의 의미를 담고 있다. 이
미 음기가 자라서 만물이 조금씩 쇠하여 몸체가
상하기도 하고 혹은 어둠이 가리기도 하여 음
양이 몽매해지는 시기이다. 또한, 미未는 "매야
昧也니 일중즉호日中則昃하야 향유매向幽昧也라."
미未는 해가 중천에서 서쪽으로 향하는 것이니,
즉 밝음에서 어둠을 향하여 가고, 양기의 흐름이 음기 쪽으로 기우려
져 가는 것이다.

미未는 오행 중 토로서 木 火의 양 기운이 다 하고 金 水의 음 기운
으로 이어지는 중간에 위치한다.

미未는 양으로 여름土이며 음의 성질을 갖는다. 未年生에는 乙未生·
丁未生·己未生·辛未生·癸未生이 있다. 양은 온순하고 희생정신이 강한
동물이다. 양띠생은 은혜를 알아 의리가 깊으나 추진력이 부족한 것
이 흠이다. 계절적으로 미未는 햇빛이 따뜻하며 곡식이 여무는 6月을

뜻한다.

(9) 申(원숭이띠)

신은 신伸의 의미를 담고 있다. 그리고 인引 '끌다' 또는 장長 '길다'로 표현하여 이미 노쇠해져 커져 버린 상태를 나타낸다. 신은 여름과 가을의 길목이기에 여름의 火의 성분과 가을의 金의 성분이 혼용되어 있다. 申은 "신야身也니 물개성기신체物皆成其身體하야 각신속지各申束之하야 사비성야使備成也라." 申은 만물의 體가 이루어짐이니 신이 형체를 단단히 하여 성을 완전하게 함이다.

申을 또 신身이라고 하여 물질이 모두 몸체와 같이 성취되는 것을 뜻한다. 또한, 申은 가을을 수렴하는 기운이라 속束한다고 표현한다.

신은 원숭이로 가을의 첫 시작이며 陽의 金을 표시한다. 申年生에는 甲申生·丙申生·戊申生·庚申生·壬申生이 있다. 원숭이는 머리가 좋고 예체능에 능하고 임기응변에 강하다. 그러나 재주가 지나쳐 타인과의 갈등이 자주 일어난다.

계절적으로 申은 각 계절 마디의 중간 역할을 하는 즉, 꽃에서 열매가 이뤄지는 7월을 뜻한다.

(10) 酉(닭띠)

유는 노老 '늙다'이며, 숙熟 '익다'라는 동자同字의 뜻이 있으며, 이것은 만물이 성숙한 것을 의미한다. 또한, 酉는 주酒 '술'로도 보았다. 이것은 오래 묵혀 거르지 않는 술을 의미한다. 옛 성현이 말하기를 유는 "수야秀也니 수자秀者는 물개성야物皆成也라 어역위태於易爲兌니 태兌는

설야說也라 물득비족物得備足 하야 개희설야皆喜說也라." 酉는 만물이 완성되는 것이니 마치 꽃이 [秀: 꽃이 피다] 온전히 핀 형상과 같음이다.

또한, 만물이 익어 마치 술을 그릇에 [秦 : 술그릇, 멈춘다] 담아 '흐르지 않는다'는 의미가 있음이다. 역易에서는 태兌가 되니 만물이 온전함을 이루어 희열을 맛보는 시기이다.

유는 닭으로 가을이며 陰의 성질을 갖는 金을 뜻한다. 酉年生에는 乙酉生·丁酉生·己酉生·申酉生·癸酉生이 있다. 닭은 예지력이 뛰어나고 부지런하다.

남의 속박을 싫어하며 이기적인 면이 많아 종교적으로 뛰어나게 성공할 때가 많은 편이다. 그러나 지나치게 이기적인 면 때문에 직장 내에서 갈등이 야기될 때가 많다. 계절적으로 유酉는 열매가 맺혀진 후 씨앗이 생기는 8월을 뜻한다.

(11) 戌(개띠)

술은 멸滅 '없어지다'와 살殺 '죽이다"의 의미가 있다. 즉 9월에는 음이 극에 달해 만물의 소멸이 시작되기 때문이다. 술은 "휼야恤也니 물당수렴物當收斂 하야 어휼지야於恤之也라 역언탈야亦言脫也며 낙야落也라." 술은 금기에서 수기로 넘어가는 중간이니 양기는 이미 땅속 깊이 파묻힌 시기라, 봄여름에 하루가 다르게 성장하는 모습 대신 거칠어지고 꽃이나 과실이나 땅에 떨어지게 되어 불쌍히 [휼恤 : 동정하다] 여기게 됨을 말한다.

술은 개로 가을의 메마른 土땅로 陽의 성질을 갖는다. 戌年生에는 甲戌生·丙戌生·戊戌生·庚戌生·壬戌生이 있다. 개띠는 충직하고 사회조직 내에서 융화를 잘한다. 또한 예체능에 소질이 있고 정력도 강한 편이다. 그러나 자존심이 지나치고 복수심 또한 지나친 면이 있다. 계절적으로 술은 개울의 물이 땅속으로 스며드는 겨울 초입의 9月을 뜻한다.

(12) 亥(돼지띠)

해는 핵核 '열매 씨'이나 애閡 '문 잠그다'라는 글자와 같은 의미로 해석한다. 해를 핵刻 '캐묻다'로 보기도 하는데, 이것은 음기가 만물을 핵살刻殺 '죄를 물어 죽이는 것 한다'고 보기 때문이다. 해는 "핵야核也니 수장백물收藏百物하야 핵취기호악진위야核取其好惡眞僞也라 역언물성개견핵야亦言物成皆堅核也라." 亥는 만물의 가장 함축된 모습인 씨앗이니 이는 한 생애 동안 취한 호악진위好惡眞僞 모두를 내포하는 것이다.

또한, 만물이 가장 단단함을 이루는 시기이다. 亥는 하루의 시간상 21시~23시가 되므로 선과 악과 진실과 거짓을 모두 안고 있다고 표현했으며, 씨앗은 겨울의 추위에 견디기 위해 표면적을 최소화하여 단단해지는 것을 나타낸다.

해는 돼지로 겨울의 입구로 水이며 陰의 성질을 갖는다. 亥年生에는 乙亥生·丁亥生·己亥生·辛亥生·癸亥生이 있다.

돼지는 성정이 온화하고 신의가 있고 충실하며 책임감이 강하다. 그러나 대외 활동성이 부족한 게 흠이다. 돼지는 陰의 성질로써 차가움을 뜻한다. 계절적으로 해는 물이 지하에 모이는 10월을 뜻한다.

3) 12지지地支의 적용과 역할

12지지地支에 대한 일반적인 내용은 역시 계절과 밀접한 관계가 있다. 절기를 나타내는 달력을 기준으로 인월寅月부터가 새해이다. 인월부터 시작된 봄은 사월巳月부터 여름으로 바뀐다. 이어 신월申月부터 시작된 가을은 해월亥月이 되면 겨울로 바뀐다. 그래서 寅·卯·辰이 봄이고, 巳·午·未는 여름이다. 또 辛·酉·戌은 가을이고 亥·子·丑은 겨울이다.

12지지 가운데 寅·申·巳·亥 月이 되면 계절의 변화가 분명하게 드러난다. 초봄, 초여름, 초가을, 초겨울이 주는 운기이다. 이 운기는 계절이 주는 질적인 변화를 나타낸다. 그래서 인·신·사·해를 변화의 기운이라고 한다. 또한, 12지지 중 생지生地가 되며, 역마가 머무는 자리가 된다.

역마驛馬는 역을 기점으로 말을 갈아타듯 변화가 발생하는 지점이다. 이는 寅 木은 丙 火의 장생지長生地가 되고, 辛 金은 壬 水, 巳 火는 庚 金, 亥 水는 甲 木의 각각 장생지가 된다. 생지의 특성은 기운이 형성되어 활발하게 움직여 창의적 의미가 강하다.

이 시기가 지나면 子·午·卯·酉 月이 되는데, 이때 봄과 가을은 꽃이 만개하고 오곡백과가 무르익는 가장 아름다운 계절이다. 그래서 자·오·묘·유를 유혹의 기운이라고 한다. 그리고 子·午·卯·酉는 왕지旺地라 하며, 도화桃花가 머무는 자리가 된다.

子 水는 壬 水의 왕지가 되며, 午 火는 丙 火, 卯 木은 甲 木, 酉 金은 庚 金의 각각 왕지가 된다. 왕지旺地라는 것은 순일한 기운이 모여 합하여도 다른 성분으로 변하지 않으며, 양인羊刃의 기운이 강하여 불굴의 의지와 강인한 정신력을 갖는다. 또한, 12지지 중 자·오·묘·유는 도화 기운이라고 한다. 밤 하늘 아래 복사꽃 냄새가 뭇 사람들을 매혹시

키 듯 남녀가 서로 순정의 끼를 발휘하도록 매력이 발산하는 시기이다. 그러나 모든 꽃은 언제나 지는 법, 그래서 우리의 인생을 화무십일홍花無十日紅이라 했다. 그리고 도화는 낭비, 사치, 망신 등이 일어나기가 쉬워 이를 경계하지 않으면 인생을 망칠 수 있다.

한 계절에서 다음 계절로 바뀌면 辰·戌·丑·未가 돌아온다. 진·술·축·미는 고지庫地 또는 묘지墓地라 하며, 곡식을 거두어 저장하는 창고의 의미와 만물이 기운을 다하게 되면 죽게 되는 묘지의 의미이다.

이 시절은 계절의 특징이 불명확하다. 계절의 풍미가 명확하지 못하기 때문에 누구나와 어울리고 마냥 좋은 화개華蓋의 기운이다. 즉 누구에게 원망을 듣지 않고, 사람 나고 인심 좋아 만물에 빛나고 화려한 계절을 덮는 기운이다. 그러므로 이 기운은 성찰, 숙고, 반성, 명상 등 인간의 수양과 맞닿아 있다. 또한, 이 화개의 기운은 자기초월 영성의 힘을 가지고 있는 기운이다.

사주명리에서 12지지의 가장 큰 작용은 천간의 뿌리가 되는 것이다. 지지는 천간과 밀접한 관계를 형성하면서도 각각의 고유한 특성이 있다. 이 고유한 특성은 계절 또는 합·충 등의 변화에 따라 여러 가지 모습으로 나타나기도 한다. 그래서 12지지가 포함하고 있는 고유한 성정Identity을 제대로 이해하지 못한다면 만물의 변화를 파악하는데 어려움을 겪을 수 있다. 이는 모래 위에 성을 쌓는 것과 다를 바 없다.

[알아두기]

60갑자의 납음오행納音五行

60갑자는 10천간과 12지지가 음양에 따라 순차적으로 결합하여

〈60갑자 납음오행표〉

생 년	甲乙 子丑	丙丁 寅卯	戊己 辰巳	庚辛 午未	壬癸 申酉
납 음	해중금 (海中金)	노중화 (爐中火)	대림목 (大林木)	노방토 (路防土)	검봉금 (劍鋒金)
생 년	甲乙 戌亥	丙丁 子丑	戊己 寅卯	庚辛 辰巳	壬癸 午未
납 음	산두화 (山頭火)	간하수 (澗下水)	성두토 (成痘土)	백련금 (百鍊金)	양류목 (楊柳木)
생 년	甲乙 申酉	丙丁 戌亥	戊己 子丑	辰辛 寅卯	壬癸 辰巳
납 음	천중수 (泉中水)	옥상토 (屋上土)	벽력화 (霹靂火)	송백목 (松柏木)	장류수 (長流水)
생 년	戊己 午未	丙丁 申酉	戊己 戌亥	庚辛 子丑	壬癸 寅卯
납 음	사중금 (砂中金)	산하화 (山下火)	평지목 (平地木)	벽상토 (壁上土)	금박금 (金箔金)
생 년	戊己 辰巳	丙丁 午未	戊己 申酉	庚辛 戌亥	壬癸 子丑
납 음	복등화 (覆燈火)	천하수 (天河水)	대역토 (大驛土)	채천금 (釵釧金)	상자목 (桑柘木)
생 년	戊己 寅卯	丙丁 辰巳	戊己 午未	庚辛 申酉	壬癸 戌亥
납 음	대계수 (大溪水)	사중토 (沙中土)	천상화 (天上火)	석류목 (石榴木)	대해수 (大海水)

만들어진 것이다.

예를 들어 천간의 甲은 지지의 子와 결합하여 甲子가 되고 천간의 乙은 지지의 丑과 결합하여 乙丑이 丙은 寅과 결합하여 丙寅 등처럼 순차적으로 결합해 우주의 시공간을 표현한다. 이때 천간의 양陽은 양의 지지와 천간의 음陰은 음의 지지와 결합하므로 60갑자가 되는 것이다.

이렇게 결합 된 60갑자를 주역의 원리와 12운성의 원리[14]를 이용해 오행의 의미를 부여한 것이 납음오행이다.

예를 들면 丙辰, 丁巳는 사중토沙中土라 하는데 辰은 土의 12운성상 묘고墓庫이고 巳에는 절絶이 된다. 이미 土의 기력이 쇠진한 상태에서 이때 丙·丁·火의 생을 받아 기력이 회복되니 다시 土의 기운이 살아난다. 이래서 丙辰·丁巳를 사중토沙中土라 하는 것이다. 이런 원리에 따라 60갑자를 분석하는 것이 납음오행인데 궁합을 볼 때나 사주의 성격을 볼 때 활용된다.

예를 들면 남금男金 녀토女土면 부부가 서로 상생하여 부부간 사이가 좋다. 남목男木 녀토女土이면 부부간의 갈등이 심해 패가망신한다. 오행의 상생상극을 이용하여 납음오행을 활용하는 것이다.

---

14) 12운성十二運星이란 인생의 생로병사生老病死를 열두 단계로 나누어 표현한 것이고, 천간의 기운이 자연 속에 실현되는 모양을 열두 지지에 배속한 것이다. 다음 장에서 자세하게 설명한다.

5. 땅의 다양한 운동, 지장간

1) 지장간地藏干 개념의 성립

지장간地藏干이란 하늘의 기운이 땅속에 머무는 것을 말한다. 즉 12 지지 속에 있는 천간의 기운이 저장되어 있는 것으로 지지장간地支藏 干이라고도 한다. 앞서 말했듯이 천간은 시간이 지구라는 공간에서 변화하는 과정을 10개로 표현한 것이고, 이때 땅은 태양과 달과 지구와 공·자전하면서 지구의 작용을 변화시키는데, 밤하늘의 달月이 한달 한달을 지나면서 땅에 변화를 가져다준다. 그때 땅의 변화를 표현한 것이 십이지지12地支다.

하늘은 기氣다. 물리학적 표현으로는 시간이다. 땅은 공간이다. 땅의 역할론적인 측면에서는 만물에 대한 작용이다. 그렇다면 지장간은 무엇인가? 지장간은 그 시간(때)에 땅이라는 그 공간에 들어온 천간의 시간을 나타낸다. 그러므로 지장간地藏干은 시·공이 만나는 곳이다.

즉, 지장간은 공간 속에 있는 시간인데 그 시간은 끊임없이 흐른다. 또한, 시간이라는 것은 멈추지 않고 계속 흘러가므로 그 기운이 각각의 공간에 어떤 형태로 존재하는가를 표시한 것이 지장간이다. 지장간은 시공의 흐름을 표현한 우주의 설계도이다. 즉 지장간은 자연이 끊임없이 변화하는 과정에서 시간과 공간의 변화를 표시한 것이다.[15]

지장간이라는 용어는 『연해자평』에서 처음 등장한다. 지장간이 나오게 된 배경은 천간인 하늘의 기운太陽이 내리쬐고 비가 오고 눈이 내리는 등 하늘이 조화를 부리면 땅이 반응한다. 이처럼 지구는 피동적

---

15) 홍유선, 十二地支의 地藏干 硏究, 대구한의대학교, 2016.

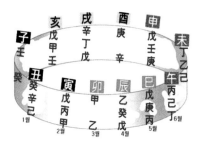

이다. 매일매일 태양과 달의 작용력을 받아들이고 그 작용력의 기운의 변화를 실제로 공간에서 발현시키고 봄, 여름, 가을, 겨울을 지난다. 이때 천간은 시시각각으로 움직이면서 공간에 영향을 준다. 그럼 땅에서 열두 달을 가지고 어떻게 지장간이 구성되는지 살펴보자. 한 달을 나누어 보면 초기에는 전월의 기가 이달에 와서 조금 영향을 미치다가 사라지고, 중기에는 당월의 기가 왕성해지고, 말기에는 당월의 기가 서서히 쇠약해지다가 다음 달로 넘어가게 되는 것이다.

이것을 다시 1년으로 나타내보면, 봄에서 여름으로 넘어가는 과정을 보면 늦봄, 초여름에는 새벽에 조금 쌀쌀하다가 낮에는 더운 현상이 나타난다. 이것은 봄의 기운과 여름의 기운이 서로 엉켜 있어서 그런 것이다. 그러면서 서서히 여름으로 접어들면 낮이든 밤이든 더워지게 된다. 또한, 가을과 겨울도 마찬가지로 이러한 현상이 반복되는 것이다.

일반적으로 지장간이 월지月支를 사령使令하는 기간은 절입일節入日로부터 시작해 초기初期, 여기餘氣, 중기中氣, 정기正氣, 본기本氣 순으로 계산하여 대략 한 달을 30일로 보고 각각 사령使令하는 기간이다. 예를 들면 자·오·묘·유월은 오월을 제외하고는 여기와 중기 두 기간 중 여기가 10일, 정기가 20일간 사령한다. 오월은 여기, 중기, 정기에 각각 10일씩 사령한다.

寅·申·巳·亥 月은 戊 土가 공통적으로 7일간 여기를 사령하고, 중기는 삼합三合하여 화기火氣하는 양간의 오행이 7일간 사령하며, 정기는 16일간을 사령한다. 辰·戌·丑·未 月은 전달의 여기가 9일, 중기는 삼합三合하여 변하는 음간陰干이 3일간, 정기는 각각 18일간을 사령한다 (다음 장에서 자세하게 설명한다).

한 달의 기氣의 변화를 나누어 배분한 게 지장간地藏干인데, 춘하추동春夏秋冬은 각각 72일씩 주관하고, 토기土氣가 사계절에 모두 18일씩 머물게 되어 한 계절을 대략 90일로 보고, 일 년을 약 360일로 계산하게 된다(아래 표 참조).

2) 지장간地藏干의 천 · 지 · 인 의미 : 원 · 방 · 각의 원리

우주만물은 하늘을 대표하는 천원天元과 지지로서 땅을 대표하는 지원地元과 사람을 대표하는 인원人元으로 구성되는데 인원人元은 지지 속에 암장되어 있다.

여기서 12지지를 천·지·인으로 나누어 볼 수 있는데 인·신·사·해는 하늘에 해당되고, 하늘은 둥글기 때문에 원圓이되고, 진·술·축·미는 땅에 해당된다. 땅은 모가 있어 방方이 되며, 자·오·묘·유는 사람에 해당

	여기餘氣	중기中氣	말기末氣
子	壬,10		癸,9
丑	癸,9	辛,3	己,18
寅	戊,7	丙,7	甲,16
卯	甲,10		乙,20
辰	乙,9	癸,3	戊,18
巳	戊,7	庚,7	丙,16
午	丙,10		丁,20
未	丁,9	乙,3	己,18
申	戊,7	壬,7	庚,16
酉	庚,10		辛,20
戌	辛,9	丁,3	戊,18
亥	戊,7	甲,7	壬,16

되고 사람은 각角이 된다.

　앞장에서 설명했듯이 12지지는 1년 12달로 되어 있기 때문에 이달의 기운은 전달의 기운이 남아 있게 마련이다. 지난달의 기운이 남아 있는 것을 여기餘氣[16]라 하고 이달의 기운을 정기正氣라 부르며 나머지

---

16)　* 여기餘氣 : 전전 달의 기氣가 이달에 와서도 남아 있는 것을 말한다.
　　* 중기中氣 : 사계절의 끝 계절인 진·술·축·미辰戌丑未에서 묘고墓庫가 되는 기氣를 말한다. 진·술·축·미辰戌丑未의 토土는 사계의 끝에서 다음 계절을 잉태하는 모태가 된다.
　　* 말기末氣 : 사계절의 첫째 달인 인·신·사·해寅申巳亥에서 장성하는 기氣를 말한다.

기운을 중기中氣라 한다. 예를 들면 인寅월에 출생한 경우 인寅은 봄의 시작이며 甲 木의 록綠이라 정기가 甲 木이다. 그러나 丙 火와 戊 土는 寅에 장생長生을 놓아 중기中氣운의 丙 火와 여기餘氣의 戊 土를 갖고 있다.

즉, 寅月 30일 중에 7일 2시간은 초기餘氣인 戊 土가 사령하고, 7일 2시간은 중기인 丙 火가 사령하며, 이때 15일 20시간은 본기인 정기로 甲 木이 사령하는 것이 자연의 이치인 것이다.

위 지장간 표를 참조해 보면, 子月은 여기餘氣가 10일로 壬 水가 암장暗藏되며, 정기인 癸 水가 본기로 20일 동안 사령使令한다.

丑月은 陰 土가 정기이며 金의 묘고墓庫이고 水의 여기餘氣가 있어야 9일 3시간은 癸 水가, 3일 1시간은 辛 金이, 본기인 己 土가 18일 6시간 사령하는 것이다.

寅月은 丙 火와 戊 土가 寅의 장생長生이고 甲 木이 본기라 丙·戊·甲이 암장暗葬되어 있다. 즉 丙과 戊가 7일 2시간씩 여기와 중기로 있고 본기인 甲 木은 15일 20시간 있는 것이다. 이에 卯月은 10일간의 甲 木과 20일간 乙 木이 사령使令하고 있다.

辰月은 陽 土 水의 묘墓이며, 乙 木이 여기라 戊·乙·癸가 암장되어 있다. 즉 9일 3시간의 乙 木의 여기와 3일 1시간의 癸 水와 18일간의 戊 土가 사령하는 것이다.

巳月은 丙 火와 戊 土의 녹禄이요, 金의 장생長生이라 丙·戊·庚이 암장되어 있다. 즉 戊와 庚이 각기 7일 2시간씩 16일간의 정기인 丙 火가 사령하고 있다.

午月은 丁 火와 己 土 녹禄이요, 丙·丁·己가 암장되어 있다. 즉 10일 간의 丙 火와 9일 간의 己 土와 11일간의 丁 火가 사령하는 곳이다.

未月은 陽 土로 木의 입고墓이고, 火의 여기를 지녀 丁·乙·己가 암장 되어 있다. 즉 3일간의 乙 木과 9일간의 丁 火와 18일간의 己 土가 사 령하는 것이다.

申月은 庚 金의 본기로 水와 土의 장생이라 戊·壬·庚을 암장하고 있 다. 즉 7일 2시간씩의 戊 土와 壬 水가 사령하고, 16일간의 庚 金이 정 기로 사령하는 것이다.

酉月은 녹祿이라 庚 金과 辛 金이 사령한다. 즉 10일간의 庚 金과 20 일간의 辛 金이 사령한다.

戌月은 陽 土로 火의 무덤이고 金의 계절이라 辛·丁·戊가 암장되어 있다. 즉 9일간의 辛 金과 3일간의 丁 火가 사령하고 18일간의 정기인 戊 土가 사령한다.

亥月은 壬 水의 녹祿이고 甲 木에 장생長生지지라 壬과 甲이 암장되 어 있다. 즉 20일간의 壬 水와 10일간의 甲 木이 사령하는 것이다.

이 지장간의 내용은 사주를 분석하는 데 아주 중요한 내용이 된다. 즉 지장간의 내용에 따라 오행의 경중을 따지며 오행상의 상생상극을 분석하고, 좋은 오행이 무엇인지를 분석하는 기초가 되는 것이다. 즉 사주의 강약을 분석하는데 기본적인 활용요소가 되니 반드시 암기해 두어야 한다.

12지지의 지장간지地藏干支을 보면 子·寅·辰·午·申·戌을 양陽이요, 丑· 卯·巳·未·酉·亥는 陰인데 陽의 체體에 지장간은 陰이 들어있고 陰의 체 體에는 양陽의 지장간이 들어있음을 알 수 있다.

이는 체體는 양陽이나 용用은 음陰으로 활용되고, 체體는 음陰이나 용用은 양陽으로 활용되고 있음을 잘 기억해 두어야 한다. 이는 음양 의 조화원리와 같은 것이다.

이상 지장간의 의미를 분석하였는데, 사주팔자가 사람의 명命이 겉으로 드러난 것이라면, 지장간은 그 사람의 내면이나 숨겨져 있는 성격과 생활환경을 나타내는 것이다. 흔히들 사주를 보러 가면 술사들이 "겉은 멀쩡한데, 내면의 속은 그것이 아니다.", "숨은 귀인이 있어 도와준다.", "조상의 덕이 있다." 또는 "숨겨 놓은 보화나 애인 있다." 등 때론 황당한 소리로 깜짝 놀라게 할 때가 있다. 이게 바로 지장간이 숨겨 놓은 변화의 비밀이다.

지장간은 사주명리을 해석할 때 천간과 지지 그리고 운과 더불어 필수적으로 적용시켜야 하는 중요한 요소이다. 이에 지장간을 모르고 사주를 추명推命한다는 것은 어불성설語不成說이다.

3) 지장간의 암합暗合

암합暗合은 명식 추론의 묘미를 만끽할 수 있는 재료로 각 지장간의 상호 간 합合 작용을 살펴 임상에 적용한다. 암합은 대개 '생각지 않은 도움이나 은밀한 거래' 또는 '정부情夫나 의처疑處, 의부증 현상' 등 미묘한 인생사의 단면을 엿볼 수 있는 복잡성을 지니고 있다.

이러한 암합을 단순히 부정적으로 인식해서는 곤란하며 명식을 구제하는 길한 작용에도 비중을 두어야 한다. 또한, 명암합明暗合은 천간에 투출한 글자와 지장간이 서로 결합하는 형태를 의미하는데 이러한 경우는 그것이 보다 뚜렷하게 나타나는 노출exposure의 현상으로 이해하면 무난하다. 서낙오는 적천수보주適天髓補註에서 암충암회暗沖暗會를 다소 무리하게 설명하고 있으나 이 부분은 추명술의 실력을 가늠하는 중요한 테마임에는 부정할 수가 없다.

이를테면 천간에 노출된 희신인 재성을 행운의 지지 장간이 명암합明暗合할 경우, 사망에 이르기도 한다. 이러한 작용력은 단순히 희·용신의 채용으로만 추론에 임할 때는 매우 간과하기 쉬우므로 주의를 하여야 한다. 반대로 노출된 기신을 제거하는 암충암회는 또한 기쁘다 할 수 있을 것이다(滴天髓 支地論 : 暗沖暗會尤爲喜).

〈암합暗合〉

寅	丑	午	亥	未	申	子	戌	辰	巳
인	축	오	해	미	신	자	술	진	사
戊	癸	丙	戊	丁	戊	壬	辛	乙	戊
丙	辛	己	甲	乙	壬	癸	丁	癸	庚
甲	己	丁	壬	己	庚		戊	戊	丙

4) 지장간 응용의 범위

지장간은 삼합三合, 12신살十二神殺, 12운성十二運星과 매우 밀접한 관계가 있다. 첫 번째, 천간天干, 즉 하늘의 기운이 지지地支를 지나가면서 벌어지는 변화가 삼합이다.

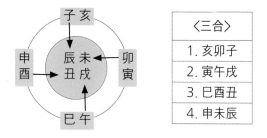

삼합은 세 가지의 지지가 합한다는 의미도 있으나 하늘과 땅 그리고 사람이 서로 합하는 것을 의미하기도 한다. 또한 삼합三合은 명리

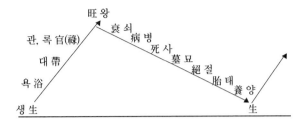

적 해석으로 하늘의 기운이 땅에서 물질을 만들어 가는 과정을 나타
낸다.

두 번째, 12운성十二運星은 기의 작용력의 변화과정을 12달로 나누
어 생로병사生老病死를 나타내고 있다. 흔히 12운성十二運星은 "주역의
원형이정元亨利貞 순행을 기초로 하여 만들어졌으며, 이것을 사람의 생
로병사에 적용하여 기운이 강하고 약할 때를 지지의 12수數에 배치하
여 적용한 것이다."라는 논리와 불교의 윤회과정을 "사람의 인간사와
12달을 결합하여 성장소멸成長消滅을 배치했다."라는 설설說이 있다.

〈12신살의 시공간〉

세 번째, 12신살十二神殺은 땅의 변화인데, 삼합을 12개로 나누어 각 달마다 물질의 형태가 어떻게 바뀌는가를 세분해서 살펴본 것이다. 이에 12운성十二運星은 천간 하나의 글자가 지지地支 공간을 지날 때 그 기운의 강도가 변화하는 것을 말한다. 즉 12신살十二神殺과 12운성十二運星도 하늘과 땅의 작용인 시공으로 표현할 수 있는 것이다.

다음 장에서부터 하늘과 땅 그리고 사람 관계에서 벌어지는 삼합, 12신살, 12운성, 합충의 원리 등을 자세히 설명할 것이다.

6. 천간·지지의 합合과 충沖 -갈등과 충돌, 조화의 변화

1) 우주의 변화 : 합 · 충 · 형 · 해 · 파의 개념

음양오행이 우주의 변화하는 기운이라면, 이 우주의 기운이 어떻게 변화하는가? 즉 우주 변화의 파노라마Panorama를 설명하는 개념이 바로 합合과 충沖 그리고 형刑, 해害, 파破이다.

특히 합·충·형·해·파는 사주팔자 전체를 묶고 해제하는 기제로서 심오한 이치를 비장하고 있다. 합·충·형·해·파는 고대 삼명학三命學에서부터 현재의 자평명리학子平命理學에 이르기까지 사주원국四柱原局과 대운·세운의 만남에서 오행의 생生·극剋·제制·화化와 함께 사주를 분석하고 파악하는데 중요한 해석인자로 활용하고 있다.

이는 합合·충沖의 원리가 남녀의 사랑과 결혼이라는 인생의 리듬과도 같으니 그 원리를 잘 이해하고 습득하여서 우주변화의 묘妙를 내 삶의 일상과 더불어 활용하는 지혜가 필요한 때이다.

사주원국에 영향력이 덜 미치는 형刑, 해害, 파破는 이 장의 뒷부분에 논하기로 하고, 본 장에서는 합·충을 먼저 기술한다.

2) 음양의 순환의 원리에서 합合 · 충沖의 의미

합·충의 원리는 지구가 자전과 공전을 하면서 밤낮이나 사계절이 순환하는데 이러한 순환과정을 크게 음과 양으로 나눌 수 있고, 음이 양으로 바뀌는 시기나 양이 음으로 바뀌는 시기가 취약한 시기이다.

그러므로 이 시기에 문제가 보다 많이 발생한다. 특히 음양 중 어느 한쪽이 지나치게 강하거나 지장간에 음양을 같이 갖고 있으면 문제

발생의 소지가 더욱 많다. "오행은 우주 만물을 이루는 다섯 개의 법칙으로 목·화·토·금·수의 기운으로 이루어진다.

오행의 기운은 서로 돕고 결합하여 서로를 제약하고 다투기도 하면서 자연계의 생장소멸을 이끌어 간다. 그런데 오행의 자연적인 기운이 한쪽으로 너무 편중되어 있거나 혹은 너무 부족하거나 그리고 너무 강하게 충돌하게 되면 순환하는 질서가 깨지게 되어 이상한 현상이 발생하게 되고 이것이 인간에게도 영향을 미치게 된다."[17]

합·충의 변화는 사주원국四柱元局의 성질을 바꿀 수 있는 중요한 존재이다. 흔히 합은 두 개의 존재가 하나의 기운으로 변화되는 것을 뜻한다. 그리고 충은 두 개의 존재가 서로 견제하고 밀어내는 형국을 나타낸다. 일반적으로 사람이 결혼을 하면 삶의 질서가 바뀌듯이 음양오행의 기운도 서로 만나면 서로가 상생하여 홀로 있을 때보다 부귀를 득재得財하는 경우가 있고, 오히려 서로 간 상극하여 부귀를 잃어버리고 실재失財하는 경우가 있다.

흔히 사주를 분석하여 명을 추론할 때 음양오행의 강약 분포와 순환과정을 활용한다. 그러므로 합·충의 원리도 음양오행의 순환과정에서 찾으려고 해야 한다. 그러면 먼저 합에 대해서 알아보자.

3) 합合의 의미와 종류 : 천간 합과 지지 합

합이란 음양과 오행이 다른 간지干支 간의 기운이 서로 어울리고 결합하여 또 다른 기운과 작용을 만들어 내는 것을 말한다. 합이 되면 본래 간지 오행의 성질이 변하는 경우가 있고, 때로는 합으로 서로를

---

17) 장옥경, 「命理理論과 離婚과의 相關性 研究」, 학위논문, 2010.

묶어놓고 있는 상태가 되기도 하며, 또는 한쪽 오행의 세력이 강해지거나 전혀 다른 오행을 생산하기도 한다. 이는 우주 만물의 순환 운동과 사계절의 변화에 따라 하늘과 땅의 기운이 합하여 한서寒暑와 풍우風雨를 만드는데 이는 남자와 여자가 합하여 자식을 생산하는 이치와 같다.

합의 종류는 크게 천간에서 일어나는 합과 지지에서 일어나는 합으로 나뉜다. 천간에서 일어나는 합을 '천간天干 합合'이라고 하고, 지지에서 일어나는 합을 '지지地支 합合'이라고 한다. 지지 합은 삼합三合, 육합六合, 방합方合, 암합暗合, 반합反合 등 그 종류가 다양하다. 그러면 먼저 천간의 합에 의해 변하는 오행들을 알아보자.

(1) 천간天干 합合

천간의 합이란 천간 중 陽의 오행이 陰의 오행을 만나 조화를 이루는 경우를 뜻한다. 그런데 합이 된다고 해서 모두가 다른 오행으로 변하는 것은 아니다. 예를 들어 甲 木이 己 土를 만났다고 무조건 土가 되는 것은 아니다.

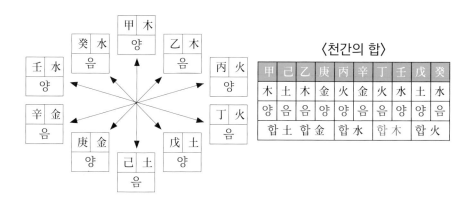

〈천간의 합〉

甲	己	乙	庚	丙	辛	丁	壬	戊	癸
木	土	木	金	火	金	火	水	土	水
양	음	음	양	양	음	음	양	양	음
합 土		합 金		합 水		합 木		합 火	

이는 일간을 중심으로 甲 木이 주변에 토가 많은 경우 甲 木이 己 土와 결합하여 토로 변하는 경우 이를 합合·화化했다고 하고, 만약 일간을 중심으로 甲 木 주변에 壬 水나 癸 水가 많은 경우 水가 甲을 도와甲 木의 기운이 강해지기 때문에 동화同化되지는 못하고 그냥 합合으로 어우러진 관계일 뿐이다.

고전에 의하면, 천간天干은 합合하면 화化하여야 길吉하고, 합合·화化하지 못하면 동動하지 못하니 쓰임이 없다 하겠다. 그러기에 '천간 합의 불화不化는 합으로 묶어서 사용할 수 없다는 말을 하는 것이다. 이는 사랑하는 남녀가 결혼을 했다고 해서 반드시 화합했다고 할 수 없는 것과 다를 바 없다. 다음은 천간합天干合의 원리와 천간天干합화合化의 조건을 정리한 표[18]다.

〈암합暗合〉

命理書의 名稱	天干合의 原理	天干合化의 條件
淵海子平評註	여섯 번째 陰 陽 合	月令을 得하면 合化, 太王하거나 不及하면 不化
命理正宗	淵海子平評註와 동일	
三命通會	辰位를 얻은 合化五行	時를 얻거나 生旺할 때
適天髓闡微	6번째 陰陽合(財官의合) 河圖의 數에 의한 合	月令을 得하거나 生旺할 경우 合化, 太王하거나 不及하면 不化
子平眞詮評註	辰位를 얻은 合化五行 (子平眞詮과 견해 차이)	떨어져 있거나 剋을 당하고 있으면 不合하고, 日干合化는 化格만 허용

■ 甲 己 合 · 化 土의 의미

---

18) 윤훈근, 「합충형파해가 사주 분석에 미치는 영향에 관한 연구」, 원광대학교, 학위
논문, 2013.

양목陽木에 해당되는 갑은 울창한 나무이다. 울창한 숲을 이루고 있는 甲 木은 촉촉하게 젖어 있는 己 土를 만나면 환상의 협력관계 Collabonation이다. 특히 己 土는 모든 만물을 기르고 포용하는 덕이 있으므로 갑기甲己 합合을 중정지합中正之合이라 한다.

큰 고목나무甲가 작은 토양己土에 놓이면 나무가 쓰러져 흙에 파묻히게 된다. 따라서 甲 木의 성질이 己 土의 성질로 바뀌게 됨을 뜻한다. 甲+己 合 土가 되면 오행의 중심이 되어 사방 오행의 중심이며 연결고리 역할을 하게 된다.

사주상에서 甲+己 合 土가 될 경우 그 내용이 좋은 건가, 나쁜 건가는 사주 흐름의 전체를 보고 판단하여야 한다. 하지만 일반적으로는 土가 金을 생生 해서 水를 끌어들여 木의 기운을 다시 살려주는 역할을 한다고 보고 있다. 이때 戊 土나 癸 水를 만나면 이 사주의 흐름이 더욱 좋다고 판단한다.

■ 乙 庚 合 · 化 金의 의미

음에 해당하는 乙 木은 들에 핀 여린 꽃과 풀 종류, 여린 나뭇가지이다. 그리고 양에 해당되는 庚 金은 땅속에 가공되지 않은 광물질(미네랄 등 포함)들이라고 볼 수 있다. 을은 陰 木으로서 그 성정은 착하나 너무 유약하고 庚은 陽 金이라 그 성정이 강건하여 굽히지 못한다. 陰 木은 부드럽고 양금은 강해서 부드러움과 강함이 서로 조화를 이룬다. 따라서 어질고 의리가 있는 것, 즉 인의가 서로 조화롭고 화하여 사람됨이 빛나고 오로지 인자한 마음과 의리로써 나아가고 물러설 줄 안다. 그리하여 乙 庚 合을 인의지합仁義之合이라고 한다.

작은 나무가 큰 무쇠덩어리를 만나면 金에 파묻혀 乙 木이 庚 金에 합해 金의 성질이 되어 버린다. 乙 庚 合 金은 강인한 성질이 되어 적절한 火가 필요하고 또한 壬 水를 만나면 金이 순해진다고 본다.

乙 庚 合은 늦봄에 펼치려는 왕성한 기운을 庚이 억제시키고 열매를 맺게하는 결실작용으로 해석할 수 있다.

■ 丙 辛 合 · 化 水의 의미

陽에 해당되는 丙 火는 큰불이고, 음에 해당되는 辛 金은 제련된 금속이다. 丙은 陽 火로서 스스로 기운이 성하여 만리를 비추고, 辛은 陰 金으로 깨끗하고 냉정하며 날카롭다. 또한, 병은 양화로서 밝게 빛나 스스로 성대한 것이다. 신은 음금이니 칼날을 이겨내고 살殺을 좋아한다.

丙 辛 合이 되면 사람의 외모에 위엄이 서려 있고, 엄숙하여 사람들을 제압하려는 힘이 있으므로, 병 신 합을 위엄지합威嚴之合이라고 한다. 위엄지합이라 함은 권위가 있고 엄격하다는 뜻도 있으나, 병이라는 태양과 멀리 떨어져 있어 辛이 丙을 그리워하는 마음이 심하여, 丙 辛 合을 오히려 내심은 냉정하고 이기적인 마음이 가득하여 남에게 베풀지 않는 인색한 성정으로도 본다.

빛나는 보석인 辛 金이 태양열의 丙 火를 만나면 녹아서 물이 된다. 따라서 丙 辛 合은 水의 성질이 됨을 뜻한다. 丙 辛 合 水가 되면 土를 만나는 것은 좋지 않으며 乙 木을 만나면 발전하는 성질을 갖는다.

■ 丁 壬 合 · 化 木의 의미

양에 해당되는 壬 水는 맑은 물을 의미하며, 음에 해당되는 丁 火는 따뜻한 기운을 의미한다. 또한, 丁은 음화로서 하늘의 별과 촛불에 비유하고, 壬은 양수로서 海水와 밤에 비유하는데, 丁 壬 合은 음화인 丁이 밤에 해당하는 壬 水의 정관正官과 은밀하게 합하는 것과 같다고 하여 이를 음란지합淫亂之合이라고도 한다.

丁 火와 壬 水는 가장 궁합이 잘 맞는 사이이다. 이는 맑은 물과 따뜻한 기운이 만나면 만물이 소생하는 원천이 되는데, 봄에 따뜻한 정화의 기운에 얼어붙은 땅이 녹고 壬 水를 머금어 초목이 힘차게 자란다.

큰 강물인 壬 水에 은은한 불빛丁火이 비치면 식물이 자라나기 시작해 나무로 성장한다. 따라서 丁 壬 合은 木의 성질이 된다. 丁 壬 合 木이 되면 학문적 기질이 발달하며 선비로서 이름이 난다. 丁 壬 合을 음란지합이라고 표현하는데, 이는 壬 水가 오행 중 물을 나타내고, 壬 水는 대체적으로 신체의 충만된 정액精液을 나타내기 때문이다.

또한, 정 임 합은 인수지합仁壽之合이라고도 한다. 인수지합은 어질, 仁과 목숨, 壽의 뜻으로 어진 성품을 가지고 있지만, 감정에 휘말리기 쉬운 우유부단함을 나타내기도 한다.

■ 戊 癸 合 · 化 火의 의미

무는 陽 土로서 태산과 같고, 癸는 陰 水로서 촉촉한 이슬비와 같으니, 마치 늙은이와 젊은 여자가 합한 것처럼 정이 없다고 하여 무정지합無情之合이라고 한다. 또한, 양에 해당되는 戊 土의 성질은 건조하고 작렬하는 성질을 가진 토이고, 음에 해당되는 癸 水는 잡수雜水이며, 처마에 떨어지는 낙수와 같은 성질을 가진 것이 이 둘은 잘 어울리지 않고 무언가 설익은 듯한 사랑을 하는 형국이다.

한편 戊 癸 合을『삼명통회』에서는 "戊는 양토이니 늙고 추한 남자이다. 癸는 음수이니 늙고 추한 여자이다. 이는 노양과 소음이므로 비록 합하여도 무정하다. 戊 癸 合을 만나면 사람이 아름답거나 혹은 추하다. 가령 戊가 癸를 얻으면 아름다운 미녀를 얻은 것이므로 남자는

어린 여자한테 장가들고, 여자는 미남한테 시집간다."라고 무정지합無
情之合을 해석하였다.

또한, 메마른 사막인 戊 土에 옹달샘물癸水을 뿌리면 불꽃이 튄다.
따라서 戊 癸가 만나면 火의 기운이 발생하여 戊 癸 合 火라 하며 火의
성질을 갖는다. 戊 癸 合 火하면 머리가 좋고 총명하고 미남·미녀가 된
다. 아래 표는 천간 합의 종류를 정리하였다.[19]

天干 合	合化五行	天干合의 原理	天干合化의 條件
甲·己	土	중정지합中正之合	어질고 공명정대하여 존경을 받는다.
乙·庚	金	인의지합仁義之合	부드러움과 강함이 조화를 이루어 과감하고 강직하다.
丙·辛	水	위엄지합威嚴之合	외모는 위엄이 있으나 호색하고 재물을 좋아한다.
丁·壬	木	음란지합淫亂之合	애교가 많고 감정적이며 고결하지 못하고 호색하다.
戊·癸	火	무정지합無情之合	화려하고 사치를 좋아하며 나이가 차이가 많게 결혼한다.

이상에서 합을 분석하였는데 합이 되었어도 일주인 오행은 그대로
있고 성질만 바뀌는 것이며 좋고, 나쁘다는 의미의 파악은 사주 전체
에 흐름을 보고 판단하여야 한다.

(2) 지지地支의 합合의 종류 및 생성

지지의 합은 십이지지 중에서 두세 글자씩 합하여 새로운 기운[합·

---

19) 김장진, 「사주명리학의 합에 관한 연구」, 경기대학교, 학위 논문, 2020.

화한 오행]으로 변하는 것을 말한다. 지지 합의 종류는 크게 4가지로 나눌 수 있다. 가장 중요한 합이라고 할 수 있는 삼합, 같은 계절을 의미하는 지지끼리의 합을 의미하는 방합, 지지 간 서로 내밀하고 사랑을 의미하는 육합, 숨어있는 오행 간의 합을 의미하는 암합이다.

이중 삼합은 원圓(天: 寅·申·巳·亥)·방方(地: 辰·戌·丑·未)·각角(人: 子·午·卯·酉)의 삼재三才로 나누어지는데 이것이 하나씩 합하는 것이 삼합이다. 그리고 천·지·인에 해당하는 지지가 삼합하여 변화하는 오행의 성질은 각角이 된다. 그것은 인간이 하늘과 땅의 가운데서 홀로 음양오행의 완전함을 갖추었기 때문이다.

12지지의 합은 육합六合이라고 하는데, 일반적으로 子 午를 기준으로 지구의 자전축을 긋고 위도상 지지끼리 합을 하여 육합이 만들어진다. 12지지가 서로 합하여 만들어진 六合은 고대의 천문학과 관련이 있다. 하늘의 日과 月이 합삭合朔함으로 이루어진다.

예를 들면, 11월의 월건은 子로서 丑에서 합삭하고, 12월은 丑월인데 축월에는 해와 달이 子의 방위에서 합삭하기 때문에 子 丑이 서로 합하게 되는 것이다.

방합方合은 동서남북 각각의 방향을 나타내는 방위의 합이다. 또한 봄·여름·가을·겨울을 나타내는 계절의 합이라고 볼 수 있다. 암합暗合은 지지의 지장간끼리의 합을 의미하는데 천간 합과 관련이 있다. 두 지지의 지장간 속에 천간 합이 이루어지면 그 두 地支는 서로 암합 한다고 말한다.

먼저, 12지지의 합 중에서 六合부터 알아보자.

■ 子 丑 合 土
子 丑 合은 미약한 양기가 가까이서 서로 합하는 모습으로 비밀스러

순 서	12지지					
합지合支	子+丑	寅+亥	卯+戌	辰+酉	巳+申	午+未
合化五行	土	木	火	金	水	火(化)

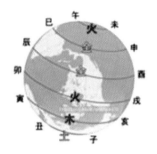

午未	合化	火土
巳申	合化	金水
庚酉	合化	金
卯戌	合化	火
寅亥	合化	木
子丑	合化	土水

운 관계나 가까운 관계를 뜻한다. 子가 丑을 만나면 물이 흙에 스며들어 흙이 되니 土가 된다. 자 수는 깨끗하고 맑은 성질의 물이며, 축 토는 진흙과 같이 질퍽거리는 음토이다. 일반적으로는 자 축이 합이 되면 토로 변한다고 하였으나, 계절과 오행의 세력이 亥 子 丑 또는 巳 酉 丑으로 세력局을 이룰 때나 金과 水의 역할이 왕성하면 수로 변하고, 巳 午 未 月이 되거나 화·토의 세력이 왕성하면 토로 변하는 것이다.

■ 寅亥合木

寅 木은 甲 木과 같이 큰 아름드리 나무와 같으며, 또한 寅은 이미 열이 있고 굳세게 솟아오르는 양의 기운과 亥는 맑고 깨끗한 수정이니 맑은 물로 나무를 잘 키우는 형상이다. 이것은 甲 木처럼 큰 나무인 寅에 옹달샘물이 흐르니 나무가 잘 자란다는 의미이다. 이 말은 寅 속에 숨어있는 寅中丙火는 亥가 寅을 상생하여 寅 木이 잘 자라게 되고, 寅中甲木 또한 亥를 보면 서로 상생하여 깨끗한 물로 나무를 잘 키우

는 격이 되니 대길하다고 본다. 이에 寅 木은 亥 水를 만나면 陽 木으로 合 化하여 다른 오행의 성질로 나타나게 된다.

■ 卯 戌 合 火

卯 木은 乙 木과 같은 성질의 木이며, 戌 土는 물을 끓이거나 나무를 태우는 불이 아니라 뜨거운 기운인 열기 정도로 판단한다. 卯 戌 合 化를 가르켜 도화지합桃花之合 또는 음란지합淫亂之合이라고 하는데, 그 이유는 도화살에 해당하는 묘가 창고倉庫에 해당하는 술에서 은밀하게 만나 열을 내는 것에 비유한 것이다.

묘·술·합·화를 남녀의 교제로 비유하자면 중년의 남성과 여성인데, 여성이 남성에 비교하여 더 성숙한 모습으로 다가서는 '누님 같은 국화꽃'의 형국이다. 또한 묘·술·합·화는 메마른 땅인 戌에 나무卯를 비비면 불꽃이 생기니 火가 된다. 이에 일상에서도 누나가 남동생과 함께 무슨 일을 도모하면 훨씬 더 세심하고 부드럽게 이끌어가는 것으로 비유한다.

■ 辰 酉 合 金

辰 土는 기름진 땅인 辰에 酉의 金을 심으면 큰 무쇠가 되니 辰 酉 合 金이 된다. 진 토의 속에 순금의 성질을 가진 유 금은 더욱더 광택이 나는 금의 성질로 화化하게 된다.

辰 酉의 합은 만물을 생육하는 덕을 갖추었으며, 의욕과 활기가 넘치고 깨끗한 성격과 예민하고 재능이 넘치는 辰 土와 서방에 속하는 깔끔하고 청결하고 정직하고 자만심이 강한 酉 金이 합을 하니, 습濕 土인 진이 유를 생조하여 금으로 변화하게 한다.

한편 辰 酉의 합은 생합으로 합의 영향력이 크고 금의 작용도 강하다.[20] 합의 결과로 볼 때 卯 戌 合은 펼치는 기운이 화가 되어 화려하고, 辰 酉 合은 거둬들이고 수렴하는 금이 되어 살벌하다. 흔히 辰 酉 合을 중년 남녀의 넉넉한 만남으로 비유한다. 중년 남녀 중 남자가 여자보다 더 나이가 많아 여자를 이끌어 남성미를 과시하는 형국이다.

■ 巳 申 合 水

巳 申 合은 巳 火인 태양열이 申 金을 녹여 물이 되니 巳 申 合 水가 된다. 이는 巳 火의 열기로 申 金을 녹이면 陽水로 화化하게 된다는 의미이다. 또한, 역마와 망신의 합으로 오래가면 서로에게 망신을 가져오는 관계를 뜻한다. 사 신 합은 정신적인 발달을 추구하는 기질이 있어 학구적이며 만사에 호기심이 많고 화초가 만발하고 봄에서 여름으로 넘어가는 분기점이라 변화가 많은 사와 성품이 강직하고 단순하며 순수하여 과감하게 남을 잘 돕는 申 金이 합을 하니, 巳 火와 申 金이 나란히 있거나 운運에서 왕旺한 金·水를 만나면 水로 변한다.[21] 일반적으로 사신의 합은 나이 지긋한 어른이 나이 어린 여자를 부드럽게 인도하여 함께하는 것으로 巳 火가 申 金을 합合하여 水로 변화시키는 형국을 의미한다.

■ 午 未 合 火

午 未 合은 여름 불꽃인 午 火가 땅未土에 비치니 뜨겁다. 따라서 午 未 合 火의 성질을 갖는다. 이는 뜨거운 태양과 같은 午 火가 산천초목 山川草木의 대지인 未 土를 비추면 만물이 화생化生하게 되는데, 이것을 서로 잘 어울리는 상화相和라고 표현한다.

---

20) 정창근, 「命理學 통감」, 북코리아, 2016, p.87
21) 김화목, 「명리명강」, 관미동, 2017, p.104~105

午 未 合은 의기가 양양하고 높이 솟아오르며 만물이 번창함을 의미하며, 마치 죽순의 마디가 다시 이어져 올라가는 형상인 午 火와 未 중에 乙 木이 있어 화초가 만발하고 아름다움을 나타내며, 또한 안정과 화해를 추구하는 未 土와 午 火가 합을 하는 것이다.[22] 또한, 子 丑의 합이 북쪽의 극이라면, 午 未의 합은 남쪽의 극이라고 표현할 수 있다.

이상의 12지지의 육합을 보았는데, 지지地支 합의 근본은 이상적인 부부지간의 합과 같이 단합된 힘이 강하게 작용함을 명심하여야 한다.

4) 사주, 물리적 작용의 힘 : 삼합三合과 반합半合

(1) 삼합과 반합의 개요

삼합의 삼은 세 개의 지지가 합한다는 의미도 있으나 하늘과 땅, 그리고 사람이 서로 합한 기운을 의미하기도 한다. 삼합은 신자진申子辰·수국水局, 해묘미亥卯未·목국木局, 인오술寅午戌·화국火局, 사유축巳酉丑·금국金局을 말한다. 이에 반합半合은 삼합 중에서 중심지中心支와 한 개의 지지地支로 구성된 것이다.

삼합의 원리는 사주명리학에서 매우 중요한 역할을 한다. 이는 삼합의 기운이 우주의 운행과 자연현상을 포함하고 있기 때문이다.

이와 같이 만물의 현상들이 생겼다가 없어지는 모양으로 삼합三合은 사람의 수태에서부터 입묘까지의 일생을 열두 단계인 절·태·양·생·욕·대·관·왕·쇠·병·사·묘로 구분한 12운성, 즉 포태법과 관계가 있기

---

22) 정창근, 앞의 책, p.88.

때문이다. 또한, 하늘의 기운을 땅에서 받아 땅이 적응 혹은 변화해 가는 과정이 삼합운동인데 이 삼합운동이 지지의 변화 구조를 체계적인 길신과 흉살로 나타내는데, 이것이 12신살의 개념이다.

다시 정리하면 십이운성12運星은 천간이 지지에서의 생장쇠멸生長衰滅을 의미한다면, 지지의 삼합운동의 변화를 통하여 지지에 변화가 생기는 이해득실利害得失이 곧 십이신살12神煞이다.

(2) 삼합三合

삼합이란 3개의 지지가 서로 합하는 작용이다. 12지지는 봄·여름·가을·겨울의 계절이면서 木·火·土·金·水의 오행을 나타내는데 오행은 계절에 따라 생성되고 소멸된다. 이 원리를 이용하여 合을 분석하는 것이다.

예를 들어보자. 물水은 겨울의 오행이지만 물이 생성되는 시기는 여름 장마 후 가을에 땅속으로 스며들면서 물이 생성되는 것이다.

즉, 申月 음력 7월부터 물이 땅속에 스며들어 이때부터는 물이 만들어 지고 子月 음력 11월이 되면 땅속에 물이 가득해 봄을 기다린다. 辰月 음력 3월이 되면 물이 전부 밖으로 나와 식물의 양양분으로 소모되는 것이다. 그러면 물水은 申月에 시작해서 子月에 왕하고 辰月에 소멸된다고 볼 수 있다.

따라서 12지지 중 申·子·辰이 만나면 물의 생성 소멸을 알 수 있다. 그러므로 申·子·辰은 水局을 표시하는 것이다.

■ 申 · 子 · 辰의 삼합은 水局이다

신·자·진 삼합을 이루는 수국에서는 壬 水가 申에서 장생하여 子 왕지에 이르러 癸 水에게 음의 역할을 하도록 넘겨준다. 그래서 신·자·진 삼합은 그 중심을 이루는 자수의 오행 속성에 따라 수국으로 변한다.

결국, 물의 생성과 소멸을 뜻하는 것이며 申·子·辰의 3가지가 합하면 물을 말해주는 것이 된다. 이때 子가 물이 가장 왕성한 달이 되니 子가 물의 중심이 되는 것이다.

■ 亥 · 卯 · 未 삼합은 木局이다.

해·묘·미가 삼합을 이루는 木局에는 甲 木의 양이 亥에서 장생하여 卯에 이르러 甲 木의 기운을 乙 木이 이어받아 음으로 전환한다. 未에 이르러 갑 목은 그 기운이 모두 소진되어 묘에 들어가게 된다. 결국, 을 목은 戌까지 그 사명을 다하게 된다.

나무는 亥月10월에 땅속에서 물의 기운을 받아 봄을 기다린다. 卯月음력 2월이 되면 싹을 트고 나무가 자란다. 卯月이 나무의 가장 왕성한 계절이 된다. 未月6월이 되면 꽃이 시들고 동면할 준비를 한다. 未月이 되면 나뭇잎은 시들기 시작하는 것이다. 따라서 나무는 亥月에 시작해서 卯月이 되면 가장 왕성하고 未月이 되면 소멸함이 자연의 이치인 것이다.

■ 寅 · 午 · 戌의 삼합은 火局이다

인·오·술은 삼합을 이루는 火局에서 丙 火의 양은 장생지 寅에서 戊 土와 함께 장생하여 午의 왕지에서 丁 火와 己 土에게 음 운동으로 전환하게 넘겨준다. 이때 丁 火는 丙 火의 기운을 이어받아 음의 운동으로 전환하여 만물이 확산하던 기운을 己 土와 함께 오므리고 단단하게 庚 金을 辛 金으로 화하여 결실하게 한다.

午 火는 여름을 상징하는 불꽃이다. 이는 봄의 시작인 寅月정월에서부터 따뜻해지며 午月5월이 되면 가장 무더운 여름 불꽃이 되고 戌月

9월이 되면 겨울의 시작이라 불꽃의 열기가 식어간다. 따라서 火의 시작은 寅月이고 午月에 가장 강해지고 戌月이 되면 시들어진다. 따라서 寅·午·戌은 火를 상징하는 것이다. 물론 火의 중심은 午이다.

■ 巳·酉·丑의 삼합은 金局이다

사·유·축이 삼합을 이루는 金局에는 庚 金이 巳에 장생하여 酉까지 왕성하게 양 운동을 하다가 辛 金에게 음의 운동으로 전환하도록 넘겨준다. 이때 辛 金은 丁 火의 도움으로 단단하게 결실로 마무리에 들어간다. 즉 巳에서 酉까지는 庚 金이 양의 운동을 하였고, 酉에서 음 운동으로 전환되는 시점이라 할 수 있다.

金은 巳月4월에 흙 속에서 생성되어 酉月8월이 되면 金이 강해지고 丑月12월이 되면 金의 강도가 물에 잠겨 약해진다. 따라서 巳·酉·丑은 金局의 생성과 소멸을 말해주는 것이다. 물론 酉가 金의 중심이 된다.

이와 같이 각 양간陽干의 역할이 쇠쇠衰하여지면 陰이 마무리하는 것이 자연의 흐름과 변화의 이치이다. 그래서 삼합은 오행의 생성과 소멸에 따라 12지 중 3지지를 합한 것으로 인간 및 자연의 순리 법칙에 따른 것이며 대단히 중요한 내용이다.

앞에서 지지의 원圓·방方·각角을 이야기 하였듯이 寅·申·巳·亥가 원圓이고, 辰·戌·丑·未는 방方이며, 子·午·卯·酉는 각角이 된다. 여기서 원圓은 삼합의 主가 되며, 圓·方·角의 주체는 사람이 각角이 되므로 삼합의 결과는 각角인 子·午·卯·酉의 성질을 가지게 된다.

순 서	12지지			
삼 합三合	申+子+辰	寅+午+戌	巳+酉+丑	亥+卯+未
합화오행合化五行	水	火	金	木

(3) 반합半合

반합이란 삼합에서 2개의 지지만 있는 경우인데 기본으로 중심 지지가 있으면서 한 지지만 있는 경우를 말한다. 즉 申·子·辰은 水局인데 물의 중심인 子가 있고 申이나 辰만 있는 경우 즉 子·申, 子·辰일 때를 반합이라 한다.

삼합이 완전치는 못하나 반만 합한 경우인데 이때도 합의 성질이 있는 것이다. 중요한 것은 子가 반드시 있어야만 한다. 子가 없이 申·辰이 합하여 수국 반합이 되지는 않는다.

木局의 경우도 卯가 있고 亥나 未가 있을 때, 즉 亥·卯, 卯·未면 木局 반합을 이루며 木의 성질이 강해진다. 火局의 경우도 午가 있고 寅이나 戌이 있으면, 즉 寅·午, 午·戌일 때 火局 반합을 이루며 火의 성질이 강해진다. 金局의 경우 酉가 있고 巳나 丑이 있는 경우, 즉 巳·酉, 酉·丑일 때 金局 반합으로 金의 성질이 강해진다.

이상 반합을 보았는데 3합보다는 성질이 약하나 합의 성질을 갖는다. 따라서 사주에 반합이 있는 경우 대운大運 또는 세운歲運에서 나머지 한 오행이 오면 완전한 삼합이 되는 것이다.

5) 사주, 한 방향 쏠림의 힘 : 방합方合

〈지지삼합표〉

지지삼합(地支三合)		반합(半合)			
인오술(寅午戌)	火	인오(寅午)	火	오술(午戌)	火
신자진(申子辰)	水	신자(申子)	水	자진(子辰)	水
사유축(巳酉丑)	金	사유(巳酉)	金	유축(酉丑)	金
해묘미(亥卯未)	木	해묘(亥卯)	木	묘미(卯未)	木

지지방합(地支方合)		반합(半合)			
인묘진(寅卯辰)	木	인묘(寅卯)	木	묘진(卯辰)	木
신유술(申酉戌)	金	신유(申酉)	金	유술(酉戌)	金
사모미(巳午未)	火	사모(巳午)	火	오미(午未)	火
해자축(亥子丑)	水	해자(亥子)	水	자축(子丑)	水

　방합이란 같은 방향이나 계절을 표시하는 3가지 오행이 합하는 경우를 뜻한다. 특히 지지는 오행으로 판단하기보다는 주로 계절과 조후調候·오행의 한寒·난暖·조燥·습濕를 중심으로 보기 때문에 방합의 방위와 계절의 형국이 중요하다.

　이를 계절별로 나타내면 첫 번째, 亥月, 子月, 丑月은 겨울을 표시하며 북쪽으로 水局을 이루는 것이다. 즉 음력 10월, 11월, 12월은 겨울이고 물의 계절인데 사주에 亥·子·丑이 모두 있다면 亥·子·丑은 북쪽 방위로 수국이고 이를 방합方合이라고 한다.

　두 번째, 寅月, 卯月, 辰月은 봄이요, 즉 음력 1월, 2월, 3월은 동쪽의 방위이면서 나무木의 계절이다. 따라서 寅·卯·辰이 모이면 동방이요, 木局을 표시한다.

　세 번째는 巳月, 午月, 未月은 여름이요 불을 뜻한다. 巳·午·未가 모

구 분	방합方合	합화合化	방위方位	계절季節
목국木局	寅卯辰	木	東	봄 春
화국火局	巳午未	火	南	여름夏
금국金局	申酉戌	金	西	가을秋
수국水局	亥子丑	水	北	겨울冬

이면 남쪽이요, 火局이 된다. 그리고 申月, 酉月, 戌月은 가을이요, 金의 계절이다. 따라서 申·酉·戌이 모이면 서쪽이고 金局이 된다.

표에서 보듯이 계절에 따라 겨울은 水局이고, 봄은 木局이고, 여름은 火局이고, 가을은 金局으로 표시하고 이를 방위의 합이라고 하는데, 이 방합도 삼합과 같은 작용을 하며 사주를 분석할 때 삼합과 더불어 방합도 잘 알고 있어야 한다.

6) 사주에 숨어 있는 잠재력 : 암합暗合

암합이란 천간과 지지의 합인 명합明合과 달리 지지속에 포함되어 있는 천간의 합을 말한다. 또한, 암합暗合을 지장간의 합이라고 하는데, 이는 지장간 중에서도 정기가 관여하는 합을 말한다.

암합은 표면적으로 드러나지는 않으나 실제적으로는 합을 하고 있는 것으로 영향력 또한 막강하다. 예를 들어 卯와 申이 만나면 각각의 지장간이 卯의 지장간 甲·乙 중 乙과 申의 지장간 戊 壬 庚 중 庚이 乙·庚 합을 이루는 것을 말한다.

결국, 암합은 지지 자체를 다루는 것이 아니라 지지의 지장간 요소를 다루는 것이기 때문에 결국 천간 합의 연장선에 불가하다.

천간天干과 지지地支 사이 암합暗合	지지地支와 지지地支 사이 암합暗合
정 해 합丁亥合	자 술 합子戌合
무 자 합戊子合	축 인 합丑寅合
신 사 합辛巳合	묘 신 합卯申合
임 오 합壬午合	인 미 합寅未合
	오 해 합午亥合

7. 천간·지지의 충沖의 변화

1) 내 인생의 걸림돌 : 충沖

충沖은 '서로 달려오면서 부딪치는 충돌', 이별, 투쟁, 불화, 다툼 등 부정적인 것을 의미한다. 음양오행에서 천간·지지에서 상극하는 경우를 충이라 한다. 즉 水와 火는 상극이고 木과 金도 상극인데, 이때 陽과 陽끼리 陰은 陰끼리 충沖·극剋 하는 것이다.

충·극에는 같은 陽이나 陰끼리만 있지 陰과 陽이 다를 때는 충·극이 생기지 않는다. 이 또한 우주 만물이 음양의 원리이기 때문이다.

음양오행의 합과 충은 명리학의 대간大幹이다. 합은 서로 만나서 사랑하는 것이다. 합이 존재한다는 것은 각각의 기운이 융합한다는 것이다. 사람의 공동체로 말하자면 느슨한 연대를 통해 서로 간의 공통적 인자를 발굴하여 시너지를 만든다는 뜻이기도 하다.

반면에 충은 합과는 반대적인 만남이다. 즉 강하고 공격적인 힘이다. 충 안에는 프로이드Freud가 말하는 타나토스와 같은 공격적이면서 파괴적인 본능이 도사리고 있다. 이는 일상에서 '동일과 일치성'보다는 '차이와 다름'을 추구하려는 경향을 말한다. 그래서 충은 기존 질서의 모순과 장애를 극복하려는 도전적인 에너지로도 표현할 수 있다. 그래서 사주명리학의 묘미妙味는 바로 합·충의 파노라마를 연출하는 우주의 서사시라고 표현해도 과언은 아니다.

또한, 사주의 합·충은 보수와 진보라고 표현할 수 있다. 또한, 헤겔의 정반합이론으로도 정리할 수 있다. 그래서 인간사가 합·충의 조화이며, 삶의 에너지이기도 하다.

남녀 간 사주의 합·충의 원리는 우주와 인간 사이 교감과 변화의 묘를 통해 피흉추길避凶追吉의 정도를 가늠할 수 있기 때문이다. 충은 크게 천간충天干沖과 지지충地支沖이 있다. 사주명리학을 공부하다 보면, 합은 천간 합을 위주로 논하고, 충은 지지 충을 위주로 논하고 있다. 즉 충을 지지 위주로 보는 이유는 지지에는 암장된 天이 있기 때문인데, 지지 충은 지지에 암장된 天이 충하는 것이기에 지지 충은 곧 천간의 충이기도 하다.

2) 천간의 충沖 : 정신의 병약病弱

음양이 만나면 조화를 이루게 되니 충은 없고 합만 있는 것이다. 하지만 음이 음을 만나거나 양이 양을 만나면 뒤틀어지기 마련이다. 이게 충이다. 천간의 충·극은 다음과 같다. 갑경충甲庚沖은 甲 木이 庚 金을 만나면 나무가 부러지니 沖하면서 剋이 발생되고. 을신충乙辛沖은 乙 木이 辛 金을 만나면 나무가 부러지니 충沖하면서 극이 발생된다. 병임충丙壬沖은 丙 火가 壬 水를 만나면 불이 꺼져 충沖하면서 극剋하게 되고, 정계충丁癸沖은 丁 火가 癸 水를 만나면 촛불이 꺼지니 충沖하면서 극剋하게 된다.

천간 충의 의미는 충沖하여 정신적으로 고통과 고민을 겪게 됨을 뜻한다.

갑경충甲庚沖	庚 金(+)이 甲 木을 剋함
을신충乙辛沖	辛 金(-)이 乙 木을 剋함
병임충丙壬沖	壬 水(+)가 丙 火를 剋함
정계충丁癸沖	癸 水(-)가 丁 火를 剋함
정계충丁癸沖	戊 土(+)가 壬 水를 剋함

3) 지지의 충沖 : 물질의 재액災厄

지지의 충은 천간에 비해서 그 성질이 매우 복잡하다. 지지 충은 육충이라고 한다. 지지의 육충은 방위로 보아 반대편에 있는 오행과 상충하는 것으로, 원으로 배치해서 서로 180도 마주 보는 위치에 놓인 지지이다. 이와 같이 여섯 가지 지지의 충에는 첫 번째, 한밤과 한낮이 부딪치는 '子 午 沖', 두 번째, 금극목金克木의 상극원리와 함께하는 '卯 酉 沖', 세 번째, 12지지 충 중에서 가장 복잡하고 충격이 강한 게 바로 '巳 亥 沖과 寅 申 沖'이다.

그리고 이 충沖에 대한 의미는 교통사고 등 또는 우울증과 과도한 정신적인 불안 등과 밀접한 관련이 있다고 본다. 한편 辰 戌 沖과 丑 未 沖은 현대사회에서 재액의 곤란을 겪거나 도박 등으로 인한 악재가 동반할 수 있다고도 해석한다.

특히, 지지 충은 사주원국 안의 지지간의 상충으로 끝나는 게 아니라 대운과 세운에서도 충이 성립하기 때문에 추명할 때 사주 전체를 보고 판단하는 것이 좋다.

■ 子 午 沖

子는 陽 水이고 午는 陽 火인데 불과 물이 만나니 충沖 하는 것이다. 자는 겨울이고 오는 여름이다. 이처럼 계절을 대표하는 왕성한 기운의 충돌이기 때문에 부딪치는 에너지의 크기가 크고, 그 변화의 양상이 다양하게 나타난다.

일반적으로 충沖이 되면 부부 불화가 있든지, 자식과 이별하든지, 몸이 아프든지, 나쁜 작용이 일어난다고 해석한다. 하지만 현대사회에서의 子 午 沖의 의미는 극과 극의 만남으로 상대에 대한 불만을 숨기지 않고 표현하는 직선적이고 시원한 성격으로, 오히려 단점을 극복하려는 불굴의 의지로 나타나기도 한다.

■ 卯酉沖

陰 木인 卯가 陰 金인 酉를 만나니 서로 충沖 하는 것이다. 묘는 봄이고, 유는 가을이다. 이처럼 子·午, 卯·酉는 계절의 기운이 가장 왕성한 왕지旺地이다. 이처럼 왕지와 왕지의 충돌은 한치도 양보할 수 없는 세력의 한판 승부이다.

卯酉沖은 극단적인 성패, 또는 아주 깔끔한 결론을 잘 내리는 성격으로 작용하여 비즈니스에 대한 승부가 빨리 나는 편이다. 특히 묘유충은 충 중에서도 가장 파괴력이 크고 실제적인 영향력이 큰 충이다.

하지만 묘와 유의 지장간 요소가 서로 깔끔하여 충의 힘이 매우 짧고 굵게 끝난다. 그로 인해 새로운 변화의 가능성이 큰 편이다. 한편 묘유충은 도화살桃花煞로 일명 도화충桃花沖이라고도 한다.

■ 寅申沖

陽의 나무가 陽의 金을 만나면 서로 극 하니 寅申沖이라 한다. 인은 봄의 기운이고 신은 가을의 기운이다. 겨울을 지나 봄을 맞이하기 위해 치고 올라오는 힘과 여름의 양기를 보내고 가을의 음기를 받아들이기 위한 변화의 충돌이기 때문에 그 충돌의 세기가 매우 강한 편이다.

특히, 寅 木과 申 金의 충은 복잡하고 어지러운 양상의 충돌이다. 이는 어느 한쪽이 포기하지 않으면 안 되는 살벌한 기운이다. 또한 인신충은 묘유충과 함께 생지와 생지의 충돌이다. 자오충이 선명하고 충돌의 세기가 강하다면, 인신충은 사해충과 함께 2인자의 충돌이다. 하지만 사해충보다는 강한 충·극이 작용한다. 한편으로 인·신·사·해는 계절의 기운이 새롭게 시작하는 생지의 기운이다. 이처럼 계절의 변화는 인간의 눈과 마음을 밖으로 밖으로 돌리게 하는 여행의 기운이 있다. 그래서 인신의 기운을 역마살驛馬煞로 일명 역마충驛馬沖이라고도 한다.

■ 巳 亥 沖

陰의 火가 陰의 水를 만나면 불이 꺼지니 巳 亥 沖이라 한다. 앞서 기술한 자·오충은 극단의 충이지만 사·해충은 극단으로 치닫는 충은 아니다.

이는 사화의 기운은 아직 午 火처럼 정점이 아니고, 해 수 또한 子 水처럼 저점으로 내려가는 음기가 아니기 때문이다. 사·해충은 생지와 생지의 충돌이다. 즉 기운이 강하지 못한 세력 간의 다툼이기 때문에 복잡하고 미묘한 충돌이다. 정신적인 측면에서 번민과 갈등이 심한 성질의 요소를 지니고 있다. 이는 자·오처럼 강하지 못한 기운으로 항상 2인자로 머물러야 하기 때문이다.

한편, 寅·申, 巳·亥 충을 역마살이라 한다. 인신충과 유사하나 충의 효과가 인신충에 비해 약한 편이다.

■ 辰 戌 沖

陽의 土끼리 만나니 지진이 일어나 상호 충沖 하게 된다. 진 토는 늦봄에 해당하고 술 토는 늦가을에 해당한다. 늦봄과 늦가을의 충돌은 이미 기울기 시작한 2인자들의 미미한 충돌이다. 그 여파 또한 미미微微할 수 있다.

辰 戌 沖이 강하게 나타나면 종교적 열망과 형이상학적이고 철학적인 조정과 포용력이 일어난다. 하지만 현실세계의 구체적인 문제에 대

한 뜬구름 잡는 형식의 대처방식으로 상대로부터 비난받기 쉬운 성질이다.

辰 戌 沖의 진은 여름의 더위를 대비하는 수기水氣의 저장고이고, 술은 겨울을 대비하는 열기熱氣의 저장고이다. 일반적으로 진·술 충이 발생하면 불구자나 단명, 이별 등이 일어나고, 여명은 수기의 조절이 없으면 경도 불순이나 난산 등 불임이 일어날 수가 있다고 한다.

하지만 진·술충이 사주에 길하게 작용하는 경우에는 승진하거나 사업을 확장할 수 있는 기회가 되기도 한다. 매번 이야기하지만 충·극의 논리는 항상 그 사주의 흐름을 보고 전체를 판단해야지, 단순하게 좋고 나쁘다는 단답형 형식으로 추명해서는 절대 금물이다.

특히, 진·술·축·미는 계절의 마지막 부분으로 고지庫地이며, 화개살華蓋煞로 일명 화개충華蓋沖이다. 丑 未 沖보다 충극沖剋의 영향력이 훨씬 크다.

■ 丑 未 沖

陰의 土끼리 만나니 집안의 기둥이 흔들린다. 축은 늦겨울에 해당하고, 미는 늦여름에 해당한다. 이는 이미 기울기 시작하는 기운들의 충돌이기 때문에 그 타격이 크지는 않다. 그래서 일명 붕충朋沖이라고도 한다. 또한 축·미 충은 남쪽에 있는 미 토와 북쪽에 있는 축 토가 금목상쟁金木相爭하는 충으로 열토熱土인 미 토는 목의 고장지庫藏地이고, 습토濕土인 축 토는 금의 고장지이기 때문이다. 축·미 충은 土끼리의 충돌이기 때문에 모든 것을 자기 울타리 안에 넣고, 그것을 통해 자신의 이익을 실현하려는 장점이 있다.

하지만 매사가 이해타산적이고 자기 내면의 복잡한 감정을 잘 드러내지 않기 때문에 독일 병정 같은 오리무중의 행동 양상을 보이기도 한다.

일반적으로 축·미 충은 水氣의 위축과 확산작용을 하며 土끼리의 충으로 집과 관련된 문제를 암시하고, 특히 여명女命에게는 부부 간의 경제문제로 갈등이 일어나거나 성격 차이 또는 성생활로 인해 고충을 가져온다고 해석하기도 한다. 또한, 고지의 특성상 속마음을 알 수 없고 감정 변화가 심한 편이다.

한편, 丑·未 冲도 辰·戌과 함께 화개살華蓋煞의 충이라 한다. 辰 戌 冲에 비해 충극冲剋의 영향력이 덜한 편이다.

자오충 子午沖	사해충 巳亥沖	인신충 寅申沖	묘유충 卯酉沖	진술충 辰戌沖	축미충 丑未沖
자子	사巳	인寅	묘卯	진辰	축丑
오午	해亥	신申	유酉	술戌	미未

지지의 충도 오행상의 상극을 뜻하는데 지지 충은 실질적인 충으로 정신적인 충인 천간 충보다 훨씬 더 영향력이 크다고 볼 수 있다. 사주에 충이 있으면 사주 전체를 보고 판단하여야 하나 좋지 않은 작용을 한다고 보면 틀림없다.

4) 형刑 · 해害 · 파破의 작용 : 자형, 삼형, 파와 해

대체로 명리서命理書에서는 합과 충을 중요하게 다루고, 형刑·해害·파破를 중요하게 다루지 않았다. 오히려 형·해·파에 대하여 부정하거나 무시하는 경향도 있다. 그나마 형의 논지는 있으나 해·파의 논지는 찾아보기 어렵고, 특히 파는 거의 쓰지 않고 있는 형편이다.

(1) 자신을 옥죄는 벌, 형刑

인간이 지구에서 존재하는 한 지구의 자전과 공전에 따른 변화를 피해갈 수 없다. 지구의 자전과 공전의 과정을 기운의 변화를 기준으로 구분한 시간의 표시가 음양이며, 오행이고 간지다. 지구가 자전과 공전을 규칙적으로 반복하듯이 음양과 오행, 간지도 규칙적으로 반복한다. 이런 음양오행의 변화 중 형刑은 삼합과 방국方局에서 비롯되었다. 형刑에 대해서는 긍정 논리도 있으나 부정하는 논리 또한 상존하고 있다.

형은 사주의 지지 혹은 사주의 지지와 운의 지지와의 결합으로 판단하므로 살아가면서 수 없이 여러 번 만나게 된다. 그러나 모두가 흉한 것은 아니다. 때에 따라 흉하게 작용하지만, 대부분은 문제없이 지나간다. 즉 언제나 형살刑殺이 구성되지만 문제가 쉽게 해결될 때가 있고 어렵게 진행될 때가 있다. 이때 시기는 운이 상승하는 때時期와 하락하는 때로 볼 수 있다.

고전 명리서에서는 형에 대한 분석이 모두 제각각이다. 특히 과거 형살은 나쁘고 부정적인 역할로만 인식되어져 왔지만, 현대사회에서는 형에 대한 분석을 긍정적인 요인, 즉 변화와 혁신, 위기를 극복해내는 에너지로 판단한다. 이는 운이 상승하는 시기에는 자신의 능력보다 높게 평가받는 시기이고, 주변의 상황이나 여건이 자신에게 유리하게 작용하는 시기이므로 흉하게 보이는 것도 결국에는 유리하게 작용하는 시기다.

그러나 운이 하락하는 시기에는 자신의 능력이 제대로 평가받지 못하고 저평가되는 시기며, 주변의 상황이나 여건이 자신에게 불리하게 작용하는 시기로 길하게 보이는 것도 결국에는 불리하게 작용하는 시기다. 그러므로 형살이 구성되었다 하더라도 운이 상승하는 시기에는 쉽게 해결될 수 있는 시기이므로 길하게 추론해야 하고, 운이 하락하는 시기에는 어렵게 발전되어 가는 시기이므로 흉하게 추론해야 한다.[23)]

구 분	三合:水方	三合:木方	三合:金方	三合:火方
오午	亥-(亥)	卯-子	未-丑	申-寅
	子-卯	辰-(辰)	巳-申	酉-(酉)
	丑-戌	寅-巳	午-(午)	戌-未

위 표에서 괄호 안의 형을 자형自刑이라고 하고, 위에서부터 申-寅, 巳-申, 寅-巳의 형을 天刑이라고 하고, 가운데의 卯-子, 子-卯의 형을 인형人刑이라고 하며, 아래의 未-丑, 丑-戌, 戌-未의 형을 지형地刑이라고 한다. 그리고 삼형에는 인·사·신 삼형과 축·술·미 삼형이 있다. 인·사·신 삼형은 무은지형戊恩之刑이라 하여 남에게 잘해도 은혜를 모르는 배신을 당하거나 은혜를 원수로 갚는다는 뜻으로, 여명에게는 임신 중에 유산이나 수술 수가 있다고 해석하기도 한다.

한편, 축·술·미 삼형은 지세지형持世之刑이라 하여 자신을 과시하고, 경거망동하다가 화를 자초함을 말한다. 특히 축·술·미 삼형의 남명은 자만하기 쉬우며, 여명은 외롭고 고독하다.

전자에서 기술한 바처럼 삼형이라고 해서 무조건 나쁜 것이 아니다. 옛날에는 삼형을 두고 무례하고 포악하며 은혜를 모르는 흉한 기운으로 보았는데, 현대에 오면서 삼형에 대한 평가도 달라지고 있다. 인·사·신 삼형은 남보다 빠른 승진과 출세를 의미하고, 축·술·미 삼형은

---

23) 박성희, 「사주명리학의 형살에 관한 연구」, 한국정신과학회 학술대회논문집, p.24~42, 2016.

거대한 부를 쌓는 힘으로도 해석하고 있다.[24]

(2) 사주에 미치는 미약한 파동, 파破와 해害

전자에서 말했듯이 사주상에서 파破와 해害의 작용을 크게 해석하지 않는다. 파와 해는 말 그대로 파괴하거나 깨트리거나 해치는 것을 말한다. 서로 다치게 하고 배반하게 된다는 것으로 파나 해 모두 연·월·일·시 지지 안에서 작용한다.

일반적으로 파의 종류는 子 酉, 申 巳, 寅 亥, 午 卯, 丑 辰, 戌 未 등이고, 해害는 피해를 준다는 뜻이다. 파는 부분이 깨져서 손상이 있지만 그래도 쓸 수 있는 것이고, 해는 해로우니까 해자끼리는 쓰기가 쉽지 않다는 뜻이다. 해의 종류는 子 未, 丑 午, 寅 巳, 卯 辰, 申 亥, 酉 戌 등이 있다.

〈형충파해표〉

지지육해	子 未	丑 午	寅 巳	辰 卯	申 亥	戌 酉
지지상충	子 午	丑 未	寅 申	卯 酉	辰 戌	巳 亥
지지상파	子 酉	丑 辰	亥 寅	午 卯	巳 申	戌 未
지지삼형	寅		巳	申	의지(依持)함	
	丑		戌	未	무은(無恩)함	
지지이형	子			卯	무례(無禮)함	
지지자형	辰辰	午午	酉酉	亥亥	자탄(自嘆)함	

〈삼재년표〉

연지	寅午戌	亥卯未	巳酉丑	申子辰
삼재	申酉戌	巳午未	亥子丑	寅卯辰

---

24) 강 헌, 「명리: 운명을 읽다」, 돌베게, p.147

제2부
나를 찾아가는
명리·심리 치유 여행

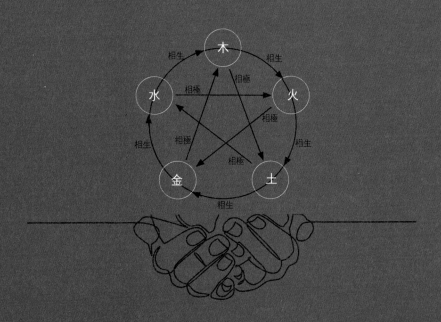

제3장

나를 찾아가는
명리학의 기본 이론

1. 지피지기知彼知己, 사주란 어떻게 결정되는가?

사주四柱란 사람이 태어난 해와 달과 일과 시에 따라 정해진다. 네 개의 기둥을 통해서 내 운명의 이치를 파악하고, 미래에 대한 운명의 지도를 그린다는 의미이다. 흔히 그 사주팔자를 사주명식이라고 표현하는데, 남자의 사주명식을 건명乾命·남명男命이라고 나타내고, 여자는 곤명坤命·여명女命이라고 표식한다.

사주명식은 개인의 성격을 분석하는 기본적인 틀이다. 어떠한 사람이라도 출생하기 전까지는 호흡이나 영양섭취 등 생물적 본능이 오직 어머니를 통해서만 이루어지고 있다. 이는 입태入胎하는 때부터 출생하기까지의 생성, 변화, 발전의 형태가 시시각각으로 달라진다는 뜻이다. 이처럼 사주명식에는 무수하게 많고 오묘한 육갑의 변화가 있다. 이 육갑의 변화가 형이하학적으로 육체의 원형적 형성과 발전이 되고, 형이상학적으로는 인성의 원형과 관계성(십성·육친)으로 발전하게 된다.

사람의 운명을 결정짓는 생·년·월·일·시의 기준은 태양력과 태음력이 결합된 '24절기력'이다. 즉 달의 변화로 날짜를 계산하고 태양의 움직임을 기준으로 절기의 변화를 읽는 방식이다. 생년은 양력 1월 1일이 기준이 아니라 24절기 중 봄을 알리는 입춘 전후에 따라 '그해의 띠'가 바뀌게 된다.

천문학에서 태양의 움직이는 길을 황도라고 한다. 황도 360도를 15도씩 나누면 24개의 마디가 생긴다. 그 마디에 이름을 붙인 게 24절기이다. 24절기의 변화에 따라 천지의 기운이 바뀌고, 그 기운의 영향으로 땅의 물리적 배치가 달라진다. 천지의 기운 중에서도 사람에게 가장 많은 영향을 미치는 일과 월 그리고 지구에 직접적으로 영향을 미치는 다섯 개의 별이 목·화·토·금·수의 별이다. 이들의 밀고 당기는 역학적力學的 배치가 사주 구성에 결정적인 역할을 한다.

또한, 생월도 절기에 따라 달라진다. 어떤 절기와 절기 사이에 태어났느냐가 가장 중요한 핵심이다. 예를 들면, 음력 3월에 태어났어도 그 해의 절기에 따라서 辰月이 될 수도 있고, 卯月이나 巳月이 되기도 한다. 경칩驚蟄이 지나고 청명淸明 전에 태어 났으면 卯月이 되고, 청명淸明이 지나 입하入夏 전에 태어났으면 辰月이 된다. 또한, 절기일節氣日이라도 각각 절기가 시작되는 시간은 다르다. 하루의 시작과 끝이 자정이듯 절기일節氣日도 그 시작되는 시간을 절입시節入時라고 한다.

흔히, 사주는 태어난 해를 표시하는 게 년주年柱이고, 달을 표시하는 게 월주月柱이며, 태어난 일에 따라 정해지는 일주日柱와 시時에 의한 시주時柱의 네 기둥으로 표시한다. 이 네 기둥에 따라 인간의 길흉화복이 정해진다.

사람이 살아가는 우주에는 상호 간 작용하는 힘과 그것을 운행하는 이치들이 있다. 그 힘의 원리가 우주의 법칙을 만들고, 그 법칙이 사람과 객체 사이를 운행하는 이치가 되는 것이다. 즉 우주의 힘, 운행의 이치가 각 개체들의 운명에 깊은 영향을 미친다는 것이 바로 '치유명리학의 앎'의 구조이다.

[알아두기]

년주年柱는 조상궁으로 1세에서 15세까지 운을 밝혀주며, 월주는 부모궁으로 15~30세까지의 청년운을 밝혀주며, 일주는 30~45세까지의 중년운을 밝혀준다.

시주는 45~60세까지 운으로 노년운을 밝혀준다. 즉 년주年柱는 나의 조부모와 나의 초년운을 알려주는 것이며, 월주는 부모·형제운과 청년운을 알려주며, 일주는 나와 나의 배우자 운과 중년운을 알려주며, 시주는 자식운과 노년운을 알려주는 것이다. 사주四住란 이를 일컫는 말이다.

1) 년주年柱 정하는 법 : 60갑자 · 원명原命

년주年柱는 만세력에서 60甲子가 돌아가는 해에 따라 결정된다. 즉 2021년이 辛丑年인데 2021년에 태어난 모든 이는 년주年柱가 辛丑이 된다. 이때 해가 바뀌는 것은 입춘을 기준으로 한다. 입춘이 지나야만 2021년이 되는 것이다.

2021년의 입춘일立春日이 양력으로 2월 3일(음력: 12월 22일)인데 이 입춘일 전에 태어나면 2021년생이 아니라 2020년 경자생이 되며 음력 12월 22일 지나서 태어나면 2021년 신축생이 되는 것이다. 즉 한해가 바뀌는 기준은 입춘일이다.

년주年柱는 만세력을 보고 정하면 된다. 2021년의 경우 입춘일이 음력 12월 22일 오후 11시 59분이다. 이때를 지나서 태어난 모든 이는 2021년 신축생이 되는 것이다.

[참고하기]

사주팔자 중 년주를 세우는 절기 기준을 입춘으로 보느냐, 동지로 보느냐 하는 설이 분분하다. 이는 상고시대부터 내려온 명리고서 간에 의견 주장이 각각 다르고, 우주의 천문을 읽는 방법 또한 국가, 지역 등의 차이가 존재하는 것도 분명하다. 하지만 본서에서는 입춘일·시를 기준으로 한다.

2) 월주月柱 정하는 법: 나의 기운 · 월건月建

사주팔자가 절기에 따라 바뀔 수 있는 까닭에 명리학을 일명 절후학氣候學으로 칭한다. 사주에서 우선적이고 가장 중요한 때는 바로 태어난 '월月'이다. 간지로는 생월을 나타내는 60갑자 중 '월지月支'이다. 흔히 月支를 '월령月令'[1]이라고 하는데, 이는 득월령得月令을 줄여서 하는 말이다.

[六十甲子 표]

甲子	乙丑	丙寅	丁卯	戊辰	己巳	庚午	辛未	壬申	癸酉
갑자	을축	병인	정묘	무진	기사	경오	신미	임신	계유
甲戌	乙亥	丙子	丁丑	戊寅	己卯	庚辰	辛巳	壬午	癸未
갑술	을해	병자	정축	무인	기묘	경진	신사	임오	계미
甲申	乙酉	丙戌	丁亥	戊子	己丑	庚寅	辛卯	壬辰	癸巳
갑신	을유	병술	정해	무자	기축	경인	신묘	임진	계사
甲午	乙未	丙申	丁酉	戊戌	己亥	庚子	辛丑	壬寅	癸卯
갑오	을미	병신	정유	무술	기해	경자	신축	임인	계묘
甲辰	乙巳	丙午	丁未	戊申	己酉	庚戌	辛亥	壬子	癸丑
갑진	을사	병오	정미	무신	기유	경술	신해	임자	계축
甲寅	乙卯	丙辰	丁巳	戊午	己未	庚申	辛酉	壬戌	癸亥
갑인	을묘	병진	정사	무오	기미	경신	신유	임술	계해

예를 들면, 갑·을 생이 인·묘나 해·수월에 출생하면 득령得令했다고 하는데 이는 일간인 내가 형제나 친구로부터 도움을 받아 그 기세가 강해졌다는 뜻이다. 또한 다음 장에서 배우겠지만 득령得令이란 육친

---

[1] 월령을 득시得時라고도 한다. 득시란 '시절을 얻었다'는 뜻이다.

六親으로 비겁比劫·인성印星이 되는 것을 말함인데, 이를 왕상旺相으로 표현하기도 한다.

반면에 실령失令은 생월에 기를 얻지 못했다는 뜻이다. 즉 일간인 갑·을이 사·오월, 진·술·축·미월, 신·유월에 태어나면, 일간인 본인이 剋을 하거나 또는 반대로 剋을 당하여 일간의 힘이 빠지게 되는 경우를 일컫는다. 이는 일간을 월지月支에 대비한 육친이 식상食傷·재財·관官이 될 때인데 일간이 휴休·수囚·사死 되었다고도 표현한다.

다시 말해서 월건을 세운다는 것은 태어난 해에 어느 달에 태어났느냐를 정하는 것이 월주月柱인데, 달을 결정하는 것은 날짜가 중요한 것이 아니고 절기가 중요하다. 즉 寅月(정월)은 입춘이 지나야 1월이 된 것이지 날짜가 1일이라고 달이 바뀐 것은 아니다.

절기가 바뀐 일을 기준하여 한 달이 바뀐 것으로 본다. 만세력을 보면서 정월은 입춘이 지나야 하고, 2월은 경칩이 지나야 2월이고, 3월은 청명, 4월은 입하가 기준일이고, 5월은 망종, 6월은 소서, 7월은 입추가 기준일이고, 8월은 백로, 9월은 한로가 기준, 10월은 입동, 11월은 대설, 12월은 소한이 기준이 된다. 만세력에서 그 기준일이 나와 있으니 만세력을 보고 월주月柱를 정하면 된다.

3) 일주日柱 정하는 법 : 존재의 축 · 일간

일주를 일간日干 또는 명주命主라고 표현한다. 명주는 운명의 리듬을 주관하는 키워드이면서, 나라는 존재를 찾아 들어가는 기준점이다. 그리고 일간은 '나'를 분석하는 으뜸 재료이다. 또한 "나는 누구인가."라는 근원적인 질문에 대한 답을 여기에서 찾아야 한다. 나의 사유, 나의 신념과 고집, 그리고 성격, 감정 등을 헤아릴 수 있는 원천도

계절	절기	특징
봄	입춘(立春): 양력 2월 4일경 우수(雨水): 양력 2월 19일경 경칩(驚蟄): 양력 3월 6일경 춘분(春分): 양력 3월 21일경 청명(淸明): 양력 4월 5,6일경 곡우(穀雨): 양력 4월 20일경	봄의 시작 봄비가 내리고 싹이 틈 개구리가 겨울잠에서 깸 낮이 길어지기 시작 봄 농사 준비 농삿비가 내림
여름	입하(立夏): 양력 5월 5,6일경 소만(小滿): 양력 5월 21일경 망종(芒種): 양력 6월 6,7일경 하지(夏至): 양력 6월 21일경 소서(小暑): 양력 7월 7,8일경 대서(大暑): 양력 7월 23일경	여름의 시작 본격적인 농사의 시작 씨뿌리기 낮이 연중 가장 긴 시기 여름 더위의 시작 더위가 가장 심한 시기
가을	입추(立秋): 양력 8월 6~9일경 처서(處暑): 양력 8월 23일경 백로(白露): 양력 9월 9일경 추분(秋分): 양력 9월 23일경 한로(寒露): 양력 10월 8일경 상강(霜降): 양력 10월 23일경	가을의 시작 더위가 가고 일교차가 커짐 이슬이 내리기 시작 밤이 길어지는 시기 찬이슬이 내리기 시작 서리가 내리기 시작
겨울	입동(立冬): 양력 11월 7,8일경 소설(小雪): 양력 11월 23,24일경 대설(大雪): 양력 12월 7,8일경 동지(冬至): 양력 12월 22일경 소한(小寒): 양력 1월 5일경 대한(大寒): 양력 1월 20일경	겨울의 시작 얼음이 얼기 시작 겨울에 큰 눈이 옴 밤이 연중 가장 긴 시기 겨울 중 가장 추운 때 겨울 큰 추위

본 일간에서 찾아야 한다.

일간은 내가 누구인지를 아는 근간이지만, 역설적으로 내가 누구인가를 알려면 '너'를 알고, '그'를 알고 또한 나를 둘러싼 관계와 욕망의 배치를 알아야 한다. 일간을 통해 나의 근본을 알고 난 후 나와의 첫 번째 환경을 어떻게 만들어 가고, 미래에 대한 방향을 어떻게 설정하는가에 대한 중요한 좌표를 알려주는 게 일간의 분석이다.

그리고 일주日柱는 자기 자신을 나타내며 이 일주日柱에 따라 사주의 길·흉을 파악하는 중심이 된다.

일주를 찾는 방법은 만세력[2]을 보면 각 일자의 간지가 정해져 있다. 만세력에서 각 일자의 일주日柱를 찾으면 된다. 특히 현대 사주명리학은 일주日柱를 중심으로 분석하기 때문에 태어난 날의 일주日柱가 대단히 중요하다.

4) 시주時柱 정하는 법 : 인생의 방향 · 완성完成

인간의 삶이란 우주가 만들어 낸 시공간 변화에 대한 인간의 적응 능력이다. 사주팔자라는 것은 나에 대한 열 개의 축이 왕성한 관계를 통해 빚어내는 질그릇과도 같다. 이는 십간十干이 가지고 있는 정서와 행동, 감정과 인식, 사람과의 관계를 맺는 방식 등을 포함하고 나아가 무의식의 영역까지를 망라한 정신세계를 나타내고, 음양오행의 12지지를 중심으로 나와 우주 그리고 삶의 동선이 새롭게 배열되어 인생의 방향을 만들어 가기 때문이다.

특히, 사주팔자는 인생의 완성을 예견할 수 있는 삶의 중요한 재료이다. 자연이라면 보통 산·바다·나무 등을 떠올리지만 이보다 더 중요한 것은 시간의 리듬이다. 이러한 시간의 변화가 쌓여 일·월·년이라는

子時	밤 11시-다음날 새벽1시까지	午時	밤 11시-다음날 새벽1시까지
丑時	새벽 1시-새벽 3시	未時	오후 1시-오후 3시
寅時	새벽 3시-새벽 5시	申時	오후 3시-오후 5시
巳時	새벽 5시-오전 7시	酉時	오후 5시-오후 7시
辰時	오전 7시-오전 9시	戌時	오후 7시-오후 9시
巳時	오전 9시-오전11시	亥時	밤 9시- 밤 11시

---

2)   요즘은 만세력에 대한 응용 Application이 잘 만들어져 있다.

단위를 만들기 때문에 시간은 시작이면서 그 끝인 것이다. 또한, 물리학적으로 공간이 따로 존재하는 것이 아니다. 공간은 시간이 형상으로 펼쳐진 것이다. 즉 시공간이 하나인 셈이다. 그래서 사주의 네 기둥 중 시주를 인생의 방향이면서, 완성이라고 하는 것이다.

사람은 몇 시에 태어났느냐에 따라 시주時柱가 결정된다. 예를 들면, 밤 11시~다음날 새벽 1시까지를 子時라 한다. 자시를 기준으로 2시간 단위로 분류되어진다. 본서에서는 30분 단위의 시간과 섬머타임의 배열을 고려하지 않고 명리원전을 중심으로 시간을 구분한다.

이때 일간·천간을 중심으로 시간을 정하면, 첫 번째, 甲日이나 乙日 태생은 子時가 甲子時부터 시작하여 丑時면 乙丑時, 丙寅時 順으로 시간이 정해진다.

時間 \ 日·天干	甲·己日	乙·庚日	丙·辛日	丁·壬日	戊·癸日
오전 0시~오전 1시	甲子	丙子	戊子	庚子	壬子
오전 1시~오전 3시	乙丑	丁丑	己丑	辛丑	癸丑
오전 3시~오전 5시	丙寅	戊寅	庚寅	壬寅	甲寅
오전 5시~오전 7시	丁卯	己卯	辛卯	癸卯	乙卯
오전 7시~오전 9시	戊辰	庚辰	壬辰	甲辰	丙辰
오전 9시~오전 11시	己巳	辛巳	癸巳	乙巳	丁巳
오전 11시~오후 1시	庚午	壬午	甲午	丙午	戊午
오후 12시~오후 3시	辛未	癸未	乙未	丁未	己未
오후 3시~오후 5시	壬申	甲申	丙申	戊申	庚申
오후 5시~오후 7시	癸酉	乙酉	丁酉	己酉	辛酉
오후 7시~오후 9시	甲戌	丙戌	戊戌	庚戌	壬戌
오후 9시~오후 11시	乙亥	丁亥	己亥	辛亥	癸亥
오후 11시~오후 12시	丙子	戊子	庚子	壬子	甲子

두 번째, 乙日이나 庚日 태생은 子時가 丙子時부터 시작한다. 즉 乙日이나 庚日 태생이 子時면 丙子時가 되고, 丑時면 丁丑時가 되는 것이다.

세 번째, 丙日이나 辛日 태생은 子時가 戊子時부터 시작한다. 즉 丙日·辛日 출생자가 子時에 태어나면 戊子時가 되고, 丑時면 己丑時가 되고 寅時면 庚寅時가 된다.

네 번째, 丁日이나 壬日은 경자시庚子時부터 시작하고, 다섯 번째, 戊日이나 癸日은 壬子時부터 시작한다. 이상을 표로 작성하여 제시하니 표를 보고 시를 정하면 된다.

예를 들어 2021년 음력 1월 5일 생으로 인시寅時인 경우를 보자.

2021년이 辛丑생이고 입춘立春이 12월 22일(양력 2월 3일)이니 해가 바뀐 달로 정월이라 경인월庚寅月이 되고 1월 5일 일진日辰이 을미일乙未日이다. 태어난 시가 인시寅時라면 무인시戊寅時가 된다. 따라서 사주는 신축년辛丑年 경인월庚寅月 을미일乙未日 무인시戊寅時가 된다.

간지 태어난	時	日	月	年
天干	戊	乙	庚	辛
地支	寅	未	寅	丑

다시 2021년 음력 8월 10일 오시午時생을 보자.

입추立秋는 일찍이 지나서, 백로白露가 지났으므로 9월 월건月建인 정유월丁酉月이 된다. 일주日柱는 8월 10일이 정묘일丁卯日이다. 時는 오시午時인데 정일丁日이니 경자시庚子時부터 계산하면 오시午時가 정미시丁未時가 된다. 따라서 사주는 신축년辛丑年 정유월丁酉月 정묘일丁卯日 정미시丁未時가 된다. 항상 月은 절기를 기준으로 한다는 것을 잊

간지 \ 태어난	時	日	月	年
天干	丁	丁	丁	辛
地支	未	卯	酉	丑

지 말고 時의 계산도 태어난 日에 따라 천간이 달라진다는 것을 잊지 말아야 한다.

이때, 子時의 경우 밤 11시에서 12시까지는 야자시夜子時라 하고, 밤 12시부터 새벽 1시까지는 정자시正子時라고 하는데 야자시와 정자시는 같은 子시라도 하루가 지나니 일진이 달라진다. 즉 야자시가 1日이면 정자시는 2日이 된다. 따라서 日이 달라지니 시간時干도 달라지게 된다.

5) 대운大運 정하는 법 : 인생의 항해 · 길

대운이란 후천적으로 살아가는 동안의 길흉화복에 직접적인 영향을 주는 성격의 표현, 즉 그 사람이 살아가는 생활에서 나타나는 행동이다. 또한 대운이란 10년간의 운세(실제로는 5년씩 간지로 나누어 더욱 세밀하게 판단한다.)를 말하는 것으로 태어난 달의 입절일入節日에서 생일까지의 일수와 생일에서 다음 달의 입절일까지의 일수를 합산하여 이것을 3으로 나눈 수이다.

흔히 사람의 사주팔자를 원국原局이라고 하며 자동차로 비유한다. 자동차는 길을 따라 운행을 한다. 그 길은 자동차의 수명과 속도 그리고 부침을 결정한다. 자동차의 크기가 다르다는 것은 그에 따른 엔진도 다르다는 말이다.

자동차가 아무리 좋아도 가는 길을 잘못 만나면 쉽게 망가지고 만다. 즉 사주는 자동차가 운이라는 길을 달리고 있으며, 개인의 운에 따라 자동차의 운명이 바뀐다는 것이다. 그 길이 자갈길이 될 수도 있고 잘 닦여진 고속도로가 될 수도 있기에 운이 중요하며 평탄하거나 불편할 수도 있다.

대운은 월운으로 판단하는데 예를 들어 만약 8월에 태어나는 아이는 음력 壬·申월에 태어나는 것으로 순방향과 역방향을 따진다. 순행과 역행의 판단은 년주의 년간으로 남자는 양간이면 순행, 음간이면 역행을 한다. 여자는 년간이 양간이면 역행하고, 음간이면 순행한다.

또한, 대운이란 계절의 변화에 따라 만물의 생성이 달라지듯 인간도 10년 주기로 운명이 바뀌는 것을 뜻한다. 10년마다 돌아오는 운명이 좋으냐 나쁘냐에 따라 인간의 길·흉·화·복은 달라질 수밖에 없어 대운을 정하는 것은 대단히 중요하다.

대운을 정하는 기준은 년주年柱와 월주月柱를 기준으로 정한다. 이때 남자와 여자를 구분하여 정하는데 그 기준을 다음과 같다.

태어난 해에 남자의 경우 양년陽年 태생이고 여자가 음년陰年 태생이면 월주月柱를 기준으로 순행順行하여 표시한다. 반대로 남자가 음년陰年에 태어나거나 여자가 양년陽年에 태어나면 년주年柱으로 대운을 표시한다. 예를 들어보면 다음과 같다.

■ **순행**順行**일 경우**

<pre>
0 0 甲 癸
0 0 寅 未
시 일 월 년
</pre>

위의 사주가 여자일 경우 년주年柱가 癸 未로 陰이니 甲·寅月부터 순행하고 대운은 다음과 같다.

癸 壬 辛 庚 己 戊 丁 丙 乙
亥 戌 酉 申 未 午 巳 辰 卯

즉, 甲다음 乙로 나가고 地支는 寅다음 卯로 순차적으로 적어나가면 된다. 남자가 년주가 陽이면 똑같은 순행한다.

■ **역행**逆行**할 경우**

0 0 甲 癸
0 0 寅 未
시 일 월 년

위의 사주가 남자일 경우 년주가 陰이니 역행한다. 즉 60갑자를 거꾸로 계산하면 된다. 즉 甲 앞의 癸·壬·辛·庚… 순이고, 寅 앞이 丑·子·亥·戌… 순이다.

乙 丙 丁 戊 己 庚 辛 壬 癸
巳 午 未 申 酉 戌 亥 子 丑

甲 寅의 전 60갑자는 癸 丑부터 거꾸로 표시한다. 대운은 남자의 년주가 陽이고 여자의 년주年柱가 陰이면 순행하고, 여자가 陽이나 남자가 陰이면 역행으로 계산하여 표시한다. 즉 천간과 지지를 순서대로

정하면 순행이고, 거꾸로 올라가면 역행이다.

즉, 순행인 경우 甲부터 시작하면 甲·乙·丙·丁·戊·己·庚·辛·壬·癸 순으로 적는다. 역행이면 거꾸로 癸·壬·辛·庚·己·戊·丁·丙·乙·甲 순으로 적으면 된다. 지지의 경우도 마찬가지이다. 지지 방향이 순행이면 순서대로, 역행이면 반대로 적어나간다.

6) 대운 수大運數 정하는 법 : 상수의 변화 · 축

대운 수란 인생의 운이 바뀌는 수를 뜻하는데 대운이 순행인지 역행인지를 먼저 확인해야 한다. 순행일 경우는 생일로부터 다음 절기까지의 날짜를 계산해 3으로 나눠 정한다.

예를 들어, 3월 5일이 생일인데 입하일立夏이 3월 25일이면 20일을 3으로 나눈 값, 즉 7이 대운 수이다. 이때 나머지 1은 무시하고 2가 남으면 반올림하여 8이 된다.

즉, 생일에서 다음 절기까지의 일수를 계산해 3으로 나눈 값을 대운수로 정한다. 역행일 경우는 생일에서 지나간 절기까지의 일수를 계산해 3으로 나눈 값이 대운 수가 된다.

다시 말하면, 3월 5일이 생일로 역행일 경우 전 절기가 2월 15일이라면 20일을 3으로 나눈 값, 즉 7이 대운 수가 된다. 이 대운 수는 만세력에 표시되어 있으니 만세력을 이용한다.

[사주 예 1] 갑자년 1월 15일생, 乾 命

壬 戊 丙 甲
午 辰 寅 子

입 운	제1운	제2운	제3운	제4운	제5운	제6운
병인	정묘	무진	기사	경오	신미	임신
0-4	5~14	15~24	25~34	35~44	45~54	55~64

* 대운의 흐름과 대 운수의 원리만 알고 있으면, 만세력 관련 사이트에서 쉽게 찾을 수 있다.

년 甲子, 월 丙寅, 일 戊辰, 시 壬午 사주는 순운이므로, 대운은 월주 간지에 이어 丁卯, 戊辰, 己巳, 庚午, 辛未 순으로 진행된다. 한편, 1월 15일은 입춘 후인데 다음 절기는 경칩이다. 갑자년의 경칩은 2월 2일 이므로 생일부터 절입일까지의 일수는 16일이다. 이를 삼분하고 일사 이입하면 대운 수는 5가 된다.

이상 사주를 뽑고 대운을 정하면 한 사람의 사주가 결정되는 것이며 이 사주를 보고 길흉화복을 논하는 것이 사주명리학의 근본이 된다.

[사례연구]

사주四柱의 네 기둥에 대해서 자세히 설명하면 다음과 같다.

사주에서 년주年柱는 본인의 할아버지 代를 말해주면서 초년운을 결정지어 주며, 월주月柱는 부모운을 말해주는데 월간月干은 父를 뜻 하고 월지月支는 母의 영향 운을 뜻하면서 본인의 청년운을 결정지어 준다. 일주日柱는 본인과 배우자운으로 중년 기운을 말해준다.

즉, 일간日干은 본인이고 일지日支는 배우자운을 뜻한다. 시주時柱는 자식운으로 노년기 運을 말해준다. 시간時干은 자식운이고 시지時支는 자식·배우자 운을 말해준다. 예를 들어 설명하면 다음과 같다.

丙 壬 甲 癸
午 午 寅 未

시 일 월 년

위의 사주에서 일간 壬은 본인이고 午는 배우자를 말해준다. 년주 癸 未는 조부모운으로 초년운이며, 癸는 할아버지 未는 할머니를 뜻하고, 월주 甲 寅은 부모운으로 월간 甲은 아버지, 월지 寅은 어머니 運을 뜻하면서 청년운을 말해준다.

또한, 시주 丙 午는 자식운으로 시간인 丙은 자식이고, 시지 午는 자기의 배우자에 따른 운을 말해주면서 자신의 노년기 운을 알 수 있는 것이다. 이렇게 사주를 보고 풀이하면 인생의 초년기, 중년기, 노년기 운의 길흉을 알 수 있다.

사주를 풀이할 때 기준은 일간日干이 본인이니 일간을 기준으로 나머지 일곱 자를 평가해 본인의 길흉화복을 논하는 것이다.

[알아두기]

시	일	월	년	태어난 / 구분
庚午 U	甲戌	壬亥	壬午 X	간지
金	木	水	水	오행
火	土	水	火	
(丁)	戊(丁辛)	癸(壬)	(丁)	지장간
(갑진)	養	沐浴	死	12운
偏官		偏印	偏官	통변성
傷官	偏財	正印	傷官	
將星	華蓋	灾煞		신살
				길신

〈사주명식〉

삼재년 : 신유술(申酉戌) 년
공 망 : 신유(申酉)

대운 (남자일 경우)

己未	戊午	丁巳	丙辰	乙卯	甲寅	癸丑	운로
62	52	42	32	22	12	2	

대운 (여자일 경우)

乙巳	丙午	丁未	戊申	己酉	庚戌	辛亥	운로
68	58	48	38	28	18	8	

대운과 대운 수는 태어난 날의 년간과 순행 역행을 판단하고, 대운 수는 태어난 날부터 다음 절기, 이전 절기까지 날짜를 계산한다.

같은 만세력의 월주를 갖는 경우 남자는 모두 같은 대운, 여자도 여 자끼리는 모두 같은 대운을 갖게 된다.

어느 달의 대운을 파악하고 사주의 용신을 분석하면 택일 등에서 대운의 흐름의 좋고 나쁨을 판단할 수 있다.

사주명식命式을 해석하기 위하여 간단한 표로 정리하면 위와 같다.

7) 출생 시時를 모를 때 정하는 방법

태어난 시를 모를 때 알아내는 방법은 여러 가지가 있다. 예컨대 자 시생인지 축시생인지 불확실할 때는 다음과 같은 내용을 고려하여 판 단한다.

첫 번째, 사주 구성이 양이 많은가 음이 많은가를 고려한다. 사주가 양이 많으면 子·寅·午·申·戌 時이고, 음으로 구성되어 있으면 丑·卯·巳· 未·酉·亥 時로 본다. 이 방법은 음양의 조화를 고려한 원리인데 사주가 순양이나 순음인 경우도 많아 이 원리는 타당성이 약하다.

두 번째, 부모의 사망 시기를 고려한다. 父가 먼저 사망한 사람은 子·寅·辰·午·申·戌 時이고, 母가 먼저 사망한 사람은 丑·卯·巳·未·酉·亥 時라고 보는 원리인데 이 경우도 타당성이 없다. 즉 형제가 여럿인 경 우 형과 동생의 시가 달라 타당성이 없다.

세 번째, 체형에 의한 판단법이다. 키가 좀 작고 다부진 형은 子·午· 卯·酉 時 출생이고, 키가 크고 얼굴이 길고 귀가 큰 형은 寅·申·巳·亥 時 출생이고, 얼굴이 둥글고 넓적한 형은 辰·戌·丑·未 時 출생이다. 이 원리는 태어난 시의 특성을 고려한 원리인데 일면 타당성이 있어 참고할 만하다.

네 번째, 잠버릇을 고려한 판단 방법이다. 잠자리를 보면 반듯하게 자는 형은 子·午·卯·酉 時 태생이고, 옆으로 자면 寅·申·巳·亥 時 태생이고, 엎드려 자거나 웅크리고 자는 형은 辰·戌·丑·未 時 태생으로 본다. 이 원리는 子·午·卯·酉는 각 오행의 중심이니 곧고 강직한 면이 있어 습관도 똑바로 누워 잔다고 보는 이론인데 일면 타당성이 있다.

다섯 번째, 관상학적으로 고려한 판단 방법이다. 얼굴의 하관을 보고 턱이 둥글면 寅·申·巳·亥 時로 추정하고, 모가 져 있으면 辰·戌·丑·未 時로 추정하며, 얼굴의 하관이 뾰족하게 각이 져 있으면 子·午·卯·酉 時로 보는데 일명 원·방·각 이론에 따른 것이다.

결론적으로 사주를 감명할 때 태어난 시가 부정확하다고 판단되면 그 사람의 체형, 관상, 자는 습관, 생활 태도, 성격 등을 고려해 유추 판단 하는 게 좋다. 또한, 태어난 시는 자식과 노후를 말해주기 때문에 중요하나 월과 일이 사주의 중심이니 태어난 월과 일을 고려해서 시를 판단하는 게 좋다.

2. 일간 기준의 60갑자 해석

1) 일간 60갑자의 개념

사주명리는 하늘이 인간에게 내려준 인생의 나침판이면서, 매뉴얼 Manual이다. 사주명리는 사주의 여덟 글자로 우리 삶의 이치를 알 수 있다. 그렇다면 어떻게 살아가는 것이 하늘에 뜻에 부합하는 삶을 사는 것일까? 이건 인간사의 지난지고至難至高한 문제이다.

사람의 운명을 '알아본다推命'는 것은 그 사람의 '하늘을 열어보는 것'이다. 어찌 겸손할 수 없겠는가? 또한, 자기 예정론自己豫定論에 빠져 함부로 예단하지 말아야 한다.

제1장에서 사주명리는 역易에서 시작했는데, 그 역은 천문학이다. 이는 역이 동서양을 떠나 사유의 영역이 깊고 넓다는 말이다. 사실 역易의 정수는 동양에서 시작하여 서양과학이 입증하는 추세이다. 이는 정신 분석학자 칼 융C.G.Jung을 비롯하여 수많은 서양의 과학자들과 사상가들은 역의 신묘함과 과학성에 매료되어 역의 가치를 인정하였다.

동양의 역易은 이들을 통하여 보다 많은 연구가 활발하게 이루어졌으며, 양자역학, 우주 평행이론 등과 같은 최첨단과학과의 활발한 학

문 교류가 21세기 사주명리학을 새롭게 정립하는 계기가 되어 가고 있다.

한편 하늘의 사유로부터 시작된 역학 易學은 의학 「황제내경黃帝內經」, 천문학 『산해경山海經』과 함께 발전하기 시작하

여 중국의 당·송을 거치면서 사주명리학의 근간이 되었다.

동양학의 정수인 주역이 과학적이듯 사주명리학 또한 논리적이며 분석적이다. 이는 사회과학적 근거가 유의미한 접근이 가능하다는 것이다.

다시 한번 정리하면, 역은 하늘의 사유를 부호로 정리한 하늘의 운행 매뉴얼이다. 그중 사주팔자는 인간의 운명을 예측할 수 있는 '인생의 라이프 코드Life Code'라고 할 수 있다. 우리가 흔히 사주를 뽑는다는 것은 아라비아 숫자와 서기로 표시된 생년월일시를 한자 8개로 치환하는 것인데, 이것이 인생의 부호Life Code인 사주팔자인 것이다.

우선, 사주를 보려면 현대식 생·년·월·일을 하늘 부호인 네 개의 기둥으로 바꿔야 하는 데 가장 필요한 것이 만세력이다. 만세력을 펼쳐 보면 수십 년 혹은 백여 년에 걸친 날짜가 빼곡하게 나열되어 있는 것을 볼 수 있다. 이를 60갑자라고 명명한다. 그리고 이 60갑자는 해마다, 달마다, 날마다, 시마다 무한 반복 순환한다.

오늘날 사주의 핵심은 일간의 오행과 나머지 사주 전체의 오행을 비교하는 데 있다. 즉 일간의 오행을 기준으로 삼아 사주의 다른 오행에 새로운 의미를 부여하는 것이다. 이는 일간의 오행과 대비하여 그 상관관계를 재해석함으로써 사람의 성격, 건강, 애정, 습관, 부의 수준, 자식의 성패, 길흉화복 등을 판단할 수 있는 해설 체계를 고도화한 것을 의미한다.

흔히 사주팔자에서 가장 중요한 것을 일간日干·일주日柱라고 말한다. 이는 일간이 명주命主이기 때문이다. 우선, 사주의 간명看命은 일간에 대한 성격을 먼저 파악하고 주변 오행에 대한 새로운 의미를 판단하는 게 순서이기 때문이다. 또한, 사주의 성격은 일간 60갑자에 대한 기본적인 원리를 먼저 이해한 후 그 사람의 환경과 운명을 추출해 나가면 된다.

그러면 지금부터 일간 60갑자에 대해서 설명해 보자. 여기에서 주의해야 할 점은 일간 60갑자의 설명은 순수하게 일간의 조건에 대해서만 설명하는 것이다. 그러므로 월주月柱, 시주時柱 등에서 일어나는 합이나 충으로 관계되는 변화는 일체 고려하지 않는다.

1 甲子 (갑자)	2 乙丑 (을축)	3 丙寅 (병인)	4 丁卯 (정묘)	5 戊辰 (무진)	6 己巳 (기사)	7 庚午 (경오)	8 辛未 (신미)	9 壬申 (임신)	10 癸酉 (계유)
11 甲戌 (갑술)	12 乙亥 (을해)	13 丙子 (병자)	14 丁丑 (정축)	15 戊寅 (무인)	16 己卯 (기묘)	17 庚辰 (경진)	18 辛巳 (신사)	19 壬午 (임오)	20 癸未 (계미)
21 甲申 (갑신)	22 乙酉 (을유)	23 丙戌 (병술)	24 丁亥 (정해)	25 戊子 (무자)	26 己丑 (기축)	27 庚寅 (경인)	28 辛卯 (신묘)	29 壬辰 (임진)	30 癸巳 (계사)
31 甲午 (갑오)	32 乙未 (을미)	33 丙申 (병신)	34 丁酉 (정유)	35 戊戌 (무술)	36 己亥 (기해)	37 庚子 (경자)	38 辛丑 (신축)	39 壬寅 (임인)	40 癸卯 (계묘)
41 甲辰 (갑진)	42 乙巳 (을사)	43 丙午 (병오)	44 丁未 (정미)	45 戊申 (무신)	46 己酉 (기유)	47 庚戌 (경술)	48 辛亥 (신해)	49 壬子 (임자)	50 癸丑 (계축)
51 甲寅 (갑인)	52 乙卯 (을묘)	53 丙辰 (병진)	54 丁巳 (정사)	55 戊午 (무오)	56 己未 (기미)	57 庚申 (경신)	58 辛酉 (신유)	59 壬戌 (임술)	60 癸亥 (계해)

[알아두기]

60갑자는 다 각기 특성이 있고 장단점이 있다. 일주만으로 사주의 좋고 나쁨을 따질 수는 없으며, 사주 구성을 보고 사주의 길흉화복을 분석해야 한다. 이번 장에서는 단지 일주의 특성만을 기술하는 것이니 참고하기 바란다.

2) 갑 천간 : 갑 목甲木 일주日柱의 성질

甲은 나무의 뿌리이며 水를 안고 있어야 뿌리가 튼튼하다. 즉 봄에 싹을 트기 위해 뿌리가 겨울 물에 물기를 담고 있는 상태라야 甲 木의 구실을 잘할 수 있다. 따라서 甲 木은 지지에 亥나 子에 또한 戌에 뿌리를 내리기가 좋은 것이다. 甲 천간의 60갑자에는 甲戌, 甲子, 甲寅, 甲午, 甲辰, 甲申이 있다.

甲 木의 뿌리가 튼튼한 순서는 甲戌, 甲子가 가장 강하고, 다음은 甲寅이고, 가장 약한 것이 甲午, 甲辰, 甲申 순이다. 자기 힘이 가장 강한 일주는 甲戌과 甲子이다. 자기 힘이 강하다 함은 자기 의지력이 강하다는 뜻이다.

물상으로 갑목은 큰 나무이다. 갑목은 기상이 매우 크다. 그 누구의 말도 듣지 않고 자신의 주장이 명쾌하며, 몸동작과 마음 쓰임에 대한 품Scale이 넓다. 갑목의 기본적인 구조는 편재형偏財形이다.

편재 작용의 근간은 과감한 결과를 내려는 승부욕勝負欲이다. 그래서 편재의 작용은 어떤 결과에 대해 상당히 집착하고 성급하게 서두르는 편이며, 사물에 대한 결단 또한 독재성이 강하게 작용한다. 이는 편재偏財의 영향이기도 하다.

(1) 甲 子 일주

甲 子 일주는 시생목始生木이라 하며 만물을 잉태시키는 역할을 한다. 따라서 만인을 이끌려는 리더십, 즉 '우두머리 기질'이 있으며 급히 자라고 싶은 욕망이 강해 재물, 명예, 지위 등 모든 욕망이 강렬하다. 욕

망이 지나치다 보니 일찍 고향을 떠나 동분서주東奔西走하는 경우가 많으며 사주 구성이 안 좋은 경우는 대부분 실패하는 경우로 나타난다.

갑 자 일주는 성격상으로 낙천적인 기질을 가지고 있으며, 자기주장이 상당히 강한 편이다. 또한, 水가 지나치면 주색으로 망하는 경우가 많다. 甲 子 일주는 庚 午 일주와 상극이다.

(2) 甲戌 일주

甲 戌 일주는 회생목回生木이라 하는데 甲 木이 화기火氣를 머금고 겨울을 대비하는 뜻을 갖고 있다. 즉 내년 봄을 대비해 겨울의 잠복기를 대비하는 뿌리라 인내심이 강하고 풍부한 감정이 있어 낭만을 즐길 줄 아는 성품을 지녔다. 그러나 용기도 있고 사려심도 깊으나 성격이 과격한 경향이 있어 남과의 분쟁 소지가 있다.

갑 술 일주는 성격상으로 독립심이 강한 편이고, 일상이 성실하여 주어진 상황에서 최선을 다하는 공·사 구분이 철저한 편이다. 한편, 水를 좋아해 주색으로 망할 가능성을 내포한 일주이니 이 점을 항상 조심해야 한다. 庚 辰 일주와는 상극이다.

(3) 甲寅 일주

甲 寅 일주는 성림목盛林木이라고 하는데 甲 木이 봄에 싹을 트는 형상이라 꿈이 크고 진리를 펴려는 기상이 뛰어나다. 난세를 헤쳐나가는 기상이 있으며 위풍이 당당하다.

갑 인 일주는 성격상으로 매우 화통하고 명랑한 편이다. 특히 두뇌가 명석하고 적극적이며, 자기주장이 강하다. 그러나 성품이 급하고 난폭한 면이 있어 어지러운 세상亂世에서는 고독해질 우려가 있다. 욕심을 버리고 도량을 넓히면 우두머리 자질이 있다. 庚 申 일주와는 상극이다.

(4) 甲辰 일주

甲 辰 일주는 개화목開花木이라고 하는데 甲 木이 꽃을 피우고 줄기를 만들기 위한 형상이라 용기가 넘치고 독립심이 강하다. 따라서 앞으로 나아갈 줄만 알았지 뒤로 물러서는 지혜가 부족하다.

갑 진 일주는 성격상으로 외향적이고, 호탕함이 돋보이고, 굳은 이상과 목표가 가득한 사람이다. 또한, 甲 木의 뿌리가 힘을 못 쓰니 욕심은 많으나 취하기가 쉽지 않다. 거만하고 이기심과 독선이 지나쳐 주위와 분쟁이 뒤따를 우려가 있다. 庚 戌 일주와 상극이다.

(5) 甲午 일주

甲 午 일주는 고사목枯死木이라고 하며 나무의 열매와 꽃이 만발한 형국이다. 甲 午 일주는 이상이 높고 창조적이고 개척정신이 뛰어나다.

갑 오 일주는 성격상, 갑 목의 다른 일주에 비해 어질고 인자한 편이다. 그래서 현실보다는 이상을 추구하고, 창조력이 뛰어나 예술 방면에 소질이 있고 새로운 것을 추구하는 기상을 지녔다. 그러나 甲 木의 역할은 다른 일주에 비해 성격이 급하고 융통성이 없다는 문제점이 있다. 庚 子 일주와 상극이다.

(6) 甲申 일주

甲 申은 사각목死角木이라고 하며 곡식의 열매를 맺고 겨울을 대비하는 甲 木이다. 甲 申 일주는 미래를 대비하는 지혜가 뛰어나 변화와 개혁을 추구하는 성품이다.

갑 신 일주는 성격상으로 어떤 일이든 명분이 있다고 판단되면, 그 일에 대해서 신의를 저버리지 않는 강골 성격이다. 이 말은 일에 대한 추진력이 대단하여 일을 만들고 벌이는 데는 타의 추종을 불허한다. 그러나 개혁이 지나쳐 자기 분수를 잃어버리는 경우가 많고 남에게 인색한 면이 실패를 초래한다. 庚寅 일주와 상극이다.

3) 乙 천간 : 을 목乙木 일주日柱의 성질

乙 木은 봄기운이 싹을 트는 초목이고 나무의 잎이 자라나는 형국을 말한다. 乙 木이 피어나기 위해서는 온화한 물기인 癸 水가 필요하고 동시에 丙 火의 태양열이 있어야 잘 자랄 수 있는 것이다.

甲 木은 나무의 뿌리로 陽 木이고, 乙 木은 나무의 줄기로 陰 木이다. 그러나 하늘의 기와 땅의 작용에 대한 영향권은 甲 木은 땅속에 뿌리를 내리는 음권陰圈이고, 乙 木은 땅 위로 줄기를 돋는 양권陽圈에 속해 있다.

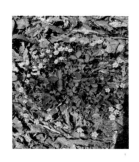

乙 木 일간에는 乙 巳, 乙 未, 乙 丑, 乙 酉, 乙 卯, 乙 亥가 있는데 나무줄기가 잘 자라기 위해서는 丙 火가 필요해 乙 巳, 乙 未 일주가 자기 힘이 가장 강하다. 乙 卯, 乙 丑은 보통이고 乙 酉와 乙 亥 일주가 자기 힘이 가장 미약하다. 즉 亥月 '겨울'의 乙 木은 힘을 쓸 수가 없다.

(1) 乙 巳 일주

乙 巳를 개화초開花草라고도 하는데 봄에 잎이 태양열을 받아 꽃이 개화하는 형국을 뜻한다. 일지가 상관으로 봄을 지나 여름에 진입했으니 을 목이 가장 화려한 시기이다.

을 사 일주는 성격상으로 표현 능력이 화려하고 상상력이 풍부한 천재적인 두뇌를 지니고 있는 편이다. 또한, 을 사는 꽃이 태양열을 만났으니 화려하고 예술적 감각이 뛰어나고 명랑해 타인의 사랑을 많이 받는 형상이다. 그러니 겉은 화려해도 실속이 없을 수 있으며, 인정이 지나쳐 피해를 보는 경우가 많다. 辛 亥 일주와는 상극이다.

(2) 乙 未 일주

乙 未를 무성초茂盛草라고 하며 나무줄기가 결실을 맺어 과실을 만들어 낸 형국이다. 일지가 미 토로 그 뿌리가 단단한 편재이다. 乙 未 일주는 과실을 안고 있으니 재물이 풍족한 형국이며 창의력이 뛰어나다.

을 미 일주는 성격상 실속을 추구하며, 상대방의 마음을 잘 헤아리는 편이다. 특히 이상과 현실의 조화를 중시하는 실사구시형이다. 그러나 지나치게 계산적이라 결단성이 부족해질 우려가 있고, 행동보다 말이 앞서는 결점이 있다. 辛 丑 일주와 상극이다.

(3) 乙 卯 일주

乙 卯는 등의초藤依草라고 하며 만물이 여린 새싹을 말한다. 일지 비견으로 간여지동 일주 중 하나이다. 乙 卯는 성숙해지려는 기질이 강하며 미래에 대한 욕망이 크다. 특히 미모가 있고 재능이 뛰어나며 순수함으로 많은 사람에게서 호감을 갖는다.

을 묘 일주는 성격상 성실하며 부드러운 심성의 소유자이다. 조금 내성적인 성정이나 의외로 결단력이 강한 편이다. 그러나 지나치게 앞서가려는 조급성이 있으며 마음이 여려 조그만 난관에도 좌절을 잘하는 경향이 있다. 사주 구성이 나쁘면 주색으로 망가질 우려가 있다. 辛 酉 일주와 상극이다.

(4) 乙 丑 일주

乙 丑은 맥전초麥田草라고도 하는데 봄을 기다리는 새싹을 뜻한다. 즉 고뇌 속에서 만물을 출산하려는 형국이다. 따라서 乙 丑 일주는 의지력이 있어 미래에 대한 이상과 욕망이 강하다. 남에게 신세지기 싫어하고 독립심이 강하다.

을 축 일주는 성격상 신념이 강하고 계획성이 투철하다. 특히 불의를 보면 참지 못하고, 흑백을 명백히 가릴 줄 아는 구분 있는 성격의 소유자이다. 그러나 인정이 많고 감상적이라 큰 난관에 좌절하기가 쉽다. 辛 未 일주와 상극이다.

(5) 乙 酉 일주

乙 酉는 상봉초霜逢草라고도 하는데 연약한 새싹이 생명을 다해 다음 봄을 기다리는 형국이다. 일지가 유 금으로 편관이다. 일간 을 목이 불편한 모습으로 타인을 의식하는 습관을 가지고 있으나 주관이 뚜렷한 편이다.

乙 酉 일주는 모진 풍파를 이기고 나온 노련한 지혜와 신념이 굳은 중후한 면을 지녔다. 지혜와 재능이 탁월해 위기 대처능력이 뛰어나다. 그러나 성정이 너무 착해 좌절을 잘하고 유혹에 빠지는 경향이 있다. 辛 卯 일주와 상극이다.

(6) 乙 亥 일주

乙 亥는 부평초浮萍草라고 하는데 한겨울의 물속에서 봄을 기다리는 나무줄기를 말한다. 일지는 해 수로 을 목이 물 위에 떠 있는 형국이다. 따라서 온화하면서도 참을성이 있고 의지력이 강하다.

을 해 일주는 성격상 새로운 것을 추구하며, 마음이 온유한 편이다.

특히 상대방 입장을 먼저 고려하는 근면·성실하고 활동력이 강한 편이다. 그러나 성격이 급하고 빨리 싫증을 내는 경향이 있어 자존심을 죽이고 겸양하면 좋은 결실을 맺을 수 있다. 辛 巳 일주와는 상극이다.

4) 丙 천간 : 병 화丙火 일주日柱의 성질

丙 火는 태양열로서 陽의 대표이며 만물을 소생시키는 힘을 갖고 있다. 丙 火는 모든 만물을 생성시키고 열매를 맺게 해주는 역할을 담당한다. 丙 火는 巳·午··未 火局에서 열기를 더 발휘하며 丙 천간에는 丙 午, 丙 辰, 丙 寅, 丙 申, 丙 戌, 丙 子가 있는데 가장 강렬한 태양으로 자기 힘이 가장 강하다.

특히, 丙 火는 양권의 대표적 간지이다. 만물의 성장에 있어서 화의

역할은 수의 역할만큼이나 중요하다. 오운육기에서 화는 군화君火와 상화相火[3]로 그 역할을 구분한다. 군화는 오화로 태양을 의미하며, 상화는 열기이다. 이는 군화가 상화를 이끌어 간다는 의미이다. 한편으로, 丙 火는 여름과 대낮에 자기 역할을 할 수 있지 겨울과 밤에는 힘을 발휘하지 못하기 때문이다.

(1) 丙 午 일주

丙 午는 가장 뜨거운 태양으로 염천炎天이라고 하는데 높은 이상과

---

3) 우주변화의 원리에서 '상화相火'의 뜻을 이해하는 것이 중요하다. 이는 우주운동의 토·화 작용이 상화를 거쳐 금화교역金火交易을 완성하려는 운동이기 때문이다.(한동석, 우주변화의 원리 213쪽).

도전적인 열정을 갖고 있다. 호화스러움을 좋아하고 남의 마음을 끄는 매력이 있다.

병 오 일주는 성격상 자존심이 강하면서 한번 하고자 하는 일은 반드시 완성하는 활동력이 강한 편이다. 그리고 예의가 바르고 명예심이 강해서 체면에 손상되는 일을 하지 않는다. 그러나 분수가 지나쳐 낭비벽이 염려스럽다. 사주 구성이 안 좋으면 주색잡기로 망할 우려가 있다. 壬子 일주와 상극이다.

(2) 丙辰 일주

丙辰은 계광일癸光日이라고도 하는데 봄에 싹이 트여 강렬한 태양을 받는 형상으로 태양이 자기 역할을 잘 할 수 있는 상태이다. 丙辰 일주는 화술이 뛰어나고 위풍당당하여 일 처리가 능수능란하다.

병 진 일주는 성격상 심성이 바르고 양심적이지만, 일에 대해서는 상당한 야심가이다. 그리고 참을성이 강한 편이라 대인관계가 원만하다. 그러나 화술이 뛰어난 반면 싸우기를 좋아해서 때로는 남과의 의견충돌이 심하며 질투심이 발하면 본인의 몸이 상하는 경우가 생긴다. 한편으로, 병 진 일주의 경우 인내심을 발휘하면 큰 인물이 될 잠재력을 지니고 있다. 壬戌 일주와는 상극이다.

(3) 丙寅 일주

丙寅은 해천일海天日이라고도 하는데 이는 만물이 잉태되어 터져 나오는 형국이다. 따라서 불꽃같은 욕망을 지녔으며 주위의 도움을 많이 받는 형상이다. 丙寅 일주는 성격이 밝고 지모가 출중하고 솔직 담백한 특성이 있다.

병 인 일주는 성격상 밝고 명랑하며 거칠게 없는 화통한 편이다. 또한 원대한 포부와 이상이 항상 마음속에서 꿈틀거리는 야망가이기도 한다. 그러나 너무 앞서가는 기질로 실패할 우려가 많으니 허욕을 버리고 절제함이 필요하다. 壬 申 일주와 상극이다.

(4) 丙 申 일주

丙 申은 노염老炎으로 해가 열매 맺은 일을 다 해 서산에 기우는 형국이다. 丙 申 일주는 가을의 태양으로 은은하면서도 부드럽고 사려가 깊은 성품을 지녔으며, 사주 구성이 좋으면 만인이 우러러 보는 성품이 성공한다.

병 신 일주는 성격상 집념이 강해서 한번 시작한 일은 끝장을 보아야 직성이 풀리는 직접화법의 소유자이다. 그러나 화려함을 좋아해 색난으로 고통을 받을 우려가 있다. 壬 寅 일주와는 상극이다.

(5) 丙 戌 일주

丙 戌은 노양老陽이라고도 하며 해가 서산에 지는 형국이다. 丙 戌 일주는 화려하면서도 실속이 없으며, 허세가 심하고 주색을 즐기려는 경향이 있다.

병 술 일주는 성격상 마음이 온유하고 선량한 편이다. 특히 불의를 보면 용납하지 못하고 정직함을 추구하려고 노력하는 편이다. 한편, 겉모습은 화려하고 밝아 보이나 내심 고독하고 외로움을 잘 느끼는 편이다. 그러나 성질이 좀 급해 인내력이 부족한 편이지만, 참을성을 기르고 사려 깊이 행동하면 노후가 풍족하게 된다. 壬 辰 일주와는 상극이다.

(6) 丙 子 일주

丙 子는 야중일夜中日이라고 하는데 한밤중에 채양으로 그 소임을 다 하지 못하는 형국이다. 丙 子 일주는 목소리가 좋고 힘이 있으면 언변이 뛰어나 많은 사람으로부터 인기가 있으니 지나치면 주색에 빠질 우려가 있고 남녀 모두 생식기에 질병이 생길 우려가 있다.

병 자 일주는 성격상 솔직담백한 성품의 소유자이다. 특히 말을 조리 있게 잘하고, 일을 진행할 때 열정을 다하여 그 일을 성공시키려는 집념의 소유자이다. 그러나 겉보다는 내실을 다지고 실속을 차리는 인내가 필요하다. 壬 午 일주와 상극이다.

5) 丁 천간 : 정 화丁火 일주日柱의 성질

丁 火는 어두운 곳에서 불을 밝혀주는 불꽃을 낮에는 丙 火(태양)라면 밤에는 丁 火(달빛)가 그 소임을 다한다. 정 화의 연료는 甲 木이다. 그러나 甲 木은 통나무이므로 庚 金의 도끼로 갑 목을 불쏘시개처럼 만들어 불을 붙여주어야 정화가 잘 탈 수 있다.

원래 화기火氣라는 것은 생명의 잉태와 생육에 절대적으로 필요하지만, 화기가 지나치게 상승하면 모든 물상이 어지러워진다.

지금 탄소의 범람으로 지구가 뜨거워져 기후도 영향을 미치고 인간

에게도 영향을 입혀 온 세상의 기운이 지나치게 상승하면 자연계뿐만 아니라 인간에게도 당연지사 해로울 수 밖에 없다는 것이다. 그래서 수·화의 기운을 잘 다스려야만 만사가 형통해진다. 또한, 丁 火는 丙 火와 다르게 그늘지고 응달진 곳을 밝혀주고 인도해 주는 성령과도 같은 불꽃이다.

丁 火 일주에는 丁 酉, 丁 亥, 丁 卯, 丁 丑, 丁 巳, 丁 未가 있다.

(1) 丁 酉 일주

丁 酉를 욕진慾進의 달月 또는 불빛이라고 하는데 예술적 감각이 뛰어난 불꽃이다. 정 유 일주는 십이운성으로는 장생長生, 십신으로는 편재偏財에 해당한다. 정 유 일주는 예로부터 일귀격 혹은 명월 광채 지상이라 하여 귀한 일주로 여겼으며, 일지에 천을귀인을 깔고 있기 때문에 정 유 일주는 그 심성이 순수하고 천진난만하다. 그 맑고 순진한 기운으로 다른 이들에게 사랑과 관심을 많이 받는 것이 정 유 일주이다

특히, 丁 酉는 성정이 온화하고 섬세하며 멋을 아는 성격이다. 약간 소극적이고 수동적이어서 남성적 기질에는 맞지 않으나 인내력을 기르면 대성할 수 있는 소질을 갖고 있다. 癸 卯 일주와 상극이다.

(2) 丁 亥 일주

丁 亥를 정감 어린 달이라 하며 하려가 깊고 많은 사람에게 불빛을 인도해 주는 특성을 갖고 있다. 정 해는 십신으로는 정관正官이며, 십이운성으로는 태胎이다. 丁 亥 일주는 예의 바르고 사려가 깊어 만인에게서 추앙받는 성품을 지녔다.

정 해 일주는 성격상 온순하고 착실하며, 기본적으로 생산적인 사고를 가지고 있다. 그리고 壬 水 정관을 깔고 있기 때문에 타인과의 협상과 이해를 중요하게 여긴다. 그러나 자존심이 지나치고 인내력이 부족한 게 흠이다. 癸 巳 일주와 상극이다.

(3) 丁 卯 일주

丁 卯는 화봉花逢, 즉 꽃을 피울 준비를 하는 달, '불꽃'이라고도 하는데 솟구치는 뜨거운 욕망을 갖고 있는 불꽃이다. 丁 卯는 예지력이 있고 총명하다. 정 묘 일주는 일주에 목화통명木火通明 '나무와 불의 기운이 조화를 이루어 명석하고 좋은 기운'을 기본적으로 가지고 있다.

정 묘 일주는 성격상 두뇌가 총명하며, 다방면에 소질을 발휘하는 재주꾼 성격이다. 이에 일지에 편인은 재능과 능력을 의미한다. 정 묘 일주는 다방면에서 재능을 발휘할 뿐 아니라 60개의 일주 중에 옷을 가장 잘 입는 스타일리시Stylish한 사람이다.

그래서 정 묘 일주는 그만큼 다재다능하며 눈치가 빨라 매사에 적응력이 강하다. 다만 내성적이고 미래를 동경하는 감상적인 면이 있어 적극성이 결여되는 단점이 있다. 癸 酉 일주와 상극이다.

(4) 丁 丑 일주

丁 丑은 변화를 준비하는 달, '불꽃', 변화월變化月이라고도 하며 이상과 목표를 향한 집념이 강하고 변화를 추구하는 성품을 지녔다. 정 축 일주는 정화가 丑 土를 일지에 두고 있기 때문에 십신상으로 식신食神이며, 십이운성으로는 묘지墓地이다.

정 축 일주는 성격상 지혜롭고 냉정하다. 또한, 획기적인 아이디어를 창출하는 크리에이터Creator이다. 하지만 너무 많은 일을 벌려 실속이 없는 경향이 있고 인덕이 없을 수 있다. 癸 未 일주와 상극이다.

(5) 丁 未 일주

丁 未는 포용하는 월, '불꽃'이라 하며 인정이 많고 사고력이 뛰어난 불꽃이다. 일지가 未 土는 뜨거운 사막과 같은 기운이므로 자칫 정 미 일주를 성급하게 몰아가기도 하고, 변덕이 심한 성격으로도 나타나기

도 한다.

하지만 정 미 일주는 인정이 많아 희생정신이 강한 편이다. 그리고 사소한 일에 연연하지 않고 맡은 바 책임을 다하는 고지식한 소신파이다. 그러나 베풀기를 좋아해 실속이 없을 수 있으며 이상과 현실로 고민을 할 우려가 있다. 癸 丑 일주와 상극이다.

(6) 丁 巳 일주

丁 巳는 무화월無花月이라 하는데 한낮의 불꽃이라 丁 火의 제 기능이 발휘되지 못하는 불꽃이다. 정 사 일주는 십신으로는 겁재劫財이며, 십이운성으로는 제왕帝王이다. 또한, 정 사 일주는 성격상 火의 기운으로 태어나 성격이 밝고 적극적인 기운이 넘치는 성품이다.

그러나 丁 巳는 화려함을 좋아하고 활동적이나 실속이 없는 경향이 있다. 성정이 바르고 예의가 있으며 집념이 강하나 실속이 없으면서 허세를 부린다. 癸 亥 일주와 상극이다.

6) 戊 천간 : 무 토戊土 일주日柱의 성질

戊 土는 지상의 만물을 표출시키는 흙으로 지상의 표면 土이다. 대지에 태양열을 받아 만물을 소생시키며 만물을 포용하는 대지이다.

戊 土는 丙 火와 함께 있기를 좋아하며 꽃을 피어 과실을 맺게 하는 매개체이다.

한편, 戊 土의 임무는 甲 木을 심어 丙 火로 결실을 보게 하는 것이 가장 중요한 역할이다. 따라서 戊 土 일간에 갑 목과 병 화는 항상 귀성이 된다. 그러나 일간 무 토가 너무 조열燥熱하면 메말라 병들어 힘들고, 너무 한습寒濕하면 얼어서 힘이 든다.

戊 천간에는 戊午, 戊辰, 戊申, 戊戌, 戊子, 戊寅이 있다.

(1) 戊午 일주

戊午를 염화지炎火地라고도 하는데 열기가 강한 대지로 정열적이고 중후한 성품을 지녔다. 무 오 일주는 일지 午가 제왕帝王과 겁재劫財를 두었기에 기운의 세기가 강렬한 편이다. 또한 무 오 일주는 아주 넓은 땅이기에 모두를 포용하는 넓이와 깊이를 모두 가지고 있다.

무 오 일주는 성격상 자기 자신에 대한 확신이 강하기 때문에 주변 사람들을 힘들게 할 수 있다. 그리고 열기가 지나쳐 인색한 면이 있고 융통성이 없다는 단점이 있다. 또한, 지나친 이기심이 발동하여 본인을 극 할 우려가 있다. 결국 무 오 일주는 이 극변하는 성정, 즉 자기 중심적 사고와 행동을 어떻게 극복하느냐가 인생의 열쇠이다. 壬子와 甲子 일주와 상극이다.

(2) 戊辰 일주

戊辰은 성림산盛林山이라고도 하는데 산에 나무가 무성한 형국이다. 무 진일주는 일지 진이 관대와 비견을 두었기에 마음껏 가리지 않고 뻗치는 에너지가 꽉 찬 일주이다. 특히 일지의 비견은 경쟁적인 활동성을 갖고 있으며, 자존심이 세고 남위에 군림하려는 성향이 강한 편이다.

무 진 일주는 성격상 지나친 완벽주의자이다. 즉 무 진 일주는 자기 기준에 못미치는 것은 참지 못한다. 이는 무능한 상대에게는 가혹할 만큼 무섭고 힘들게 대우한다. 하지만 戊辰은 용모가 수려하고 믿음성이 있다. 이상과 포부가 크고 대범한 경향이 있으나 조급하고 거친 단점이 있다. 甲戌이나 壬戌 일주와 상극이다.

(3) 戊申 일주

戊申은 노장산老壯山이라고도 하는데 산에 과실이 그득하고 완성된 형상이다. 戊申은 창의력이 있으며 의지력이 강하면서도 조심성이 있다. 또한, 부지런하여 나들이를 좋아한다. 무 신 일주의 申은 십이운성의 병病과 십신상 식신食神에 해당된다. 이는 중후하면서 상대를 압도하는 기운이 있다는 의미이다.

무 신 일주는 성격상 일을 추진하는데 밀어 부치는 뚝심이 강하고, 신의를 중요시 여기며, 차갑고 냉철한 이미지를 지녔다. 또한, 상대방을 배려할 줄 아는 세심한 성격이면서 창조적인 일도 잘하는 편이다. 그러나 욕망이 지나쳐 배우자를 극하고 주색에 빠질 우려가 있다. 甲寅이나 壬寅 일주와 상극이다.

(4) 戊寅 일주

戊寅은 생기토生氣土 라고 하는데, 생기가 시작되는 대지이며 기백이 넘치는 형국이다. 戊寅은 의욕이 넘치고 고집이 세다. 또한, 신의를 중요시 여기며, 신경이 예민하여 다른 사람에게 피해 주는 일을 싫어한다. 무 인 일주의 寅은 십이운성의 장생張生이고, 십신은 편관偏官이다. 이는 매사에 공격적이면서 집단 안에서 궂은 일을 앞장서서 해결하는 저돌적인 성격을 의미한다.

무 인 일주의 특성은 일을 처리함에 있어서 매우 심사숙고하고, 상대방에게 도리에 어긋나지 않는 행동으로 윗사람들에게 신망을 받는다. 한편 무인 일주는 중후한 면이 있으나 위선적인 면도 있으며 이기심이 지나쳐 과욕이 화를 부른다. 壬 申이나 甲 申 일주와 상극이다.

(5) 戊 戌 일주

戊 戌은 패광토敗鑛土라고 하는데, 서산에 해가 지는 대지로 만물을 죽음으로 끌고 가서 감추려고 하는 형국이다. 戊 戌은 부지런히 재물을 모으려는 형국이며 영감이 뛰어나고 총명하다. 무 술 일주의 戌은 십이운성으로는 양養이면서 십신은 비견比肩이고, 지장간의 축은 겁재劫財가 된다.

무 술 일주는 자존심이 매우 강하고, 다른 사람에게 속박당하는 것을 싫어한다. 특히 독자적인 경영에 탁월한 능력을 발휘한다. 그리고 다른 사람들에게 신의와 성실을 저버리지 않는 의리의 쾌남아이다. 그러나 성질이 급하고 거만하며 독선적인 성격이 나타날 우려가 있다. 이 점을 주의하면 성공할 수 있다. 壬 辰이나 甲 辰 일주와 상극이다.

(6) 戊 子 일주

戊 子는 설복토雪服土라고도 하는데, 한겨울의 대지로 만물을 잉태하는 시기의 대지이다. 戊 子는 새로운 것을 자꾸 만들어 내고, 욕망이 커서 가정보다는 바깥 일에 더 열심인 경향이 있다. 무 자 일주의 子는 십이운성은 태胎와 십신으로 정재正財에 해당한다. 이는 일지에 정재가 들어 있기 때문에 정재적인 특성, 즉 말과 행동이 신중한 편이라는 의미이다.

무 자 일주는 다재다능하고 매사가 치밀하면서 계획적이다. 일단 시작한 일은 초지일관하고 그 끝을 보아야 직성이 풀리는 선이 굵은 성격이다. 그러나 戊 子는 이재에 밝고 개척정신이 뛰어나지만 지나친 허욕으로 좌절할 수 있다. 壬 午와 甲 午 일주와 상극이다.

7) 己 천간 : 기 토己土 일주日柱의 성질

己 土는 음토陰土로 대지 표면 밑 '땅속'의 토양을 뜻하는 것이며, 丁 火의 열기를 땅 지하에 감춰 한겨울에 토양이 얼지 않게 하는 기름진 토양 역할을 한다. 만물이 기름진 흙 속에서 소생되니 己 土가 이런 역할을 담당하는 것이다. 기 토 일간에 토기土氣가 왕성하면 종교적인 신앙심이 강하다고 본다.

예를 들면 출가 수행자의 사주에 토기土氣가 전혀 없으면 신심이 약하여 오랫동안 수행 정진이 어렵다고 한다. 또한, 기 토 일간에 토기가 왕성하면 의지가 강하여 흔들리지 않고 객관적이며 공평무사한 성정이어서 기업을 세우는 동업자로서도 안성맞춤이다. 이는 土가 세상을 살아가는 만물의 중재자로서의 중후함과 인내심의 절제를 의미한다는 것을 나타낸다.

己 土는 丁 火가 같이 있음으로써 기름진 토양이 되며 甲 木이 뿌리를 내릴 수 있게 해준다. 己 천간에는 己 酉, 己 亥, 己 酉, 己 卯, 己 巳, 己 未가 있다.

(1) 己 酉 일주

己 酉는 진옥토眞沃土라고 하는데, 가을 土로 만곡이 풍부한 기름진 토양을 갖는 형국이다. 기 유 일주의 유는 십이운성으로는 묘墓에 해당한다. 이에 묘墓는 만물을 끊어 모아 저장하는 기운이다. 한편 기 토를 기준으로 辛 金은 식신食神이다. 식신은 선천적으로 복록을 의미한다. 식신은 생산력의 원천이 되고, 개인의 행복인 '소확행'을 추구하는 편안한 기운이다.

기 유의 성격은 신용을 중요하게 여기며, 철학적인 사고와 감수성이 풍부한 성격이면서, 특히 약속을 잘 지키고 신의와 의리를 존중하는 근면·성실한 성격이다.

己 酉는 만물이 완성되어 가는 형상이라 예술적 감각이 뛰어나고 총명하여 예술적인 면이나 학문적으로 성공할 수 있는 소질을 타고 났다. 성정이 온순하고 예의가 바르고 인덕이 있다. 乙 卯나 癸 卯 일주와 상극이다.

(2) 己 亥 일주

己 亥는 만재토滿載土라고 하는데, 겨울의 아늑한 土로서 만물을 감싸 안는 형국이다. 기 해 일주는 십이운성 태의 속성과 일지의 정재가 들어 재복이 있는 평탄한 기운이다. 이는 亥 水 안에 正이 바로 서 있기 때문에 조직 내에서 기본적으로 반듯하게 출세하고 승진한다는 의미이다. 기 해 일주는 성격적으로 논리적이면서 일 처리가 분명하여 공·사 구분이 정확하다. 특히 말과 행동에 있어서 신중함이 있어 타인으로부터 존경을 받는 타입이다.

만물을 형성하는 기름진 영양토로 진취적이고 호기심이 가득하다. 성격이 밝고 깨끗하나 깊은 속내를 드러내지 않는 경향이 있으며 낭만적인 특성이 있다. 乙 巳나 癸 巳 일주와 상극이다.

(3) 己 卯 일주

己 卯는 발아토發芽土라고 하는데, 봄에 새싹을 트이는 토양으로 자만심이 가득하고 위로 솟구치려는 기질이 강하다. 기 묘 일주는 십이운성으로는 병病, 그리고 십신으로는 편관偏官이다. 이는 천간의 己 土가 만물을 포용하는 흙을 나타내고, 묘목은 상춘의 기운을 표현하므

로 물상적으로 '봄의 밭'을 의미한다.

기 묘 일주는 성격상 사색적이면서 외양으로는 밝고 쾌활하지만 지구력이 약하다는 단점이 있다. 특히 내성적인 성정 때문에 현실적인 면보다는 이상을 추구하는 경향이 있다.

己 卯는 지기 싫어하고 반항기가 심하며 자만심이 지나쳐 겸손하지 못한 경향이 있다. 인내력과 겸손함을 몸에 익힌다면 성공할 수 있으며 남녀 모두 바람기가 동하면 패가망신하다. 乙 酉 일주와 癸 酉 일주와는 상극이다.

(4) 己 丑 일주

己 丑 일주는 음장토陰藏土라고도 하는데 한겨울에 만물을 보호하는 토양이다. 기 축 일주는 십이운성으로 묘墓, 십신으로는 비견比肩이다. 이는 己 土는 전원의 흙을 의미하고 丑 土는 한겨울 섣달의 추운 기운을 의미한다. 그래서 기 축 일주는 어떤 일을 하더라도 시련과 고난의 삶을 살아간다는 뜻이다.

기 축 일주는 성격상 도량이 넓으며 소신이 뚜렷하여 매사에 뚝심있게 일을 처리해 나가며 인간적인 도리와 의리를 벗어나지 않는다. 그리고 어떤 일주에 비해 자기 관리에 치밀한 편이다. 이에 장점으로는 도전적이거나 모험적이지는 않지만, 어떤 일을 맡기면 그 일을 책임감 있게 다 해 내는 충직한 기운의 소유자이다.

또한, 己 丑은 만물을 완성시키는 위한 기질이 있고 성실함이 뛰어나다. 그러나 의타적이고 소심하고 수동적이어서 활동성이 부족한 게 흠이다. 乙 未 일주나 癸 未 일주와 상극이다.

(5) 己 巳 일주

己 巳는 려화토麗火土라고 하는데, 한여름에 속살이 드러난 토양으로 토양이 메말라 그 소임을 다 하지 못 하고 있다. 기 사 일주는 십이운성으로는 제왕帝王, 십신으로는 정인正印이다. 이는 일지의 정인이 매사에 노력하고 인내하는 기운이며, 지지의 巳 火는 초여름의 왕성한 기운인 역마의 성격으로 매우 활동적이면서 노력을 다한다는 의미이다.

기 사 일주의 성격으로는 우직하면서 처음과 끝이 항상 같은 편이다. 그리고 어떠한 고난이 닥쳐도 역경을 잘 헤쳐나가려는 의지가 강하다. 하지만 약간 내성적인 기질로 상대방을 너무 헤아려 오히려 판단이 우유부단하다는 오해를 줄 수 있는 심성이다.

己 巳는 겉은 화려하고 실속이 없으나 감정이 풍부해 예체능에 조예가 깊다. 말을 잘하고 인덕은 있으나 경솔한 면이 있다. 乙 亥 일주나 癸 亥 일주와 상극이다.

(6) 己 未 일주

己 未는 태열토胎熱土라고도 하는데 만물이 무르익어 토양이 기름진 土이다. 기 미 일주는 십이운성으로 관대冠帶, 십신으로는 비견比肩이다. 이는 일지의 비견이 승부욕과 뚝심을 나타내고, 목표를 향한 호연지기이지만, 남들과 타협하기를 싫어하고, 한가지 일에 끝까지 집착하는 고집스러운 면도 있다는 의미이다.

기 미 일주의 성격은 심지가 굳고 신용이 있으며, 소신껏 행동하면서 말수가 적은 편이다. 또한, 다른 사람의 입장을 배려하는 세심한 성격이면서 근면 성실한 노력형 성격으로 어떠한 고난이 닥쳐와도 그 고난을 극복하는 힘이 남다르게 강한 편이다.

己 未는 대지의 때가 아직 이르지 않았는데 벌써 기름지기를 원해 조급하고 고집스러운 경향이 있다. 타인에게 봉사하는 자세로 산다면

평생이 순탄하다. 乙 丑 일주와 癸 丑 일주와 상극이다.

8) 庚 천간 : 경 금庚金 일주日柱의 성질

庚 金은 태양열을 받아 만물이 열매를 맺어 결실을 맺는 상태로 다음 세대를 위해 맺어진 열매를 말한다. 庚 金은 태양열丙火에 의해 굳어지고 열매가 맺히며 다음을 위해 재생하는 특성을 갖는다. 그리고 경 금은 성품이 굳세고 의롭다. 특히 경 금은 의지가 바르고 적극적이지만, 주의를 무시하는 경향이 있고 남의 일에 간섭이 많은 성향을 보이기도 한다. 옛말에 절대로 모시기 어려운 시어머니 사주가 있다. 주로 일주를 보는데 경 신, 경 진, 경 술 일주 등이다. 특히 경 진과 경 술은 괴강으로 무섭기도 하다는 뜻이다.

물상론物像論으로 庚 金은 辛 金과 달리 세련되지 못한 무쇠덩이 또는 큰 암반이다. 다른 표현으로는 경 금을 도끼라고 한다면, 신 금은 예리한 회칼 정도로 표현한다. 그래서 십 천간 중에서 의리義理라고 하면 경 금이 타의 추종을 불허한다.

한편, 庚 金이 壬 水를 보면 피부가 고운데 癸 水를 만나면 녹이 슬어 피부가 꺼칠하기 쉽다. 이 말은 경 금이 운행運行에서 계수를 만나면 팔자에 녹이 쓴다는 의미이다.

庚 일간에는 庚 申, 庚 午, 庚 辰, 庚 戌 庚 子, 庚 寅이 있다.

(1) 庚 申 일주

庚 申 일주는 강신금剛伸金이라고도 하는데, 庚 金이 가장 강하며 만

물이 가을에 강하게 굳어진 형국이다. 경신 일주는 십이운성으로 건록, 십신으로는 비견이다. 천간·지지가 강한 서리와 같은 가을 기운으로, 지난 여름의 강한 양을 잠재우고 수렴하여 음을 맞이하는 힘을 가지고 있다. 이에 기와 의리가 강하고, 모든 일에 경쟁하는 논리로 추진력을 발휘한다. 또한, 庚 申 일주는 고집스럽고 계략이 뛰어나며 대장부 같은 기질이 있다.

경 신 일주의 성격은 우선 믿음직스럽고 판단력이 빠르며 두뇌가 우수하다. 대인관계에 있어서는 개방적인 사고를 지니고 있지만, 자기 주장이 강해 융통성이 없다는 평을 듣기도 한다.

한편으로, 사회생활 등 모든 면에서 독립적이고 개성적이며 창의적이지만, 역마 성향이 강해 방랑기가 있어 부부생활이 순탄치 못할 우려가 있다. 甲 寅 일주와 상극이다.

(2) 庚 午 일주

庚 午 일주는 욕망금慾望金이라고도 하는데, 욕망이 뛰어난 金으로 일의 추진력이 뛰어나다. 경 오 일주는 십이운성으로 목욕沐浴, 십신상으로는 정관正官이다. 지지의 午는 원만한 인간관계와 드러내지 않는 조용한 자존심으로, 어려운 상황을 인내와 노력으로 극복하는 내실 있는 힘을 나타낸다.

한편으로 경 오 일주는 언변이 좋고 능수능란한 처세술이 있으며, 매사에 예의가 밝고 일 처리가 뛰어나 만인에게서 호감을 갖는다. 또한, 냉철한 판단력으로 말보다는 실천이 앞서며 인정이 많은 편이다.

특히, 경 오 일주는 성격이 화끈하여 일 처리를 속성으로 하는 경향이 있다. 보통 사무처리에서 경·중·완·급이 있는데, 이중 경 오 일주의 일 프로세스는 경輕하면서 급急하게 처리하는 편에서는 뛰어난 능력을 발휘한다. 그러나 욕망이 지나치게 강해 주색에 빠질 우려가 있어 이 점만 조심하면 실패는 없을 것이다. 甲 子일주와 상극이다.

(3) 庚 辰 일주

庚 辰은 발진금發進金이라고 하는데, 새롭게 잉태되고 발전하는 金이며 웅지가 크고 자부심이 대단하다. 경 진 일주는 십이운성으로 양養, 십신상으로 편인偏印이다. 특히 일주가 괴강魁剛으로 강한 힘이 바탕이 되어 기존의 질서를 거부하고 새로운 변혁을 일으키는 추상같은 권력을 추진하는 에너지를 겸비하고 있다.

겉으로는 부드럽고 온화해도 내면은 강하며 용기가 뛰어나다. 뛰어난 언변과 지혜를 갖추었으니 인내하고 아량을 기르면 만인에게서 존경을 받을 수 있다. 그러나 신경이 면도날처럼 날카롭고 예민하여 연구직에 종사하면 대성할 성품이다. 甲 戌 일주와 상극이다.

(4) 庚 寅 일주

庚 寅은 교태금交態金이라고 하는데, 庚 金은 다음 세대를 준비하는 새로운 싹을 위하여 열매가 벌어지기 위한 초기로 때가 너무 이른 감이 있다. 경 인 일주는 십이운성으로 절絶, 십신地藏干으로는 편재, 편관, 편인으로 변화무쌍한 기운을 가지고 있다. 특히 경 인 일주, 천간의 庚 金은 60갑자 중에서 가장 힘이 센 천간이고, 지지의 寅 木도 천지가 요란할 정도로 활동력과 파워풀Power full한 작용을 한다.

경 인 일주의 성격은 사물을 냉철하게 바라보며, 특히 불의를 보면 참지 못하는 정의파이다. 그리고 무슨 일을 처리하는 속도가 속전속결이며, 상대방이 느낄 수 있을 정도로 시원하게 일을 마무리하는 뒤끝이 없는 기질이다.

하지만 성격이 서두르며 출세욕이 지나쳐 포악해질 우려가 있으며 다소 까다로운 성품으로 주변 사람들과 마찰을 일으키기 쉬운 성품이다. 만약 이 점을 고치면 자수성가로 성공할 수 있다. 甲 申 일주와 상극이다.

(5) 庚 戌 일주

庚 戌 일주는 창고 속의 보관된 金으로 때를 기다리는 형국이다. 이를 수장금收藏金이라고 한다. 경 술 일주는 십이운성으로는 쇠衰, 십신地藏干으로는 편인, 관성, 겁재이다. 경 금에서 병 화는 제지制止와 조정의 역할을 하는데, 이는 지지의 戌 土가 병 화를 가두어 버리는 형국으로 지지의 戌 土에서 병 화가 묘지에 들어가 힘을 못 쓰게 되는 상황이다.

庚 戌은 고독한 심성이 있으며 문장력도 있고 용감한 기질도 겸비하였다. 경 술 일주의 성격은 단호하면서 호방한 성격을 소유하고 있으며, 한편으로 정의롭고 용감하여 저돌적으로 보이기도 한다.

특히 경 술 일주는 지나치게 개방적이어서 비밀을 간직하기 쉽지 않은 편이다. 때로는 용감하지만 우유부단한 면도 있으며 한편으로는 지나친 질투심이 화가 되기도 한다. 甲 辰 일주와 상극이다.

(6) 庚 子 일주

庚 子 일주는 물에 잠겨 퇴색하는 金으로, 이는 금이 겨울에 물에 잠겨 있는 형국이다. 이를 퇴색금退色金이라고 한다. 경 자 일주는 십이운성으로는 사死, 십신으로는 상관傷官이다. 기본적으로는 뛰어난 재주와 총명한 머리를 가진 기운이다. 특히 일지에 상관을 두었기 때문에 언어 능력과 자기를 선전하는 집요한 표현 능력을 가지고 있다.

또한, 金이 물을 만났으니 총기가 뛰어나고 예체능계에 능력이 뛰어나다. 경 자 일주의 성격은 냉철한 이성을 지녔으며, 예리한 비판력을 가지고 있다. 특히 경 자 일주는 지혜가 충만하여, 정직하고 의리에 벗어나지 않는 행동으로, 조직을 화합하고 단결하는데 희생정신이 강한 편이다.

특히 여명의 경 자 일주생은 피부가 맑고 깨끗하고 목소리가 이쁘고 성격이 솔직담백하다. 하지만 현실보다는 이상을 동경하는 면이 강하다. 甲 午 일주와 상극이다.

9) 辛 천간 : 신 금辛金 일주日柱의 성질

辛 金은 庚 金의 열매 속의 씨앗으로 종자를 의미한다. 종자는 다음 세대를 이어가는 근본이다. 종자는 봄에 파종해 가을에 열매를 맺게 하고 다시 종자가 되는 재생 역할을 한다. 종자는 대부분 봄에 파종하는 씨앗이 많은 편이지만, 작게는 가을에 파종하는 씨앗도 있다.

즉, 辰 월 이후에 태생한 辛 金은 봄에 파종하는 씨앗이라 따뜻한 丙 火가 필요하다. 그러나 겨울에 파종하는 씨앗들, 즉 戌 월 이후 출생하는 辛 金은 음권의 따뜻한 丁 火가 필요하다. 정 화는 음권陰圈의 대표적인 기운이기 때문이다. 따라서 辛 金은 음권과 양권을 갖고 있는데 辰 월 이후 출생은 양권陽圈으로 판단하고, 戌 월 이후 출생은 음권으로 보고 간명看命해야 한다.

특히 辛 金은 손재주가 있고 손맛이 맵다고 했는데, 乙 木을 만나면 살상의 작용이 있어 서로 간의 재성財星을 날리기도 한다. 또한, 서로가 파극破剋이 되고 설기

洩氣 하면, 약한 金이 상하면서 폐, 대장, 호흡기, 기관지 등의 기능이 부실하며 오장육부의 기능이 나빠질 수 있다.

辛 金 천간을 바탕으로 辛 丑, 辛 卯, 辛 酉, 辛 亥, 辛 未, 辛 巳 일주가 있다.

(1) 辛 丑 일주

辛 丑 일주는 은둔하는 보석으로 음진옥陰眞玉이라고도 하는데, 호기심이 많고 동경하는 사색가의 성품을 지녔다. 신 축 일주는 십이운성으로 양養, 십신으로는 편인偏印이다. 일지 丑 土의 영향 '한겨울 선달의 기운이라 만물이 얼어붙어 안으로 생명 활동을 유지하는 모양'으로 요행을 바라지 않는 성실한 일주이다. 신 축 일주의 기본적인 성향은 이미지가 준수하고 행동이 깔끔하면서 민첩하다.

특히 사소한 일에도 소홀함이 없고, 일 처리 프로세스가 신속하여 주변 사람들에게 칭송을 받는 스타일이다. 또한, 비판할 줄 아는 성품과 두뇌를 학문이나 예술에 활용하면 크게 명성을 얻을 수 있다. 乙 未 일주와 상극이고 丁 未 일주와도 안 좋은 편이다.

(2) 辛 卯 일주

辛 卯 일주는 매화옥梅花玉이라고도 하는데 싹을 트기 위해 바쁘게 움직이며 솔직담백하나 변덕이 심하며 신경이 날카롭다. 신 묘 일주는 십이운성으로 절絶, 십신으로는 편재偏財이다. 신 묘 일주의 기본적인 성향은 날카로운 비판력을 지녔으며, 신념이 강해서 한번 해야겠다는 마음을 먹고 다지면 결코 포기하지 않는 불굴의 신념 소유자이다.

하지만 일을 추진하다가 이게 아니다 싶으면 너무 쉽게 포기하는 단점도 있는 편이다. 그러나 집념이 강하여 성공 가능성이 매우 크며 개척정신이 뛰어나다. 사주에 水가 많으면 바람기가 심하며 남자의 경우 본부인보다 첩을 더 사랑하는 경우가 많다. 이는 신 묘 일주가 수를 만나면太過, 금생수가 되어 도화가 만발한다는 의미이기도 하다. 乙 酉 일주와 상극이다.

(3) 辛 酉 일주

辛 酉 일주는 빛나는 보석으로 광명옥光明玉이라고도 한다. 辛 金은 깨끗함을 좋아하여 예술적 감각이 뛰어나다. 신 유 일주는 십이운성으로 양養, 십신地藏干으로는 비겁比劫이다. 신 유 일주는 천간·지지가 모두 금으로 이루어져 있기 때문에 금 특유의 강하고 예리한 성향이 가장 드러나는 일주이다.

신 유 일주는 지적이면서 판단력이 조화로운 중후함을 지닌 이성적인 예지력을 갖춘 성품이다. 情과 恨이 동시에 많으며 세상을 한탄하는 경우가 많으나 정의롭고 의협심이 강하다. 또한, 신 유 일주는 잠재되어 있는 예술적 감각을 살린다면 예체능계에서 성공할 수 있다. 乙 卯 일주와 상극이다.

(4) 辛 亥 일주

辛 亥 일주는 겨울 물속에 숨어있는 보석으로 세금옥洗金玉으로 성품을 맑고 깨끗하며 남을 배려하는 정을 지녔다. 신 해 일주는 십이운성으로 목욕沐浴, 십신상으로는 상관傷官이다. 천간 辛은 가을의 결실을 나타내고, 또한 의미상으로는 추상秋霜을 표현하기도 한다. 일지의 亥는 초겨울의 기운이므로 가을과 초겨울이 랑데뷰rendezvous하여 금백수청을 이룬 형상이다.

신 해 일주의 성격은 신 금 일주 중에서도 매우 지혜롭고 총명한 두

뇌의 소유자이다. 특히 과격하지 않은 성품이 상대를 배려하는 세심함으로 나타나 상대방과의 원만한 인간관계를 유지하려고 노력하는 인간미가 있는 다정다감한 사람이다. 그러나 고독한 심성이 있으며 신경이 날카롭다. 머리는 총명하며 다재다능한 성격을 갖고 있다.

乙巳 일주와 상극이며 丁巳 일주도 안 좋은 편이다.

(5) 辛未 일주

辛未는 불속의 보석으로 열매가 맺어지는 화중옥火中玉으로 인정이 많고 착하나 고집이 강하다. 신 미 일주는 십이운성으로는 쇠衰, 십신으로는 편인偏印이다. 그래서 신 미 일주는 이해심이 강한 '외유내강'의 성격을 가지고 있다. 특히 일지에 편인을 두어 재주와 재능이 탁월한 편이다.

신 미 일주의 일반적인 성향은 예의 바르고 주변 사람들에게 신세지기를 싫어하는 성품이다. 특히 신경과 감각이 민감하여 분석력이 뛰어나고 비상한 아이디어로 조직 내에서 크리에이터Creator로 통하기도 한다. 하지만 마음이 불안해 변동을 자주하려는 경향이 심하며 이는 마음을 다스리는 수행심이 필요한 일주라는 의미이다. 이를 위해 마음을 편안히 갖고 수행하면 자기 분야에서는 늦게 명성을 얻는다大器晚成. 乙丑 일주와 상극이다.

(6) 辛巳 일주

辛巳는 여름의 빛나는 보석으로 변화옥變化玉이라고도 하며 자신을 뽐내려는 기질이 강하다. 신 사 일주는 십이운성으로 사死, 십신으로는 정관正官이다. 특히 지장간에 戊土를 들여 매사에 단호하고 원칙주의적인 성향을 보인다. 신 사 일주의 기본적인 성향은 화려하고 낙천적인 성격이며 부지런하다.

특히 두뇌 회전이 비상하며 일상에서 변화를 추구하는 스타일리스트Stylist이기도 하다. 또한, 행동이 민첩하고 직관력이 우수하여 단체를 통솔해 나가는데 큰 역량을 발휘한다. 그리고 신 사 일주의 성향은 조급하므로 이 성격을 다스리면 신 미 일주처럼 반드시 대기만성한다. 乙 亥 일주와 상극이다.

10) 壬 천간 : 임 수壬水 일주日柱의 성질

壬 水는 만물을 탄생시키는 근원으로 음권陰圈의 중심이다. 壬 水는 바다이다. 비교적 넓은 포용력이 있는 성분이지만, 때로는 방종과 음란이 동시에 존재하기도 한다. 음양오행에서는 수의 기운으로 '재물로 본다'라고 표현한다. 이는 풍수에서도 마찬가지이다. 또한, 水의 기운은 지혜로 표현한다. 고전 명언論語에 요산요수樂山樂水라는 표현이 있다. 이 말은 산을 좋아하는 사람은 어질고, 물을 좋아하는 사람은 지혜로운 사람이라는 의미이다. 수 기운은 변화무쌍하고 변신이 자유자재이다. 그리고 물에는 모양이 없다. 하여, 물을 담는 그릇의 모양에 따라 그릇에 담긴 물의 형태가 변화되는 것이다.

겨울에 지하에 물을 꽉 채워 봄의 만물을 탄생시켜 성장하도록 밑거름이 되는 물이다. 壬 水는 亥에서 건록이 되니 꽉 찬물로써 甲 木의 기초가 된다. 壬 水는 亥·子·丑의 수국에서 기반이 튼튼하며 지혜를 주는 물이다. 壬 일주에는 壬 子, 壬 戌, 壬 寅, 壬 辰, 壬 午, 壬 申 일주가 있다.

(1) 壬子 일주

壬子는 꽉 찬 물로 홍수호洪水湖라고도 하며, 지혜와 재능이 뛰어나고 의욕적인 추진력이 있으며 정복욕이 강하다. 임 자 일주는 십이운성으로 제왕帝王, 십신으로는 겁재劫財이다. 한편, 일지에 겁재를 두었기 때문에 조직을 통솔하는 능력과 상대방과 논쟁에서 지지 않는 조용한 경쟁을 좋아하는 성품이다.

임 자 일주의 기본적인 성격은 논리정연하고 통솔력과 포용력이 있지만, 화를 내면 절제가 잘 되지 않는다. 또한 일지에 겁재를 두었기 때문에 매사에 은근히 경쟁하려는 태도를 가지고 있다. 신살로 보자면 양인羊刃에 해당하기에 극단성과 폭력성을 겸비한 것도 임 자의 특징으로 볼 수 있다.

특히 임 자 일주는 모든 일을 처리할 때에 항상 의욕이 넘치고, 진취적인 기품이 있어 속이 깊고 과묵한 성품의 소유자이다. 그러나 시기나 질투심이 지나치면서 조급한 성격이다. 丙午 일주와 상극이다.

(2) 壬戌 일주

壬戌 일주는 물의 원천이며 인정이 많고 호기심과 영감이 뛰어나며 덕을 베풀줄 아는 품성이라 거부巨富의 기질을 갖고 있다. 임 술 일주는 십이운성으로 관대冠帶, 십신으로는 편관偏官이다. 지지의 술 토는 기운으로 쓸쓸함을 의미한다. 또한 戌 土는 화 기운을 품고 있어 표현을 잘하지 않는 외유내강형 품성의 소유자이다.

임 술 일주의 기본적인 성향은 사물을 바라보는 시야가 넓고, 자존심이 남다르게 높아서 고난을 겪고 나야 성장하는 속 깊은 일주이다. 특히 천간 壬 水의 특유한 유연함과 자존심으로 고난을 극복해 가며 한 단계씩 목표를 성취해 가는 대기만성형 스케일이다. 그러나 성품이

괴팍한 면이 있고 이기심이 발동하면 지나치게 독한 면이 있다.

丙 辰 일주와 상극이다.

(3) 壬 寅 일주

壬 寅 일주는 봄을 기다리는 춘정호春情湖라고 하며 만물을 잉태시키는 계절의 물로 처세술이 뛰어나고 기상이 굳고 의지력이 대단하다. 임 인 일주는 십이운성으로 병病, 십신으로는 식신食神이다. 천간 임수는 생명의 물을 의미하고, 寅 木은 초봄의 기운을 나타내므로 생명의 불로써 만물을 길러내는 식복이 넘치는 일주이다.

임 인 일주의 기본적인 성향은 임 수의 영향이 느긋하고 낙천적이면서 은근한 기운이 흐른다. 이러한 임 수의 영향은 호기심이 많고 학문에 대한 관심이 많아 공부에 대한 성취율이 높다. 또한, 임 인 일주는 부지런한 면도 있으나 이기적인 면이 지나치고 성격이 급한 면이 있다. 丙 申 일주와 상극이다.

(4) 壬 辰 일주

壬 辰 일주는 물이 올라오는 탁수호濁水湖라고도 하는데 위엄이 있고 신념이 강하고 고집이 세고 도량이 있다. 임 진 일주는 십이운성으로 묘墓, 십신으로는 편관偏官이다.

천간의 壬이라는 글자를 파자하면, 선비가 갓을 삐딱하게 쓴 형상이다. 이는 자유분방하고 호탕하며 만사를 비판적으로 바라보는 삐딱하게 취한 선비의 기개를 의미한다. 임 진 일주의 기본적인 성향은 자유분방하며 주관이 뚜렷하고 창조적이면서 변화무쌍한 성품이다.

특히 임 진 일주의 도량은 그 크기가 넓어 헤아리기가 어려울 정도이다. 이는 다른 일주에 비해 머리 회전이 빠르고, 남다른 생각의 크기를 가지고 있다는 의미이다. 하지만 쉽게 흥분하고, 매사에 독단적이라는 평가를 받기도 한다. 그리고 결단력과 지혜로우나 자만심이 지나쳐 화가 미칠까 두렵다. 丙 戌 일주와 상극이다.

(5) 壬 午 일주

壬 午 일주는 한여름의 물로 변색호變色湖라고도 하며 마음이 항상 바쁘고 허영심이 지나치다. 임 오 일주는 십이운성으로 태胎, 십신으로는 정재正財이다. 이는 일간 임수는 아래로 흐르고, 일지 午 火는 위로 올라가니 물과 불이 만나서 음양이 유정하다. 易으로 해석하면 수화기제水火旣濟이다. 수화기제는 가장 완전한 실체를 이룬 것이고, 사물의 변화가 안정과 변화의 끝을 알리는 괘이다.

임 오 일주의 기본적 성향은 임수와 태胎의 영향으로 부드럽고 온유한 성격이지만 한편으로 섬세하고 민감하면서 극단적인 성격을 동시에 가지고 있는 다면적인 성품이다. 또한, 자존심이 강하고 지혜와 언변이 뛰어나 복록을 갖추었으나 간교함이 병이다. 丙 子 일주와 상극이다.

(6) 壬 申 일주

壬 申 일주는 물이 생성되는 원시호源始湖로 예술적 감각이 뛰어나고 임기응변의 재치가 있으며 능수능란하다. 임 신 일주는 십이운성으로 장생長生, 십신상으로는 편인偏印이다.

특히, 임 신 일주는 60갑자 중에서 가장 귀하게 보는 사주이다. 이는 임 신 일주가 학문에 대한 깊이가 커서 선비와 같은 사주이고, 이를 통해 자신과 가문을 빛낼 수 있는 고상한 사주이기 때문이다.

임 신 일주의 기본적인 성향은 완벽주의를 추구하는 기질이 있으며,

대인관계에서는 능수능란하여 수완이 높고 다방면에 지식이 풍부하여 존경을 받는 성품이다. 이는 새로운 지식을 기반으로 교육과 학문으로 명예를 드높일 수 있는 고귀하고 상서로운 학당 귀인의 기운을 의미하기도 한다. 하지만 임 신 일주는 마음과 행동이 간교해지면 모든 것을 잃어버릴 수가 있다. 丙 寅 일주와 상극이다.

11) 癸 천간 : 계 수癸水 일주日柱의 성질

癸 水는 겨울 중 봄이 되어 만물을 생성시키기 위해 지상으로 올라오는 물이다. 계수는 음의 기운인 음 중의 음이다. 물의 성질로써 지지의 자수와 같고 따라서 임수와 같이 저장貯藏, 축적蓄積 등 만기를 모아서 水生木으로 木을 키우려는 뚜렷한 목적성을 갖고 있다.

따라서 癸 水는 乙 木의 원천이며 癸 水로써 모든 초목이 자랄 수 있는 것이다. 癸 水는 辰月에서부터 그 기능이 발휘되며 양권陽圈의 시작이라 하겠다. 계수가 포함된 천간 합 중에 '무계합화戊癸合化'가 있다.

戊 土와 합해서 불화의 합목적을 가진다는 의미이다.

또한, 경 금과 임 수처럼, 癸 水가 辛 金을 보면 머리가 좋고 말을 잘한다는 금수쌍청金水雙淸이다. 癸 水 일주에는 癸 巳, 癸 卯, 癸 未, 癸 酉, 癸 亥, 癸 丑 일주가 있다.

(1) 癸 巳 일주

癸 巳 일주는 꽃이 피는 생동하는 시기로 생동우生動雨라고도 하는데 부드러우면서도 지혜롭고 이해심이 많다. 계 사 일주는 십이운성으로 태胎, 십신으로는 정재正財이다. 계 수는 비나 이슬 등 작은 물을 의미한다. 지지에 초여름 巳 火를 만났으니 사 화가 받드는 천간은 일이 많고 바쁘게 살아가는 기운을 나타낸다.

한편 일주가 천을귀인[4]으로 성품이 맑고 곱게 태어나 일명 일귀日貴라고 부르며, 사회생활하는 데 최적화된 일주이다.

계 사 일주의 기본적인 성향은 합리적이면서 꼼꼼한 성품이다. 지장간 모두가 사회적인 에너지로 구성되어 있으며, 이는 재물과 이성, 권력에 대한 강한 집착과 승부 근성을 소유하고 있다는 의미이다.

하지만, 마음의 여유가 없고 변화에 대한 적응이 느리기 때문에 癸 巳 특유의 고지식한 면은 단점으로 작용할 수 있다. 특히 부지런하나 조급한 게 병이다. 丁 亥 일주와 상극이다.

(2) 癸 卯 일주

癸 卯 일주는 겨울에서 봄으로 춘동春動하는 시기로 시동우始動雨라고도 하며 총명하고 진취적인 성품을 지녔다. 계 묘 일주는 십이운성으로 장생張生, 십신으로는 식신食神이다. 한편, 일간 계수가 일지의 식신 묘목을 보고 있는 형상으로 일주가 나타내는 기본적인 성품은 심성이 착하고 온유하며, 희생 봉사 정신은 물론 인정이 넘치는 유형이다.

그리고 인복이 많으며 공동체적인 가치를 중요하게 여기고, 더불어 살 줄 아는 포용 능력의 소유자이다. 하지만 스스로 의심하는 경향이

---

4) 천을귀인天乙貴人이란, 모든 흉·액으로부터 나를 보호하는 귀한 기운이다. 60간지 중 총 네 개로 丁 酉 일주, 丁 亥 일주, 癸 卯 일주, 癸巳 일주가 있다.

심하여 이 때문에 욕심이 지나치면 패가망신할 우려가 있고, 매번 색정이 발동해 스스로 몸을 망칠 우려가 있다. 丁 酉 일주와 상극이다.

(3) 癸 未 일주

癸 未 일주는 가을의 열매가 맺혀지는 시기로 곡식을 여물게 해주는 감로우甘露雨이다. 이는 위기 대처능력의 지혜와 참을성이 있다는 의미이다. 계 미 일주는 십이운성으로 묘墓, 십신으로는 편관偏官이다. 한편, 계 미 일주의 지장간을 살펴보면, 편재, 식신, 편관이 들어 있다. 이는 식상→생재→재생관으로 연결되어 매우 분주한 삶을 살아가는 힘이 넘치는 일주라는 의미이다.

계 미 일주의 기본적인 성향은 인내력이 있고, 매사에 주관이 강한 사람이다. 또한, 뛰어난 현실주의자이면서 상황판단 능력이 탁월한 편이다.

계 미 일주는 겉으로 보이는 면은 차분하고 조용하지만, 속으로 불같이 활활 타오르는 열정의 에너지를 품고 있다. 그러나 고집이 강하여 한 가지 일에 매달리면 끝장을 보는 성격이나 상대방을 깔보는 경향이 있어 이를 경계해야 성공할 수 있다. 丁 丑 일주와 상극이다.

(4) 癸 酉 일주

癸 酉 일주는 가을에 내리는 비로 그 소임을 다한 패곡우敗穀雨이다. 이는 고독한 심정을 갖고 있으나 끈기가 있으며, 성취욕이 강하다는 의미이다. 계 유 일주는 십이운성으로 병病, 십신으로는 편인偏印이다. 한편으로 계 유 일주는 이미 일주에서 금백수청金白水淸[5]이 음과 음으

---

5) 흔히 금백수청을 금수상관金水傷官이라고도 하며, 숙살지기肅殺之氣의 계절에 태어난 金이 壬 水를 만나는 것을 말한다.

로 결합된 기운이 있어, 아주 깔끔하고 산뜻한 형국을 이루고 있다.

계 유 일주의 기본적인 성향은 다른 일주에 비해 여린 성품을 가지고 있다. 그리고 남들의 시선을 의식하여 항상 외모가 수려하고 자기만의 개성을 살리는 옷차림을 좋아한다. 특히 일지 편인의 특징답게 재주가 뛰어나고, 일지 酉 金은 전자에 말했듯이 사람들로부터 관심받기를 좋아하여 재주와 인기를 누리려는 타입의 소유자이다.

한편으로, 예술성과 문학성이 뛰어나 예체능 분야에서 성공할 수 있다. 丁 卯 일주와 상극이다.

(5) 癸 亥 일주

癸 亥 일주는 겨울의 비로 본연의 임무보다 다른 용도의 물이며, 일명 파생우破生雨라고 한다. 천재적인 지혜와 용기가 있으며 마음이 고요하다. 계 해 일주는 십이운성으로 제왕帝王, 십신으로는 겁재劫財이다. 이는 천간·지지가 모두 끝자락에 해당하는 겨울의 기운이기에 일평생 고독하여 종교적인 성향과 깊은 관계가 있다.

특히, 이 일주는 간여지동干與之同 '천간·지지가 음양이 같은 일주'의 일주라 그 속의 깊이를 가늠할 수 없어 정말 신비감이 있는 일주라고도 말한다.

계 해 일주는 기본적으로 상대방에게 부드러운 성격을 보여주는 원만한 대인관계의 소유자이다. 일지에 겁재劫財를 들여 고집이 강한 편이고, 탁월한 머리 회전으로 손익에 대한 계산이 빠르며, 특히 자신에게 유리한 상황을 만들어 내는 능력이 탁월하다.

한편으로 은밀하고 침착하면서 보수적인 성향을 가지고 있지만, 자기가 바라는 것을 정확하게 요구할 줄 아는 반전의 매력을 가지고 있다. 그러나 때를 만나면 과격해지는 경향이 있어 침착함이 필요하다.

丁 巳 일주와 상극이다.

(6) 癸 丑 일주

癸 丑 일주는 때를 기다리면서 조용히 내리는 雨로 시기를 만나면 격정이 일어나는 정중우靜中雨이다. 계 축 일주는 십이운성으로 관대冠帶, 십신으로는 편관偏官이다. 이는 일주에 금수가 많으면 냉정하고 차가우나 목화가 많으면 부드러운 성품을 나타낸다는 의미이다.

특히 丑 土는 추운 1월이라 寅 木을 기다림으로 인내하고, 참는 인고의 성질이 있다. 한편으로 지장간의 기 토는 편관으로 양인이며, 백호인데, 그만큼 삶에 어려움이 있다는 의미이다. 하지만 계산이 능숙하며 종교적 심성이 깊고 인정이 많다. 성격이 급한 면이 있으면서 배타적인 경향이 있다. 丁 未 일주와 상극이다.

이상 천간天干 기준으로 60갑자의 성격을 연구하였는데 이는 어디까지나 일반적인 내용이며 사람의 운명은 사주팔자 전부의 구성을 보고 결정해야 한다. 또한, 매년 오는 세운歲運이 중요하니 시나브로 대운과 비교하여, 매년 운이 좋으냐 나쁘냐는 사주 전체를 보고 판단해야 한다.

일주는 명리를 통해 그 사람에 대한 무의식적 심리적 특성과 그 특성을 기반으로 발동되는 명주의 행동을 연구하는 명리·심리학 분야의 근본이다. 또한, 성격 심리학을 기반으로 한 진로 적성과 그 연관성을 파악하는 중요한 과학적 근거로 활용되기도 한다.

일주 하나만으로 사람의 운명을 판단해서는 안 되며 사주 전체의 조화를 보고 판단해야 한다. 다만 일주의 성격과 자기 힘이 강하냐 약하냐를 판단하는 기준으로 활용하면 된다.

제4장

하늘의 기운을 받지 못하는
공망空亡의 작용

1. 텅 비어서 기능을 못하는 공망空亡의 의미

'공망空亡'은 허虛이며, 무無라고 할 수 있다. 이는 비어있다는 뜻으로 인연이 없다는 뜻이다. 흔히 알맹이가 차 있지 않아서 비어있기 때문에 망했다는 의미이다. 공망空亡은 채워져 있어야 하는 부분이 없기 때문에 해당 육친六親과 무연無緣·무덕無德하고 공허하게 되며 허망하거나 무력해서 나쁘다고 하는 것이다.

이에 따라 공망은 신살神煞의 한 종류로서 대부분 흉한 의미로 해석되어 왔다. 그래서 공망은 천중살天中煞이라고도 불리운다.

사주 60갑자가 돌아가면서 마지막 地支 두 글자는 비어있게 되는데 이 지지地支 두 글자를 '공망空亡'이라고 한다. 사주 내에 공망이 있으면 일이 잘 풀지 않지만 공망이 되어서 좋은 경우도 있다. 즉 나에게 흉성凶星이 공망이 되면 흉성의 작용이 반감되는 경우도 있다. 예를 들면 지지의 충에서 辰 戌 沖을 받는데 戌이 공망이라면 충의 강도를 많이 줄여주게 된다. 이처럼 공망이 좋게 나타나는 경우가 있다.

공망은 년지, 월지, 일지, 시지 모두 돌아가면서 공망을 분석하지만 주로 일지를 기준으로 년, 월, 시지의 공망을 분석한다. 자기 사주에서 용신이 공망이 되면 용신의 작용이 약하게 나타나 좋지 않지만, 흉신이 공망이 되면 흉한 작용의 강도가 약해져서 오히려 좋게 작용하는 경우가 있다.

공망이 되면 사주의 운행에 기가 비어있어 그 기운을 채우려는 노력을 많이 하는데, 예를 들면 관官이 공망이면 관직에 오르려는 욕망이 강해진다. 이때 자기 사주에서 관이 기신忌神이면 노력해도 관직을 얻기 어렵고 官이 용신이 되면 노력해서 비어있는 관직을 채우려는 욕망을 충촉시킬 수 있다. 따라서 십신十神상의 내용이 공망일 때 그 내용이 내 사주에 용신이 되면 비어있는 공망이 채워지고 기신이 되면 채우지 못하고 욕망만 앞서다 실패하게 된다. 다음 사주를 분석하여 공망을 연구해 보자.

```
0  丁  庚  0
丑  巳  戌  子
시  일  월  년
```

상기 사주에서 丁巳 일주는 子와 丑이 공망이다. 이때 丁巳 일주에서 子는 관官에 해당한다. 하지만 그 자리가 공망이 되어 관직운이 없는데 관직에 대한 욕망을 채우려고 한다.

이때 사주상 子는 나쁜 기신忌神이다. 子가 들어오면 이 사주는 더 어려워진다. 따라서 子는 공망인데도 기신이 되어 관官을 충촉시키지 못하고, 또한 명주가 관을 추구해도 성공치 못하게 된다.

2. 천간天干과 지지地支를 잇지 못하는 공망空亡의 형태

1) 공망의 유형

(1) 순중공망旬中空亡

천간은 10개가 있고 지지는 12개가 있으니, 일순一旬하면서 배합할 때 12지지 가운데 천간이 없는 두 지지를 순중공망이라 한다. 10일이 일순一旬이다.

60甲子					공망	
甲子	丙寅	戊辰	庚午	壬申	戌	
乙丑	丁卯	己巳	辛未	癸酉		亥
甲戌	丙子	戊寅	庚珍	壬午	申	
乙亥	丁丑	己卯	辛巳	癸未		酉
甲申	丙戌	戊子	庚寅	壬辰	午	
乙酉	丁亥	己丑	辛卯	癸巳		未
甲午	丙申	戊戌	庚子	壬寅	辰	
乙未	丁酉	己亥	辛丑	癸卯		巳
甲辰	丙午	戊申	庚戌	壬子	寅	
乙巳	丁未	己酉	辛亥	癸丑		卯
甲寅	丙辰	戊午	庚申	壬戌	子	
乙卯	丁巳	己未	辛酉	癸亥		丑

상기 표에서 甲子부터 시작하면 천간의 癸酉 다음에 戌과 亥가 다음

甲 천간으로 이월되는데, 이때 戌과 亥가 공망空亡이 된다. 공망 계산법은 다음과 같다.

천간의 수 10에서 천간의 수를 빼고 난 나머지 값에 1을 더한다. 천간의 수는 甲이 1, 乙이 2, 丙이 3, 丁이 4, 戊가 5, 己가 6, 庚이 7, 辛이 8, 壬이 9, 癸가 10의 고유번호가 된다. 이 천간의 번호 수를 10에서 빼고 나머지 값에 1을 더한다.

이 천간의 값에 지지의 수를 더한다. 지지의 수는 子가 1, 丑이 2, 寅이 3, 卯가 4, 辰가 5, 巳가 6, 午가 7, 未가 8, 申이 9, 酉가 10, 戌이 11, 亥가 12번이 되는데 이 값을 더해 12가 넘으면 12을 빼서 나머지 값이 공망이 된다. 예를 들면 甲 戌 일주라면 10-1=9이고 9+1=10이 된다. 10에서 지지의 값 11을 더하면 21이 되는데 21에서 12를 빼면 9가 남는데 이 9가 공망이다. 즉 9의 번호 申과 酉가 공망이 되는 것이다.

(2) 사대공망四大空亡

사대공망四大空亡은 납음오행納音五行의 체계에서 비롯된다. 납음오행은 육십갑자 각각의 소리를 궁宮·상商·각角·치徵·우雨를 넣어 오행에 대비시켜 만든 소리 오행체계이다.

납음오행의 궁은 土, 상은 金, 각은 木, 치는 火, 우는 水에 해당한다. 다시 말해서 일주의 사대공망이 기준인데 생년이 납음오행으로 공망을 범하면 그 흉의가 나타난다는 것이다.

(3) 오행공망五行空亡

명리학은 음양오행에 바탕을 둔 학문이다. 오행의 木·火·土·金·水를 순중공망이나 납음공망으로 불리는 사대공망에서 활용하는데 예컨

〈납음오행과 사대공망〉

							空亡	四大空亡
一旬	해중금 海中金	노중화 爐中火	대림목 大林木	노방토 路傍土	검봉금 劍鋒金		空亡	四大空亡
	甲子 乙丑	丙寅 丁卯	戊辰 己巳	庚午 辛未	壬申 癸酉		戌亥	水
二旬	산두화 山頭火	간하수 澗下水	성두토 城頭土	백랍금 白蠟金	양유목 楊柳木		空亡	四大空亡
	甲戌 乙亥	丙子 丁丑	戊寅 己卯	庚辰 辛巳	壬午 癸未		申酉	無
三旬	천중수 泉中水	옥상토 屋上土	벽력화 霹靂火	송백목 松柏木	장류수 長流水		空亡	四大空亡
	甲申 乙酉	丙戌 丁亥	戊子 己丑	庚寅 辛卯	壬辰 癸巳		午未	金
四旬	사중금 砂中金	산하화 山下火	평지목 平地木	벽상토 璧上土	금박금 金箔金		空亡	四大空亡
	甲午 乙未	丙申 丁酉	戊戌 己亥	庚子 辛丑	壬寅 癸卯		辰巳	水
五旬	복등화 覆燈火	천하수 天河水	대역토 大驛土	차천금 釵釧金	상자목 桑柘木		空亡	四大空亡
	甲辰 乙巳	丙午 丁未	戊申 己酉	庚戌 辛亥	壬子 癸丑		寅卯	無
六旬	대계수 大溪水	사중토 沙中土	천상화 天上火	석류목 石榴木	대해수 大海水		空亡	四大空亡
	甲寅 乙卯	丙辰 丁巳	戊午 己未	庚申 辛酉	壬戌 癸亥		子丑	金

〈오행공망〉

순중공망	오행공망
子丑	水氣空亡
寅卯	木氣空亡
辰巳	土氣空亡
午未	火氣空亡
申酉	金氣空亡
戌亥	無

〈지지 오행공망〉

순중공망	오행공망
子丑	水土空亡
寅卯	木氣空亡
辰巳	土火空亡
午未	火土空亡
申酉	金氣空亡
戌亥	土水空亡

대, 이것을 오행공망五行空亡이라고 한다. 오행공망은 순중공망 중에서 子 丑, 寅 卯, 辰 巳, 午 未, 申 酉, 戌 亥를 五行에 배속시켜 그 의미나 작용을 말하고자 함이다.

또한, 새로운 지지 오행공망을 정리해보면, 명리학에서 공망론은 학인과 술사들 사이에 많은 논란의 여지가 있었다. 하지만 21세기에 들어오면서 사주명리에 대한 인식이나 학문으로서의 위상이 높아지면서 공망론은 신 접근방법으로 명리학인들에 의해 끊임없이 연구되고 실전에 활용되고 있다. 또한, 공망이 생로병사生老病死를 다루는 십이운성十二運星과 함께 운명 감정의 새로운 기법으로 등장하여 그 명예를 이어 가고 있는 중이다.

3. 채워지지 않는 결핍 - 공망空亡의 해석

공망空亡이 들면 일이 비어 있다는 뜻이 되어 일의 성사가 어렵다. 그러나 전자에서 기술하였듯이 공망이 되었다고 다 나쁜 것만은 아니다.

지지의 흉신이 공망이 되면 흉신의 작용이 반감되는 작용을 한다. 또한 사주 4지지가 모두 공망이 되면 오히려 너무 비어 채우려는 욕구가 강해서 일이 성사되는 경우가 있다. 다음 사주를 보자.

```
0  丙  壬  癸
卯  午  午  巳
시  일  월  년
```

상기 사주에서 丙 午 일주는 卯가 공亡이고, 癸 巳 년주에서 午가 공망이고, 결국 壬 午 월지에서 볼 때는 4기둥 모두가 공망이다. 4기둥 모두가 공망이 되면 빈 그릇을 스스로가 전부 채우려고 노력을 하여 官과 財를 얻을 수 있게 된다. 따라서 모두가 공망空亡이면 오히려 좋게 작용할 때도 있다. 이를 공망의 해소 '해공解空'이라고 하는데, 공망이 들인 지지가 충, 합, 형을 하게 되면 공망이 풀리게 된다. 즉 비어있는 자리가 말끔하게 메워지는 것이다. 그러나 일반적으로는 사주 4기둥 중 하나의 공망이 있을 때 다음과 같이 해석한다.

(1) 공망의 육친론적 해석

육친론적으로 연지가 공망이면 조업을 승계하지 못하고 조상과 연이 없다고 보며 이사 또는 직장 변동 수가 발생할 수 있다. 그리고 월지에 공망이 들면 부모 형제 덕이 없으며, 일지에 공망이 들면 부부의 덕이 부족하여 부부이별 등 관재가 발생할 염려가 있다. 한편으로, 시지에 공망이 들면 남녀 가릴 것 없이 자식 덕이 없다고 해석한다.

(2) 공망의 십신론적 해석

십신론적으로 볼 때, 비겁이 공망이 되면 형제 덕이 없으며, 식상이 공망이 되면 재산 축적이 어렵고, 관성이 공망이 되면 공직 생활이 어렵고, 인성이 공망이 되면 부모 덕이 없다고 해석한다. 그러나 이는 어디까지나 일반적인 설명이고, 사주 구성이 좋고 용신운이 좋으면 이 공망의 의미는 사라진다. 여기서도 중요한 점은 공망보다는 용신이 우선한다는 점을 명심해야 한다.

(3) 공망의 용신론적 해석

사주에 공망空亡이 있을 때 육친론에 의해 공망을 해석하는데 그 공망이 내 사주에 나쁜 기신忌神이면 그 공망을 취하기가 어렵고 좋은 길신吉神이면 용신用神운이 올 때 그 공망을 취해 넣을 수 있다.

따라서 공망은 비어 있으니 용신운이 오면 빈 곳을 채워 넣을 수 있음을 뜻한다. 결국 공망이 중요한 것이 아니고 용신用神운이 오느냐 오지 않느냐가 중요한 것이다.

(4) 공망의 적용 범위와 활용

사주원국에 공망이 드러나 있으면 격格이나 습성習性은 대체적으로 제한된 것으로 보인다. 공망 받은 육친이나 십성의 작용들도 역할이나 기능이 왜곡된 현상으로 나타나 그 용도를 다 채우기가 쉽지 않다.

또한, 공망이 들인 자의字意에 따라서 기질적인 요소나 행동적인 성향이 다름도 인식해야 하는 것이다. 특히 공망의 통변은 육신六神의 의미를 활용하고 십이지지十二地支 개개의 원소론적 뜻을 제대로 파악하여 적용하고, 십이신살十二神殺의 뜻을 적용하며, 남들이 볼 수 없는 것을 볼 수 있고, 폭넓은 통변을 할 수 있을 것이다.

주	時柱	日柱	月柱	年柱
육십갑자	○ ○	○ ○	○ ○	○ ○
관장기간	46세~60세 106세~120세	31세~45세 91세~105세	16세~30세 76세~90세	1세~15세 61세~75세
공망육신	정재	식신, 상관	비견	편관
통변	재성에 대해 끊임없이 추구하고 아쉬움. 미련을 갖는다.	식상(식신과 상관)에 대해 끊임없이 추구하고 아쉬움. 미련을 갖는다.	비견에 대해 끊임없이 추구하고 아쉬움. 미련을 갖는다.	편관에 대해 끊임없이 추구하고 아쉬움. 미련을 갖는다.

○ 공망의 활용

공망의 적용과 활용에서, 공망은 사주명리에서 희신喜神, 기신忌神의 작용에 따라 운명의 성쇠에 중요한 작용을 하게 되는데 십성, 직업, 방위, 인연법, 택일 등에 유의미하게 활용될 수 있음을 살펴보아야 한다. 그리고 공망의 작용력에 대한 기존의 논리의 문제점을 논하는 것은 받아들이지만, 사주 통변의 해석의 다양성을 무시해서는 안 된다.

제5장

태어나고 소멸하는
12운성運星 이론

1. 12운성의 개념과 순환

　12운성의 이론적 해석은 두 가지 견해가 왕성하다. 첫 번째, 명리학의 간법看法이론 중 십이운성은 자연의 변화를 표상表象으로 나타내어 인간의 운명을 왕·생·휴·수·사의 강약으로 논하는 해석체계를 지니고 있다. 이는 십이운성이 천간의 기운이 열두 달을 순환하면서 기운의 강약이 변화하는 과정을 지지에 대입하여 그 기세의 변화를 판단한다.

　즉, 인간이 태어나기 전胞부터 죽어서 묘墓에 들어갈 때까지를 열두 단계의 시기로 나누어 각각의 기세의 강약을 운용하는데 유용한 이론으로 평가받고 있다.

　두 번째, 12운성 이론은 불교의 원리를 도입하여 운명을 연구한 것이다. 불교에서 인간은 태어나서 죽고 다시 영생하여 새 생명이 탄생한다고 보고 있다. 즉 전생에서의 덕德이 현세에 영향을 주고, 현세에서의 삶이 후세에 영향을 준다고 보고 있다. 이를 윤회론輪回論이라고 하는데 이 윤회론적 이론을 도입한 것이다.

　즉, 12 동물을 이용해 12지지地支가 있듯이 우주의 생성원리도 생·로·병·사를 12단계로 구분해서 설명될 수 있다. 인간사 모든 사람들이 태어나서 깨끗이 닦고 성장해 결혼하고 사회에 진출한다. 사회에 진출하여 왕성한 활동을 하여 정상에 이른다. 정상에 이르면 쇠약해지기 시작하며 병들고 죽는다. 죽으면 무덤에 들어가고 다음 생명을 위해 휴식하였다가 다음 생명을 잉태시킨다. 이렇게 불교의 윤회론적 원리에 따라 인생은 순환하게 된다.

　이런 과정이 되풀이되면서 인간은 영원한 삶을 이루면서 영속적으로 대를 이어왔다. 이때 인생의 생·로·병·사 중 내 사주가 어느 시기에 있느냐에 따라 사주의 길흉吉凶을 분석하는 이론이 12운성의 대입방법이다.

다시 말하면, 12운성 이론은 인간이 태어나서 왕성한 삶을 살다 늙고 병들어 죽는다. 즉 생로병사로 인생의 일대기가 나타나는데 이를 기준으로 자기 사주의 일간日干이 어느 상태에 있느냐에 따라 운명을 간명看命하는 이론이다. 따라서 십이운성은 우주의 변화와 맞물려있는 십이신살과 함께 보는 게 사주 간명에 더욱 명쾌할 수 있다.

1) 장생長生 단계

모든 만물은 어머니 배 속에서 태어나 세상에 나온다. 세상에 나옴으로써 삶이 이루어진다. 세상에 태어나는 희열을 느끼는 단계가 장생이다. 이 장생이야말로 12운성에서 최고의 길성吉星인 것이다.

장생은 만물이 태어남으로써 생명체로서의 가치와 존엄이 있기 때문이며, 사주에 장생이 있다면 삶의 희열을 맛볼 수 있는 최고의 극치인 것이다. 장생이 년주年柱에 있다면 조상의 음덕을 많이 보면서 태어나 초년운이 좋음을 말해준다.

장생이 월주月柱 임하면 부모·형제 덕이 있어 중년에 크게 성공할 가능성이 크다. 장생이 일주日柱에 있다면 배우자 운이 좋고 건강도 좋고 일생이 편안하다. 장생이 시주時柱에 있다면 자식 운이 좋고 노후가 편안함을 뜻한다.

십이운성 중 장생의 특성은 건강하고 사회적으로 성공할 수 있는 조건을 갖게 되며, 이 장생이 용신用神이 되면 반안攀鞍[1]이 되어 최고

---

1) 반안살攀鞍煞은 말안장을 의미하는 신살이다. 천을귀인, 역마살과 같이 있으면 출세한다. 12운성으로는 쇠衰에 해당하여 제왕지帝王地의 최고 전성기를 지나 성공 후 편히 쉬는 시기이다.

의 위치까지 오를 수 있다. 십이신살12神殺로는 지살地殺의 기운을 가지고 있다.

2) 목욕沐浴

목욕 시기는 갓 태어난 아기를 깨끗이 씻는다는 뜻이며 태아의 유년 시기를 말한다. 목욕을 하면 이성을 그리워하는 생각이 나서 도화桃花 또는 홍염살紅艶殺[2]을 갖는 성星이라고 한다. 목욕이 년주에 있으면 조상 중에 풍류 기질을 갖는 경우가 많고, 색정이 심하게 발동하게 된다. 목욕이 월주에 있다면 부모가 바람기가 있고 부모와 연이 적은 경우가 많다.

한편, 목욕이 일주에 있다면 본인의 색정이 강해 부부간의 갈등이 심화되어 부부 이별 수가 따른다. 그리고 목욕이 시주에 있다면 자식과 인연이 약하고 자식과 이별 수가 있으며 노년이 고독할 우려가 있다. 또한, 시주에 목욕 궁宮이 많으면 방탕한 생활로 인생이 황폐하게 될 우려가 있다. 십이신살로는 년살年殺의 기운을 가지고 있다.

3) 관대冠帶

관대란 목욕 후 성장해 결혼하는 시기를 뜻한다. 관대는 20대로 혈기왕성하고 자존심이 강한 시기를 말한다. 관대 성星이 년주에 있다면 좋은 가문의 태생이며 학문적 기질이 좋게 태어난 것을 말한다.

---

2) 도화와 홍염살紅艶殺은 이성을 유혹하는 비슷한 기운의 살이지만 홍염은 도화와 비교하여 '은밀하게 발산하는' 매력이다. 요즘은 도화와 홍염을 이 시대에 맞게 긍정적으로 해석하고 있다.

또한, 관대가 월주에 있다면 봉건적 가문에 태어나 부모가 뼈대 있는 집안 태생임을 나타내고, 관대가 일주에 있다면 부부애가 좋고 중년 이후에 발전할 수 있다. 더불어 관대가 시주에 있다면 가정이 화목하고 자식 덕을 볼 수 있게 된다는 의미이다.

십이운성 중 관대성冠帶星의 특성은 자존심이 높아 자립심과 독립심이 강해지고 사회적으로 성공할 수 있는 요인을 갖게 된다는 것이다. 관대성이 용신[3]이 되면 독립적 사업으로 크게 성공할 수 있다. 십이신살로는 월살月殺의 기운을 가지고 있다.

4) 건록建祿

건록 시기는 관대 이후 직업을 갖고 사회에 진출하는 것을 뜻한다. 인생에서는 30대의 청·장년기이다. 건록은 직업을 갖고 일을 추진하고 명예와 부를 추구하는 성星이다. 건록이 년주에 있다면 조상 덕이 있고 자수성가하여 사회적 지위가 올라간다.

건록이 월주에 임하면 부모 덕에 성공할 수 있음을 뜻한다. 건록이 일주에 임하면 가업을 상속하나 자존심이 강해 부부간에 갈등이 생길 소지가 있게 된다. 건록이 시주에 임하면 자식이 성공해 자식 덕을 볼 수 있게 된다. 건록도 반안攀鞍과 더불어 출세 가도를 달릴 수 있는 길신이다. 십이신살로는 망신살亡身殺의 기운을 가지고 있다.

5) 제왕帝旺

---

3) 용신用神이란 한마디로 말하면, 사주팔자 여덟 글자 중에서 자신에게 가장 필요한 오행이다. 다음 장에서 자세히 배우게 된다.

제왕 시기는 인생의 황금기로 40대의 장년기를 뜻한다. 남의 간섭을 싫어하고 독립심이 강하며 사회에서 최고의 위치에 오르는 시기이다. 그러나 제왕 시기는 지나친 자만심으로 패가망신할 수 있어 자만심의 지나침에 조심해야만 한다. 특히 제왕의 시기에는 운세 하락기가 얼마 안 남았으니 겸손해야 한다.

제왕성帝王星이 년주에 임하면 선대에 부귀하고 명예로운 집안 태생임을 뜻하고, 월주에 임하면 추진력과 자존심이 강해 자수성가할 수 있게 된다. 일주에 제왕이 임하면 지나친 자존심으로 일을 그르칠 수 있어 매사 신중해야만 한다. 또한, 제왕성이 시주에 임하면 자녀 덕에 집안이 일어날 수 있다. 십이신살로는 장성살將星殺의 기운을 가지고 있다.

6) 쇠衰

쇠의 시기는 50대 시기로 정과 기운이 약해지는 시기를 뜻한다. 쇠의 시기는 기운과 성향이 점차 보수적으로 변해 가며, 변화보다는 현재의 것을 지키려는 성향이 강해진다. 쇠衰의 근본은 모든 일에 조심하고 안전을 우선해야 한다. 그리고 제왕의 성장 기운을 수성하는 마음가짐으로 바꾸어야 한다.

쇠衰가 년주에 임하면 조상 덕이 부족하고 초년 고생이 심할 우려가 있다. 쇠가 월주에 임하면 부모·형제 덕이 없고 사회적으로 신망을 받기 어렵다. 그리고 쇠가 일주에 임하면 배우자 궁이 허하여, 운이 부족하며 사회적으로 디인으로부터 피해를 볼 수 있다.

또한, 쇠가 시주에 임하면 자식 덕이 없고 노년이 외로울 수 있다는 의미이다. 십이신살로는 반안살攀鞍殺의 기운을 가지고 있다.

7) 병病

인생이 황혼기에 접어들어 병이 드는 시기로 정신적으로나 신체적으로 나약하게 된다. 십이운성이 병에 들어서면 마음이 따뜻하고 인간관계가 원만하여 배우려는 학구열이 강해지는 기운으로의 변화를 의미한다. 하지만 다치고 부러지는 외상을 조심하고, 사주 운행 중 불운을 경계해야 한다.

병이 년주年柱에 임하면 조상의 가운이 기울어 조상 덕을 받지 못하게 된다. 병이 월주月柱에 임하면 부모 운이 약해 본인의 건강이 나쁘고 운이 잘 안 풀린다.

만약에 병이 일주日柱에 임하면 부부 이별 수가 있으니 부부간 더욱 존중과 특별한 애정이 필요한 시기임을 암시한다. 그리고 병이 시주時柱에 임하면 자식으로 속이 상하고 나약한 자녀가 태어날 우려가 있다. 이는 자식을 독립적이고 강하게 키우려는 각오를 다짐해야 한다. 십이신살로는 역마살驛馬殺의 기운을 가지고 있다.

8) 사死

만물은 병이 들면 죽는다. 죽음으로써 모든 일은 정지되는 시기를 뜻한다. 십이운성이 사死에 들어서면 고집이 세지고 무기력해지며 생각이 많아지면서 소극적인 기운으로 바뀌어 가는 신호이다. 특히 사에 임하면 자기 아집이 도를 넘어가고, 성격이 죽 끓듯 기복이 심해진다. 개인의 수양이 필요한 시기이다.

사死가 년주에 임하면 조상·부모와 인연이 박해 타향살이할 우려가 있다. 또한, 사死가 월주에 임하면 머리는 좋으나 형제 덕이 부족하다. 만약 사死가 일주나 시주에 들면 부부 운이 좋지 않으며 부부간의 불화가 생기고, 말년에 자녀로부터 고통을 받게 되며 그로 인하여 노후가 외롭게 된다.

다시 한번 말하면, 사死의 특성은 병고에 시달리고 외로우며, 무능한 상태가 된다는 의미이다. 십이신살로는 육해살六害殺의 기운을 가지고 있다.

9) 묘墓

묘墓란 장사 지내고 무덤에 들어가는 단계를 뜻한다. 십이운성이 묘에 들어서면 사념이 많아지고 무엇이든 숨기려는 심리가 작용한다. 이런 심리는 자기를 잘 드러내지 않고, 자기주장만 강하게 표현하는 옹고집의 기운이 왕성하다. 그러므로 묘墓를 다음 인생의 싹을 틔우기 위해 쉬어가는 단계라고 표현한다. 따라서 묘墓는 한 생의 삶을 마감하고 장래를 위해 전념하는 단계인 것이다.

묘가 년주에 임하면 조상을 잘 모시고 숭배하는 경향이 있다. 따라서 장손 중에는 묘가 많은 편이다. 묘가 월주에 임하면 부모·형제궁이 빈약하여 그 인연이 약하다. 그러나 묘가 일주에 임하면 배우자 운이 좋지 않아서 독립적인 생존 능력이 강해져 자수성가하게 된다. 만약, 묘가 시주에 들어서면 자식이 없을 가능성이 있고 자식 운이 좋지 않다. 십이신살로는 화개살華蓋殺의 기운을 가지고 있다. 십이운성의 묘와 화개살이 풍기는 이미지가 기묘하게 맞아 그 의미를 되새기게 한다.

10) 절絶

인간은 누구나 죽어 묘지에 남아 있다. 그리고 다시 태어나기 위해

숨을 죽이고 있다. 이는 다음 생의 인연을 연결하기 위한 단계를 준비하는 것이다. 이를 일명 포胞라고 한다. 십이운성이 절絶에 들어서면 기운이 순수하기 때문에 친구나 타인에게 사기당할 우려가 있다. 하지만 현재는 힘들지만 이 시기에 준비를 잘하면 말년이 행복해진다.

그래서 절의 특성은 일에 추진력이 없고 포기를 잘하며 자기주장을 펴질 못 하는데 있다. 이는 귀가 얇고 타인의 주장에 휘둘리는 경향을 의미한다. 만약 이런 절絶이 년주에 임하면 조상 덕이 없어 유년 고생이 심하고 타향에서 자수성가 하게 된다.

그리고 절이 월주에 임하면 부모·형제와 연이 박해 고생이 심하다. 또한, 절이 일주에 임하면 부부간의 갈등이 생기고, 시주에 임하면 자식으로 근심 걱정이 끊이질 않아 말년에 자식으로부터 고통을 받는다. 십이신살로는 겁살劫殺의 기운을 가지고 있다.

11) 태胎

태는 절에서 움직여 어머니 배 속에서 새로운 생명이 잉태되는 시기를 뜻한다. 십이운성이 태에 들어서면 태의 기운 상 수동적이며 소극적이 된다. 특히 태는 이기적이고 계산적이어서 큰일은 하기가 어렵다. 하지만 태는 인덕이 있고 착해서 대인관계가 좋아지고, 이에 이성운 또한 밝아진다.

태의 성질은 호기심이 많고 새로운 것을 좋아하며 남에게 인기 있는 것을 좋아한다. 만약, 태가 년주에 임하면 부모 덕이 없고 어려서 잔 고생이 심하다. 그리고 태가 월주에 들어서면 부모·형제 덕이 없어 초년 고생이 심하게 된다.

한편, 태가 일주에 임하면 초년에 고생은 하는 편이나 중년 이후는 좀 나아진다. 그러나 초년 고생의 후유증으로 부부간의 갈등은 심하다.

또한, 태가 시주에 임하면 인덕이 없고 아들보다는 딸을 많이 두게 되어 노후가 외롭게 된다. 이는 고전 명리학의 일반적 해석이다. 하지만 요즘은 아들보다는 딸이 더 많은 행복을 주는 시절이다. 그래서 시대에 맞는 고전의 해석이 필요하다. 십이신살로는 재살災殺의 기운을 가지고 있다.

12) 양養

양養은 잉태한 후 어머니 배 속에서 자라나는 시기로, 어머니가 잉태하는 시기에 맞게 어떤 노력의 기운이 다음 생을 연결할 것인가를 가늠하는 단계이다. 이 말은 즉 어머니의 노력하는 정도에 따라 그 댓가가 달라질 수 있는 운을 갖는다는 의미이다.

양養이 년주에 들어서면 부모를 떠나 객지 생활을 하게 되고, 또한 양이 월주에 들어서면 객지 생활로 인하여 이성관계가 복잡해질 우려가 있다. 한편, 양이 일주에 들어서면 배우자 궁이 부실해서 색난色難을 초래하거나 집안보다는 밖으로 떠도는 경향이 있다.

그러나 양이 일주에 임하는데 용신用神운이면, 남녀 모두 좋은 배우자를 만날 수 있다. 양이 시주에 들어서면 자녀와의 운이 박해지고, 말년에 자식 덕을 보기가 어렵다. 십이신살로는 천살天殺의 기운을 가지고 있다.

이상 12운성의 특성을 보았는데 일반적인 내용을 본 것이지 항상 그런 뜻을 갖는 것은 아니고, 이는 사주 전체를 보고 용신과의 관계를 검토한 후 분석해야만 한다. 그러나 이 12운성은 인간의 생·로·병·사에 비유한 것이라 운세가 병약한 상태면 불길함을 예측할 수 있는 것이라 반드시 알아두어야 한다.

2. 12운성의 해석 -生·老·病·死

십이운성十二運星은 천간의 기운이 땅으로 내려와서 그 작용력 즉 기운의 변화를 말하는 것인데, 천간의 지지地支에서의 생生·장長·쇠衰·멸滅을 살피는 것이라고 할 수 있다.

여기서 음양이 생生과 사死로 나누어져 봄과 여름에는 대략적으로 양기가 완성되어 극極에 이르게 되니 음기陰氣가 매우 약하게 되고 또 가을과 겨울에는 음기에 다다르게 되고 양기는 매우 약한 상태로 이르게 된다.

이는 곧 陽이 생生하면 陰이 사死하고, 한편으로 음이 생하면 양이 사하여 순환하고 역순逆循하는 이치는 낙서에서 나온 것으로 오행의 운행하는 쓰임이다.

십이운성의 12단계에서 보는 바와 같이 십이운성은 사람이 수태受胎될 때부터 기氣가 끊어질 단계까지를 12단계로 나누어 그 작용을 길·흉·화·복에 대조하여 설명한다. 이는 생-욕-대, 록-왕-쇠, 병-사-묘, 절-태-양을 묶어 구분한 형성과정은 삼합三合이라는 축약 형태와 왕旺·상相·휴休·수囚·사死의 이론들을 거쳐서 12개의 단계를 하나의 체계인 십이운성 이론으로 도출된다.

이를 보면, 첫 번째, 불교의 12연기緣起에서는 생·로·병·사의 고통에서 벗어나는 지혜를 깨우쳐주는데 하나의 단계에서 다른 단계로 이어지는 윤회, 즉 순환구조循環構造라는 점에서 십이운성과 12연기의 비슷한 점을 찾아낼 수 있다.

두 번째, 계절의 순환구조에서 사람과의 연관성을 찾을 수 있다. 인간의 삶이 대자연의 변화를 벗어 날 수 없는 만큼 매년 돌아오는 세운

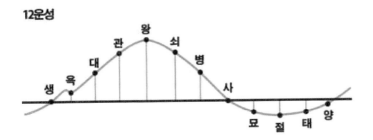

12운성

생 욕 대 관 왕 쇠 병 사 묘 절 태 양

歲運이 사람에게 미치는 영향, 즉 기운의 변화를 몸과 맘에 맞게 해석하는 게 십이운성이론이다.

세 번째, 10간의 12운성은 연해자평淵海子平 에서 완성된 형태로 드러난다. 그리고 만족할 정도로 충분한 설명은 아니지만 양간陽幹이 순행하고 음간陰幹이 역행하는 것에 대한 이유를 어느 정도 설명한 것이다.[4]

---

4) 沈孝瞻의 子平眞詮에서 십이운성에 대한 개략적 설명이 나와 있다.

3. 12운성의 음양 순역지설順逆之說과 강약 원리

1) 음양 순역지설

12운성이론은 불교의 윤회론에다 음양이론을 조화시켜 인생의 길흉화복을 논한 이론이다. 즉 양陽의 기운인 오행은 순행順行하고 음의 기운인 오행은 역행逆行하는 원리를 도입하여 분석하는 것이다.

예를 들어 설명하면 다음과 같다. 火의 경우 양의 화인 丙 火와 음의 화인 丁 火가 있는데 병 화丙火는 태양이 뜨고 지는 것에 따라 순행하고 정 화丁火는 달의 빛이라 해가 진 후 나타나니 역행하여 분석하는 이론이다.

즉 병 화丙火는 寅·午·戌 삼합 화국火局의 인寅에서 시작해 '즉 인寅에서 해가 뜨고' 오 화午火에서 가장 강렬하고 戌에서 해가 진다. 따라서 인에서 병화는 태어나 장생이 되고, 오에서 제왕이 되고, 병 화에서 묘가 되는 것이다.

그러나 정 화丁火는 해가 戌 이후에 달이 뜨니 거꾸로 역행해 酉에서 달이 뜨고, 巳에서 제왕이 되고, 축丑이 소멸되는 묘가 된다. 다음 표를 보고 설명하기로 한다.

표에서 볼 때 丙 火인 태양은 寅에서 동이 튼다. '이때 태양이 올라

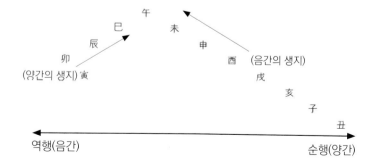

온다'. 午에서 태양은 정점을 이루고 戌이 되면(저녁 戌時를 생각해도 된다) 해가 진다. 따라서 丙 火는 寅에서 장생이 되고, 卯에서 목욕, 辰에서 관대 궁이 되고, 巳에서 건록이 되고, 午에서 제왕이 된다.

未에서 쇠하기 시작해 申이 병이 되고, 酉가 되면 사가 되고, 戌이 되면 묘고가 된다. 亥가 되면 절이 되고, 子가 되면 태가 되고, 丑이 되면 다시 태양이 뜰 준비하는 양이 된다. 즉 12지지를 순행시켜 대비하면 된다. 그러나 반대로 丁 火는 해가 진 후에 달이 떠서 丁 火가 빛을 밝히니 戌에서 역행하여 戌, 辰의 酉에서 등장해 장생이 된다. 申에서 목욕 궁이 되고, 未에서 관대가 되고, 午에서 건록이 되어 巳에서 제왕이 된다. 巳 이후 辰에서 쇠하면서 卯에서 병이 되고 寅에서 사하게 된다.

寅에서 다시 태양이 뜨니까 丁火는 죽는다. 丑에서 묘고가 되고, 子에서 절이 되며 亥에서 태가 되어 戌에서 양이 되어 다시 酉에서 丁 火가 시작하게 된다.

즉, 모든 오행은 음양에 따라서 양의 오행은 삼합오행三合五行의 첫 자부터 순행하고 음의 오행은 역행한다고 보는 것이다. 이는 자평진전子平眞詮에서 언급한 10간 12운성의 완성된 형태를 설명하는 것이다.

고전에서는 먼저 양이 순행하는 이유에 대해 "양은 근본적으로 모아서 나아감을 원칙으로 하고, 음은 흩어져서 물러남을 기본으로 한

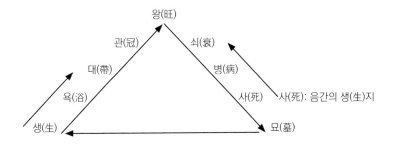

다.”라고 했다. 이는 양간陽幹은 기氣를 기준으로 기가 충분하게 수장收藏된 때부터 십이지지를 순행하면서 생·장·소·멸을 반복하고, 음간陰幹은 질質을 기준으로 형태가 무성하게 갖추어진 때부터 십이지지를 역행하면서 생·장·소·멸의 반복을 나타내는 것을 의미한다.

이상의 음양오행을 12운성에 대입하여 표를 만들면 다음과 같다.

운성 \ 천간	甲	乙	丙	丁	戊	己	庚	辛	壬	癸
장생長生	亥	午	寅	酉	寅	酉	巳	子	申	卯
목욕沐浴	子	巳	卯	申	卯	申	午	亥	酉	寅
관대冠帶	丑	辰	辰	未	辰	未	未	戌	戌	丑
건록建祿	寅	卯	巳	午	巳	午	甲	酉	亥	子
제왕帝王	卯	寅	午	巳	午	巳	酉	甲	子	亥
쇠衰	辰	丑	未	辰	未	辰	戌	未	丑	戌
병病	巳	子	申	卯	申	卯	亥	午	寅	酉
사死	午	亥	酉	寅	酉	寅	子	巳	卯	申
묘墓	未	戌	戌	丑	戌	丑	丑	辰	辰	未
절絶	申	酉	亥	子	亥	子	寅	卯	巳	午
태胎	戌	申	子	亥	子	亥	卯	寅	午	巳
양養	亥	未	丑	戌	丑	戌	辰	丑	未	辰

2) 12운성의 강약 원리

12운성은 시작과 끝이 있으니 시작부터 기가 강하게 작용하는 제왕기가 있고, 또한 기가 소멸하는 사쇠기가 있다. 이때 기氣가 강하게 작용하는 시기를 사왕지四旺地로, 평이하면서 보통인 때를 사평지四平地로, 12지지 중에서 기氣가 가장 약한 시기를 사쇠지四衰地로 구분한다.

첫 번째, 사왕지四旺地는 태어나서 장생부터 시작해 관대, 임관, 제왕 시기까지를 말한다. 이때는 기가 가장 왕성한 시기로 강한 기운을 발휘한다. 두 번째, 사평지四平地는 평이하면서 보통의 기운으로 양·욕·쇠·병의 시기를 뜻하는데 보통의 평범한 기운이 작용하는 시기이다. 세 번째, 사쇠지四衰地는 기운이 식어가는 시기로 절·묘·사·태의 시기로 기운이 쇠약해지는 시기이다.

사주가 12운성상 사왕지에 있다면 힘차고 활력이 넘친다고 볼 수 있으며 사평지에 있다면 보통이고, 사쇠지에 있다면 힘이 부족하다는 것을 알 수 있다. 이에 따라 사주의 힘이 있느냐 힘이 부족하냐를 판단하는 기준이 되는 것이다.

오늘날 12운성 이론에 대해 많은 논란이 있다. 이를 연구한 학자 또는 술사들이 경우 제각기 나름대로 방법을 언급은 하고 있지만, 그 논의가 음양오행설을 바탕으로 흡족하게 진행되지 못할 뿐만 아니라 학문적인 기초마저도 부족해서 희·시비의 원인을 제공하는 단초가 되고 있다는 것도 부정할 수 없는 사실이다.

하지만 명리학에서 10간의 12운성 이론은 궁극적으로 사주해석을 하기 위한 것임을 긍정적으로 받아들여야 한다. 이에 12운성 이론은 사주를 간명하는데 의미가 있고, 사주의 강약과 추세를 분석하는데 도움이 되니 힘들더라도 꼭 알아두어야 한다.

4. 신살로 보는 내 인생 -12신살

1) 12신살의 의미

신살神殺의 신은 고전에서 밝은 신의 의미이다. 이는 자기를 보호해 주는 귀인貴人을 말하고, 살은 죽이다. 자기를 해치다 등 나쁜 기운을 의미한다. 신살과 십이운성의 배경은 삼합의 작용과 역할을 통해 천간과 지지의 기운이 일간에 미치는 영향이다.

이석영李錫暎의 『사주첩경四柱捷徑』 「신살류」에서는 "신살의 신神은 길신吉神이요, 흉신凶神은 흉살凶殺의 뜻이다."라고 신살에 대해 정의하고 있다. 명리의 기원에 대하여 서락오徐樂吾는 "음양오행설陰陽五行說과 시원始原을 같이 하는 오성학五星學[5]과 역법曆法을 동시에 활용하게 되면서 유래한 학문인데 신살의 기원 역시 오성학으로부터 출발하였다."라고 유래를 밝히고 있다.

오성학五星學은 당대唐代에 많은 발전을 이루었으며 이허중李虛中이 저술한 『이허중명서李虛中命書』와 서자평徐子平의 『자평술子平術』은 현대 명리학의 토대를 이루게 한 서적이다.

또한, 신살의 구분을 납음오행納音五行과 관련된 신살, 삼합국三合局과 관련된 신살, 방위方位와 관련된 신살, 사충四沖과 관련된 신살, 월건月建과 관련된 신살, 사후四侯와 관련된 신살, 태세太歲와 관련된 신살, 방합方合과 관련된 신살, 월지月支를 기준으로 한 신살로 구분할 수 있다.

득이, 사주명리학에서의 신살 체계는 음양오행의 합, 형, 충, 파, 헤

---

5) 오성학五星學은 칠정사여七政四餘 혹은 성평회해星平會海라고도 하며, 서양 점성학의 영향을 받아 형성된 동양의 점성학이다.

등의 작용을 통해 개인의 성향과 배우자, 질병, 사고 등을 다양한 분야를 구체적이고 세밀하게 알아낼 수 있다.

"사주팔자 중에 서로 만나서 오행생극관계, 음양조화관계가 길상吉祥의 상황에 있으면 이것을 길신吉神이라 하고, 그 관계가 좋지 않은 상태에 있으면 이것을 흉살凶殺이라 한다."[6]

사주명리학四柱命理學에는 천을귀인天乙貴人, 문창귀인文昌貴人, 반안攀鞍, 금여록金輿祿, 역마驛馬를 긍정적 신살로 분류하고, 백호대살白虎大殺, 괴강살魁罡殺, 겁살劫殺, 망신살亡身殺, 귀문관살鬼門關殺을 부정적인 신살로 분류한다. 이 부분에 대해서는 차기 편에서 길성과 흉신으로 나누어 더 자세히 설명한다.

2) 12신살의 유형 및 상징

(1) 천을귀인天乙貴人의 상징

"사주명리학에서는 모든 흉凶, 악惡을 해소시키는 역할을 맡는 천을귀인은 길신 중 최고 길신으로 천을귀인이 있으면 성품이 총명하며, 지혜가 뛰어나고, 주위에서 도와주는 사람이 많으며, 인덕이 있어 어려운 일을 당하게 되면 남에게 힘을 얻어 해결이 되며, 흉한 것이 변하여 길이 된다.

사주원국에 천을귀인이 있으면 자존심이 강하여 절대로 남에게 굽히는 일은 안 한다. 자신이 남을 통솔하는 것을 좋아한다.[7] 천을귀인 조견표는 다음과 같다.

6) 박재완, 『명리요강』, 易門關畵友會, 2000, p. 6
7) 김인순, 『명리해석 실무』, 글로벌사이버대학교 교재, p. 131 참조.

日干	甲, 戊, 庚	乙, 己	丙, 丁	辛	壬, 癸
地支	丑, 未	子, 申	亥, 酉	寅, 午	巳, 卯

(2) 문창귀인文昌貴人의 상징

문창성은 명칭 그대로 학문을 맡아 다스리는 별이라 하여 붙은 이름이다. 공부, 기능, 예능, 운동, 취미 등 다방면에서 적극적이며 즐기는 성향으로 두루 소질이 있다. 다방면에 박식하고 화술에도 유능하다.

이 귀성貴星이 있으면 총명하여 공부를 잘한다는 길신으로 지혜가 뛰어나고 문장력이 좋으며, 발표력 문학에 심취하게 되며, 가정교육이 좋고 예능 계통에 소질이 있어 화가, 서예가, 음악가, 수필가 등에 많다.

길신도 형·충·파·해가 되면 그 작용이 상실된다.[8] 문창귀인 조견표는 다음과 같다.

日干	甲	乙	丙	丁	戊	己	庚	辛	壬	癸
文昌	巳	午	申	酉	申	酉	亥	子	寅	卯

(3) 겁살劫殺

겁살이란 방해를 받아 일이 잘 안 풀리고 주변에서 내 것을 뺏어가는 형살인데 사주상 충·극을 받을 때 그 작용이 커진다. 寅, 申, 巳, 亥가 겁살에 해당되는데 일간이 丁 火, 己 土, 庚 金은 寅이 겁살이고, 辛 金과 壬 水는 巳가 겁살이며 甲 木과 癸 水는 申이 겁살이다.

또한, 乙 木과 丙 火와 戊 土는 亥가 겁살이 된다. 이때 寅 申 沖, 巳

---

8) 정창근,『명리학 통변 Ⅰ』,장서원, 208, p. 21

亥 沖을 받으면 겁살이 動動하여 더 나쁜 작용을 한다. 더불어 천간의 기운이 일간과 음권, 양권이 서로 마주치면 작용이 심해진다.

예를 들면, 甲 木 일간이면 申이 겁살인데 甲 木이 음권인데 양권인 丙, 戊, 庚을 만나면 나쁘게 작용한다. 즉 甲 木 일간인데 戊申年이나 丙申年, 庚申年을 만나면 겁살이 작용해 일에 방해를 받아 잘 안 풀린다.

특히 甲 寅 일주는 戊申, 丙申, 庚申年을 만나면 아주 나쁘게 작용한다. 그러나 癸 水는 양권이니 같은 丙申, 戊申, 庚申을 만나도 그 작용은 미미하다. 오히려 음권인 甲申, 壬申年을 만나면 겁살의 작용이 아주 나쁘게 된다. 겁살 조견표는 다음과 같다.

年支, 日支	亥卯未	寅午戌	巳酉丑	申子辰
겁살劫殺	甲	亥	寅	巳

(4) 재살災殺

재살이란 물건이나 재물을 잃어버리거나 도난당하는 살로써 子·午·卯·酉가 이에 해당된다. 이때 일간이 丁·己·庚은 卯가 재살이고, 일간이 辛·壬은 午가 재살이고, 일간이 甲과 癸는 酉가 재살이 되며, 일간이 乙·丙·戊는 子가 재살이 된다.

재살도 역시 충·극이 되면 그 작용이 심한데 일간이 양권이면 음권과 만날 때, 즉 양권인 乙·癸·戊·丙·庚 일간이 음권인 甲·壬·己·丁·辛의 해로써 지지에 子·午·卯·酉를 갖는 해에 재살의 작용이 크다.

예를 들면, 일간이 丁 火라면 卯가 재살인데 세운에서 乙卯年이나 癸卯年이 되면 일간인 丁火는 음권인데 乙 木이나 癸 水는 양권이니 그 작용이 나쁘게 발동한다. 특히 丁 酉 일주라면 乙卯年이나 癸卯年은 겁살로 손실을 볼 가능성이 아주 커진다.

만약에 일간이 乙 木이라면 乙 木은 양권에 있으나 같은 양권인 乙卯年이나 癸卯年은 크게 작용치 않고 음권인 해 丁卯年, 己卯年, 辛卯年에 겁살의 작용이 커지는 것이다.

(5) 천살天殺, 지살地殺, 월살月殺의 상징

천살이란 일명 예지살叡智殺이라고도 하는데 하늘에서 나에게 한 해의 길흉을 예지해 주는 살로써 나쁜 작용보다는 좋은 작용을 하는 경우가 많은 신살 중 하나인데 辰·戌·丑·未가 이에 해당된다.

일간이 丁·己·庚은 辰이 천살이고, 일간이 辛·壬은 未가 천살이고, 일간이 辛과 癸는 戌이 천살이다. 그리고 일간이 乙·丙·戊는 丑이 천살이 된다. 이때 일간이 음권이면 같은 음권인 해의 천살이 좋고 양권이면 같은 양권인 해의 천살이 좋게 작용한다.

예를 들면, 일간이 甲 木인 경우 戌이 천살인데, 같은 음권인 壬戌年이나 甲戌年이 천살의 해인데 이때는 좋게 작용한다. 만약에 일간이 丙 火인 경우는 丑이 천살인데 같은 양권인 乙卯年이나 癸卯年이 천살로써 좋게 작용한다.

그리고 일간이 음권인데 양권을 만나는 해이거나 일간이 양권인데 음권을 만나는 해는 천살이 좋게 작용하지 않는다. 이를테면, 만약 丁火가 일간인 경우 丁 火가 음권인데 양권인 戊辰. 丙辰. 庚辰年은 천살이지만 천살의 기운이 좋게 작용하지 않는다.

두 번째, 지살地殺이란 이사를 가거나 변동하는 신살로써 寅·申·巳·亥가 지살에 해당한다. 시살은 이동과 변동 수인데 좋은 작용을 할 때도 있고 나쁘게 작용할 때도 있다.

일간이 丁·己·庚이면 巳가 지살이고, 일간이 辛과 壬이면 申이 지살이고, 일간이 甲과 癸이면 亥가 지살이다. 또한, 일간이 乙과 丙과 戊이면 寅이 지살이 된다. 이때 일간이 양권일 경우 같은 양권이면서 지살이 되면 좋은 방향으로 이동수가 되고 다른 음권이면서 지살이 되면 나쁘게 이동수가 작용된다.

예를 들면, 甲 木일 경우 亥가 지살인데, 甲 木이 음권이니 같은 음권인 해, 즉 丁亥, 辛亥, 己亥年은 지살이 좋은 방향으로 작용해 그해에 이동수가 좋게 나타난다. 그러나 일간이 양권인 해, 즉 乙亥年, 癸亥年을 만나면 이동수가 생기는데 나쁜 결과가 나타난다.

세 번째, 월살月殺은 일이 막히고 중단되는 등 나쁜 것이 많은 살로써 辰·戌·丑·未가 월살에 해당된다. 즉 일간이 丁·己·庚이면 未가 월살이고, 일간이 辛과 壬이면 戌이 월살이다. 또한, 일간이 甲과 癸이면 丑이 월살이고, 일간이 乙. 丙. 戊이면 辰이 월살이 된다.

한편, 일간이 양권인 乙·癸·丙·戊·庚일 때 같은 양권의 천간으로 辰·戌·丑·未이면 월살의 작용은 없고, 음권인 甲·壬·辛·丁·己인 상태에서 辰·戌·丑·未가 되면 월살의 작용이 커진다.

예를들면, 일간이 甲 木의 경우 丑이 월살인데 같은 음권인 丁丑, 己丑, 辛丑年을 만나도 월살의 나쁜 작용은 없으나 일간이 양권인 乙 丑이 癸丑年을 만나면 월살의 나쁜 작용이 크게 나타난다.

만약 일간이 庚 金이라면 土가 월살이 되는데 庚 金이 양권이니 같은 일간의 양권인 乙 未가 癸未年을 만나도 나쁘게 작용하지 않으나 일간이 음권인 해, 즉 辛未, 己未, 丁未年을 만나면 월살이 나쁘게 작용한다.

(6) 년살年殺

년살이란 일명 도화살挑花殺이라고도 하는데 子·午·卯·酉를 뜻한다. 일간이 丁·己·庚인 경우는 午가 년살이 되고, 辛과 壬의 경우는 酉가 년살이 된다. 그리고 甲과 癸는 子가 년살이 되고, 乙·丙·戊는 卯가 년살이 된다.

한편 년살은 사주 기운에서 도화작용이 크게 나타나는데, 일간이 양권일 경우 같은 양권 일간인 해에는 도화가 나쁘게 작용하지 않으나 음권인 해에 도화가 만나면 도화로 폐가망신 등 크게 실패하게 될 염려가 있다.

예를들면, 庚 일간의 경우 午가 도화인데 庚이 양권이니 같은 양권인 해 戊午, 丙午, 庚午年은 도화가 나쁘게 작용하지 않으나 일간인 음권인 해 甲午, 壬午年을 만나면 도화가 나쁘게 작용해 도화로 낭패를 볼 가능성이 아주 높아진다.

한편, 일간이 음권인 甲·壬·辛·丁·己는 같은 음권인 해 甲午 일간은 壬午年에 도화가 나쁘게 작용하지 않으나 일간이 양권인 丙午, 戊午, 庚午年을 만나면 도화가 나쁘게 작용해 큰 낭패를 보게 된다.

(7) 망신살亡身殺

망신살은 시비 거리가 생기는 살로서 寅·申·巳·亥가 망신살이다. 즉 일간이 丁·己·庚인 경우는 申이 망신살이고, 일간이 辛과 壬은 亥가 망신살이다. 그리고 일간이 甲과 癸는 寅이 망신살이며, 일간이 乙·丙·戊는 巳가 망신살이 된다.

한편, 일간이 같은 권에서 만나면 망신살의 작용은 없으나 자기 일간과 다른 권에서 망신살을 만나면 아주 나쁘게 작용한다. 예를들면,

甲 木의 경우 寅이 망신살인데 甲 木이 음권이니 천간이 같은 음권인 壬 寅일 경우 庚寅年은 망신살의 작용이 없다.

그러나 양권인 해, 즉 戊寅. 丙寅. 庚寅年을 만나면 망신살이 작용하여 세운의 흐름이 아주 나쁘게 작용한다. 또한, 일간이 庚 金이라면 申이 망신살인데 庚 金이 양권이니 같은 양권인 戊 申일 경우 丙申年을 만나도 망신살의 작용은 없다. 그러나 음권인 甲申, 壬申年을 만나면 망신살이 나쁘게 작용한다. 망신살 조견표는 다음과 같다.

年支, 日支	亥卯未	寅午戌	巳酉丑	申子辰
망신살亡身殺	寅	巳	申	亥

(8) 장성살將星殺

장성살將星殺은 좋은 신살로 나를 보호하고 지켜주는 신살이다. 子·午·卯·酉가 장성살이다. 일간이 丁·己·庚이면 酉가 장성살이고, 일간이 辛과 壬이면 子가 장성살이다.

또한, 일간이 甲과 癸이면 卯가 장성살이고, 일간이 乙·丙·戊이면 午가 장성살이 된다.

한편, 일간이 같은 권에서 장성운을 만나면 아주 좋다. 예컨대 丁 火라면 丁이 음권이니 같은 음권이 丁酉年, 己酉年, 辛酉年을 만나면 장성운이 작용해 좋다. 그러나 일간이 양권인 해, 즉 乙酉年, 癸酉年을 만나면 장성운의 작용이 없어진다.

만약 일간이 丙이면 午가 장성운인데, 같은 양권인 丙午, 戊午, 庚午年은 장성운이라 좋으나 음권인 해 甲 午일 경우, 壬午年을 만나면 장성의 좋은 작용은 없어진다.

(9) 반안살攀鞍殺

반안살은 말안장에 타는 살로 출세하는 의미도 있고 미래를 위해 준비하는 의미도 있는 길신이다. 반안살은 辰·戌·丑·未가 해당된다. 즉 일간이 丁·己·庚은 戌이 반안살이고, 일간이 辛·壬은 丑이 반안살이다. 또한, 일간이 甲과 癸는 辰이 반안살이고, 일간이 乙·丙·戊는 未가 반안살이 된다.

이때도 일간이 같은 권에 있는 해를 만나야 반안살의 효과가 있다. 예를 들면, 일간이 壬 水라면 丑이 반안살인데 壬이 음권이니 같은 음권인 丁丑年, 己丑年, 辛丑年에는 반안살의 효과를 본다.

그러나 양권인 乙丑年, 癸丑年은 반안살의 효과를 보기가 어렵다. 만약 일간이 癸 水라면 辰이 반안살인데 癸 水가 양권이니 같은 양권인 丙 辰일 경우 戊辰年, 庚辰年에는 반안살의 효과가 있다. 그러나 음권인 甲辰年, 壬辰年에는 반안살의 효과는 없는 것이다. 반안 조견표는 다음과 같다.

年支, 日支	亥卯未	寅午戌	巳酉丑	申子辰
반안攀鞍	辰	未	戌	丑

(10) 역마살驛馬殺

역마살이란 이동수를 뜻하는데 寅·申·巳·亥가 이에 해당되며 寅 申 沖, 巳 亥 沖이 되면 역마가 발동한다. 즉 일간이 丁·己·庚은 亥가 역마가 되며, 일간이 辛과 壬은 寅이 역마살이 된다. 또한, 일간이 甲과 癸는 巳가 역마살이 되고, 일간이 乙·丙·戊는 申이 역마살이 된다.

이때 일간이 양권일 때 같은 양권의 해이면 역마가 나쁘게 발동하지 않으나 음권의 해를 만나면 역마가 나쁘게 작용한다. 일간이 음권일 때는 같은 음권의 해이면 역마가 나쁘게 발동하지 않으나 양권의 해를 만나면 역마가 나쁘게 발동한다.

예를 들면, 일간이 양권인 乙·癸·丙·戊·庚이면 같은 양권의 해, 즉 乙·癸·丙·戊·庚인 해인 역마는 나쁘게 발동하지 않으나 음권인 甲·壬·丁·己·辛의 해를 만나면 역마가 나쁘게 발동해 조심해야 한다.

예를 들면, 乙 木의 경우 申이 역마인데 乙 木이 양권인 같은 양권인 丙申, 戊申, 庚申을 만나도 역마가 나쁘게 작용하지 않으나 음권인 甲申年, 壬申年을 만나면 역마가 나쁘게 발동해 교통사고의 위험이 커지거나 변동수가 나쁘게 작용한다. 역마 조견표는 다음과 같다.

年支, 日支	亥卯未	寅午戌	巳酉丑	申子辰
역마驛馬	巳	申	亥	寅

(11) 육해살六害殺

육해살은 일명 병부살病符殺이라고도 하는데 병이 생기거나 일이 막히면서 잘 안 풀리는 살이고, 子·午·卯·酉가 육해살이다. 즉 일간이 丁·己·庚은 경우는 子가 육해살이 되고, 일간이 辛과 壬은 卯가 육해살이다. 또한, 일간이 甲과 癸는 午가 육해살이고, 일간이 乙·丙·戊는 酉가 육해살이 된다.

한편, 일간이 양권인 乙·癸·丙·戊·庚은 같은 양권에서 육해살을 만나면 큰 해가 없으나 음권인 해, 즉 甲·壬·丁·己·辛의 해에서 만나면 육해살이 나쁘게 작용해 병이 발생하거나 실패수가 따른다.

또한, 일간이 음권인 甲·壬·丁·己·辛은 같은 음권에서 육해살을 만나게 되면 나쁜 작용은 없으나 양권인 해, 즉 乙·癸·丙·戊·庚인 해에서 육해살을 만나면 나쁘게 작용한다.

예를 들면, 甲 일간은 午가 육해살인데 같은 음권이 해 甲午年, 壬午年에는 큰 탈이 없으나 양권인 해 丙午年, 戊午年, 庚午年을 만나면 육해살이 나쁘게 작용하여 병이 나거나 실패수가 뒤따를 수 있다.

(12) 화개살華蓋殺

화개살은 일명 참모살, 즉 2인자 자리라 하며 나쁘게만 작용하지 않고 좋게 작용할 때가 많은 살이다. 화개살이 좋은 방향으로 작용할 때는 학문적으로 이름이 나거나 예술적인 면에서 명성이 알려져서, 본인의 학문이나 예술적인 지식이 한 단계 높아지는 작용을 한다. 12지지 중 辰·戌·丑·未가 화개살이다.

일간이 丁·己·庚은 丑이 화개살이고, 일간이 辛과 壬은 辰이 화개살이다. 또한 일간이 甲과 癸는 未가 화개살이며, 일간이 乙·丙·戊는 戌가 화개살이 된다.

한편, 일간이 양권이면 양권인 해를 만나는 화개살이 되면 학문적으로 발전하지만, 만약 음권인 해에 화개살을 만나게 되면 오히려 학문적으로 중단되거나 명예를 얻지 못하게 된다. 만약 일간이 음권인 경우도 같은 음권의 해를 만나것이 좋으며, 양권의 해에 만나는 화개살은 오히려 나쁘게 작용할 수 있다.

예를 들면, 壬 水의 경우 辰이 화개살인데 壬이 음권이니 같은 음권 甲辰年, 壬辰年에는 화개가 좋은 방향으로 작용하지만, 양권의 해인 丙辰年, 戊辰年, 庚辰年을 만나면 화개가 나쁘게 발동해 학문이 중단되거나 불명예스러운 일이 생긴다.

이상 12신살의 내용을 보았는데 이는 지지를 기준으로 본 것이 아니고 천간을 기준하여 양권과 음권으로 구분해서 분석한 이론이다. 만약 천간을 기준으로 12신살을 볼 때는 앞에서 설명한 원리로 분석하는 게 타당하다. 즉 12신살에 해당되어도 일간이 양권이냐 음권이냐에 따라 좋고 나쁘고가 결정되니 이 원리를 정확히 알아두어야 한다.

다시 한번 강조하는데 일간이 양권인 乙·癸·丙·戊·庚은 같은 양권이 아닌 음권, 즉 甲·壬·辛·己·丁에서 12신살이 만나면 그 작용이 나쁘게 변화된다. 또한, 일간이 음권인 甲·壬·辛·己·丁은 12신살이 양권인 乙·癸·丙·戊·庚의 해에서 만나는 12신살은 그 작용이 나쁜 것이 된다는 의미이다.

3) 12신살, 음양권에서의 변화 – 운행도표

일간이 丁·己·庚은 寅에서부터 시계가 돌아가는 방향으로 12신살이 들어온다. 辛과 壬은 巳에서 시작하고 甲·癸는 申에서 시작하며 乙·丙·戊는 癸에서 시작한다.

예를 들면, 일간이 丁·己·庚의 경우는 寅에서 겁살이고, 卯에서는 재살이 된다. 그리고 辰에서 천살이 되고, 巳에서 지살이며, 午에서 년살이고, 未에서 월살이다. 또한, 申에서 망신살이고, 酉에서 장성살이고, 戌에서 반안살이고, 亥에서 역마살이고, 子에서 육해살이고, 丑에서 화개살이 된다.

즉, 순서가 寅에서 시작해 분석하면 된다. 일간이 辛과 壬의 경우는 巳에서부터 겁살, 재살, 천살, 지살, 년살, 월살, 망신살, 장성살, 반안살, 역마살, 육해살, 화개살 순으로 따지면 된다. 일간이 甲과 癸인 경우는 申부터 겁살이 시작되어 시계 방향으로 분석하면 되고, 일간이 乙 丙 戊의 경우는 亥부터 계산하면 된다.

이때 중요한 것은 12신살을 만날 때 자기 일간이 음권이면 같은 음

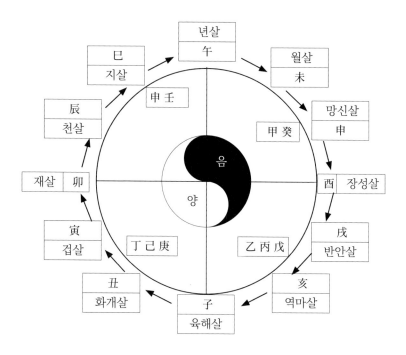

권인 해에서는 그 작용이 없으나 양권인 해에서 12신살을 만나면 그 작용이 커지는 바 아주 조심해야 한다.

다시 한번 말하면, 일간이 양권이면 같은 양권인 해는 별 탈이 없으나 음권인 해에서 12신살을 만나면 신살의 기운이 나쁘게 작용한다는 의미이다.

제6장

사회·심리적 관계,
십신·육친이론

1. 십신十神·육친六親의 의미와 중요성[1]

십신十神은 사주에서 그 命의 주인을 의미하는 일간日干과 십천간 十天干들과의 관계를 표시하는 명리학의 전문용어이다. 십신은 '정관 正官·편관偏官·정재正財·편재偏財·정인正印·편인偏印·식신食神·상관傷官·비 견比肩·겁재劫財' 열 개의 명칭을 모두 합하여 부르는 '총칭總稱' 명사이 다.

한편, 십신 개념을 열 개의 범주가 아니라 여섯 개의 범주로 설정하 여 사회적 대인관계와 친족 등을 육친六親 혹은 육신六神으로 규정하 기도 한다. 즉 육친은 오행 생·극의 작용을 가족관계에 대입한 개념이 고, 육신은 오행의 사회관계성에 중점을 둔 개념이다.

또한, 십신은 일간과 천간들 간에 오행의 生·尅·比 관계와 음양의 배 합관계를 적용시켰을 때 도출되는 개념으로『연해자평淵海子平』부터 등장하기 시작한다. 그 이후 거의 모든 명리서 등에서 일정 부분을 차 지하며 현대에 이르기까지 사주의 간명看命과 통변通辯에 핵심적인 이 론이 되어왔다.[2]

앞서 표현한 것처럼 십신론을 일명 육친론六親論이라고 하는데 이는 일간인 나를 기준으로 타간지他干支의 오행 형태에 따라 길·흉·화·복을

---

1) 명리학계에서는 십신十神, 육친六親, 육신六神이라는 개념을 혼동하여 쓰고 있다. 십신의 의미에 대한 연구로는 김미정의 논문이 있다. 이 논문에서 육신·육친·십신의 개념 구분을 했다. 육신은 오행의 생극이론에서 도출되는 관계성으로, 육친은 오행 간의 육친관계로서 주변의 가족관계로, 십신은 사회적 관계로 보았다. 그래서 십신 은 '나와 너'의 관계성이고 주체와 객체를 구별히는 하ㅏ十의 인식방법이라고 규정했 다. 〈김미정,「십신의 온유체계와 사회적 관계상」, 공주대 석사논문, 2013〉. 하지 만 본서는 혼용된 개념으로 사용한다.
2) 최한주,「십신의 연원과 성격」, 원광대학교, 박사학위 논문 인용, 2014

논하는 이론으로 사주명리학의 꽃이라 할 수 있다.

십신은 육친과 더불어 일간을 기준으로 타간지의 오행이 나와 어떤 관계에 있느냐에 따라 일간인 나를 돕기도 하고 극 하기도 하는데 이 길흉관계를 분석하여야만 사주명식의 성품과 직업상의 흥망성쇠를 알아낼 수 있다. 또한, 육친이론으로 일간이 나와 타간지와의 사이에서 부모, 형제, 친구, 동료, 처와 자식 등과의 관계를 알아낼 수 있다. 예를 들면, 사주는 여덟 자인데 일간인 나를 기준으로 일곱 자가 남는데 이 일곱 자는 나 이외의 가족 구성원이 모두 나를 돕는 것이 아니기 때문에 일간인 나를 빼고 나머지 일곱 자가 나에게 어떤 영향을 주느냐를 연구하는 것이다.

십신(육친)론을 알아야만 그 사주의 강약과 가족과의 융화 여부 및 직업상의 성공 여부를 밝히고, 사주학의 중심인 용신을 분석할 수 있기 때문에 아주 중요한 분야이다.

〈십신 조견표〉

十神 日干	比肩	劫財	食神	傷官	偏財	正財	偏官	正官	偏印	正印
甲	甲	乙	丙	丁	戊	己	庚	辛	壬	癸
乙	乙	甲	丁	丙	己	戊	辛	庚	癸	壬
丙	丙	丁	戊	己	庚	辛	壬	癸	甲	乙
丁	丁	丙	己	戊	辛	庚	癸	壬	乙	甲
戊	戊	己	庚	辛	壬	癸	甲	乙	丙	丁
己	己	戊	辛	庚	癸	壬	乙	甲	丁	丙
庚	庚	辛	壬	癸	甲	乙	丙	丁	戊	己
辛	辛	庚	癸	壬	乙	甲	丁	丙	己	戊
壬	壬	癸	甲	乙	丙	丁	戊	己	庚	辛
癸	癸	壬	乙	甲	丁	丙	己	戊	辛	庚

2. 사주명리학에서의 육친론의 중요성

사주명리학은 음양오행의 생·극·제·화와 춘·하·추·동 사계절의 변화에 근거하여 인간이 부귀빈천을 알고 길흉화복을 예측하고 궁극적으로 추길피흉趨吉避凶을 학문의 목적으로 한다. 또한, 사주명리학의 중요한 기능은 미래를 예측하는 것이다. 앞으로의 삶의 방향을 정하는 데 도움을 주고 미래에 대한 불안감을 해소해서 심리적 안정을 도모해 주는데 그 역할이 있다.

이에 사주 감정에 가장 넓고 많이 적용되어 사주 해석의 근본 바탕을 이루는 것이 바로 십신이다. 그래서 십신은 명리학에서 없어서는 안 될 중요한 근간 원리이자 통변 원리의 핵심인 것이다.

한편으로, 사주명리학에서 십신이론(육친론)은 음양오행과 계절의 변화를 토대로 하여 일간을 중심으로 10간과 12지를 일관성을 가지고 판단한다. 명리학에서 사주 감정과 해석 등 판단의 일관된 기준이 되는 육친론은 격국론格局論과 용신론用神論, 신살론神殺論의 이론적 토대를 제공하고 있다.

사주 감정에 있어서 십신이론(육친론)의 중요성을 살펴보면 첫째, 십신十神은 日干인 나를 중심으로 십천간十天干인 甲·乙·丙·丁·戊·己·庚·辛·壬·癸와의 관계를 표시하는 용어이다. 이는 오행의 生·剋·比 관계와 陰·陽의 배합관계를 적용시킬 때 나타나는 상징적 대명사로서 인간의 명命에 영향을 주는 10개의 요소로 구성된다.

둘째, 사주명리에서 중화中和의 중요성은 십신과 용신 개념을 중심으로 발전해 왔으며, 그중에 십신 개념의 중화사상中和思想은 사주명리를 관통하는 핵심적인 사상으로 정립되었다.

십신은 일간과의 생·극·제·화에서 도출되므로 그 자체가 이미 태과太過와 불급不及을 암시한다. 생·화 한 것은 이미 태과 한 상태이며, 극·제 한 것은 불급한 상태로 나타나기 때문이다. 그래서 아무리 좋은 길신吉神이라도 전제조건이 따르게 마련이고, 그것은 사주의 중화를 맞추기 위한 필요조건이다.

예를 들어, 최고의 길신인 정관正官도 일간을 극尅 하는 것이므로 일간을 생 하는 인수印綬가 함께하는 것이 좋은 명의 전제조건이다. 이와 반대로 타고난 복을 의미하는 인수는 일간을 生 하는 것이므로 일간을 극尅 하는 칠살七殺이 함께하는 것 또한 필요조건이다. 이와 같이 십신에는 중화中和가 중요할 수 밖에 없다.[3]

이에 따라 심리의 중요성을 논하여 십신의 기능이 명의 길흉 예측에서 그친다면 십신을 현대에 활용할 수 있는 여지는 제한적이 된다. 따라서 십신의 다른 중요한 기능은 인간의 성정과 외모 및 인간관계 등을 나타내며 인간에 대한 이해를 보여주는 인간학으로서의 활용 폭을 넓혀준다는 것이다.

그래서 이것은 후대에 십신을 통한 사주의 심리학적 해석을 가능하게 하며 적성이나 직업적 소양을 예측함으로서 미래에 대한 불확실성을 보완할 수 있다는 점에서 그 가치가 크고 현대에 와서는 한 개인의 본성적 심리 등을 파악하는 용도로도 사용되며 그 쓰임이 무척 다양하다.

현대에 들어와 십신에 심리이론을 중심으로 연구한 학자들이 다수 있는데 그중 주목할 만한 명리학자는 수요화제관주水繞花堤館主이다. 그의 십신 해석의 의미는 융의 분석 심리학적 요소를 상당 부분 도입

---

3) 김만태, 「韓國 四柱命理의 活用樣相과 認識體系」, 안동대 박사논문, 2010, p.129

하여 십신의 성격을 내향형과 외향형으로 분류했다는 것이다. 그래서 정관과 편관은 이타적인 성질로 해석하고 식신과 상관은 이기적인 성질로 해석했다.

또한, 일간과 음양 배합에 따라 정관은 이상적인 성향이고, 편관은 감정적인 성향으로 보았으며, 상관은 외향적인 성향이고, 식신은 내향적인 성향으로 구분함으로서 四柱의 心理學的 적용을 처음으로 시도했다는 점에서 주목된다.[4]

결국, 십신의 육친론은 십신의 개념 자체가 인간에 대한 길흉화복을 점치는데서부터 시작되었다는 것을 부인할 수 없다. 하지만 십신·육친론이 주술로서 강한 속성을 지니고 시작된 명리학이지만 그 고유한 목적 외에도 인간과 사회에 대한 이해로서의 인간 학문으로 발전하는 과정을 염두에 두고 시대에 맞는 연구가 계속되어야 한다는 것이다.

---

4) 이혁기, 「십신을 통한 적성학과 선택에 관한 연구」, 원광대학교 석사학위 논문, 2018

2. 개인의 성격 형성과 환경 : 육친론六親論

육친론의 기본적 의미

육친이라고 함은 육신(비겁, 식상, 재성, 관살, 인성, 일주)을 인용하여 사주상에 나타나는 모든 혈연관계를 현실적으로 적용시키는 것을 말한다. 즉 가족관계를 보는 것이다. 일간의 가족관계는 그 사주의 성장배경과 환경을 만드는 첫 번째 요소로서 성격 발달에 중요한 위치를 차지하고 있다.

육친을 간지에 배정할 때는 기본원칙이 있다. 부부가 정해지는 원리와 자식이 정해지는 원리가 기본원칙이며, 그 기본원칙에 근거해서 배우자와 자식과 부모와 형제가 간지에 배정된다.

육친 배정과 관계의 기본원칙은 명리학에서 육친론의 근간을 이루는 이론의 근본원리이다. 이 육친이론의 근본원리는 첫 번째는 음양화합의 관점으로부터 부부가 정해지는 원리를 설정한 것이고, 두 번째는 오행상생의 관점으로부터 자녀가 정해지는 원리를 설정한 것이다.

부부가 정해지는 원리는 정관은 남편이 되고 정재는 처가 된다. 음양이 합하는 원리와 오행이 극하는 원리에서 부처성夫妻星이 정해지는 것이다. 자녀가 정해지는 원리는 여자가 낳고 기른 것이 자녀가 된다는 원리에 근거하고 있다.

오행의 상생에서는 생 하고 낳는 주체가 어머니가 되고, 생을 받고 낳아지는 대상이 자녀가 된다.[5] 즉 부부가 정해지는 원리는 음양이 합

---

5) 김인순,「명리학의 궁합론 연구」, 동방대학원 대학교, 2010, P.15~16

하는 원리와 오행이 극 하는 원리이며, 자녀가 정해지는 원리는 오행의 상생과 상극의 원리에 의해 자녀가 정해진다. 부부와 자녀가 정해지는 원리인 생·극작용에 근거해서 다른 육친 가족관계도 정해지기 때문에 부부 합과 자녀가 정해지는 원리는 육친론의 단초가 된다.

(1) 아비자我比者 : 비견比肩 · 겁재劫財

일간인 나와 같은 위치에 있는 형제·자매을 뜻하며 나와 오행이 같은 경우로 음양도 같으면 비견比肩이라고 하고, 오행은 동일하나 음양이 다를 때는 겁재劫財라고 한다.

예를 들면, 甲 木이 천간에서 甲 木을 보면 비견이 되고 乙 木을 보면 겁재가 된다. 같은 木이면서 음양이 동일하면 비견이요, 음양이 상이하면 겁재가 된다. 만약 일간인 내가 乙 木이라면 乙 木은 비견이요, 甲 木은 겁재가 된다. 이때 비견은 나와 같은 위치에 있으면서 음양이 동일하여 형제이거나 자매를 뜻하며, 이에 겁재는 음양이 다른 남매를 뜻한다.

비겁比劫의 특성으로는 사회 대중 간 인간관계에서의 협동과 협력은 비견에 해당하고, 그로 인한 경쟁, 쟁론, 분탈, 탈취 등은 겁재에 해당한다. 따라서 비견의 성정보다 겁재의 성정이 더 강하다.

비견과 겁재의 비교를 표로 정리해 보면 다음과 같다.

〈천간 기준 비견 배정표〉

천간	甲	乙	丙	丁	戊	己	庚	辛	壬	癸
비견	甲	乙	丙	丁	戊	己	庚	辛	壬	癸

〈천간 기준 겁재 배정표〉

천간	甲	乙	丙	丁	戊	己	庚	辛	壬	癸
겁재	乙	甲	丁	丙	己	戊	辛	庚	癸	壬

즉, 같은 오행으로 음양이 동일하면 비견이요, 음양이 다르면 겁재이다. 이 비견, 겁재는 지지에서도 비교 분석할 수 있다. 즉 일간인 내가 甲 木일 경우 같은 오행으로 陽인 寅 木을 보면 비견이고, 陰인 卯木을 보면 겁재가 되는 것이다. 만약 일간이 乙 木이라면 같은 오행이면서 陰인 卯 木을 보면 비견이요, 陽인 寅 木을 보면 겁재가 된다.

지지 비견 배정표를 보면 다음과 같다.

〈지지 기준 비견 배정표〉

일간	甲	乙	丙	丁	戊	己	庚	辛	壬	癸
지지	寅	卯	午	巳	辰, 戌	丑, 未	申	酉	子	亥

〈지지 기준 겁재 배정표〉

일간	甲	乙	丙	丁	戊	己	庚	辛	壬	癸
지지	卯	寅	巳	午	丑, 未	辰, 戌	酉	申	亥	子

(2) 아생자我生者 : 식신食神 · 상관傷官

일간인 나의 기氣를 설기洩氣하여 내 가족을 살리는 육친을 말한다. 즉 어머니 입장에서 보면 자식이 되는 것이며, 자식을 먹여 살리기 위해서 일을 하는 것을 말한다. 이때 일간인 나와 오행으로 설기하면서 음양이 동일하면 식신食神이라 하며, 음양이 상이하면 상관傷官이라고 한다.

예를 들면, 일간인 내가 甲 木일 경우 木이 생 하는 火, 즉 丙 火와 같은 陽이니 식신이 되며, 丁 火는 생 하지만 陰이니 상관이 된다. 가족관계인 육친으로 보면 식신은 여자 입장에서는 딸이 되며 후배, 제자, 종업원 등 아랫사람이다. 남자 입장에서도 후배, 종업원 등 아랫사람이며 육친으로는 장모와 손자가 된다. 상관은 후배, 종업원 등 아

랫사람과 여자 입장에서는 아들이 되며, 남자 입장에서는 손녀나 조
모 및 외조부가 된다.

〈천간 기준 식신 배정표〉

천간	甲	乙	丙	丁	戊	己	庚	辛	壬	癸
식신	丙	丁	戊	己	庚	辛	壬	癸	甲	乙

〈천간 기준 상관 배정표〉

천간	甲	乙	丙	丁	戊	己	庚	辛	壬	癸
상관	丁	丙	己	戊	辛	庚	癸	壬	乙	甲

이와 같은 원리는 지지에서도 적용된다. 즉 일간이 甲 木일 경우 木
生火하는 火가 식신인데, 火 중 午 火는 같은 陽이니 식신이 되고 巳 火
는 陰이니 상관이 된다. 만약 일간이 丙 火라면 火生土하는 土가 식상
인데 土 중 辰 土 戌 土가 같은 陽이니 식신이 되고, 丑 土 또는 未 土는
陰이니 상관이 된다.

〈지지 기준 식신 배정표〉

일간	甲	乙	丙	丁	戊	己	庚	辛	壬	癸
지지	午	巳	辰, 戌	丑, 未	申	酉	子	亥	寅	卯

〈지지 기준 상관 배정표〉

일간	甲	乙	丙	丁	戊	己	庚	辛	壬	癸
지지	巳	午	丑, 未	辰, 戌	酉	申	亥	子	卯	寅

이와 같이 식신, 상관의 구분은 음양에 따라 나뉘며 일반적으로 식
상은 일하는 길성吉星이다. 식상의 특성, 즉 인간생활에서 필요한 물

질적 자원과 정신적인 자원이 식신과 상관이다.

그중에서도 물질적 자원이 식신인데, 모든 의식주 해결을 위해 생산하는 물질과 그에 따른 행위와 수단을 말한다. 그에 비하여 상관은 정신적 사고와 행위로, 언어와 행동의 무정형 정신자원인 기술과 연구를 통한 제반활동을 의미한다. 식신보다 상관의 성정이 강하고 더 적극적이다.

(3) 아극자我剋者 : 정재正財 · 편재偏財

내가 극 하는 오행을 뜻한다. 즉 일간인 내가 극한 후 이겨서 얻는 오행을 뜻한다. 예를 들어 일간이 甲 木이라면 木은 土를 극 한다. 土의 입장에서 보면 木이 土를 억누르는 작용을 하고, 木의 입장에서는 土를 제압하는 작용을 한다. 오행의 상생·상극 작용에서 볼 때 일간이 극 하는 작용을 뜻하는데 이를 재성財星이라 한다.

일간인 내가 얻는 작용이라 재성이라고 하는데 일간과 음양이 동일하면 편재偏財라 하고, 음양이 다르면 정재正財라고 한다. 예를 들면, 일간이 甲 木일 경우 木剋土하니 土가 재성인데 음양이 동일한 戊 土는 편재가 되고, 음양이 다른 己 土는 정재가 된다. 甲 木은 陽이고 己 土는 陰이기 때문이다.

〈천간 기준 편재 배정표〉

천간	甲	乙	丙	丁	戊	己	庚	辛	壬	癸
편재	戊	己	庚	辛	壬	癸	甲	乙	丙	丁

〈일간 기준 정재 배정표〉

일간	甲	乙	丙	丁	戊	己	庚	辛	壬	癸
정재	己	戊	辛	庚	癸	壬	乙	甲	丁	丙

이와 같은 원리는 지지에서도 적용된다. 예를 들면, 甲 木이 지지에서 土를 보면 재성이 된다. 이때 음양이 같으면 편재가 된다. 즉 甲 木이 辰이나 戊 土인 陽 土를 보면 편재가 되고, 陰 土인 丑이니 未 土를 보면 정재가 된다.

〈지지 기준 편재 배정표〉

천간	甲	乙	丙	丁	戊	己	庚	辛	壬	癸
지지	辰, 戊	丑, 未	申	酉	子	亥	寅	卯	午	巳

〈지지 기준 정재 배정표〉

천간	甲	乙	丙	丁	戊	己	庚	辛	壬	癸
지지	丑, 未	辰, 戊	酉	申	亥	子	卯	寅	巳	午

이때 육친적으로 해석하면 남자 입장에서 편재는 부정확하게 얻어지는 재산이므로 아버지父가 되며, 그리고 첩과 처의 형제, 고모가 해당되고, 한편으로 여자 입장에서는 시어머니와 백부가 편재에 해당된다.

사업적으로는 부동산 투자, 금융, 주식 투자 등의 편재 운에 해당한다. 편재운이 좋으며 일확천금의 기회가 생긴다고 볼 수 있다. 이에 비해 정재는 자신의 노력과 땀으로 정직하게 얻어지는 재물을 말한다.

이를 육친적으로 해석하면 남자의 경우는 부인이 되고 여자의 경우는 아버지가 된다. 금전적으로는 고정적인 수입, 즉 월급, 집세 등이 이에 해당된다. 정재운이 좋으면 남자는 현명한 처를 얻고, 여자는 가정생활을 잘 꾸리고 직업운이 좋고 친아버지의 음덕을 받게 된다.

특히 여자 입장에서 시어머니가 편재가 되니 시어머니에게 공경을 잘하면 시어머니 재산을 받을 수 있는 것이다.

전자에 말했듯이 재성의 특성은 재물이다. 이는 물질적 재화이며, 본능적인 소유욕이다. 정재는 정상적이고 정당한 사고와 근로의 대가로 취득하는 보수나 거래상의 소득 행위를 말한다. 편재는 비정상적인 사고와 근로의 행위로 부정하고 편법적으로 취득한 재화를 총칭한다.

육친으로는 재성이 여자에 해당하는데 정재는 정상적인 관계의 아내에 해당하고, 편재는 비정상적인 집 밖의 여자이다. 정재에 비하여 편재의 성정이 더 강하고 적극적이다.

(4) 극아자剋我者 : 정관正官 · 편관偏官

일간인 나를 억압하고 규제하는 오행을 말한다. 즉 나를 규제하여 법을 지키도록 통제하는 오행을 의미한다. 예를 들면 甲 木인 나를 통제剋하는 金인 庚 金이나 辛 金을 말한다.

이때 음양이 같은, 즉 甲 木(陽)을 같은 양인 庚 金이 金剋木할 때는 편관偏官이라고 하고, 음양이 다른 陰의 金인 辛 金이 내리칠 때는 정관正官이라고 한다. 편관은 잔혹하고 인정이 없고 나를 공격하는 성질이 있어 일명 칠살七殺이라고 한다.

일간인 내가 칠살을 만나면 잠자는 호랑이를 건드리는 형국으로 의외의 재앙이 발생할 수 있다. 육친적으로 해석하면, 남자 입장에서는 아들이 편관이 되며 직장 상사 등 윗사람이 된다. 여자 입장에서는 정부情夫 시누이와 엄격한 직장 상사 등이다.

정관이란 국가의 법규에 의해 규제를 받는 합리적인 극을 뜻한다. 육친적으로는 남자의 경우는 딸이 되고 직장 상사나 국가 권위기관 등에 해당된다. 여자의 경우는 남편이 정관이 된다. 편관은 일간인 나와 음양이 동일한 입장에서 규제하는 경우이고, 정관은 음양이 다른 입장에서 규제하는 경우이다.

일간	甲	乙	丙	丁	戊	己	庚	辛	壬	癸
편관	庚	辛	壬	癸	甲	乙	丙	丁	戊	己

〈일간 기준 정관 배정표〉

일간	甲	乙	丙	丁	戊	己	庚	辛	壬	癸
정관	辛	庚	癸	壬	乙	甲	丁	丙	乙	戊

십신의 위치에서 관성이라고 무조건 나쁜 것은 아니고 적절히 관이 있어야 절제된 생활을 할 수 있다. 지지에서 볼 때도 일간이 甲 木일 경우 金이 木을 치는데 음양이 동일하면 편관이고, 음양이 다르면 정관이 된다.

〈지지 기준 편관 배정표〉

일간	甲	乙	丙	丁	戊	己	庚	辛	壬	癸
지지	申	酉	子	亥	寅	卯	午	巳	辰, 戌	丑, 未

〈지지 기준 정관 배정표〉

일간	甲	乙	丙	丁	戊	己	庚	辛	壬	癸
지지	酉	申	亥	子	卯	寅	巳	午	丑, 未	辰, 戌

관성殺의 특성은 인간생활에서 필요에 의해 만들어진 규범과 통제이다. 정관은 합법적인 법률로서 실행되는 직권과 직책의 명예, 행정, 공무 등의 권리와 의무이다.

그에 비하여 편관은 인위적, 비윤리적, 비도덕적, 강제적으로 만들어진 강력한 통제적 규범과 납세, 병역, 교육 등의 의무와 형벌, 벌금 등이다.

정관에 비하여 편관의 성정이 더 강하고 적극적이다. 정관이 일반

행정공무원이라면 편관은 강한 기운을 의미하는 군경이나 사법 관계 등의 공무원에 비유할 수 있다.

(5) 생아자生我者 : 정인正印 · 편인偏印

일간인 나를 도와주고 생 해주는 오행을 뜻한다. 즉 어머니 마음처럼 자식을 위해 모든 것을 희생한다는 의미이다. 예를 들면, 일간이 甲木인 나를 생 하게 해주는 水가 생아자가 되는 데 이를 인성印星이라고 한다. 이때 일간인 나와 음양이 동일하면 편인偏印이라고 하고, 음양이 다른 상태에서 나를 도와주면 정인正印이라고 한다.

육친적으로 해석하면 편인은 남자 입장에서는 조부와 외손자가 되고, 여자 입장에서는 외손자와 사위가 된다. 또한, 정인에 대해 육친적으로 보면 여자 모두 어머니가 정인이 된다. 이때 남자는 이모 및 조부, 장인이 정인이 되며 여자는 사위와 친손자가 된다.

사주에 인성이 없으면 내 힘이 약해 세상을 살아가기가 어렵고, 인성이 지나치면 남에게만 의지하려 하여 세상을 대처하는 능력이 없다. 따라서 적절한 인성이 필요하다. 일간인 나를 기준으로 나를 도와주는 오행이 인성인데, 편인은 흔히 계모의 마음이고, 정인은 현모의 마음이라고 일컫는다(계모 · 현모는 좋고 나쁨을 의미하는 것은 아니다).

인성의 특성은 자식을 낳고 길러주신 한량없는 부모 같은 사랑이다. 그중 정인은 무조건적인 희생과 사랑으로 양육의 의무를 다하는 아가페적인 부모의 사랑이다. 편인은 생육과 성장을 위하나 위선적, 변태적, 기만적인 이중적 행위로 진실성이 결여된 인기 위주의 사랑과 베풂이다. 정인은 밝은 대낮처럼 드러나는 사랑 행위이며, 편인은 어두운 한밤중에 덮여있는 위장된 행위로 볼 수 있다.

이와 같은 원리는 지지에서도 작용하여 일간인 나를 돕는 오행이

일간	甲	乙	丙	丁	戊	己	庚	辛	壬	癸
편인	壬	癸	甲	乙	丙	丁	戊	己	庚	辛

〈일간 기준 정인 배정표〉

일간	甲	乙	丙	丁	戊	己	庚	辛	壬	癸
정인	癸	壬	乙	甲	丁	丙	乙	戊	辛	庚

인성이 된다. 예를 들면, 일간이 甲 木일 때 지지에 子나 亥의 水가 인성인데 음양이 동일한 子 水는 편인이고, 음양이 다른 亥 水는 정인이 된다.

〈지지 기준 편인 배정표〉

일간	甲	乙	丙	丁	戊	己	庚	辛	壬	癸
정재	子	亥	寅	卯	午	巳	辰, 戌	丑, 未	申	酉

〈지지 기준 정인 배정표〉

일간	甲	乙	丙	丁	戊	己	庚	辛	壬	癸
정재	亥	子	卯	寅	巳	午	丑, 未	辰, 戌	酉	申

이상 육친(신)의 개념은 사주 통변에 있어 대단히 중요한 영역이다. 이 육친(신)의 특성을 잘 이해하여야 음양오행과 천간지지, 그리고 육친(신)의 생·극·합·충 관계를 분석하여 보는 것이고, 그중에서도 육친(신)의 통변이 사주감정을 제대로 분석할 수 있는 지름길이 될 수 있다.

다시 한번 육친(신)의 의미를 분석한 후, 구체적 내용을 하나하나 다시 정리 요약하여 보면 첫 번째, 비견은 인간관계의 사교, 회합과 거래, 협동, 경쟁, 자존심, 고집 등을 나타내고, 겁재는 실물의 손재, 과욕, 낭비, 불만, 경쟁적, 비공익적, 재물 탈취, 투기, 자만심, 교만·불손, 반항 등을 의미한다.

두 번째, 식신은 의식주의 생산수단, 질적·물적 생산수단, 발명과 창의력, 재능, 연구 자산 증식, 생·육 관계 등을 나타내고, 상관은 과욕적인 언행, 누리한 화장, 표현력, 사치·허영, 반항, 비판적, 애교 등을 의미한다.

세 번째, 정재는 정당한 재물, 근면·성실, 검소한 노력, 정확하고 충실한 관리, 안정성, 종업원, 신용 등을 나타내고, 편재는 과용적이고 허욕적인 모습, 유통의 재화, 경쟁적 투기, 모험을 통한 일확천금, 기분파적 행동 등을 의미한다.

네 번째, 정관은 올바른 인격, 명예, 위신, 체면, 준법적인 근면·성실, 합격, 문관적인 성격, 다정한 상사 등을 나타내고, 편관은 억압과 강압적인 폭력 행위 등 부자유, 복종, 고통, 억압적인 상사, 외간남자, 망신 등을 의미한다.

다섯 번째, 정인은 올바른 양심, 자애로운 성품, 신앙심, 계약문서, 인장, 교육문화, 학문, 합격증, 각종 증서, 어른 원로, 선배, 지도자 등을 나타내고, 편인은 배타적 인간관계, 가식적, 악습, 사기, 실직, 도벽, 임기응변, 낙제, 망신, 변태와 권태, 편법적, 계모적 성격 등을 의미한다.

사주명리학을 통변할 때 비견, 식신, 정재, 정관, 정인은 길성吉星이라고 하며, 근본 성분이 적당하고 온화하고 부드러운 기운을 가지고 있다. 하지만 너무 많은 성분을 가지고 있으면 이 또한 흉한 기운으로 바뀌는 것이 우주의 변환 원리이다. 그리고 겁재, 상관, 편재, 편관, 편인은 흉성凶星이라고 한다. 이는 근본 성분이 너무 강하여 흉하게 보며 기본적으로 무서운 기운을 가지고 있다. 하지만 이 흉성도 사주에서 필요하면 길성의 기운으로 바뀌는 것이 우주의 고매한 원칙이다.

4. 십신十神의 해석과 사회심리이론社會心理理論

1) 십신十神의 의미

사주명리학에서 십신 '星', 육친 '神' 등은 같은 용어 또는 유사한 사주 감정의 원리로 사용되었다. 이는 우주적 변화의 원리를 인간사회의 사람 간의 관계적 의미로 넓게 해석한 것이 십신이며, 이에 농경사회에서 비롯된 친족간의 유기적인 관계를 협의적 의미로 표현한 것을 육친이라고 한다.

한편, 십신이론은 육친관계를 포함한 음양오행 간의 기운 운행이 사람에게 존재하는 성격, 사회적인 관계, 직업적인 적성 등을 통하여 나타나는 총체적이고 형이하학적인 관계를 의미하는 것이다.

즉, 십신의 생성원리는 음양의 배합 순서와 관계, 그리고 오행의 生·剋·比의 작용에 있다. 그렇다면 오행의 생·극 이론과 음양의 배합이론에 의해 생성된 십신의 담론들은 어떤 의미를 담고 있는가?

첫 번째, 십신 담론은 그 시대 사람들의 이 관계성에 대한 현실적 인식이며 또한 이러한 인식을 바탕으로 한 사주간명 결과물들의 축적을 의미한다.

두 번째, 십신의 표현 양식은 음양오행의 인간적인 관계를 의미한다. 이는 음양과 오행이 우주적 기의 표현이면서, 또한 십신은 인간세계의 현실적인 관계를 나타내는 사회적·심리적 인간관계론이다.

결론적으로 십신은 우리가 살아가는 삶의 현실적인 이야기이다. 우리 인간에게 중요한 의미를 지니는 비즈니스와 사랑, 성격, 타인과의 심리적 작용 등을 나타낸다. 그러면 십신의 심리·사회적 의미와 해석을 논하여 보자.

(1) 비견比肩

비견은 견줄 '비比' 자와 어깨 '견肩' 자를 쓴다. 비견比肩은 "나 혹은 나와 같은 힘"이다. 비견은 자기 힘이기 때문에 독립심이 강하고 매사에 추진력이 빠르다. 비견은 베풀기를 좋아하는 성품이다. 하지만 자칫 오만과 방자, 그리고 경솔할 수 있는 양면적 성격을 지녔기 때문에 가끔은 실속 없는 행동을 하는 경향이 있다.

비견이란 일간日干인 나와 동등한 위치에 있는 형제·자매 및 동료를 뜻하는데 같은 오행으로 음양도 같은 경우를 말한다. 사주 내에 비견이 많으면 형제·자매가 많고 나와 동급의 경쟁자가 많음을 뜻한다.

□ 비견比肩의 성질

비견은 나와 성이 같고 비교되는 오행이라 일간인 나를 돕기도 하지만 나와 경쟁자이기도 하다. 사주의 강약에 따라 비견은 나에게 좋은 작용도 하고 나쁜 작용도 하는데, 일간의 힘이 약할 때身弱四柱는 비견이 도움이 되고, 일간의 힘이 강할 때身强四柱는 내 것을 빼앗아가는 흉凶 작용을 한다. 비견의 성품은 독립심이 강하고 자존심이 강함을 뜻한다.

이때 신강이냐 신약이냐의 판단은 다음과 같다.

일간인 나를 포함해 四柱 8字에서 비견, 겁재와 인성의 수와 식신, 상관, 財, 官의 숫자를 비교해 비, 겁과 인성이 더 많으면 신강한 사주이고 식상, 재, 관이 많으면 신약한 사주로 판단하면 된다.

이때 지지地支에 3합이 있으면 오행의 육친 의미를 보고 3합한 오행이 비, 겁이나 인성이면 신강한 사주로 식상, 재, 관이면 신약한 사주로 판단하면 된다. 한편, 사주에 비견이 강하면 자주적이고 독립적이며 진취적인 성품이 강해 남의 지배를 받기 싫어하기 때문에 직장생활의 적응이 어렵다고 감명한다.

이때 같은 비견급이라도 陽의 비견이 陰으로 된 비견보다 더 강렬한 작용을 한다. 즉 丙午, 甲寅 등의 陽의 비견은 丁巳, 乙卯의 陰의 비견보다 비겁의 강도가 더 강하게 작용한다. 甲寅, 丙午, 壬子, 戊辰, 庚申 등의 비견으로 된 일주는 陽, 陰으로만 구성되어 양인격羊刃格이라고 하는데 비견의 작용 강도가 더 크다.

옛날부터 숫자도 陽, 陰으로만 된 날은 흉凶의 작용이 크게 나타날까 봐서 고사를 지내고 몸가짐을 편히 한 뒤 휴식을 취하였다. 즉 음력 1월 1일, 3월 3일, 5월 5일, 7월 7일, 9월 9일 등은 陽과 陽의 날이라 하여 하늘에 고사 지내면서 그해에 일어날 수 있는 흉凶 작용을 감소시켜달라고 빌었다. 이렇듯 陽과 陽으로 형성된 비견급인 양인격은 陰의 비견보다 흉凶이 오면 그 강도가 더 크게 작용하게 된다.

□ **비견比肩의 작용**

십신 중 첫 번째, 비견은 자존심으로 형제의 힘을 뜻하는데, 사주의 힘이 약하냐身弱四柱, 강하냐身强四柱에 따라 그 작용이 달라진다. 신약한 사주라면 형제의 도움이 받지만, 만약 내 일주가 신강한 사주라면 형제로 인해 손해를 보게 된다.

또한, 천간 비견은 정신적인 자존심을 뜻하고 지지 비견은 실질적이고 활동적인 자존심으로 지지 비견이 천간 비견보다 영향이 더 크게 나타난다.

두 번째, 비견이 많을 때 비견이 월주月柱에 있느냐, 일주日柱에 있느냐, 시주時柱에 있느냐에 따라 그 작용이 달라진다. 비견이 많은 사주에서 년주나 월주에 비견이 있으면 부모와의 인연이 박하고 부모·형제 덕을 보기가 어렵고 일주에 비견이 있으면 처妻와의 인연이 박하고 처의 덕을 보기가 어렵다.

시주에 비견이 있으면 자식과의 인연이 박하고 자식 덕을 보기가 어렵다. 결국, 비견이 어느 궁에 있느냐에 따라 결정되어지며, 또한 신강이냐 신약이냐에 따라 길·흉을 판단하는데, 특히 신강한 사주일 때 그 작용이 흉하게 나타난다.

세 번째, 비견이 많은 사주는 자존심이 지나쳐 직장생활이 어렵고 독립적인 자영업을 하여야 하는데 큰 사업은 어렵고 정신적인 사업이나 학문 등 명예를 얻고 대우받는 직업을 가져야 한다. 비견급으로 양인격이면 직장생활에 더욱 어려움을 겪는다.

네 번째, 이와 유사한 비견급으로 비견이 충沖, 극剋을 받으면 형제간의 사이가 좋지 않다. 그러나 합合되면 형제간의 갈등은 해소된다고 보아야 한다. 예를 들면, 사주 1의 예에서 보듯이 寅 申 沖이면 형제간의 갈등이 심화되며, 또한 사주 2의 예처럼 子 丑 合이 되면 형제간의 갈등이 해소된다고 볼 수 있다.

사주 예 1)				사주 예 2)			
0	甲	甲	壬	0	壬	丁	乙
申	寅	戌	0	寅	子	丑	卯
時	日	月	年	時	月	日	年

다섯 번째, 사주에서 비견이나 겁재는 재성財星을 파괴하는 성질이 있다. 이유는 木이 일간일 경우 土가 재성인데 土의 입장에서 보면 木이 관官, 즉 칠살七殺이 되어 재물을 파괴하는 성질을 갖는다. 따라서 사주에 비견, 겁재가 많으면 재물이 파괴되어 사업과 인연이 없다.

따라서 사업보다는 명예를 중시하는 학문을 하는 게 좋다. 또한, 비比, 겁劫이 많은 사주는 형제간의 재산 싸움이 일어나고 형제로 인해 재산상의 손실을 보게 된다.

여섯 번째, 사주에 비견이 많으면 부부생활이 어렵다. 특히 양인격일수록 부부간의 갈등이 심하다. 따라서 일주가 서로 비견급, 특히 양인격의 경우는 서로 결혼을 피하는 게 좋다.

일곱 번째, 사주에 비견이 전혀 없다면 극심한 신약이 될 우려가 있고, 자존심이 없어 큰일을 하기 어렵다. 따라서 사주에 비견이 전혀 없는 것도 형제지간의 덕을 볼 수 없고, 큰 사업가가 되기 어렵다는 의미이다. 따라서 사주에 비견이 1~2개 정도는 있어야 좋은 사주가 된다.

사주에 비견이 없는 신약사주의 경우에는 비견이 용신用神이 되어 비견이 좋은 작용을 한다. 이때는 형제의 덕을 보며 일지에 비견이 되면 처妻 덕을 볼 수 있다. 또한, 시지時支에 비견이 있으면 자식 덕을 볼 수 있고 노년이 좋게 된다.

결론적으로 비견이 사주상 좋은 작용을 하느냐, 나쁜 작용을 하느냐는 비견이 용신이 되느냐 여부에 달려있다.

(2) 겁재劫財

겁재의 겁劫은 '빼앗을 겁' 또는 '위협할 겁'이다. "재물을 겁탈하는 힘"이라고 표현할 수 있다. 즉 '남의 재물', '남의 여자'를 빼앗아 자기 것으로 취하는 힘이다. 사주상 십신 중에서 正財를 공격하는 힘이라서 겁재劫財라고 한다.

겁재란 같은 오행으로 음양이 서로 다른 경우를 뜻한다. 예를 들면, 甲 木의 경우 천간에 乙 木이나 지지에 卯 木이 있는 경우를 뜻한다. 겁재는 사주가 신강이냐, 신약이냐에 따라 작용이 달라지는데 신약한 사주로 겁재가 용신이 되면 좋은 작용을 하고, 신강한 사주라면 겁재는 재성을 파괴해 나쁜 작용을 하고, 또한 형제지간에 재산 싸움이 일어날 소지가 크다.

육친六親관계에서 겁재는 성이 다른 형제자매를 뜻하고 직장동료를 말한다. 성만 달리 보는 것으로 비견과 동일하다.

□ **겁재의 성질**

겁재도 비견과 같이 자존심을 나타내며 비견보다 더 잔인하고 혹독한 영향을 갖는다. 겁재는 비견을 상징하는 오만과 독립을 넘어 '남의 것도 내 것'이라고 주장하는 엉뚱함이 있다. 그러나 겁재는 새로운 질서를 창조하는 힘을 가지고 있다. 겁재의 힘은 자기를 능히 해칠 수 있을 정도로 자기를 무력화시키고, 자신을 파괴할 정도의 힘과 의지가 있는 강렬한 힘의 소유자이다.

한편으로, 겁재는 재財를 파괴하는 성질을 갖고 있기 때문에 겁재가 나쁜 작용을 할 때는 형제간의 재산 싸움이 나고 동료로 인해 금전적 손실을 입는다. 겁재는 상생상극의 원리로 재성을 극 하는데, 겁재가 제일 싫어하는 게 바로 정재이다.

겁재가 재성을 극 하기 때문에 일반적으로는 재물이 붙어 있기가 힘들고, 돈의 씀씀이가 커 큰돈을 벌어도 부침이 심한 편이다. 하지만 큰 사업 판에서는 겁재 또한 큰 부를 만들기도 한다.

사주 1 예)				사주 2 예)			
癸	甲	癸	壬	甲	己	乙	戊
酉	寅	卯	子	戌	未	丑	辰
時	日	月	年	時	日	月	年

위의 사주 1 예는 인성印星이 많은 신강사주인데, 卯의 겁재 있어 형제 동료로 인해 피해를 볼 가능성이 크다. 또한, 겁재가 沖, 剋을 받으면 더 나쁘다.

위의 사주 1에서 볼 때 甲 木에 卯가 겁재인데 卯 酉 沖을 받으면 겁재 더 나쁘게 작용해 친구·동료 및 형제로 인해 재산상의 손실이 일어날 가능성이 더 커진다.

겁재가 합이 될 경우는 즉 卯 戌 合이 되며 합이 된 오행이 내 사주에 좋은 작용을 하느냐, 나쁜 작용을 하느냐를 가지고 길흉을 판단한다. 즉 卯 戌 合이 火인데 火가 내 사주의 용신이 되면 좋고 기신忌神이 되면 나쁘다고 평가하면 된다.

결론적으로 겁재가 충沖, 극剋을 받으면 더 흉한 작용을 한다고 보면 틀림없다. 위 사주 2 예는 전형적인 군겁쟁재群劫爭財의 사주이다. 이 사주는 오행 중 토가 여섯 개이고 비견과 겁재가 다섯 개다. 그래서 이와 같은 사주는 다섯 개의 토 기운이 일간에 비겁으로 작용해 군겁쟁재群劫爭財의 큰 기운을 형성한 뒤 재財로서 사람을 모아 정치적으로 크게 대성한 사주이다.

□ **겁재의 사회관계**

사주에 겁재가 많으면 비견과 같이 자존심이 지나쳐 직장생활은 어렵다. 독립적인 자영업을 하되 동업도 안 되고 자격증을 갖고 살아가는 전문직이나 학문 등 명예를 중시하는 직업을 가져야 성공할 수 있다

□ **운運의 흐름 속 겁재의 작용**

사주에 겁재의 작용이 길하냐, 흉하냐의 판단은 사주의 힘이 강하

냐身强四柱, 약하냐身弱四柱에 따라 판단한다. 사주에 비견 겁재가 많은 신강한 사주는 겁재운에 들어서면 나에게 흉하게 작용해 형제 및 친구 동료로 인해 피해를 볼 우려가 크다. 그러나 신약한 사주에서 비견 겁재가 필요할 때는 길한 작용을 한다.

이때 년주가 월주에 겁재가 있다면 부모 조상 덕을 볼 수 있고, 일주에 겁재가 있다면 처 덕을 볼 수 있고, 시주에 겁재가 있다면 자식 덕을 볼 수 있는 것이다. 결론적으로 겁재의 길흉 작용은 사주 구성상 신강한 사주인가 또는 신약한 사주인가에 따라 결정되어지는 것이다. 사주상에서 겁재나 비견은 같은 작용을 하는데 비견보다 겁재가 더 강하고 잔인하게 작용한다고 보면 틀림없다.

(3) 식신食神

식신이란 일간日干인 내가 내 몸의 정기를 나누어 봉사하는 오행으로 음양이 동일한 경우를 말한다. 인간은 누구나 살아가기 위해서는 일을 해야 하는데 이처럼 일을 하는데 필요한 기운을 식신食神이라고 한다.

일간의 기운이 일을 한다는 것은 내 몸의 정기를 설기洩氣하여 나와 내 가족을 부양하는 것이다. 그래서 식신을 길성吉星으로 분류한다.

또한, 식신은 언어와 의식주의 힘으로, 특히 입과 관련되어 있고, 예술적 감수성과 낙천성과 배려심 그리고 사교성을 뜻한다. 특히 식신이 있는 사람은 온화함과 명랑함이 있다.

한편, 사주에 식신이 없다면 일하지 않고 남에게 의존해서 살아가는 일명 거지 사주가 된다. 식신은 사주에 꼭 있어야 할 길성인데, 천간 식신은 정신적 활동을 뜻하고 지지·식신은 실질적이고 육체적인 활동을 뜻하나 서비스업이 발달한 현대에서는 확연히 구분할 필요가 없어 천간에 있든 지지에 있든 식신의 해석은 동일하게 한다.

특히, 식신 중에는 陽의 식신과 陰의 식신이 있는데 陽의 식신은 제조업종의 일로 구분하고, 陰의 식신은 서비스업 쪽에서의 일로 보는데 이는 陽의 식신이 陰의 식신보다 더 활동적이라고 보면 된다.

사주 예 1)　　　　　사주 예 2)

庚 壬 甲 ○　　　　○ 癸 ○ 癸

○ 子 寅 子　　　　○ 亥 卯 巳

시 일 월 년　　　　시 일 월 년

사주 1 예에서 볼 때 壬 일간이 월주가 甲 寅 일이라 陽 水가 陰 木으로 水生木하니 陽의 식신이 되며, 사주 2 예는 癸 일간이 乙 卯 月이라 陰 水가 陰 木으로 水生木하니 陰의 식신이 된다.

육친神 관계에서 식신은 남자든 여자든 일을 뜻하며 조직 내에서는 부하직원, 후배를 말한다. 가족관계에서 여자 입장에서는 자식(특히 딸)이 식신이 된다. 남자는 손자나 장모가 식신이 된다. 따라서 남자는 처의 부모가 못살면 당연히 봉양하는 내용을 담고 있으니 옛 성현들의 지혜가 그저 놀랍기만 하다.

□ **식신의 성질**

식신은 언어와 의식주를 나타내는 길신의 기운이다. 일간이 생 해 주는 오행으로 자기 표현력이 뛰어나고 예술적 재능이 많으며, 이상주의적인 정신세계를 추구하는 경향이 많다. 특히 식신은 먹을食 것과 또는 입口과 관련되어 있고, 문학적 감수성과 낙천성, 배려심 그리고 사교성을 의미한다.

식신이 의미하는 사회적 성질은 첫 번째, 식신은 자부심이 강하고 활동적이다. 또한, 식신이 사주에 있으면 매사에 적극적이고 활동적인 성격을 갖는다. 그리고 식신은 예의 바르고, 총명하고 부지런하다. 두 번째, 식신이 없는 사주는 게으르고 남을 배려치 않는 특성이 있다. 세 번째, 식신의 특징은 귀가 얇고, 충동구매를 잘하는 사람들이다.

실제로 식신이 많은 사람들은 온화함과 명랑함이 있지만 실천력이 떨어지고, 입으로만 저지르는 실행력이 좀 부족한 측면이 있다. 하지만, 식신이 없는 사주는 거지 사주임에 틀림이 없다.

□ 식신의 직업적 특징

식신은 길신을 의미하는데, 월지에 식신이 있는 경우가 가장 전형적인 식신격食神格 사주이다. 식신의 직업적인 특성은 첫 번째, 월지에 식신이 천간에 나타나는데透干 이러한 식신격을 정격이라고 하며, 이 사주는 학문적 기질이 좋고 예체능적 기질도 능하다.

두 번째, 木 일간이 木生火하는 식신격은 학문적 기질이 특히 강하다고 보며, 火 일간이 火生土하는 식신은 예의 바르고 공손하며 활달하여 무슨 일에든 적극성을 갖는 특성이 있다. 또한, 土 일간이 土生金하는 식신은 이재利財에 밝고 경영능력이 뛰어나며, 金 일간이 金生水하는 식신은 다재다능해 학문적으로나 사업적으로도 성공할 수 있는 능력이 있다고 본다.

세 번째, 水 일간이 水生木하는 식신은 자부심이 강해 학문적으로 성공할 수 있는 능력이 있다. 다음 장에 기술하겠지만 식신이 용신用神이 되면 특히 이런 작용이 더 잘 나타난다고 볼 수 있다.

□ 운運의 흐름 속 식신의 작용

음양오행의 흐름속에서 식신食神이 길성吉星인 이유는 첫 번째, 식신이 일하는 神이기도 하지만 일간의 관살官殺을 제거하는 작용을 하기 때문이다. 예를 들어서 설명하면 다음과 같다.

木 일간인 경우 火가 식신이 되는데 木의 관살은 金이다. 이때 식신인 火가 관성官星인 金을 다치게 한 후 金의 작용을 억제시켜 火克金 칠살七殺인 관살의 힘을 제거시키니 식신이야 말로 길성吉星인 것이다.

두 번째, 식신이 관살을 제거할 뿐 아니라 사람의 의식주를 해결하는 근면 성실한 진취적 기운의 신이다. 그래서 식신을 십신 중에서 최고의 길성吉星이고 장수하는 복성福星이라고 한다. 사주에 식신이 없으면 단명할 가능성이 큰 이유도 바로 이런 연유에서 나온 것이다.

세 번째, 식신이 용신用神이 되면 아주 좋은데 이는 사주가 강하냐 약하냐에 달려있다. 만약에 사주의 힘이 강한 신강사주라면 식신의 작용은 더욱 길성이 된다.[6] 이때 월주에 식신이 있으면 신체 건강하고 일의 추진력이 있다고 보며, 일지에 식신이 있다면 처 덕이 있고, 시주에 식신이 있다면 자식 덕이 있다고 본다. 그러나 중요한 점은 식신食神이 충沖 극尅을 받으면 그 작용은 상실된다.

사주 예 1)   사주 예 2)
甲 己 辛 乙   甲 己 丁 辛
午 酉 巳 未   戌 卯 酉 亥
시 일 월 년   시 일 월 년

사주 1 예의 경우는 己 土 일간이 월간 식신과 일지 식신을 갖고 있

---

6) 다음 장 〈용신론〉 참조

는데 직업적으로나 가정적으로나 성공한 사주다. 그러나 사주 2 예는 卯 酉 沖을 이루고 있으니 월지 식신이라도 충·극을 맞아 흔들리고 직업도 불안정해지는 문제점이 있는 사주가 된다. 따라서 식신이 충·극을 받으면 좋은 작용이 반감되고 흉하게 나타나는 경우가 많다. 이는 천간이든 지지든 식신의 충·극은 사주 구성이 좋아도 식신의 길성 작용이 크게 감소한다는 의미이다.

네 번째, 식신이라고 무조건 길성은 아니다. 사주에 식신이 너무 많으면 일간인 내가 힘이 부족해 오히려 일을 할 수 없게 된다. 내 몸은 하나인데 식신이 여럿 있으면 몸이 감당을 못하고 지쳐 쓰러질 우려가 있다. 이때 오히려 내 몸이 다치고 가족과 일이 모두 무너질 우려가 있는데 특히 충·극이 있다면 더욱더 그러하다. 그래서 음양오행은 태과·불급을 싫어한다.

사주명리가 추구하는 근본적인 목표가 인간의 치유에 있듯이 사주 내에 음양오행의 지나치게 많거나 부족한 것을 중화하는 것 또한 치유명리학이 지향하는 과제일 것이다. 다음 사주를 보자.

사주 1 예)   사주 2 예)

戊 丙 丙 庚   壬 庚 壬 甲

戌 申 辰 酉   午 子 子 辰

시 일 월 년   시 일 월 년

사주 1 예는 일간 丙 火가 土에 둘러 싸여있고, 이때 대운과 세운에서 辰 戌 沖을 받으면 가정도 흔들리고 직업도 불안정하여 남녀 모두 나쁜 사주가 된다. 특히 여자 사주가 식신이 지나치게 많으면 일에만 매달려 과부가 될 우려가 많다. 또한 식신이 너무 많으면 남녀 모두 색정이 지나치게 발동해 색난色難을 겪을 가능성이 크다. 사주 2 예를 보면, 이 사주는 여명女命인데 식신이 너무 많고 子 午 沖이라 두 번 시집갈 사주이며, 색정이 강한 사주라 한시도 남자 없이는 못 사는 여자이다.

사주 1 예)   사주 2 예)

乙 丙 甲 戊   壬 丙 癸 丁

亥 申 辰 寅   辰 戌 丑 未

시 일 월 년   시 일 월 년

다섯 번째, 위 사주 1 예는 식신이 財를 보고 있으면 재록이 풍부해지는데 특히 식신이 辰 戌 丑 未의 4고庫에 있던가 식신 옆에 재가 있으면 의식주 걱정이 없는 사주가 된다. 이때 물론 沖 剋이 없어야 한다. 그 이유는 辰 戌 丑 未 4고는 중앙에 있기 때문이다. 그래서 위 사주 1 예는 辰이 식신으로 4고庫에 있으면서 申 金의 재財를 보고 있어 부유한 사주가 된다.

여섯 번째, 식신은 재성財星을 보는 것을 좋아하고, 인성印星을 보는 것을 싫어한다. 이를 도식倒植이라고 한다. 예를 들면, 木 일간인 경우 火가 식신인데 水는 木의 인성이 된다. 이때, 인성인 水는 火인 식신을 극 하기 때문에 이 식신 옆에 있으면 식신의 기능이 반감되는 나쁜 작용을 한다.

또한, 甲 子 일주의 경우 丙 午가 식신이고, 일지의 子가 甲 木의 인성인데 子가 식신인 午를 극하여 식신의 작용이 반감되어 나쁜 작용을 한다.

한편, 위 사주 2 예처럼 식신이 너무 많으면 내 힘이 설기洩氣되어 부부간의 갈등이 생기고 자식 덕도 없고 특히 여명女命의 경우 색정으로 가정이 붕괴될 우려가 있다. 식신이 지나치게 많고 沖 剋이 심해 남녀 모두 가정을 갖기가 어렵고, 자식운도 없으며, 내 몸의 설기가 지나쳐 몸이 불구가 될 가능성이 큰 사주이다.

식신의 성질을 분석해 보면, 낙천적이면서, 인간적인 요소가 다른 성분에 비해 많이 내재하고 있는 형국이다. 그 연고로 사람에게 인기가 높아 추종자가 많은 편이다. 이는 사람의 관계가 좋아서 의식주 해결에 필요한 길성으로 나타나고 있다는 증명이다. 하지만 식신은 낙천적이고 인간적인 것과 동시에 의지가 박약하다. 그래서 남의 업신여김이나 구설수의 대상이 되기 쉽다. 결론적으로 식신은 길성이나 지나치게 많지 않아야 하고太過不及, 충·극이 없어야만 길성인 것이다.

(4) 상관傷官

상관이란 식신과 동일한 개념으로 일간인 내 몸을 설泄하여 일하는 神으로 음양이 다른 경우를 뜻한다. 예를 들면, 壬 水의 경우 木 중에서 卯 木이 상관이며 일간과 음양이 다르면서 설기하는 오행을 말한다.

상관은 영취의 힘을 발산시켜 무리를 이끌어가는 재능있고 총명한 神이다. 특히 상관은 자신日干이 생하는 것이며 일간과 음양의 배합이 이루어지는 것이다. 상관의 명칭을 보면 가장 중요한 관을 상하게 한다는 관점에서 이미 길흉이 결정된 것으로 여겨진다.

그러나 "상관이 있는 사람은 재능과 기예가 뛰어나고,[7] 상관이 상진傷盡되면 재예才藝와 능력이 많다."[8]고 하여 상관 그 자체로는 재능

---

7) 傷官傷盡은 『연해자평』에서는 상관이 가득하고 많은 '傷官太旺'의 상태와 상관이 상해서 없어진 상태의 두 가지로 설명이 나오나 『삼명통회』에서는 상관이 태왕한 傷官滿局의 상태만을 상관상진이라고 했다.
8) "傷官傷盡, 多藝多能.",서승, 「相心賦」.

과 재주가 많음을 언급한다. 성정은 "남을 얕잡아보며 기백이 높아서 남들이 모두 자기만 못하다고 여기기 때문에 귀인貴人은 꺼리고 보통 사람을 싫어한다."[9] "마음에 계략이 있고 남을 업신여기며 기세가 높다. 거짓과 속임수가 많고 남들에게 모욕을 잘 주며 뜻만 크다."고 하여 계략이 많고 태도가 안하무인임을 보여준다. 이는 상관의 특성이 똑똑하고 재주가 많지만, 교만하고 인덕仁德이 없음을 나타낸다.

〈자평진전子平眞詮〉에 의하면 상관은 식신보다 길신은 아니나 수기秀氣를 발산하기에 문인이나 예술가적 기질이 많은 신神이라고 표시하고 있다. 사주에 상관이 있으면 예술가적 기질이 강하다고 할 수 있다.

육친(신) 관계에서 상관은 식신처럼 남녀 모두 조직 내에서는 부하 직원이나 후배를 뜻한다. 가족관계에서는 여자의 경우는 자식(아들)이 되고 남자의 경우는 손녀나 외숙모가 상관이 된다.

□ **상관傷官의 성질**

상관은 상傷은 '상처를 내다', 관官은 '벼슬'이라는 뜻이다. 이는 "관직 또는 관을 상하게 한다"는 뜻이다. 식신과 음양의 조합이 다를 뿐인데, 식신과 정반대의 의미가 있다.

상관을 이렇게 표현하는 것은 십신·오행의 상생상극의 원리에 의해 정관을 공격한다는 이유로 상관은 정관에 대한 편견이 되어 버렸다. 상관은 기본적으로 식신의 성격을 가지고 있지만, 식신에게는 없는 예리함과 민첩함이 있다. 상관은 식신보다 더 화려하고 활동적이다.

또한, 상관은 언변이 좋다. 사주 구성이 나쁜 경우 상관이 지나치면

---

9) "憿物氣高, 常以天下之人不如己, 而貴人亦憚之, 衆人亦惡之.",「論傷官」

사기꾼이 될 가능성이 큰데 그 이유는 상관이 언변술이 좋기 때문이다. 한편, 부인명婦人命에서도 "상관이 있으면 총명하고 미모가 수려하다."[10]고 하여 상관의 특성은 남녀 모두 수기秀氣의 총명함이라는 것을 알 수 있다.

특히 사주의 힘이 강한 신강사주는 화려한 개성이 있으나 힘이 약한 신약사주의 상관은 실속 없는 겉치레 허풍쟁이가 될 가능성이 크다.

□ 운의 흐름 속에서 상관의 작용

운의 흐름 속에서 상관의 작용을 살펴보면 첫 번째, 사주에 상관이 많으면 화려하고 활동적인 면을 갖는다. 또한, 정의감과 측은지심이 강하고, 기본적으로 정관을 공격하는 힘이기 때문에 정관으로 표상되는 권위에 대한 반발심이 강하다.

상관을 가진 사람들은 토론을 좋아한다. 하지만 상관격 사주는 식신처럼 힘이 약해서 자신이 모든 걸 결정하는 일은 감당하지 못한다. 회사 내에서도 참모형 기질이 강하고, 자기의 이익을 포기하는 희생정신이 높은 편이다.

두 번째, 여자 사주에 상관이 많으면 남편을 극하기 때문에 가정 파탄이 올 우려가 있다. 그 이유는 상관은 관官(여자 사주에 官은 남편)을 상하게 한다. 여자가 밖에서 남자처럼 활동하면 가정생활을 등한시하게 되어 가정이 깨질 우려가 있어 상관이 남편을 극 하는 작용을 한다. 이는 여자 사주에 상관이 많은 상관격 사주는 가정보다는 일을 중요하게 여기는 편이라 일과 직장 때문에 남편과의 사이가 벌어져 가정생활이 순탄치 못한 작용을 한다는 의미이다.

---

10) "傷官主人聰明,美貌秀氣.", 서승,「論婦人總訣」

사주 1 예)   사주 2 예)

癸 辛 壬 壬   丁 甲 戊 癸

卯 亥 ○ 戌   卯 戌 戌 丑

시 일 월 년   시 일 월 년

위 사주 1 예는 식신 상관이 지나치게 많은 신약한 사주로써 월주 상관격인데 상관이 지나쳐 남자처럼 밖에서만 활동해 가정을 등한시하게 되어 결혼 생활이 순탄치 못해 이혼한 사주이다.

세 번째, 위 사주 2 예는 시상상관時上傷官이 있는 사주이며, 곤명坤命 사주인 여자 사주이다. 이 사주는 전형적인 시상관 사주로 부부가 해로하기 어렵다. 즉 시時에 상관이 있는데, 특히 천간에 상관이 있는 경우 부부관계나 직장 내 대인관계가 쉽지 않다고 판단한다.

이 사주를 감정해 보면 여명 사주에서 甲 木이 신약하고 時干인 丁 火가 상관인데 이렇게 시상상관이면 부부가 해로하기 어렵고 중년 이후 남편과 별거할 가능성이 크다.

네 번째, 상관도 식신과 동일하게 재성財星 만나기를 원하고 관성을 꺼린다. 즉 식신같이 일을 해서 돈을 벌어들이는 재성財星이 상관 옆에 있기를 원한다는 의미이다.

사주 1 예)   사주 2 예)

丙 甲 丁 己   甲 癸 丁 庚

午 午 巳 丑   寅 酉 卯 辰

시 일 월 년   시 일 월 년

다섯 번째, 사주가 약한 신약사주로 상관이 너무 많으면 남녀 모두 방탕해지고 가정 파탄이 일어날 우려가 있다.

위 사주 1 예의 사주에서 볼 때 甲 일간에 丁 巳월에 상관격인데, 甲 木이 약한 신약사주라 대운이 나쁘든가 세운에 庚子년이 오면 가정이 파탄날 우려가 있다.

사주 2 예는 癸 일간을 중심으로 월지 卯, 시간의 甲, 시지 寅의 구성으로 상관 태과太過이다. 이 사주는 희생과 봉사형 사주로 가정보다는 이웃의 행복을 더 소중하게 여기는 사람이다.

결론적으로 상관이 좋으냐 나쁘냐는 사주 구성을 보고 사주가 강해身强四柱 상관이 용신用神이 되면 좋고, 사주가 약해身弱四柱 상관이 나쁜 神이 되면 나쁜 작용을 하는 것이다.

(5) 편재偏財

편재의 편은 '기울어 지다', '삐딱하다'는 뜻이다. 편재는 정재처럼 차근히 쌓는 재물이 아니다. 예를 들면, 편재는 투기, 투자, 주식, 부동산, 복권 등 비정기적인 수입을 의미한다. 정재와 같은 재물이지만, 예측이 불가능한 재물이다.

편재란 일간인 내가 일을 하여 돈財을 얻는 길성吉星으로 음양이 동일한 오행을 말한다. 즉 음양이 동일한데 일간인 내가 극하는 경우를 말한다. 예를 들면, 일간이 甲 木일 경우 천간에 戊 土가 편재이고 지지에는 辰 戌이 편재가 된다.

사주에 편재든 정재든 財가 있어야 부유한 사주이며 천간보다는 지지에 있는 것이 더 효과적이다. 財는 활동해서 얻는 것이기에 활동적인 지지에 있는 게 財의 효과가 더 크다는 의미이다. 또한, 지지의 지장간에 財가 숨어 있어도 편재의 효과는 크다.

편재는 비정상적으로 얻는 경우가 많아 겉으로 드러난 경우보다는 숨어 있는 경우가 많기 때문이다. 또한, 편재는 불확정하게 얻어지는 돈이기 때문에 유산, 부동산, 투기, 주식투자. 복권 등 횡재하는 돈이기에 지장간地藏干에 숨어 있어야 얻어지는 경우가 많다.

육친(신) 관계에서 편재는 남자 쪽에서는 본처가 아닌 첩이나 애인이 되고, 여자 쪽에서는 시어머니와 외손자가 편재가 된다. 특히 시어머니가 편재인 것은 인간관계에 있어 매우 중요한 시사점이 존재한다.

농업 시대였던 고대에는 집안 창고 열쇠를 시어머니가 며느리에게 넘긴다. 며느리는 시어머니의 대를 이어받아 집안 살림을 꾸려나간다. 곳간 열쇠가 바로 재물이니 시어머니에게서 편재를 얻는 것이 된다. 며느리는 편재 욕심이 있으면 시어머니에게 최선을 다해야 편재가 얻어진다. 고부간의 갈등이 있으면 편재는 얻어지는 게 아니다. 이는 현대인에게 매우 중요한 교훈이 된다.

또한, 편재를 가진 남성은 여성을 유혹하는 다양한 재능을 가지고 있다. 왜냐하면, 편재를 가진 성격은 유머가 풍부하기 때문이다. 또한, 편재는 대인관계에 뛰어난 능력을 가지고 있으며, 이성에게 인기가 많다. 하지만 여성에게서의 편재는 반드시 인기로 연결되는 것은 아니다.

□ **편재**偏財**의 성질**

편재의 성질을 살펴보면 첫 번째, 편재는 짜여진 틀에서 자유롭다. 편재는 부정확하고 횡재하는 재물로써 편재운이 좋으면 부동산 및 주식투자로 이득을 보거나 복권 당첨 운이 생긴다.

두 번째, 편재는 지장간에 있어도 효과가 있다. 편재 자체가 부정확하고 은밀한 돈이기 때문에 지지 내의 지장간에 숨어있는 게 좋을 때가 많다. 편재가 겉으로 드러나지 않고 지장간에 내장되어 있어도 편재의 효과는 있다. 세 번째, 편재는 편인을 만나면 충·극하고, 비견을 만나면 파국 당한다.

편재는 역마성이라 풍운아 기질이며, 정관을 반기고 비견을 두려워한다. 편재의 역마성은 타지에서 발달하고 수완이 좋아 돈을 잘 버는 기질이다.

네 번째, 편재가 천간에 있으면 주색을 좋아하고 의로운 일에 재물을 희사하기도 하지만 편재가 지지에만 있으면 교재를 좋아하고 재물을 안 쓰고 모으는 데만 열중한다.

다섯 번째, 월주에 편재가 있고 사주에 겁재가 있으면 선부후빈先富後貧하고, 월주에 겁재가 있고 시주에 편재가 있으면 반대로 선빈후부先貧後富한다.

□ 운運의 흐름 속에서 편재의 작용

운의 흐름 속에 편재의 작용은 첫 번째, 천간보다는 지지(지장간 포함)에 있는 게 더 효과적이다. 편재에는 첫 번째, 陽의 편재와 陰의 편재가 있는데 陽 일간이 陽의 財를 보면 陽의 편재이고 陰 일간이 陰의 편재를 보면 陰의 편재인데 陽의 편재는 제조업 쪽에서 陰의 편재는 서비스업 쪽에서 유리하다고 볼 수 있다.

두 번째, 사주에 편재가 있다고 다 부를 얻는 것이 아니다. 편재를 얻으려면 사주가 강한 신강사주이어야 한다. 편재가 지나치게 많아 신약한 사주는 오히려 돈 때문에 고통을 받고 빈곤한 사주가 된다. 다음 사주를 보자.

사주 예 1)   사주 예 2)

丁 甲 庚 戊   甲 丙 庚 丁

```
巳 戌 戌 辰          午 申 戌 巳
시 일 월 년          시 일 월 년
```

사주 1 예의 경우는 편재가 지나치게 많아 신약한 재다신약財多身
弱 사주이다. 도처에 財가 있으나 財를 얻을 힘이 약하다. 남자 사주라
면 돈과 여자로 평생 고생할 사주이며, 여자 사주면 결혼생활이 어렵
고 신경쇠약에 걸릴 사주이다. 그러나 사주 2 예의 경우는 丙 火의 힘
이 강한 신강사주로 식신과 편재를 보고 있어 부유할 가능성이 큰 사
주이다. 물론 대운을 잘 만나야만 부자가 된다.

세 번째, 신강사주라야 편재운이 있어 좋으나 신강사주라도 인성이
많은 신강사주는 큰 사업가 사주가 아니며 비겁이 있는 신강사주라야
부자사주가 된다. 하지만, 인성이 지나치게 많은 신강사주는 나의 의지
력이 약해 재물을 얻기가 어렵다. 따라서 큰 사업가가 되기는 어렵다.

네 번째, 편재는 일지에 있는 것이 가장 효과가 크고 다음은 월지,
시지 순이다. 그러나 신약한 사주라면 일지에 편재가 있어도 돈 때문
에 고통을 받게 된다. 또한, 신약한 사주이면서 시지에 편재가 있다면
자식 때문에 고통을 받는다.

다음 사주를 보자.

```
사주 1 예)          사주 2 예)
乙 辛 壬 壬          0 壬 戌 0
酉 丑 子 辰          午 午 子 0
시 일 월 년          시 일 월 년
```

위 사주 1 예는 水가 많은 식신 상관격 사주로 여명 사주라면 반드

시 자기 직업을 갖고 살아갈 명이다. 시지의 卯가 편재인데 신약한 사주로 시의 편재라 노후에 자식 때문에 고통을 받는데 실제로 정신적으로 문제가 있는 자식을 둔 사주이다. 이는 식신격이라 열심히 일해 경제적 여유는 있으나 자식을 위해 많은 돈이 지출되고 자식으로 고통을 받게 된다.

위 사주 2 예는 신강사주라도 편재가 冲 魁을 받으면 財를 얻기가 어렵다. 오히려 돈 때문에 고통을 받을 우려가 많다. 한편, 이 사주에서 보듯이 午 火의 편재를 갖고 있으나, 子 午 沖으로 財가 흩어져 큰 돈을 모으기 어렵다는 형국이다.

다섯 번째, 신강사주로 지장간에 편재가 숨어 있어도 재성財星의 효과가 좋으며 편재가 용신이 되면 사업가 사주가 되어 횡재할 운이 커진다.

사주 1 예)   사주 2 예)

丁 丁 甲 壬   己 乙 辛 乙

未 巳 寅 子   未 丑 丑 未

시 일 월 년   시 일 월 년

위 사주 1 예의 경우 丁 火가 강한데다 巳 중에 庚 金이 지장간에 숨어 있으므로 편재와 정재의 효과가 있어 서비스업으로 성공할 사주이다. 하지만 이 사주는 대표적인 재다신약財多身弱 사주이다. 사주원국에 편재가 많아 재를 부리지 못하고 오히려 재로 고통을 받는 형국이다.

결론적으로 신약보다는 신강사주이어야 편재의 덕을 볼 수 있으며 冲 魁이 없어야 하고 편재가 용신이 되는 사주여야 편재의 덕이 크다는 것이다.

(6) 정재正財

정재란 일간이 음양을 달리해 내가 남을 극하여 얻는 오행을 뜻한다. 예를 들면, 일간이 甲 木일 경우 천간의 己 土나 지지의 丑이나 未가 정재가 된다. 정재도 편재와 같은 의미이나 편재보다는 정직하고 정기적인 봉급 같은 재물이고, 정재는 노력한 대가만큼 얻어지는 財로써 지장간에 있어도 같은 효과가 있다.

정재는 '몸에 지는 재물'을 의미하고, 남자 쪽에서 여성의 의미로는 '정실부인'을 나타낸다. 또한, 내 몸 안에 없는 재물인 편재와 달리, 정재는 내가 정직하게 노력해서 벌어들인 재물이다.

전자에 기술한 것처럼 농경사회에서는 식신을 제일 중요한 길신으로 여겼으며, 그다음이 정재이다. 이는 식신의 기본 구조가 의식주이고, 정재는 의식주 해결 후 부를 쌓는 후 순위이기 때문이다.

육친관계로 해석할 때, 정재는 남녀 모두에게 아버지이며 특히 남자의 경우는 본처가 정재이다. 정재는 일지에 있는 게 좋고 다음은 월지이고 그다음은 시지에 있는 것이 좋다.

□ **정재正財의 성질**

정재의 성질은 첫 번째, 성실하고 정직한 재물로써 노력한 대가만큼 수익이 떨어진다. 또한, 정재는 보수적이고 절약 정신이 강한 성질을 갖고 있다. 두 번째, 정재는 선비적인 기질을 가졌다. 또한 학자의 마음이다.

정재는 상관과 같이 정의에 대한 자신만의 이상주의가 있다. 현실적인 상상력의 결과로 목표에 도달하려고 노력하는 사람이다. 정재를 가진 사람은 헛된 계획이나 꿈을 세우지 않는다. 정재는 감성보다는 이성이다.

정재와 편재는 명예를 중시한다는 점에서 재성으로서 공통점이 있지만 명예를 위해서 철두철미한 계획을 세워 정진하는 것은 편재보다는 정재의 대표적인 성향이다. 또한, 정재正財는 정밀精密하고 꼼꼼한 성분이다. 다만 너무 꼼꼼하다 보니 오히려 넓게 보는 부분에서는 결점이 나타날 수도 있다.

한편으로 재성財星을 널리 보면 정재와 편재의 성격이 재물로서는 유사하지만, 그 재물을 특정하거나 운용하는 측면에서는 판이 다르다. 편재(공간성)는 물질을 잘 다루며 숲을 보는 것과 같은 공간구조空間構造 개념이 잘 발달된 특성을 나타내는 십신이다.

또한, 편재는 재화財貨를 운용하는 능력을 의미하기도 한다. 편재의 심리적 특징으로서 먼저 거시적巨視的 경제개념을 생각할 수 있는데, 알뜰하고 정밀한 점보다는 즉흥적이고 통 큰 씀씀이 형태를 가지고 있으며, 때로는 충동적 구매습관을 나타내게 된다.

그러나 즉흥적이고 충동적인 편재는 무질서한 가운데서도 자신만의 질서를 가지고 있기도 하는데, 그것은 편재성이 물질 통제능력과 공간구조 개념으로 나타나기 때문이다. 편재의 강점은 결단력이 있고, 대담성이 있어서 돈을 투자하고 운용하는 능력이 탁월하며, 조직 관리에도 능력을 발휘한다.

하지만 정재(정밀성)는 물질의 실제 그 자체에 관심을 갖는 것이라고 하겠다. 그래서 정재는 물질에 대한 집착이 강한 특성으로 나타나게 되며, 현실에 충실하여 변화를 원하지 않으며 확실한 곳에 투자하는 성향을 보인다. 정재는 미시적微視的 경제 개념에서 그 속성를 찾을 수 있는데 숲을 보기보다 나무를 보는 특성으로, 수리적數理的 개념이 뛰어나고 계획적인 구매습관과 정밀하고 예민한 것에 강한 심리구조를

나타낸다.[11]

특히 정재는 타인과 재물을 거래할 때 인색하다. 그리고 도움을 요청하면 상대의 그 상환 가능성을 파악하고 상대가 사고를 냈을 때 정재 자신이 감당할 수 있는 범위에서만 재물을 거래하는 철저한 보수주의자이다.

□ 運의 흐름 속에서 정재의 작용

정재는 전자에서 설명했듯이 일간의 극을 받는 오행으로 음양이 다르니 처나 여자이며 재물인데, 노력의 댓가로 얻어지는 재물이다. 그래서 정재를 정마正馬 또는 천귀天貴라고도 한다.

운의 흐름 속에서 첫 번째, 정재의 작용은 편재와 같이 신약한 것보다는 신강하기를 좋아하며, 인성 신강보다는 비겁 신강을 원한다. 또한, 정재는 식신을 좋아하고 정관을 어려워하며, 겁재를 두려워한다.

세 번째, 정재는 부지런하고 검소하게 일하여 모은 재물이라 알뜰하며 저축심이 강하고 건명(남)에는 처가 되므로 일생동안 고락을 같이하는 성질이다. 이는 정재도 천간보다는 지지에 있는 것이 더 힘이 강하고 지장간地藏干에 숨어있어도 그 효과는 동일하다.

네 번째, 정재는 길신이라 순행되어야 좋다. 즉 식신, 상관을 좋아해 식상이 없는 정재는 재성의 역할을 다하지 못한다. 정재가 많으면 정 때문에 손해를 보지만, 인색하고 의심이 많아 재다신약財多身弱한 사주는 오히려 재물로 고통을 받는다.

다섯 번째, 재다신약한 사주가 관살이 왕旺 하면 처첩이나 여자 때문에 치욕을 당하고 주색으로 패가망신하기도 한다. 또한, 일지에 정

---

11) 서광호, 『心理四柱와 進路適性』, 왕산, 2015, pp.155~156.

재가 있고 다른 곳에 편재가 있으면 처첩을 둘 수가 있다.

결론적으로 재성의 기운인 정재·편재 모두 같이 沖 尅을 싫어하며, 그 沖 尅을 받으면 그 효과가 없다.

사주 1 예) 사주 2 예)

戊 癸 己 庚 戊 甲 己 丙
午 巳 亥 辰 辰 辰 丑 申
시 일 월 년 시 일 월 년

위 사주 1 예는 巳 亥 沖으로 財의 가능이 무너져 있으며 특히 木이 부족해 식신이 없다. 식상이 없는 財는 큰 효과가 없어 부유한 사주가 못된다. 또한, 정재는 편재와 혼재되는 것을 싫어하며 특히 財가 너무 많은 재다신약財多身弱이 되면 더 나쁘다.

위 사주 2 예의 경우는 土가 많은 재다신약 사주로 부모와 처 덕이 없으며 돈 때문에 노후에도 고통을 받는 사주가 된다. 특히 재다신약으로 월지에 재가 있으면 조실부모할 가능성이 크고, 일지에 財가 있다면 처 복이 없고, 시지에 재가 있으면 자식 덕이 없다. 이 모든 것은 재다신약일 경우이다.

다섯 번째, 정재가 여러 개 겹쳐있거나 또는 편재와 혼재되면 본처 이외에 첩을 두며 첩으로 인해 고통을 받는다.

사주 1 예) 사주 2 예)

甲 辛 己 癸 壬 壬 丁 丙
午 亥 亥 卯 戌 午 未 申
시 일 월 년 시 일 월 년

위 사주 1 예는 신약한 사주인데 亥의 지장간에 甲 木이 있다. 亥 亥라 甲 木이 겹쳐 있고, 이 甲 木이 정재가 된다. 이는 부인이 둘이라는 뜻으로 두 집 살림할 사주이며 두 여자를 거느리고 고통을 받는다. 하지만 亥 亥가 자형살로써 사주의 용신과 대운의 흐름을 잘 살펴보아야 한다.

또한, 위 사주 2 예에서도 壬 일주인 水가 월지 지장간에 乙 木 식상과 정재가 있어 재다신약財多身弱한 사주로 재주는 있으나 항상 낭비하여 재물로 고통받는 사주이다. 이는 사주 구성이 재다신약한 사주는 재물을 추구하는 것보다는 인성을 키우는 역할에 만족을 다해야 한다는 격언이기도 하다.

결론적으로 정재도 편재와 같이 순행되면서 沖헨을 받지 말고 인성 신강보다는 비겁 신강이어야 부유한 정재를 얻는다. 물론 지장간에 있는 정재도 같은 효과를 갖는다.

(7) 편관偏官

편관이란 일간인 나를 극하는 오행으로 음양이 동일한 경우이며, 일명, 칠살七殺이라고도 한다. 즉 천간의 충沖과 지지 충沖의 의미를 갖는다. 예를 들면, 천간에서는 甲 庚 沖, 乙 辛 沖, 丙 壬 沖, 丁 癸 沖이 되며, 지지에서는 子 午 沖, 卯 酉 沖, 寅 申 沖, 巳 亥 沖의 의미가 된다.

편관은 오행의 기운 중에서 가장 기운이 세다. 그래서 편관은 엄청난 에너지가 있어 그에 따른 성취 욕구가 매우 크다고 할 수 있다. 그래서 편관을 권력지향적 또는 공격적인 성향으로 판단한다. 이는 남성은 오디푸스적 지향의 성격과 여성의 엘렉트라 콤플렉스를 극복할 수 있는 강한 에너지의 원천으로 생각하는 이유이다.

육친 관계에서 편관은 남자의 경우에 자식(아들)이 편관이고, 여자의 경우는 남편 외의 애인이 되며, 일반적으로는 법대로 하는 법규, 통제 하는 기관이나 직장상사를 뜻한다. 즉 나를 억압하는 기관이 편관이 다.

편관은 "신왕身旺하면 칠살이 화化하여 편관이 되나 신약하고 제복 함이 없으면 칠살이 된다."고 하여 편관이 길하게 되는 제일 조건은 신왕한 기운이며 제복을 다음으로 들고 있다.

우선 신약하고 편관이 있는 경우, "편관은 칠살과 같으며 호랑이와 같다. 신약하고 호랑이가 강하면 화환이 된다. …신약한 자는 관이라 도 살이 된다."고 하여 편관과 칠살은 본신本身의 氣에 따라 길흉이 갈 릴 수 있음을 말했다. 칠살을 만날지라도 인성을 살펴 만약 "인수운을 만나면 영화롭게 된다."[12] 등으로 인수는 정관에서와 같이 편관에서 도 중요한 작용을 하고 있음을 알 수 있다

□ **편관偏官의 성질**

편관은 일간을 극 하는 오행으로 음양이 같으므로 건명(남)은 아들 이고 곤명(여)은 일간과 상극이나 음양이 짝을 이루지 못하여 정부이 다. 일간을 중심으로 편관은 칠살七殺, 적성敵星, 관귀官鬼, 천형天刑이 라고도 한다.

우선, 관성官星을 알아보면 편관은 기본적으로 나를 통제하는 성분 이다. 편관偏官의 심리는 원칙주의적인 면과 의무감, 책임감 등으로 나 타난다. 편관의 성질을 구분해 보면 첫 번째, 편관은 원리 원칙을 중 시하는 상사의 마음이라 고독하고 잔인한 성격을 갖고 있다. 즉 죄를

---

12) "偏官則七殺同, 偏官如虎, 身弱虎强成禍患. (中略) 身弱者以官爲殺.", 서승, 「偏 官詩訣」

지면 인정사정없이 처벌하는 성격이다.

두 번째, 편관은 어려운 환경에 대응하는 인내심이 강하여 그릇이 크다고 한다. 또한 기억력이 좋아서 오래된 일도 잊지 않고 시시콜콜 기억하기도 한다.

세 번째, 의협심이 강해 불의를 보면 못 참는다.

특히 사주가 편관격이면, 법을 잘 지키고 불의를 보면 못 참는다. 또한, 스스로를 어떤 규범이나 틀에 묶어 두려는 성향으로 사교성이 부족해서 대인관계가 원활하지 못해 융통성이 없고 고집스럽게 보이기도 한다.

네 번째, 편관의 본성은 총명하고 과단성 있으며, 모험을 즐기고 교재를 좋아한다. 또한, 사주가 신왕하고 편관이 약하면 불성실하고 게으르며 자만심이 강하다. 다섯 번째, 사주에 편관과 인성이 있을 때 신약하고 편관이 왕하면 무관에 인연이 있고, 편관이 약하고 인성이 신왕하면 문과에 인연이 많다.

특히, 괴강살이 편관이면 군인으로 진출한다. 여섯 번째, 일지에 편관이 있으면 생각이 예리하나 성격이 급하고 부부궁이 흉하여 극이나 합이 안 되면 배우자가 흉포하고 변태성 이성 관계를 좋아한다.

□ **운運의 흐름 속에서 편관의 작용**

운의 흐름 속에 편관의 작용은 첫 번째, 사주에 편관이 많으면 조급한 성격을 갖고 화를 잘 낸다. 이는 월지가 천간에 투간한 편관격 사주일 경우이다. 그리고 편관은 칠살이라 나쁘다. 하지만 내 힘이 강한 신강사주라면 편관이 용신이 되어 군인, 경찰 등 명령 계통에서 성공할 수 있다.

사주 1 예)　　　　　사주 2 예)

戊 戊 丁 丁　　　　戊 丁 癸 己

午 寅 酉 丑　　　　申 卯 亥 卯

시 일 월 년　　　　시 일 월 년

위 사주 1 예에서 보면 土가 강한 신강사주이며, 水와 木이 용신으로 木인 寅이 편관인데 편관이 용신이 되면 군, 검, 계통에 종사하면 성공할 수 있다. 또한, 편관은 月支에 있는 것이 가장 효과적이다. 그 이유는 편관은 법의 마음이라 월지의 어머니에게서 엄한 교육을 받아 올바르게 평생을 살아간다. 즉 법을 지키고 살아가는 올바른 삶을 지향한다는 뜻이다.

위 사주 2 예에서 볼 때 亥月의 丁 火라 편관격扁官格인데 신강身强 사주라 엄한 교육을 받아 법관으로 성공할 수 있는 사주이다. 월주에 편관이 들면 법에 충실하게 살아가고, 법을 집행하는 기관에 종사하면 성공한다.

두 번째, 편관이 내 사주에 좋으냐 나쁘냐는 사주가 신강이냐 신약이냐를 보고 판단하는 것이며 신강사주로 편관이 용신이 되면 명령계통에서 성공할 수 있다. 만약 신약사주로 편관이 많으면 고통스러운 삶이 되고 극단적으로는 불구의 몸을 가질 가능성이 크다.

사주 1 예)　　　　　사주 1 예)

0 丁 癸 0　　　　辛 乙 庚 0

子 巳 亥 亥　　　　0 酉 戌 申

시 일 월 년　　　　시 일 월 년

위 사주 1 예는 신약身弱사주로 관살혼잡官殺混雜인 사주인데 亥月의 편관이 아주 나쁘고 沖 剋이 심해 실지로 불구의 몸이 된 안타까운 사주이다. 사주에 편관이 전혀 없으면 통제력이 없어 천방지축으로 제멋대로 살아갈 가능성이 있고, 법을 지키지 않고 남을 해롭게 할 우려가 있다.

또한, 위 사주 2 예처럼 여명 사주에 편관이 많으면 남편을 극하고 성적으로 문란할 가능성이 크다.

결론적으로, 편관偏官의 성분은 나를 감정적으로 극제剋制하는 성분이다. 이러한 성분을 사회생활에 적용시켜 보면 어렵고 힘든 일을 처리하는 과정에서 자신의 의지를 초지일관으로 추진하여 오직 한 길로, 처음 세운 계획대로 밀고 나간다. 그러므로 편관은 원칙성이 특징이다. 또한, 기억력이 특별히 뛰어난 성분이기도 하다.

편관은 일주가 신강 했을 때는 매우 매력적이며, 독립적인 힘을 발휘하여 권력과 명예를 얻을 수 있다. 하지만 신약한 사주일 경우, 특히 인성이 사주원국에 없을 경우에는 편관은 칠살로서 변하여 무서운 힘으로 일간에게 그 고통을 안겨준다.

(8) 정관正官

일간이 나를 극제剋制하는 오행으로 음양이 다른 경우인데 甲 木의 경우 辛 金이 정관이 된다. 정관은 「명예와 관직」을 추구한다는 점에서 관성인 편관과 비슷하지만, 편관에 비해 추구하는 이상이 안정적이다.

정관이 추구하는 기운은 '건강한 보수'이다. 그리고 정관은 규칙적이면서 논리적이다. 관성은 근본적으로 자기를 극제剋制하는 힘이기 때문에 정관은 사람의 성장과정으로 비유해 보면 말 잘 듣는 초등학

생 같은 마음이다.

또한, 정관正官은 흔히 합리적인 사람이라고 인식을 한다. 언제라도 변함이 없는 모습으로 신뢰감을 준다. 하지만 사무(일) 처리에 있어서는 능동적인 것보다 다소 수동적인 성향을 띤다. 이는 정관은 어떤 일이 자신에게 의뢰가 들어오면 그때 비로소 자신의 합리적인 생각으로 일을 처리하려고 한다는 의미이다. 따라서 정관은 시켜주면 잘하지만 시켜주지 않으면 하지 못하는 성분이 있다. 그래서 정관은 우두머리가 되려고 하지 않는다. 또한, 자신의 모든 상황을 안정적으로 만들기 위해 충동적인 기질을 억제한다.

십신의 오행 중 정관을 극하는 것은 식상 중 상관이다. 특히 년주와 월주에 상관이 있으면 모든 시험에 운이 작용하지 않는다. 예를 들어 실력은 좋은 데 시험 운이 없다는 말을 종종하는 사람들은 상관이 정관을 극·제하고 있기 때문이다.

한편, 육친 관계에서 정관은 남자의 경우에는 자식(딸)이 되고, 여자의 경우에는 남편이 된다. 일반적으로 조직 내에서는 정이 있는 직장 상사가 정관이다. 따라서 남자의 경우 정관은 직장생활을 뜻하고, 여자의 경우는 결혼 관계 및 가정생활을 표시한다.

□ **정관正官의 성질**

정관은 오행을 극 하는 오행이나 음양이 다르니 건명(남)은 딸이 되고 곤명(여)은 서로가 짝을 이루게 되어 남편이 된다. 정관은 재물을 탈취하고 사회질서를 어지럽히는 겁재를 제어하여 세상을 안정되고 평안하게 한다고 하여 관귀성官貴星 또는 권신權神, 천인天印이라고도 한다.

정관의 마음은 정직하고, 성실하고, 명예와 신용을 중시한다. 즉 법을 지키고 성실하게 살아가는 마음이다.

음양오행의 법칙을 인간사에 배속해 보면 인·의·예·지·신으로 구분하는데, 그중 정관은 올바른 인간관계의 신을 나타낸다. 이에 따라 정관의 성질을 정리해 보면 첫 번째, 정관은 신의를 존중하며 매우 합리적습理性이다. 이 말의 의미는 자기를 스스로 자제할 수 있는 성분이라는 뜻이 함유되어 있다. 또한, 정관의 심리는 합리주의적인 면과 객관적이며 타협적이라는 안정지향형 성격이다.

특히, 정관은 준법정신과 일을 공명정대하게 처리하려는 성향을 가지고 있어 명예와 관련이 있다. 그래서 대인관계도 원만하고 융통성 있게 이끌어 간다. 그렇지만 정관의 단점은 자칫 우유부단하게 보일 수도 있고, 때로는 개성이 부족하게 보일 수도 있다.

두 번째, 정관은 남자의 경우 직장에서의 녹신祿神이 되어 직장 내의 직위를 표시한다. 또한, 정관은 월지에 있는 것이 가장 중요하고 다음은 일지에 있는 것이 좋다. 격국에서 정관격은 월주를 기준하여 월지에 정관이 있으면서 천간에 투간하여야 정관격正官格이 된다.

세 번째, 일간이 신약하고 정관이 왕旺하면 정인을 좋아하고, 신왕하고 정관이 약하면 십신상 재성이 필요하다. 한편, 정관은 상관을 만나거나 편관이 있어 관살이 혼잡되는 것을 가장 두려워한다. 또한, 월지에 정관이 있고, 원국에 인성이 있으면 높은 지위에 오르고, 일생을 안락하게 보낸다.

□ 운運의 흐름 속에서 정관의 작용

『자평명리학子平命理學』에서 관성에 대한 설명 중 편관偏官은 칠전팔기七顚八起의 정신으로 목적을 향해 정진하지만 주체성을 억압하여 스트레스가 발생할 수도 있고, 정관正官은 안정감과 신뢰성을 갖고 있지

만 보수적이고 답답함을 느끼게 된다고 피력하고 있다.[13]

운의 흐름 속에서 정관의 작용은 첫 번째, 사주원국 내 정관이 월지에 들어있을 때가 가장 잘 작용하며, 정관의 작용은 사주가 신강이냐 신약이냐에 따라 길흉을 판단한다. 두 번째, 일주가 신강한 사주로써 정관이 용신이 되면 공직 계통에서 성공할 수 있다.

사주 1 예)   사주 1 예)

　０ 己 丙 ０　　　　乙 辛 壬 壬

　卯 丑 寅 亥　　　　亥 丑 子 戌

　시 일 월 년　　　　시 일 월 년

위 사주 1 예에서 寅月의 己 土라 정관격 사주인데 寅이 용신이라 공직에서 크게 성공한 사주이다. 세 번째, 사주가 신약하여 관살혼잡이 되면 남자는 직장을 자주 옮겨 직장생활이 불안정해지고 여자는 성이 문란해져 가정생활이 어려워진다.

네 번째, 만약에 사주에 정관이 전혀 없으면 생활이 방탕해지며, 특히 여자의 경우는 남편 복이 없고 고독해질 가능성이 크다. 즉 정관이 지장간地藏干에도 없는 경우는 특히 더 남편 복이 없다. 위 사주 2 예는 官인 火가 전혀 없어 노후에 독수공방할 사주이다.

다섯 번째, 여자 사주에는 정관이 하나쯤 있어야 남편 복이 있다. 물론 지장간에 정관이 있어도 남편 복이 있다. 반대로 여자 사주에 정관이 전혀 없으면 고독한 사주가 된다.

---

13) 박주현,『子平命理學』, 삼명, 2005.

사주 1 예)	사주 2 예)
〇 甲 丙 〇	〇 辛 丁 〇
戌 寅 申 酉	午 巳 酉 申
시 일 월 년	시 일 월 년

여섯 번째, 정관이 沖 魁을 받으면 정관이 나쁘게 작용되어 남자는 직장생활이 불안정해지고, 여자는 가정이 파탄될 우려가 있다. 위 사주 1 예와 같이 寅 申 沖, 甲 庚 沖으로 정관이 沖을 받으면 여러 면에서 나쁘게 작용한다.

또한, 위 사주 2 예처럼 관성이 혼잡하면 남자 관계가 복잡하다는 의미인데, 이는 관살혼잡형 사주의 전형이지만, 특히 이 사주는 관성이 태과太過하니 오히려 편관의 기운이 강하게 작용한다. 과거 봉건사회에서는 위 같은 사주를 꺼리고 경계하였지만, 지금 세상에서는 "잘 노는 여자가 일도 잘하고, 또 시집도 잘 간다."라고 해석하기도 한다. 이와 같이 우주 기운의 변화도 시대적 환경을 벗어 날 수는 없다.

(9) 편인偏印

편인이란 일간인 나를 생生 해주는 오행으로 음양이 동일한 오행을 뜻한다. 즉 편인은 일간인 내가 생 해주는 식상과 달리 나를 생生 해주는 것이기 때문에 타인의 힘을 가져오는 것이 된다.

여기서 편은 '치우칠 편偏'이란 뜻으로 甲 木 일간을 생 해주는 水 오행에서 음양이 같은 것이다. 甲 木일 경우 壬 子가 편인이 된다. 인성은 학문, 종교, 명예를 의미하는데, 같은 학문이라도 편인은 제도권보다는 재야나 특수한 상황의 학문을 연구하는 것을 말한다.

이는 학문적으로 '고독한 학문'을 뜻한다. 또한, 편인은 비겁 다음으로 강한 힘을 지니고 있다. 그래서 편인偏印은 실천적 의지와 결단력이 강하다.

또한, 편인 기운이 강한 사람은 매사 한 번 일에 꽂히면 물불을 가리지 않고 덤비는 경향이 있다. 그래서 편인격의 주변에 있는 사람은 다소 피곤할 수 있어 상대적 만남을 회피한다.

편인의 성질은 매사 기회주의적 성격이 강하고, 자기 몫만을 챙기거나 다른 사람의 것을 파괴하는 흉성이다. 편인은 식신을 극하는 기운이라 창고의 물건과 재물을 훔쳐 가버리는 형상이므로 평생을 고독하고, 힘들게 살 수 있다.

옛 고전에서는 "편인이 많으면 밑 빠진 독에 물붓기와 같아서 재물이 모이지 않는다"고 했다. 그래서 편인을 일명 도식倒食이라고 표현했다. 편인은 편관의 악살惡殺을 제거해 주는 역할을 하여 살殺 기운을 인성印星으로 화하는 기능을 갖는다.

육친관계에서 편인은 어머니이거나 생모는 아니다. 즉 정이 없는 계모이며 사위나 이모가 편인이 된다.

□ **편인偏印의 성질**

편인은 일간을 생 하고, 음양이 같아 짝을 이루지 못한다. 또한, 식신인 수복성壽福星을 파괴하므로 외면적으로는 생이 되나 내면적으로는 오히려 해가 되어 서모나 계모의 마음으로 보는 것이다.

한편, 편인이 식신을 극하기 때문에 전자에 서술한 바대로 도식倒食이 되고 효신梟神이 되며, 천수天囚, 탄함살呑陷殺이라는 별호가 붙은 것이다.

편인偏印은 심리적으로 독특한 성질을 지니고 있는데 조급躁急한 편이기도 하고 완고頑固한 편이기도 해서 예측을 불허한다. 한편 머리 회전이 대단히 빨라 상대방의 나오는 태도에 따라 재빨리 대책을 강구하는 임기응변의 명수이기도 하지만, 한번 마음먹은 일은 누가 무슨 말을 해도 밀어붙이는 경향이 있다.

하지만 진취력이 남보다 몇 배 왕성旺盛하나 곧 식기 쉬운 경향이 있어 자기가 계획했던 일이 어느 정도 본궤도에 오르면 그것을 계속 밀고 나가려 하지 않고 또 다른 일을 생각하게 되는데 이것이 편인의 기질이다.

편인은 정인과는 달리 사기성과 허례허식이 강하여 고독을 초래하거나 외로운 성격이다. 어느 때는 성인군자 같고 어느 때는 소인배와 같아 종잡기 힘든 성격으로 불평불만이나 의심이 많다.

따라서 가족이나 친구들 간에 친하게 지내기 힘들고 대인관계가 항상 불안하다. 신경이 예민하고 히스테리가 심하여 다른 십성의 성격보다는 우울증에 노출될 가능성이 높은 편이다.

□ **운運의 흐름 속에서 편인의 작용**

원래 편인의 본성은 활발하고 종횡무진 일을 처리하며 다방면에 재능은 많지만 뚜렷한 자신의 능력개발에 소홀하거나 한 가지 일에 전념하지 못한다. 또한, 편인이 많으면 처음은 근면하나 뒤에는 태만하고 음탕하거나 난잡한 기운도 있기 때문에 매사 일마다 용두사미가 될 염려가 있다.

성정적性情的으로 편인은 정이 없는 고독한 마음을 갖고 있으며, 사주에 편인이 많으면 정신적으로 베푸는 직업을 갖는 게 많다. 종교가 등에 편인이 많고, 스님이나 수녀 등은 식상보다는 인성이 강하다.

사주 1 예)　　　　　　사주 2 예)

```
0 丁 乙 甲        丁 辛 己 丁
寅 亥 0 寅        未 未 酉 酉
시 일 월 년        시 일 월 년
```

위 사주 1 예는 인성이 지나쳐 직업을 갖기 어렵고 종교계에 종사하게 된다. 앞에서 말한 바와 같이 식신이 없고 인성이 지나치게 많으면 고독하게 종교계에 종사하는 경우가 많다. 또한, 사주에 편인이 너무 많으면 고독하고 처자妻子와 이별할 가능성이 크다.

대체적으로 편인격이 많은 사주는 목사, 스님이나 수녀들에게 많은 편이다. 한편, 식상이 없고 인성만 많으면 거지 사주이다. 위 사주 1을 볼 때 丁 火가 土가 없어 식상이 없고 木이 많은 인성 위주로 되어 있어 고독한 사주가 된다.

위 사주 2 예를 보면, 편인이 많으면 이복형제 등 원 뿌리가 없고, 한 줄기 소에 여러 개의 꽃이 피어 있을 가능성이 크다. 이에 쌍둥이 사주도 편인격이 많은 편이다. 위 사주 2 예는 지지에 편인이 겹쳐 있어 실제 쌍둥이 사주이다.

```
사주 1 예)            사주 2 예)
庚 甲 己 0           丁 庚 甲 0
子 子 亥 0           未 辰 戌 0
시 일 월 년           시 일 월 년
```

위의 1 예 사주에서 亥 중 壬 水가 겹쳐 있어 계모가 있는 실제 사주로 이복형제가 있으며, 이는 월지의 지장간에 편인이 겹쳐 있으면 이복형제가 있을 가능성이 있다는 것을 의미한다. 한편, 일지에 편인이 겹쳐 있으면 고독한 학문을 하게 될 경우가 큰 사주이다.

위 사주 2 예는 일반적인 회사원은 부적합하다. 대신 위 사주는 특수한 영역에서 자신만의 비상한 능력을 발휘하는 사주이다. 이는 편인격이 일지와 월지의 기운을 설기洩氣하고 있기 때문이다. 그래서 편인의 기운은 끼도 많고 변덕도 심하다고 표현한다. 이를 보면 국내 스타트업Start-Up 기업의 성공 요인 중 하나는 편인격의 기운의 종사자가 많이 근무해야만 성공할 수 있는 확률이 높다는 의미가 된다.

(10) 정인正印

정인이란 일간인 나를 生 해주는 오행으로 음양이 다른 경우를 뜻한다. 즉 정인은 나를 낳아주는 오행 가운데 음양이 다른 것이다. 甲木의 경우 癸 亥가 정인이 된다. 정인은 인수印綬라고도 한다. 어머니가 자식을 생각하는 것이 정인이다.

정인은 교육, 수양, 학문에도 해당되어 인의를 존중하는 성격으로 인정이 많고 종교적인 자비심과 봉사정신이 많은 사람이다. 전통을 살리고 명예를 지키려는 선비 기질이 강한 보수적인 성격이다. 하지만 자신의 실력을 너무 믿고 타인을 무시하거나 외골수적인 편협한 생각으로 다른 사람과의 마찰이 생기는 경향이 많다.

한편, 정인은 실천력이 약하고 행동이 느리거나 게으른 성격이기 때문에 항상 다른 사람보다 더 솔선수범하는 습관이 몸에 배어 있어야 한다. 정인은 식신, 정재, 정관과 더불어 사주명리의 대표적 길신이다.

정인의 육친관계는 남녀 모두가 어머니이고 남자의 경우는 손자가 되고, 여자의 경우는 사위도 정인이 된다. 정인은 어머니 마음이라 정인이 많은 사람은 가족애가 깊고 이론을 중시한다.

□ **정인正印의 성질**

정인正印은 일간을 生 해주고 음양이 다르므로 흡인력이 있다. 또한, 내가 원하는 것의 수락 또한 배척하지 않으며 평화로운 방식으로 수락하는 형식이며, 정인正印의 성격은 한마디로 말해 학자나 선비 타입이다. 두뇌가 명철하며 노력가이고 성질도 선량하나 까다로운 점도 있다.

또한, 정인은 예절과 덕망을 갖추어 자세는 좋으나 너무 전통성을 따지거나 외골수적인 특징도 있다. 이에 칭찬을 해주거나 실력을 인정해 주면 남보다 몇 배 좋아하는 반면에 자존심을 건드리면 그 반대의 현상으로 반항까지 한다. 이 점만 시정하면 자비심도 풍부하고 의리와 인정도 두터워 남들로부터 존경받게 되는 것이 정인의 기질이다.

정인은 개성이 별로 강하지 않아 재미나 유머는 없는 인물이다. 또한, 다소 자기중심적인 사고를 소유하고 있어서 이기적인 평가를 받는 편이다. 사주에 인수가 많으면 어릴 때 몸이 약하거나 부모의 운이 좋지 않았다고 할 수 있다.

정인은 상관을 극하는 데 상관은 남자에게는 조모요, 여자에게는 자녀에 해당한다. 따라서 여성이 인수가 많으면 자식이 되는 상관을 극·상하게 되니 자식이 견딜 수 없어 무자 하는 경우가 많다. 인성이 없는 사람은 도와주는 사람이 없는 사주이니 종교에 귀의하는 편이 좋다.

『자평명리학子平命理學』에서 인성印星의 기질에 대해 표현한 것을 보면, 편인偏印은 내면內面의 소리를 잘 들어서 현명하지만 의심하는 마음으로 대인관계에 장애障碍를 일으킬 수도 있고, 정인正印은 사랑의 마음으로 타인他人을 보살피지만 너무 상대를 믿어 희생을 당할 가능

성이 있다고 설명하고 있다.[14]

□ **운運의 흐름 속에서 정인의 작용**

정인은 일간을 생 하는 오행으로 음양이 다르니 정생正生이 되어 자애로운 어머니 같은 기운이다. 정인은 일간의 관귀성官貴星인 정관을 파괴하는 상관을 파극破剋하여 관록官祿을 보호하며 벼슬길에 나가 허리에 인 끈을 두르는 형상이라 하여 일명 인수印綬라고도 하며 문성文星, 천권天權이라는 별호를 가지고 있다.

정인은 학문의 마음으로 지식과 명예를 중시한다. 정인이 용신用神이 되면 학문적으로 성공할 수 있다. 정인의 마음은 베푸는 마음이라 '학문의 마음'이다. 정인이 용신인 사람은 사업보다는 학문의 길로 나아가야 성공한다.

사주 1 예)				사주 2 예)			
戊	丁	癸	0	壬	乙	丁	丁
申	巳	亥	0	辰	酉	未	酉
시	일	월	년	시	일	월	년

위 사주 1 예는 관살혼잡형 사주로 木인 인성이 용신이라 학문으로 성공할 수 있는 사주이다. 이처럼 관살이 지나친 사주는 인성이 용신이 되는데 인성이 용신인 사주는 학문 계통으로 성공할 수 있다.

위 사주 1 예처럼 정인이 용신인 사주는 관살이 많은 사주이며, 이 정인이 용신인 경우는 학문을 하는 게 좋다. 위 사주 2 예도 관살혼잡

---

14) 박주현, 『子平命理學』, 삼명, 2005

형 사주이지만 시간에 인수가 있어 말년에 학문으로 편관의 날까로운 극·파를 벗어날 수 있다.

또한, 일상에서 인수의 기운은 문서운과 진학운이며, 용신이 정인일 경우 이 운의 성세가 더 강하게 작용하다. 모든 학문과 관계되는 운이 이 정인운에 달려 있다고 해도 과언이 아니다. 한편, 문서운이 바로 정인에 해당되니, 정인운이 좋은 해는 문서운(부동산 등)이나 진학운이 좋게 작용한다.

사주원국이나 대운에 정인이 용신이고 문창성文昌星이나 화개성花蓋星이 같이 있으면 학문적으로 성공해 박사 칭호를 받는다. 문창성이란 학문하는 성으로 甲은 巳, 乙은 午, 丙이나 戊은 申, 丁이나 己는 酉, 庚은 亥, 辛은 子, 壬은 寅, 癸는 卯가 문창성인데, 인성운이 용신이 되고 문창성이 사주에 있으면 학문적으로 대성한다.

하지만, 사주에 인성이 지나치게 많으면 남에게 손 벌리는 거지 사주라고 하며, 이에 식신이 없다면 사업가로 성공할 수 없다. 인성이 지나치게 많은 사주에서 인성운이 또 오면 사업이 망하고 가정이 붕괴될 우려가 있다.

사주 1 예)

壬	甲	0	壬
0	午	子	子
시	일	월	년

사주 1 예)

壬	乙	壬	0
午	亥	午	0
시	일	월	년

위 사주 1 예는 壬 水가 지나치게 많아 인성이 많은 사주인데 또 대운이나 세운에서 壬子年이나 癸亥年이 오게 되면 가정이 파괴될 우려가 있다. 반대로 사주에 인성이 하나도 없으면 주위에서 도와주는 사

람이 전혀 없어 인덕이 없고 고독할 우려가 있다.

특히, 관살이 강하고 인성이 전혀 없다면 고통스러운 사주가 된다. 하지만 위 사주 2 예처럼 정인이 태과하여도 고독한 사주가 된다. 이는 남녀 상관 없이 필요 이상으로 생각이 많으며, 모든 계획이 공상가처럼 꿈만 설정하다가 지나버리는 허망함을 맛본 뒤 항상 뒤늦은 깨달음으로 후회가 깊어진다는 의미이다.

2) 십신의 현대적 의미와 재해석

현대 명리학에서 십신十神은 대단히 중요한 역할을 한다. 사주를 해석하는 통변술로서 중요하며 특히 사주 해석의 폭을 넓히면서 시대적 요소를 접목시킬 수 있기 때문이다.

십신은 그 고유한 성정을 근거로 인간사회의 사물과 현상들 간의 외연을 확장시키면서 모든 것을 십신의 체계로 범주화하는 사유방식으로 작용한다. 그러므로 일간, 즉 '명주命主'의 부·귀·빈·천뿐만 아니라 성격·재능·적성·학문·건강 등도 나타낸다. 또한, 십신을 통해 살아가면서 만나게 되는 각각의 운행運行과의 관계도 파악할 수 있는 삶의 생생한 정보를 제공한다.

십신十神은 한 개인이 태어나면서 자신의 의지와는 무관하게 속하게 되는 혈연사회인 가족관계의 길흉을 알 수 있는 근거가 된다. 또한, 십신은 살아가면서 어느 정도 자신의 의지에 의해 후천적으로 속하게 되는 지역사회와의 모든 관계를 유추해 볼 수 있는 중요한 단서가 된다. 이와같이 십신은 한 개인에 대한 모든 정보를 유추할 수 있는 부호와도 같아서 사주 감정과 해석의 중추적 역할을 한다.

그런데 음양오행의 정해진 원리에 따라서 변환된 십신十神에서

관·재·인은 일간과 음양이 짝이 되는 것을 순順으로 간주하여 명칭 앞에 정正이 붙고 음양이 편중된 것은 편偏이 붙는다. 그리고 정이 붙은 것은 길신의 개념으로 여기며 편이 붙은 것은 대체로 흉신의 개념으로 여긴다.

이에 반해 같은 십신十神의 요소임에도 불구하고 식상·비견은 正·偏으로 명명命名하지 않을 뿐만 아니라, 일간과 음양이 같은 식신을 順으로 보며 길신으로 분류하고 음양의 배합을 이루는 상관과 겁재는 흉신의 개념으로 분류한다.

이를 다시 정리하면 정관·재성·정인·식신은 길신의 개념으로, 편관[칠살]·편인[효인]·상관·겁재는 흉신의 개념으로 여겨졌다.[15] 즉 정관·편관·정재·편재·정인·편인·식신·상관·비견·겁재인 열 개의 십신의 구성요소들이 위와 같이 관·재·인은 음양의 배합이 바르게 되어있으면 正이라 하고, 같은 음양으로 치우치면 偏이라 이름을 붙인다. 그러나 식상과 비겁은 같은 십신인데도 불구하고 정·편으로 구분하지 않고 음양의 배합이 바르면 상관·겁재가 되고 음양이 편중되면 식신·비견이라고 구분하였다.

또한, 지금 시대에 맞게 십신十神의 성질과 배치, 그리고 사회 심리적 관계성을 해석해 보면, 과거 전통적 시기의 단순한 사회와 비교해 볼 때 복잡한 현대사회의 현상을 심리적으로 분석하기에는 그 내용이 좀 더 세분화되어야 한다. 이에 십신十神의 심리적 작용을 현대적 관점

---

15) "其所用吉神, 或爲財, 或爲官, 或爲印綬, 或爲食神.", 서승, 「羣興論; "財官印綬, 破則無功, 殺傷梟劫, 去之爲福.", 위의 책, 「玄機賦; "財官印食, 定顯慈祥之德, 傷官劫刃, 難逃寡惡之名.",「雜論口訣 .『연해자평』에서는 재·인수는 일반적으로 정편을 가리지 않고 길신으로 취급했으며 현대 명리학에서는 십신의 명칭에 따른 길·흉신의 구분은 하지 않는 추세이다.

에서 재해석하여 다음과 같이 도표로 정리한다.

구분	십신의 본능적 심리
정관	순종, 법규 준수, 일상적인 규율 준수, 합리적 사고, 책임감, 충성, 이성적, 양심적, 사회적 공론을 중시, 단체 결정 존중.
편관	어렵고 힘든 일이지만 굴복하지 않음. 권위, 의지력, 기백, 불복, 난폭함, 굳센 힘, 자기억제, 매서움, 자기통제, 의리, 절제, 규율.
정재	감각기관의 편안함. 재물에 대한 집착, 현실적, 실용적 이익추구, 신비와 종교를 믿지 않음.
편재	비록 재물을 관리하나 재물을 중시하지 않는 마음. 머릿속에 있는 입체도안의 전개도나 측면도를 볼 수 있는 능력.
정인	명성을 담백하게 생각하며 영악하지 않음. 안정적이고 보수적임. 듬직하며 수양이 되어있고 자애로움.
편인	폐쇄적이면서도 표현하고 싶은 욕구를 가짐. 단순화시키면서 오히려 많은 사례를 생각함. 고독함.
식신	연출은 하지만 잘난 체 하지 않는 심리. 사랑하는 마음. 유유자적하는 마음. 집착함이 없이 노력을 기울임.
상관	성취감. 명성을 좋아함. 자신을 긍정하고 칭찬해 주는 것을 중시하는 마음. 주면서도 준 것을 중시하는 마음.
비견	일하는 능력은 풍부하나 행동이 비교적 느림. 일을 처리함에 두려움은 없으나 흥맹하지 않음. 주동적이고 자주적임.
겁재	무엇을 하겠다고 생각하면 바로 행동에 옮김. 피를 두려워하지 않음. 독립성이 있으며 행동으로 일을 해결함.

*16)

---

16) 何建忠, 『八字心理推命學』, 臺北, 龍吟文化出版, 1994, p.182~191.

구분	십신의 현대적 심리
비견	긍정적인 면은 독립적인 행동이 투철하며 매사 자신감이 있고 뚜렷하며 사리사욕이 없고 사사로운 일과 불의와는 타협하기 싫어한다. 부정적인 면은 자존심이 강하여 시비와 투쟁을 참지 못하는 면이 많고 간섭을 매우 싫어하며 주위로부터 충고나 권위를 무시한다. 또한 참을성이 없으며 조급하고 즉흥적이며 실수를 잘한다.
겁재	긍정적인 면은 강한 사람에게는 강하고 약한 사람에게는 측은지심이 있고 자존심이 강하고 성취욕과 추진력이 짙고 직무에 최선을 다하고 경쟁력이 매우 강한 성향이 있다. 부정적인 면은 자존심이 강하므로 타인을 쉽게 무시하는 경향이 있으며 질투심이 많고 교만하여 불손하는 성향이 짙고 한편으로는 투기와 요행을 바란다.
식신	긍정적인 면은 예의와 겸손을 알며 온화하고 사람들에게 인기가 좋고 인간관계도 원만하며 허영과 이상보다는 현실적인 면을 추구한다. 부정적인 면은 뜻은 크지만 결단성이 부족하고 싫증을 잘 느끼며 말이 앞서고 행동과 실천은 안된다. 또 일을 벌리지만 인내심이 부족하고 마무리를 못한다.
상관	긍정적인 면은 총명하고 영리하여 다방면으로 능력을 인정받으며 자존심이 강하고 승부욕 또한 매우 강하여 부지런하고 언변이 뛰어나 상대방을 말로 잘 설득한다. 부정적인 면은 이해타산이 빠르며 목적달성을 위해 빠르게 행동하며 자신의 감정을 모두 표현해야 직성이 풀리고 시시비비를 가려내야 이 또한 직성이 풀린다.
편재	긍정적인 면은 다른 사람에게 도움 받는 것을 싫어하고 계산이 빠르며 돈 버는 기술이 탁월하고 요령이 많은 재주꾼이며 개척정신이 뛰어나다. 부정적인 면은 통이 크고 일확천금을 노리는 기질이 있고 민첩한 성격과 재능이 있으나 지구력이 부족하고 남을 도와주기를 좋아하지만 그것은 기분에 의해 좌우된다.

*17)

---

17) 김배성, 『四柱心理治療學』, 창해, 2004, p.199~226.

3. 십신과 육친의 해석 비결 : 사례연구[18]

(1) 사주에 인성이 겹쳐 있으면 종교인이 될 가능성이 크다.

戊 庚 己 　0
戊 寅 丑 卯
시 일 월 년

대운
87 77 67 57 47 37 27 17 7
己 庚 辛 壬 癸 甲 乙 丙 丁
丑 寅 卯 辰 巳 午 未 申 酉

　위의 사주는 남명乾인데, 庚 寅 일주가 월과 시에 정인과 편인을 겹쳐 갖고 있는데 이런 경우 인성이 지나쳐 승려 등 종교에 귀의하는 경우가 많다. 하지만 인성이 많아도 식상이 있으면 종교인이 되지 않는 경우가 있다. 그러나 위의 사주는 식상이 전혀 없고 대운에서도 청년, 중년기까지 식상운이 없으니 일하지 않고 남에게 의존해 살 팔자이다. 식상과 인성은 서로 극하는 관계이지만, 사회생활에서 상대적 교환 관계이기도 하다.

　상기 사주는 년주와 일주가 동일한데, 이런 경우 본인의 삶이 순탄

---

18)　본 사례연구는 저자가 명리학을 사숙하던 시절에 학습했던 자료를 중심으로 구성한 것이다. 특히 실명 등은 삭제했으며, 또한 일부는 원안대로 사용했음을 밝혀둔다. 특히 본 사례연구는 명리를 학습하기 위한 자료로 활용한 것이니, 정확한 근거를 염두에 두고 작성된 것이 아님을 밝혀둔다.

하지 못하며, 또한 庚 寅 일주로 재財를 깔고 있으니 결혼할 사주인데
도 처 덕은 없다고 해석한다.

(2) 인성이 일주와 월주에서 상충하면 부모가 일찍 사망한다.

癸 戊 甲 0
亥 申 寅 0
시 일 월 년

대운
75 65 55 45 35 25 15 5
丙 丁 戊 己 庚 辛 壬 癸
午 未 申 酉 戌 亥 子 丑

戊 申 일주가 월과 일이 寅 申 沖하는데, 寅 중의 丙 火 인성印星과 申
중의 壬 水 편재가 상충하면 부모가 일찍 사망하는 경우가 많다. 특
히 정인이 충·극을 받아 母가 일찍 사망한다. 위의 사주는 인성과 재가
파괴되어 父가 일찍 사망한 사주이다.
  대운으로 초년운이 水운인 기신忌神운으로 흘러 어려서 조실부모하
여 초년 고통이 심한 사주이다.

**(3) 월주와 일주가 상충하면서 충 · 극이 심하면 조상 덕이 없어 어려서
고향을 등지고 처 덕妻德도 없으며 삶이 불안정하다.**

庚 甲 庚 辛

戌 寅 申 巳
시 일 월 년

대운
66 56 46 36 26 16 6
丁 戊 己 庚 辛 壬 癸
未 申 酉 戌 亥 子 丑

위의 사주는 월주와 일주가 甲 庚 沖하고 寅 申 沖이면서 寅 申 巳 삼형살로 구성되어 부모가 일찍 사망하고 어려서 대운이 亥子丑 水局인 기신운으로 흘러 고향을 등지면서 고통을 받고 살아간다.

또한, 처궁이 깨져 처 덕妻德도 없는 빈한한 사주이다. 26세 대운이 최악이라 寅·申·巳·亥 4형살이 되어 이 대운에 사망하였다.

(4) 태원胎元이 월주와 충 · 극을 당하면 어머니가 일찍 과부가 될 가능성이 크다.

庚 辛 甲 戊
寅 亥 寅 子
시 일 월 년

대운
75 65 55 45 35 25 15 5
壬 辛 庚 己 戊 丁 丙 乙
戌 酉 申 未 午 巳 辰 卯

태원胎元이란 어머니 배 속에 있을 때의 운을 말해 주는데, 이이가 임신하면 어머니 배 속에서 270일간 있으면서 성장한다. 따라서 태원은 태어난 달을 기준하여 역逆으로 9개월 전에 임신한 달이니 9개월 전의 달이 태원이 된다.

위 사주는 甲 寅 月 태생이니 9개월 전은 乙 巳 月이 되는데 일주가 辛 해이니 태원인 乙 巳와 乙 辛 冲, 巳 亥 冲으로 상극이 되고 있다. 태원이 상극을 받으면 어려서 나를 낳고 어머니가 과부가 될 가능성이 크다. 특히 위 사주의 원국은 대운도 초년운이 나쁘게 구성되어 있으며, 또한 초년 대운에서 乙 辛 冲을 들여 태어난 후 운행도 아주 나쁘게 흘러가는 것을 볼 수 있다. 이는 본 사주가 자라는 환경이 나쁘다는 것을 의미한다.

(5) 재성이 있는데 시간이 겁재이면 노후에 가난해지고 쓸쓸하다.

乙 甲 己 庚
丑 辰 巳 戌
시 일 월 년

대운
84 74 64 54 44 34 24 14 4
戊 丁 丙 乙 甲 癸 壬 辛 庚
寅 丑 子 亥 戌 酉 申 未 午

월간의 己 土가 정재인데, 시간의 乙 木은 겁재여서 월간의 己 土를 파괴하는 성질을 갖는다. 이는 겁재가 정재를 탐하여, 근면 성실하게 노력하는 기운을 해치고 일확천금을 꿈꾸는 한탕주의가 될 수 있다. 따라서 50대 乙亥 대운이 겁재운으로 들어서 이때부터 재가 파괴되기 시작하며 운의 행로가 나쁘게 흘러가 노후가 가난해질 수 있기 때문에 겁재운을 경계해야 한다.

(6) 신약사주가 월에 편재가 강하면 부모 덕이 없고 시에 편재가 강하면 자식 덕이 없다.

辛 辛 壬 壬
卯 丑 子 戌
시 일 월 년

대운
76 66 56 46 36 26 16 6
甲 乙 丙 丁 戊 己 庚 辛
辰 巳 午 未 申 酉 戌 亥

상관이 강한 신약사주인데 시지에 편재를 갖고 있다. 시지에 편재는 자식 덕이 없고 자식으로 고통을 받고 노후가 쓸쓸하다. 66세 乙巳 대운이 乙申 冲이라 편재 운인데, 60대 이후가 자식으로 고통이 심하고 노후가 외로울 가능성이 크다.

그러나 말년에 경제적 여유는 있다. 이는 시지의 卯가 편재인데 같은 음권에 있기 때문이다. 이때 같은 권역의 기세가 강해져서 일주가 재물을 움켜 세우는 힘이 바로 서기 때문이다. 하지만, 신약한 사주가 월에 편재가 강해지면 부모 덕이 없고 청년기에 경제적으로 곤란을 겪을 수 있다.

(7) 시지時支에 자형自刑[19]이 임하면 자식의 질병으로 마음고생이 심할 수 있다.

戊 甲 辛 戊
辰 辰 卯 申
시 일 월 년

대운
73 63 53 43 33 23 13 3
丁 丙 乙 甲 癸 壬 辛 庚
亥 戌 酉 申 未 午 巳 辰

甲辰 일주의 戊辰 시로 辰辰 자형살을 갖고 있다. 시에 자형살은 자식에 질병이 있어 마음고생이 심한 사주가 된다. 60대 丙戌 대운이 아주 나쁘며 辰戌 沖이 되니 본인과 자식이 모두 고통을 받는 형국이다.

아시다시피 형살은 삼합과 방합에 의해서 파생되는데, 형살이 원국에 존재하면 육친 간에 형벌을 주고 받는 격이라 불화와 갈등이 끊이지 않는다. 특히 자형은 스스로가 형벌을 자해하는 것이기에 그 기운이 더욱 강하게 작용할 수 있다.

---

19) 자형이란 스스로 형벌을 받는 살이다. 자형살은 辰辰, 午午, 酉酉, 亥亥가 있다.

(8) 정재正財**가 중첩되면 남명**男命**이 두 번 결혼할 수 있다.**

```
癸 辛 癸 0
巳 亥 亥 0
시 일 월 년
```

대운
87 77 67 57 47 37 27 17 7
壬 辛 庚 己 戊 丁 丙 乙 甲
申 未 午 巳 辰 卯 寅 丑 子

　辛亥 일주가 癸亥月 태생으로 亥亥를 갖고 있다. 亥는 지장간에 甲木이 겹쳐 있으니 정재가 두 개가 들어있다. 따라서 위 사주는 두 번 결혼하든가 두 여자를 거느릴 사주이다. 시의 癸巳가 나쁘며 57세 己巳 대운도 나쁘다. 또한, 巳亥沖으로 57세 이후에 재가 파괴되고 말년에 자식으로 인하여 고통이 심하고 노후가 쓸쓸할 사주이다.

　남자에게서 정재는 실물이면서 여자이기에 정재의 중첩은 곧 두 여자를 거느릴 팔자를 의미한다. 이는 말년에 여자로부터 받는 타박이 바로 그 남자의 쓸쓸한 노후를 암시하는 것이다.

(9) 일지에 칠살七殺**을 갖는 천원좌살**天元坐殺**로 시지가 관살의 묘고**墓庫**가 되면 노후에 질병으로 고생한다.**

```
乙 甲 戊 己
丑 申 寅 丑
```

시 일 월 년

대운
75 65 55 45 35 25 15 5
戊 己 庚 辛 壬 癸 甲 乙
午 未 申 酉 戌 亥 子 丑

위 사주는 甲 申 일주로 申 金이 칠살이면서, 시지가 巳 酉 丑 水 국
으로 관살 丑의 묘고를 갖고 있다. 일반적으로 양간, 즉 甲·丙·戊·庚은
관살의 묘고가 나쁘다. 즉 관살의 묘고가 시지에 있으면 늙어서 병으
로 고통받을 가능성이 크다. 이는 자연의 섭리가 묘고에 이르면 활동
을 정리하고 생활에 욕심을 내려놓은 후 이웃에게 봉사하는 넓은 품
을 가지라는 경고일 것이다.

**(10) 일지에 칠살의 묘고를 갖고 있으면서 월과 시가 辰 · 戌 · 丑 · 未의
화개華蓋를 들이면 노후가 고독한데 특히 여명은 홀로 될 사주이다**

庚 乙 戊 戊
辰 丑 戌 寅
시 일 월 년

대운
81 71 61 51 41 31 21 11 1
己 庚 辛 壬 癸 甲 乙 丙 丁
丑 寅 卯 辰 巳 午 未 申 酉

위 사주는 여명인데 戌月의 乙木이 巳酉丑의 金局으로 丑의 관살 묘고를 일지에 갖고 있다. 이때 시도 辰으로 화개살이 만연하다. 이런 경우 관살의 묘고가 강해서 노후가 쓸쓸하다. 이는 관살의 묘고가 그 일주의 고집을 대변하는 형국이 되어 자기주장이 강해지고 남을 돌아보지 않는 개인주의적 성정으로 바뀌어 간다는 의미이다.

(11) 지지가 3합이 되어 일간의 오행과 같아지면 배우자가 불행해지고 둘 사이가 원만하지 못하다.


```
0 甲 乙 戊
0 辰 卯 寅
시 일 월 년
```

대운
75 65 55 45 35 25 15 5
癸 壬 辛 庚 己 戊 丁 丙
亥 戌 酉 申 未 午 巳 辰

甲木 일간이 지지가 寅卯辰 水局 삼합이 되어 있다. 일간과 지지 삼합이 비견이 되면 배우자를 극하고 처자가 불행해진다. 삼합이 된 경우는 합한 오행이 일간인 나의 용신이 되어야만 좋다. 사주명리에서 용신의 중요성은 격국가 함께 필요충분조건이다.

이는 어떤 형질의 사주일지라도 용신이 뒤따른다면 사주운행을 바꿀 수 있기 때문이다. 이에 사주운행을 바꾼다는 것은 곧 내 운명을 알고서 그 기운을 갑지하는 행위에서부터 시작된다는 것을 간과해서는 안된다.

(12) 천간이 자기권에 있으면서 재관財官이 투철하고 천을귀인天乙貴人이 임하면 충 · 극을 두려워하지 않는다.

丁 丁 丁 甲
亥 酉 卯 戌
시 일 월 년

대운
74 64 54 44 34 24 14 4
乙 甲 癸 壬 辛 庚 己 戊
亥 戌 酉 申 未 午 巳 辰

천간이 丁 火을 중심으로 모두 자기 음권으로 구성되어 있으면서 丁酉 일주로 酉의 천을귀인을 갖고 있다. 또한, 시주의 辛 亥가 재관財官이 뚜렷하여 卯 酉 沖의 의미는 그 기운이 약해지면서 말년에 부귀할 명이 될 수 있다. 즉 천간이 자기권으로 구성되면 충·극의 피해가 거의 없다는 의미이다.

여기서 다시 한번 음양오행의 자기권의 중요성을 이야기한다. 사주명리는 자연 현상에서 비롯되는 기운의 번성이다. 이는 내가 주고받을 기운의 강도가 내 운의 운행을 결정할 수 있기 때문이다. 평생을 살면서 상대적으로 기운을 어떤 형태와 방법으로 주고받는가를 결정해야 하는 것이 곧 사주명리가 추구해야 할 근본이기 때문이다.

(13) 천간이 재財를 합하고 지지가 순행하면 평생 부귀할 수 있다.

```
己 甲 丙  0
巳 辰 午  0
시 일 월  년
```

대운
```
72 62 52  42 32 22 12  2
戊 己 庚  辛 壬 癸 甲  乙
戌 亥 子  丑 寅 卯 辰  巳
```

위 사주는 지지가 辰 巳 午 순으로 순행하면서 일간과 시간이 甲 己 合 土하여 재財와 합하고 있다. 이런 경우 대운과 세운에서 용신운을 만나면 크게 성공한다. 또한 이 사주는 신약한 사주라 壬 水가 용신인데 32세 壬 寅 대운부터 성공해 늙어가면서 亥 子 丑 水 運으로 흘러 평생 부귀하게 될 명이다.

음양오행이 순행한다는 것은 자연의 운행질서를 거스리지 않는다는 것이다. 이는 행운과 불행의 차이가 자연의 질서와 함께 호흡하는 사람과 그 질서를 거부하는 사람과의 차이가 있음을 나타내는 것이다.

(14) 천간에 천을귀인天乙貴人이 임하고, 또한 자기권에 있으면서 지지가 순행하면 부귀할 명이다

```
戊 戊 丙 癸
午 申 辰 未
```

시 일 월 년

대운
75 65 55 45 35 25 15 5
戊 己 庚 辛 壬 癸 甲 乙
申 酉 戌 亥 子 丑 寅 卯

사람은 누구나 태어나서 늙고 병들고 죽는다. 일찍 죽거나 늦게 죽는 차이는 있지만 그 누구도 죽음을 벗어날 수는 없다. 사주명리로 볼 때 인간의 생로병사는 누구나가 맞이하는 평생의 행사인 것이다. 이 평생의 행사를 그저 거부할 수 없다. 위 사주는 천간이 모두 자기권인 양권에 있으면서 년주에 未의 천을귀인을 갖고 있고 지지가 午 未 申으로 순행하니 평생 복록이 무궁할 사주이다.

위 사주처럼 자연의 좋은 기운을 다 받아들일 수 있는 조건이 있는 사주팔자는 더 말할 나위 없이 좋겠지만, 그렇지 못한 사주팔자일지라도 알고 대비하면, 이에 버금가는 사주의 운행을 만들어 갈 수 있다.

이는 사주팔자가 자연의 에너지장으로 이루어져 있기 때문이다. 그리고 이 에너지장은 마음의 기운에 따라서 변화의 가능성을 높일 수 있다는 것이 요즘 과학 이론의 중론이다.

(15) 천간에 인성이 투철하면서 지지가 재성 3합의 국을 이루면 부유한 사주가 된다.

己 辛 己 戊
亥 卯 未 子

시 일 월 년

대운
83 73 63 53 43 33 23 13 3
戊 丁 丙 乙 甲 癸 壬 辛 庚
辰 卯 寅 丑 子 亥 戌 酉 申

위 사주는 辛 卯 일주인데 己 土 인성이 뚜렷하고 지지가 亥 卯 未, 水 局 3합을 이루니 재성이 왕한 사주이다. 결국 인성과 재성이 모두 강하니 부유할 명이 된다.

생각해 보면 태초의 생명은 어떤 파동에 의해 개별적인 생명체가 되었을 것이다. 우리는 그 파동을 음양 운동이라고 한다. 이 음양 운동이 생을 윤회하면서 새로운 것을 찾아 이루고 또 이루어 가는 것이 인생이고 업보이다.

이 업보를 사주의 육친에서는 식·상관을 거쳐 재성과 관성을 추구하는 데까지 와서 이 업보가 정점에 이르게 되며 세속적인 욕망의 추구가 이제 전환점을 맞이하게 되니, 인성의 시작 곧 영혼의 싹이 트이게 된다고 하는데 위 사주가 그렇다.

(16) 식신食神이 충 · 극을 당하면 그해에 실직할 수 있다.

甲 壬 庚 乙
辰 申 午 酉
시 일 월 년

대운

77 67 57 47 37 27 17 7
壬 癸 甲 乙 丙 丁 戊 己
戌 亥 子 丑 寅 卯 辰 巳

壬 申 일주가 식신 운이 甲 木인데 월간의 庚 金이 甲 庚 沖으로 식신을 죽이니 직업운이 안 좋은 사주이다. 이때 세운에서 庚寅年이나 庚辰年 또는 庚戌年이 오면 甲 庚 沖으로 식신이 무너져 직업을 잃을 수 있다.

여기서 참고할 사항은 형·충·파·해가 일주를 중심으로 근접했을 때와 떨어져 있을 때의 충·극의 강도를 어떻게 분석할 것인가? 사주 감정을 다년간 경험한 필자로서는 분명 다르다는 것을 느낄 수 있었다. 이는 앞서 말한 것처럼 사람과 자연은 기의 현상이기 때문에 형·충·파·해도 삼합의 힘에 따라 일주에 미치는 영향의 크기가 다르다고 판단된다.

제7장

자기경영철학의
핵심 협력자, 용신이론

1. 운명을 경영하라, 용신用神이란 무엇인가

사주명리학을 연구하다 보면 가장 어려운 것이 용신 찾기이다. 자칫 이현령 비현령耳懸鈴 鼻懸鈴이라는 소리를 듣는 것 또한 용신이다. 이것은 사주명리학을 정확하게 공부하지 않고 자기암시에 빠진 사람들의 이야기이다.

사주명리에서 가장 중요한 것은 오행의 기운을 아는 것이다. 오행의 속성을 깊이 알지 못하고 글자로만 사주를 보려 하니 전혀 맞지 않는 것이다.

흔히 사주 명리를 중화의 학문이라고 한다. 이는 음양오행, 즉 천간·지지의 기운을 알아야 신왕과 신약을 구분할 줄 아는데, 이것을 가능하게 하는 게 용신과 격국이라는 의미이다.

용신은 자신의 운명을 경영하는 중심추이다. 그 힘이 사주 전반에 작용하여 운명의 균형과 조화를 이루게 하고, 또한 일간을 보호하여 삶의 방향을 조율하는 핵심적인 보좌관 역할을 한다.

1) 양 · 음권의 기운, 10천간의 의미

(1) 용신의 기운으로 보는 10천간天干의 의미

■ 甲[껍질 갑, 구龜갑 갑]

甲 자는 田, 밭 전의 밑으로 뻗어나가는 형상을 그린 글자이며 나무의 뿌리를 보호한다는 뜻으로 만들어진 글자이다. 甲 木은 나무의 뿌

리로 지상보다는 지하에 박혀있는 기둥을 뜻한다. 또한, 열매나 씨앗의 껍데기가 갈라지는 모습이다. 이는 양권陽圈보다는 음권陰圈에서 뿌리가 강하다. 즉 지상보다는 지하에 뿌리가 튼튼하다는 뜻도 된다.

그래서 용신의 기운으로 갑 목의 해석은 겨울에 물기 壬 水를 뿌리에 담아 봄에 생명체를 발아시키기 위해서는 뿌리가 튼튼해야 하고 보호되어야만 한다는 의미이며, 丙 火 또는 壬 水보다는 丁 火와 癸 水의 기운을 더 필요로 한다.

■ 乙[새 을, 새싹 을]

乙 자는 이른 봄卯月에 새싹이 구부러져 나오는 모습을 그린 새싹 乙의 의미로, 새가 나는 모양과 같아 새 乙의 의미로 해석한다.

그래서 용신의 기운으로 새싹 을의 해석은 '이른 봄에 언 땅을 비집고 새싹이 나오는 형상으로' 봄을 알리는 뜻이다. 이는 을이 음 간이면서 그 기운은 양권에서 힘을 발원하기 때문이다. 또한, 오행의 을 목도 갑 목에 비해 강한 생존력을 가지고 있다. 丁 火와 癸 水보다는 丙 火와 壬 水 기운을 더 필요로 한다.

■ 丙[남녁 병, 밝을 병]

한낮에 태양의 빛이 퍼지는 모양을 그린 문자로 태양과 여름과 낮을 표시하는 글자이다. 이는 모든 것이 안內에서 밖으로 나오는 모습을 형상화시킨 것을 나타낸다.

그래서 용신의 기운으로 丙 火의 해석은 만물을 주관하는 태양의 밝은 빛이고, 만물이 밝게 이루어진다는 의미이다. 이에 壬 水와 더불어 생명구현의 대표적인 에너지이다. 또한, 양권을 대표하는 천간이다.

■ 丁[못 정, 성할 정, 장정 정] 오뚝하게 자란 모습

정은 여름철 만물이 모두 여물어지는 모양이며, 한편으로 못의 모양을 본뜬 글자로 도구를 상징하기도 한다. 오행에서 丁 火는 丙 火의 열기가 대지 표면에 내려와 땅속으로 열기가 가득해지고, 이 열기가 겨울에 땅속의 만물을 지켜주는 의미를 갖고 있다.

그래서 용신의 기운으로 겨울의 찬 기운을 따뜻하게 해주는 형상이라 어두운 곳陰地에서의 빛이며 겨울의 불꽃을 의미한다. 결국 丁 火는 춥고 어두운 곳에서 제 기능이 발휘된다. 이는 음권陰圈에 뿌리가 되는 甲 木에 도움을 주는 같은 권의 세력이다.

■ 戊[성할 무]

戊는 사람의 옆구리 모습이며 대지 표면을 뜻한다. 이는 오뚝하게 자란 것을 '부목扶木(戈)으로 세우다'라는 의미이다. 오행으로 戊 土는 태양의 열기를 받는 대지 표면이다. 방위로는 중궁의 위치이기 때문에 사위를 지휘하고 기운의 분배역할을 담당한다.

그래서 용신의 기운으로 戊 土는 丙 火와 壬 水의 기운을 만나면 정배합한다. 같은 양권인 병화와 함께 만물을 성장시키는 역할을 하면서 중화의 중심으로 각 오행의 중재자 역할을 한다.

■ 己[몸 기, 자기 기]

기는 만물이 무성하여 구부러진 모습 또는 몸을 굽혀서 숨는 모습을 본뜬 글자로 땅속을 의미한다. 무토가 양권으로 남자의 기운이고 대륙적인 기질이라면, 기 토는 음권으로 여성의 기운이면서 만물을 수용하고 생명을 키우는 자양토이다.

그래서 용신 기운으로 기 토는 계수를 만나면 몸을 적시고, 임수를 만나면 그 기운이 완전히 풀려버린다고 한다. 이는 甲 木의 재財를 키우는 것보다는 乙 木의 재財를 성장시키는 역할이 더 소중하다는 의미이다.

■ 庚[클 경, 익을 경, 단단할 경]

경은 가을에 만물이 열매를 맺고 과실이 벌어지는 모양을 형상화한 글자이다. 또한, 경은 '창고(广)에 손(又)으로 들(入)이다'라는 의미가 존재한다. 庚 金은 양권으로 단단한 기운을 지녔지만, 그 속은 여리고 부드러워서 부드러운 과일의 속살과도 같다. 또한, 庚 자는 가을에 밤이 벌어지는 형상을 그린 글자로 결실의 계절인 가을을 표시한다.

그래서 용신 기운으로 금을 숙살지기肅殺之氣라고도 하는데, 이를 제련하고 다듬는 역할은 정화가 제격이다. 이는 금은 양권이지만, 음권의 정 화의 기운을 맞이하여 오행의 중화를 만들어야 한다는 의미이다.

■ 辛[매울 신, 맛 신, 죄 신]

신은 맛의 신숙辛熟을 위해 볏단을 뒤집어서 놓았다는 의미와 양이 고통을 받는다는 모습을 뜻하는 글자이다. 또한, 과실이 씨앗이 되어 맵고 쓴 것을 의미한다. 신 금은 음권으로 대표적인 칠살七殺 기운이다. 이는 계절 중 늦가을에 열매를 맺고 씨앗이 단단해져 가는 형국을 뜻한다.

가을에 과일이 씨앗을 만들려면 만물의 기운을 응집하고 수렴하는 과정을 거쳐야 하는데, 이는 신 금의 단단함을 일컫는 의미이다. 그래서 용신의 기운으로 辛 金은 도세주옥陶洗珠玉이라고 하여 壬 水로 씻어주고 丙 火로 빛내주는 것을 그리워한다.

- **壬[북방 임, 오뚝할 임]**

　임은 곡식이 익어 배가 오뚝하고 굽어진 모습, 또는 임신한 여자의 모형을 본뜬 글자이다. 이는 여자의 자궁에서 자식이 생겨 배가 부른 형상인데 만물의 생명체가 이뤄짐을 의미한다.

　그래서 용신의 기운으로 壬 水는 수원水源인 금기를 보아야 희신이고, 그 나머지 양권의 무토는 기신忌神인 탁수濁水를 면할 수 없다. 모든 생명체는 물水에서 시작하니 水의 본체로 겨울이며 밤에 水의 기운이 모여지는 것을 뜻한다. 이에 丙 火가 양권의 대표라면 壬 水는 음권의 대표이다.

- **癸[끝 계, 헤아릴 계]**

　계는 씨앗이(열매) 사방으로 흩어져 나가는 모습을 표상하거나 사방의 물이 모여 봄이 되면서 땅 위로 올라오는 형상을 그린 글자로 봄에 잎줄기에 물이 올라가는 형상을 그렸다. 계는 오행으로는 음의 기운을 가지고 있지만, 지상에서의 기운은 양권의 작용이다.

　이는 봄이 되어 나무가 자라기 위해서 땅속의 물이 줄기로 올라와야 잘 자라는데 이 형상을 의미하기 때문이다. 그래서 용신의 기운으로 금기와 목기가 조화를 이룰 때 더욱 발영한다.

2) 계절의 기운 : 12지지地支의 의미

- **子[아들 자, 번식하다]**

　어린이의 손과 발의 모형을 본뜬 글자로 알이나 종자를 뜻한다. 子는 水로 만물을 소생시키는 원천을 표시하며 겨울에 물이 땅속에 모여 다음 봄에 새 생명체를 발아시킴을 뜻한다.

계절의 기운은 한겨울의 시작인 11월을 뜻한다. 이에 자는 불어나는 것이니 양기가 처음 싹터서 아래로부터 자라나는 것이라는 의미이다.

▪ 丑[소 축, 얽어맨다]

축은 묶는다는 뜻이며, 또한 손가락으로 물건을 쥐고 있는 형상을 본뜬 글자인데 겨울에 물이 고였다가 봄을 기다려 물이 갈라지는 형상을 말한다. 계절의 기운으로 만물이 발아되기 시작하는 12월을 뜻한다. 또한, 축은 기운을 묶는 것이니, 이는 한기가 스스로 굽혀서 나아가기를 스스로 그만둔다는 의미이다.

▪ 寅[동방 인, 꿈틀거리며 일어나다]

인은 집안에서 두 사람이 손을 맞잡고 굳게 약속하는 모형을 본뜬 글자이다. 또한, 봄에 싹이 트기 위해 물이 갈라지면서 뿌리에서 줄기로 물이 올라가는 형상이다. 이는 만물이 꿈틀꿈틀 일어나기 시작하는 것을 말한다.

계절의 기운으로 인은 새해가 시작되는 1월이며, 음기가 아직 강한 계절이다. 때로는 인을 사람 人 자를 하늘 天, 축을 땅地으로 형상화하여 우주의 완성을 나타내는 계절을 의미하기도 한다.

▪ 卯[토끼 묘, 무성하다]

묘는 무릅쓴다는 뜻이며, 이는 2월에 만물이 땅을 뚫고 나오는 것으로 겨울의 문을 열어젖히는 모양을 딴 글자이며, 생명의 줄기가 벌어지는 형상을 말한다.

계절의 기운으로 봄을 알리는 2월을 뜻하며, 봄은 만물이 흙을 뚫고 나오는 것이다. 그래서 寅과 卯는 출생을 알리는 계절이기도 하다.

■ 辰[별 진, 펼치다]

진은 만물이 움직인다는 뜻이다. 이는 조개가 조가비를 벌리는 모형인데, 하늘에서 천둥 번개가 진동하여 밭에 씨를 뿌리는 시기를 표시한다. 계절의 기운으로 대지의 양기가 발동하는 3월로 천둥 번개를 내뿜는 용을 표시하는 달이다.

또한, 진은 펴는 것이니, 만물이 기지개를 켜듯 다 펼쳐져서 나오는 것이다. 즉 戊土의 대지 위로 물기를 끌어 올리는 계절을 나타낸다.

■ 巳[뱀 사, 그치다]

사는 그치는 것이다. 이는 양기가 이미 쇠진했음을 의미한다. 또한, 사는 뱀이 구부린 형상을 표시한 글자이며 4월에 양기가 나와 만물이 출현하는 시기로 뱀이 활동하는 계절이다.

계절의 기운으로 사는 4월에 양기가 이미 나오고 음기가 숨으니 양기가 다 펼치고서 그친다는 것이다. 즉 만물이 태양열을 받아 발휘하는 시기를 나타내는 것이다.

■ 午[낮 오, 교류하다]

오는 음양이 교류하는 것을 말한다. 이는 5월에 음기가 거슬러 뚫고 나온 것이다. 또한, 오가 화살촉 모양의 글자로 음기가 거꾸로 서 양기가 되어 관통하여 뚫고 나오는 형국으로 한낮과 여름을 표시한다.

계절의 기운으로 한여름의 5월로 말의 계절이다. 이는 만물이 다 양기에 붙어서 무성해지는 것을 말함이다.

■ **未[아닐 미, 맛이다]**

미는 만물이 모두 성장하여 만이 더해지는 것을 말한다. 그리고 나무에 가지가 무성한 모양으로 나무줄기가 타고 올라가는 형상이며 무더운 6월로 양¥의 계절이다. 계절의 기운으로 陽의 계절에서 결실의 계절로 이끄는 시기이다.

또한, 6월에 맛이 잘드는 것으로, 계절의 숙성을 나타내고, 12달로는 어둠과 해가 기울어져 어둠으로 향하는 것을 의미한다.

■ **申[납 신, 단단하다]**

신은 음기가 사물에 작용한다는 뜻이고, 음기가 오므라드는 형국으로 원숭이 형상을 본뜬 글자이며 가을의 시작이 7월이다. 계절의 기운으로 7월에 음기가 이루어지면 몸체가 저절로 펴지고 단단해지는 것이다.

그래서 신은 곧 몸이니 만물이 다 그 몸으로 이루어서 각자가 단단해지도록 하며, 또한 갖추어서 이루도록 하는 것이다.

■ **酉[닭 유, 무르익다]**

유는 만물이 늙었다는 뜻이다. 한편 유는 이르는 것이니, 8월에 수수가 익으면 술을 빚을 수 있다는 의미이다. 계절의 기운으로 술은 가을에 담는다는 모형으로 성숙한 의미와 과실이 맺는 의미로 결실의 계절인 8월을 뜻하며 닭을 상징한다. 그리고 유가 빼어나다는 것은 만물이 다 이루어졌다는 것을 나타낸다. 즉 만물이 다 갖추었으므로 모두 기뻐하는 것이다.

■ **戌[개 술, 들어간다]**

戌은 만물이 모두 없어진다는 뜻이다. 이는 양기가 땅속으로 스며드는 형국이며 물이 지상에서 지하로 스며드는 것을 의미한다. 한편, 9월에 양기가 쇠하고 만물이 다 이루어지면 양기는 땅속으로 들어간다.

계절의 기운으로 戌은 찬 기운이 도는 9월을 뜻하고, 만물이 응당 수렴되어서 구휼하게 되는 것이다. 또한, 겉을 벗고 떨어지는 것을 나타낸다. 동물로는 개를 상징한다.

■ 亥[돼지 해, 감추어진다]

亥는 막히고 감추어진다는 뜻이다. 만물은 해에서 모두 갈무리 된다. 그러므로 해는 음양의 시행과 조화이고, 만물의 끝과 시작이다. 물상으로는 돼지의 몸과 네 다리를 본떠 만든 글자로 겨울에 지하에 물이 꽉 찬 모형을 표시하며 10월을 뜻한다.

계절의 기운으로 10월에 미약한 양이 일어나 왕성한 음과 접하는 것이다. 또한, 해는 만물을 거두어 감추면서 좋고 나쁨을 취하고, 모든 만물이 이루어져 모두 견실해지는 것을 의미한다.

3) 용신用神이 정해지는 음권과 양권의 범위

앞장에서 용신의 기운으로 보는 10천간 12지지에 대한 음양의 기본 내용을 설명하였다. 이는 10천간과 12지지는 음의 권역과 양의 권역으로 구분되는데 양의 권역은 "태양이 지배하는 낮이요, 여름이며", 음의 권역은 "달이 지배하는 밤이요, 겨울의 계절"을 뜻한다.

'양의 권역'은 태양이 동쪽에서 떠오르면서 만물이 소생하고, 이에 결실을 맺으면서 저녁이 되고 가을의 계절로 넘어간다. 따라서 1년으로는 辰月에 시작하고, 하루는 辰時에 해가 뜨고 지하에 있던 식물이 땅 위로 솟아 나와 자란다.

이때 물기가 줄기로 올라 오는데, 이를 癸 水의 작용이라 한다. 땅 위로 솟아 나는 木을 乙 木의 힘이라고 한다. 비록 癸 水와 乙 木은 천간의 배열상 陰 水와 陰 木이지만, 지구상에서 역학적力學的 원리는 양의 힘으로 다른 오행을 이끌어 낸다.

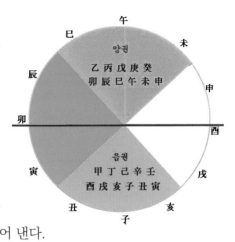

巳月이 되면 열기가 온 천지에 가득하여 곡식이 무르익고 午月에 태양열이 가장 강렬해서 곡식을 여물게 하고, 未月이 되면 줄기가 더 퍼지면서 곡식이 무성해진다. 물론 이때까지 丙 火의 열기가 강해지면서 戊 土의 곡식이 여문다. 이에 여름은 곡식을 꽉 차게 혹은 여물게 만든다.

申月이 되면 열매가 맺어져 가을의 풍성한 계절이 되며 酉月이 되면 열매의 씨앗이 완전히 이뤄진다. 이를 申月의 열매를 庚 金의 작용이요, 酉月의 씨앗을 辛 金의 작용이라 한다. 酉月의 씨앗은 다음 봄이 되면 싹을 트이기 위해 땅속地下에서 때를 기다린다.

이때 땅속을 己 土라 하며 己 土의 온도를 조절하는 게 丁 火이다. 한여름의 태양열을 받은 땅은 밤과 겨울에 땅속에 태양열을 저장했다가 밤과 겨울에 땅속의 온도를 조절한다. 즉 己 土의 얼어붙은 동토凍土를 녹여주는 힘, 이를 丁 火의 힘이라 한다.

따라서 丁 火는 밤과 겨울에 그 역할이 중요하다. 또한, 여름의 비를 지하에 저장하는 시기를 우주운행상 戌月부터라고 보며, 亥月이 되면 지하수가 꽉 차게 땅속에 저장된다. 이를 壬 水의 작용이라고 한다.

子月이 되면 한겨울의 물로 나무뿌리에 물이 저장되어 다음 해를 기다린다. 물이 뿌리에 저장되는 것을 甲 木의 역할이라고 한다. 또한, 丑月이 되면 봄을 위해 땅속에서 언 물이 갈라지며 寅月이 되면 새해가 되어 물기가 위로 솟아오르기 시작한다. 卯月이 되면 갈라지면서 새싹을 트일 준비를 한다.

따라서 양의 권역은 丙 火가 지배하고, 음의 권역은 壬 水가 지배하면서 만물은 소멸되고 재생되는 것이다. 따라서 사주의 흐름도 이에 맞추어 흘러가야 한다. 왜냐하면 사주가 곧 자연의 이치이고, 사람의 명은 우주의 범위 내에서 운행되어지고, 그 역할이 작용하기 때문이다. 다시 말해서 천간과 지지의 기운이 양의 권역은 태양권太陽圈에 맞게 음의 권역은 태음권太陰圈에 맞게 변화되어 가도록 시스템화되어 있다.

다시 한번 정리해 보면, 양의 권역은 오행의 상생작용이 癸水生乙木 乙木生丙火 丙火生戊土 戊土生庚金이 되며, 음의 권역의 오행 상생작용은 壬水生甲木 甲木生丁火 丁火生己土 己土生辛金이 되는 게 자연의 이치이다. 따라서 이 원리에 맞게 용신도 정해져야 한다.

甲 木은 子 水를 갖고 있어야 자기 힘을 발휘할 수 있으며 壬 水도 亥나 子를 갖고 있어야 힘이 있는 것이고 자기 역할을 하는 것이다. 丁 火나 己 土는 밤이나 겨울에 그 기능을 다 할 수 있다. 즉 겨울의 땅속을 온화하게 하고 어두운 곳을 밝히는 역할을 하는 것이다.

辛 金은 봄에 새싹을 위한 씨앗이라 보석 같은 존재이다. 辛 金은 씨앗이라 봄과 파종하는 씨앗과 가을에 땅속에 묻어두고 파종하는 씨앗이 있다. 따라서 봄에 파종하는 씨앗은 양권의 태양열이 필요하고(丙 火) 가을에 파종하는 씨앗은 음권의 丁 火가 필요하다.

따라서 辛 金은 어느 달의 출생이냐에 따라 즉 辰月 이후 출생은 양권 陽圈의 영향이 중요하다고 보고 戌月이나 酉月 이후 출생은 음권陰圈의 영향이 중요하다고 보아야 한다. 그러므로 용신이 정해지는 범위는 양권 태생의 양권 일간일 때는 양권의 오행 중에서 좋은 용신이 정해지며 음권 일간일 때는 음권 오행 중에서 좋은 용신을 정해야만 한다.

예를 들면, 甲 木 일간일 경우 水가 필요한 용신일 때는 壬 水가 용신이고, 火가 필요할 때는 丁 火가 용신이 되고, 土가 필요할 때는 己 土가 용신이 되며, 金이 필요할 때는 辛 金이 용신이 된다.

이는 甲 木은 음권의 영향 속에서 힘을 크게 발휘할 수 있기 때문이다. 즉 음권 속에서 영향력이 큰 甲·壬·丁·辛은 음권 중에서 상호 좋은 오행이 용신이 되는 것이다.

乙 木의 경우에는 봄에 새싹이 나는 양권이라 水가 필요하면 癸 水가, 火가 필요할 때는 丙 火가, 土가 필요할 때는 戊 土가, 金이 필요할 때는 庚 金이 용신이 된다. 즉 양권에 속한 癸·乙·丙·戊·庚은 자기권, 즉 양권 속에 오행 중 필요한 오행이 용신이 되는 것이다.

이때 사주가 약하면 인성이 용신이 되고 사주가 강하면 식상, 재관 중에서 투철한 오행을 용신으로 잡는다. 지지의 지장간의 내용도 이와 같은 원리에 따라 정해지는 것이다.

4) 계절의 변화에 따른 천간 · 지지地藏干의 작용

3월辰月이 되면 지하의 뿌리에서 만물이 소생하여 지상으로 싹이 트고 나온다. 이를 乙 木이라고 하며 싹이 자라기 위해서는 줄기로 물기가 오르고, 하늘에서 비가 내려야 한다. 이를 癸 水라고 한다. 그래서 辰의 지장간이 乙·癸·戊인 것이다.

4월巳月이 되면 대지戊土 위의 나무가 태양열을 받아 꽃이 된다. 꽃은 가을의 열매를 위해 피는 것이다. 그래서 巳의 지장간이 戊·丙·庚인 것이다. 즉 巳月에는 丙 火가 절실하고 태양열에 의해 열매를 맺을 수 있다.

5월午月이 되면 태양열이 정점이 되고 꽃이 무성하다. 한여름의 태양열은 대지 위 뿐만 아니라 대지 밑에까지 열기를 미치고 이 태양열을 己 土가 담아두었다가 겨울의 찬 공기를 온화하게 할 수 있다. 이는 午月은 겨울을 위해서도 뜨거워야 한다는 의미이다.

그래서 午는 지장간이 丙·己·丁인 것이다. 즉 한여름의 태양열은 대지 위와 대지 아래 모두 뜨겁게 하는 것이다.

6월未月은 꽃이 무성하고 열매를 맺기 위해 줄기가 퍼지는 시기이다. 즉 乙 木이 대지 위에서 퍼져 가을의 열매를 맺고자 하고, 가을 이후의 대지 온기를 보존하는 역할을 한다. 그래서 未의 지장간이 丁·乙·己인 것이다. 즉 여름에서 가을로 시나브로 가을에서 겨울로의 온기를 연결시켜 주는 시기인 것이다.

7월申月은 꽃이 시들고 열매가 맺혀 곡식을 거두는 시기이다. 대지

위의 만물이 결실을 맺는 시기이며 이 결실은 다음 세대로 이어지기 위함이다. 또한, 가을의 비가 땅속에 스며드는 시기인 것이다. 가을비가 땅속에 스며들어 겨울에 물을 저장하기 위한 준비단계이다. 그래서 申의 지장간이 戊·壬·庚인 것이다.

8월酉月은 꽃이 완전히 시들고 열매가 완전히 이루어진 시기로 다음 세대를 위해 열매가 씨앗이 되는 시기이다. 따라서 酉의 지장간이 庚과 辛인 것이다.

9월戌月은 해가 서산에 지고 어두움이 깔리는 시기인데 1년 중에는 가을에서 겨울로 들어가는 시기이다. 이때는 하천의 물(가을비)이 지하로 스며들기 시작하는 시기로 물이 모이기 시작한다. 땅 밑에 물이 얼지 않기 위해서는 온화한 丁 火가 필요하다. 丁 火가 있어야 씨앗이 얼지 않고 이듬해에 싹이 틀 수 있는 것이다. 따라서 戌의 지장간이 辛·丁·戊인 것이다.

10월亥月은 겨울의 시작이라 대지 위의 모든 물이 지하로 숨어들어서 모이는 시기이다. 지하에 숨어든 물은 나무의 뿌리에 저장되었다가 다음 해 봄을 대비한다. 따라서 亥의 지장간에는 甲과 壬이 존재하는 것이다.

11월子月은 한겨울로 물이 지하에 꽉 찬 시기로 壬 水와 癸 水를 담고 있다. 그래서 子의 지장간은 水로만 구성되어 壬 水와 癸 水만 있는 것이다.

12월丑月은 겨울에서 봄을 대비하는 시기로 땅 속의 만물이 봄에 소생하기 위해 준비하는 시기이다. 땅 속의 씨앗이 봄에 피어나기 위해 지하의 물이 서서히 위로 올라오는 시기이다. 그래서 丑의 지장간이 癸, 辛, 己로 구성된 것이다. 즉 땅 속의 씨앗이 서서히 물기를 받아들이는 시기이다.

　1월寅月은 봄의 준비로 만물이 소생하는 시기이다. 지하의 씨앗이 땅 위로 솟구치려는 시기이다. 따라서 나무뿌리가 물기를 머금고 위로 물기를 내뿜으면서 태양열을 요구하는 시기이다. 그래서 寅의 지장간이 戊·丙·甲으로 구성된 것이다.

　2월卯月은 씨앗을 파종하는 시기로 씨앗이 쪼개지면서 줄기와 꽃이 피려는 준비단계이다. 즉 씨앗이 꽃을 피고 줄기가 나오기 위해 씨앗이 쪼개지면서 나무가 위로 솟아나려고 한다. 그래서 卯는 지장간이 甲 木과 乙 木으로 구성된 것이다.

　결국, 12지지의 지장간도 계절의 변화에 따른 만물의 소생, 재생을 표시한 것이니 양의 권역과 음의 권역의 변화를 내포하고 표시한 것임을 알 수 있다. 즉 12지지의 지장간 내용도 앞에서 설명한 양권과 음권의 변화에 맞추어 정리된 것이다.

　양권陽圈은 辰月부터 시작해 申月에 끝나고, 음권陰圈은 酉月부터 시작해 卯月에 끝난다. 즉 辰月부터 대지 위 戊 土에 만물이 소생하여 申月에 결실을 맺는 것이 [양권陽圈]이고, 酉月부터 종자가 되어 대지 아래 己 土 저장되었다가 卯月부터 다시 싹틀 준비를 하는 것이[음권陰圈]이다. 따라서 용신도 이에 따라야 한다.

양권은 양권의 오행 중에 필요한 것을 음권은 음권 오행 중에 필요한 오행을 용신으로 잡아야 한다. 즉 辰月 이후 출생은 乙 木, 癸 水, 丙 火, 庚 金, 戊 土가 중요한 오행이 되고 酉月 이후 출생은 壬 水, 甲木, 丁 火, 辛 金, 己 土 가 꼭 필요한 오행이 되는 것이다.

辰月 이후의 양권은 乙 木, 癸 水, 丙 火, 庚 金, 戊 土 중에서 용신이되고, 酉月 이후 출생자는 壬 水, 甲 木, 丁 火, 辛 金, 己 土가 중요한 용신이 되는데 이는 태어난 달과 태어난 날日干을 가준하여 설명한 것이다. 즉 乙 木, 癸 水, 丙 火, 庚 金, 戊 土 일간이 辰月 이후 출생이면 반드시 양권에서 용신을 찾아야 하고 壬 水, 甲 木, 丁 火, 辛 金, 己 土 일간이 酉月 출생이면 반드시 음권에서 용신을 찾아야 한다는 것을 잊지 말아야 한다.

만약에 진월辰月 이후 출생자가 일간이 양권이 아니고 음권이면 사주 구성이 안 좋아 고통을 받을 수 있으니 이때는 일간이 음권이니 음권을 기준으로, 즉 태어난 월을 무시하고 음권인 甲·壬·丁·辛·己 중에서 용신을 찾아야 한다. 만약에 酉月 이후 출생자가 일간이 음권이 아니고 양권이면 사주 구성이 안 좋은 것이며, 이때는 양권을 기준으로 양권 중에서 즉 乙·癸·丙·戊·庚 중에서 필요한 용신을 찾으면 된다.

또한, 일간이 양권인데 사주가 신약身弱하면 양권 중에서 인성이나 비겁을 용신으로 정하고 사주가 신강身强하면 양권 중에서 식상, 재, 관 중에서 좋은 오행을 용신으로 정해야 한다. 만약에 일간이 음권이면서 사주가 신약身弱하면 음권 중에서 인성이나 비겁 중 용신을 정하고 사주가 강하면 식상, 재, 관 중에서 용신을 정하면 된다.

한편, 사주 구성이 辰月 이후 태생은 일간이 양권인 것이 좋으며 酉

月 이후 태생은 일간이 음권인 것이 좋다. 만약 이 구성이 안 맞으면 사주 구성이 좋지 못한 것이다. 이때는 일간을 기준으로 일간이 양권이면 양권 중에서 일간이 음권이면 음권 중에서 정해야만 용신을 바로 세울 수 있다.

5) 천간의 음양 권역 내에서 합·충의 관계

10천간 중에서 乙 木, 癸 水, 戊 土, 丙 火, 庚 金은 양권에 속한 천간이고, 甲 木, 壬 水, 己 土, 丁 火, 辛 金은 음권에 속한 천간이라 양권은 양권끼리 구성이 좋고, 음권 또한 같은 권끼리 있어야 사주 구성이 좋다. 이런 원리에서 천간의 합과 충도 결정되는 것이다.

예를 들면, 乙 庚 合 金이 되는 이유는 乙 木이 성장하여 과실을 만드니 金이 되는 것이다. 戊 癸 合 火는 양권끼리의 합으로 나무가 싹이 트고 자라기 위해서는 丙 火가 요구되기 때문이다.

또한, 乙 辛 沖은 乙 木은 나무가 피어나려 하고 辛 金은 나무가 지고 씨앗이 되려고 하니 서로 상극이 되는데 이는 乙 木은 양권이고, 辛 金은 음권이기 때문이다. 丁 癸 沖도 丁 火는 음권의 불인데 癸 水는 양권으로 물이 위로 솟아나려 하니 丁 火가 꺼지는 것이다.

이런 순서로 丙 壬 沖도 양권의 丙 火와 음권의 壬 水가 서로 상극이니 沖이 되는 것이다. 甲 庚 沖도 甲 木은 음권의 나무인데 양권의 庚 金은 열매가 맺었으니 甲 木이 고통을 받는 것이다.

甲 己 合 土가 되는 것도 지하의 己 土 밑에 甲 木이 뿌리를 내리고 있으니 지하(땅속)에 묻힌 土가 되는 것이다. 즉 같은 음권에 있으니 합이 되는 것이다. 丁 壬 合 木도 땅속의 물에 온화한 불이 있어야 나무

가 얼지 않고 뿌리를 지탱할 수 있기 때문이다.

丙 辛 合 水는 辛은 음권과 양권 모두를 내포하고 있는데 씨앗이 태양열을 받아 발아하려면 물이 필요하기 때문이다. 즉 이때의 辛 金은 양권의 의미로 보고 合을 따진 것이다.

辛 金은 봄에 파종하는 씨앗이 있고 가을에 파종하는 씨앗이 있는데, 봄에 파종하는 씨앗은 양권이고 가을에 파종하는 씨앗은 음권으로 보고 있다. 즉 辛 金이 辰月 이후 출생이면 양권의 辛 金으로 보고 酉月 이후 출생이면 음권의 辛 金으로 보고 辛 金의 특성을 분석하여야 한다.

이상에서 보았듯이 양권은 양권끼리 음권은 음권끼리 합이 되고, 음권과 양권이 만나면 불편해 충이 되는 것이다. 이는 합·충 관계도 철저하게 자연의 기운 변화를 따르고 있다는 것이다. 그리고 인간의 사주 또한 자연계의 현상이기 때문에 음양 권의 변화와 밀접한 관계가 있다는 것을 여실히 증명하는 것이다.

6) 12지지의 음양 권역 내에서 합·충의 관계

10천간처럼, 12지지의 경우도 마찬가지이다. 12지지 중 양권은 양권에서 합이 되고, 음권은 음권에서 합이 된다. 하지만 음권이 양권을 만나면 불편해 충이 되는 것이다.

예를 들면, 巳 亥 충의 경우는 巳는 양권의 지지이고 亥는 음권의 지지이니 서로 충 할 수 밖에 없다. 그러나 巳 申 合 水 라 하는데 이는 巳와 申이 모두 양권으로 봄에 꽃이 피고 열매를 맺어 겨울을 대비하려하기 때문에 合 水가 되는 것이다.

이런 순서로, 辰 酉 合 金은 봄에 꽃이 피는 것은 열매를 맺고 씨를 만들기 위함이니 酉에 결실로 끝난다. 따라서 辰의 종착지는 酉가 되는 것이니 辰 酉 合 金이 된 것이다.

子 午 沖의 경우도 子는 음권이고 午는 양권이니 서로 충沖할 수밖에 없고 子 丑 合 土는 子와 丑이 모두 음권에 속한 지지인데 땅속의 물이니 土로 보는 것이다. 이런 순서로 寅 申 沖도 寅은 음권 지지로 나무가 되려는 준비단계인데 申은 양권으로 결실을 맺었으니 서로 충하는 것이다.

또한, 寅 亥 合 木은 같은 음권으로 지하에서 봄을 기다리는 나무이니 木이 된 것이다. 卯 酉 沖도 卯는 양권의 시작이고 酉는 음권의 시작으로 서로 상극관계가 되는 것이다.

중앙토의 경우도 辰·戌·丑·未도 서로 辰과 未는 양권 지지이고 戌과 丑은 음권 지지이기 때문에 서로 辰 戌 沖, 丑 未 沖이 되는 것인데 土의 沖은 土가 중앙이라 강도가 약하다고 본다.

결국, 사주명리학은 음권과 양권으로 구분해 자연현상에 인간의 운명을 비유한 것임을 알 수 있다. 사주학의 구성은 음권과 양권의 원리로 이루어져 있는 것이니 격국의 그릇과 이 원리만 알면 용신은 물론 사주 운명도 잘 알 수 있을 것이다.

[알아두기]

▶사주 감정하는 순서와 용신 세우는 법

『삼명통회三命通會』에서 명리가 어찌 쉽다고 말하겠는가? 그 맛은 깊고 오묘하나 이치가 바르다고 하였다. 이는 천리를 살피지 않고 어찌 명리를 알 것인가? 이 말은 천리를 알고자 하면 먼저 절기의 오묘함을 살펴야 한다는 의미이다. 이 절기의 오묘함을 아는 것이 음양 권의 변화이다.

무릇 命의 좋고 나쁨은 사주에 용신의 희신과 기신 사이에 있음이 중요하다. 용신은 나에게 필요한 오행으로 나를 좋게 해주는 오행을 뜻한다. 희신喜神은 보통 용신을 생 해주는 오행이라고 하나 꼭 그런 것만은 아니고 나에게 좋게 작용하는 오행으로 용신 다음으로 좋게 작용하는 오행의 기운을 뜻한다.

한편, 기신忌神은 나에게 나쁘게 작용하는 오행을 뜻하는데 사주에 따라 용신과 희신 및 기신은 절대 변할 수 없다. 즉 자기 사주에 따라 정해진 자기 용신은 변할 수 없다는 의미이다. 자기 사주를 보고 자기 용신이 무엇인가를 알면 그 용신 해가 오면 좋고, 그해 기신운이 오면 나쁘다는 것을 판단하여 용신 해일 때는 더 열심히 일하고, 기신 해일 때는 고요하게 마음을 다스리는 훈련을 하면서 액운을 넘어서야 한다.

7) 어떻게 살 것인가 : 내격內格의 용신

(1) 내격內格 용신의 개념

격은 격국과 함께 쓰이는 말이다. 격국은 집으로 비유하면, 집의 종류이고 용신은 그 집을 지탱하고 버티는 대들보에 해당된다. 그래서 격과 용신은 분리할 수 없는 것이다. 그중 내격은 정격正格을 말한 것으로 일간과 월지의 관계를 나타낸 것인데 오행의 자연적 생·극·제·화에 의한 일반적인 원리에 따라 정해지는 격국을 의미한다.

내격은 사주에 정인격, 편인격 등 명칭을 붙이고 또 인수용신, 식신용신 등 용신 명칭을 붙여 각기 다르게 쓰고 표현할 뿐만 아니라 독특한 작용을 하는 사주는 용신의 명칭과 그 기능이 포함된 고유한 명칭으로 식신제살격, 재다신약격, 살중용인격, 재다약살격, 상관패인격 등과 같이 합쳐서 부르는 경우도 많으니 이는 모두 정격에 해당하는 것이다.

정격은 비견격(건록격), 겁재격(양인격)[1], 식신격, 상관격, 편재격, 정재격, 편관격, 정관격, 편인격, 정인격의 십정격이 있다.

본서는 일반적인 격의 용신을 정할 때 진지린(자는 소암, 1605~ 1666) 선생의 〈명리약언집命理約言集〉[2]에서 제시한 억부용신법抑扶用神法을 기준하여 정한다.

사주가 인성印星과 비겁比劫이 강한 신강사주이면 내 힘을 빼는 식상食傷, 재財, 관官 중에서 가장 좋은 오행, 즉 음양 권역의 범주를 잘 피고 난 후 용신을 정하고, 사주가 인성印星과 비겁比劫이 약한 신약사주이면 내 힘을 보태주는 인성이나 비겁 중에 좋은 오행으로 용신을 정하는 이론이다.

내격은 억부용신원리抑扶用神에 따라 용신을 정하면 된다. 그 외에 통관용신通關用神과 조후용신법調候用神法을 보완하는데 그중 억부용신법抑扶用神이 기준이고 나머지 용신법은 보조용신법으로 생각하면 된다.

---

1) 학계에서는 양간陽干이 월지에 겁재劫財를 두면 양인격, 비견比肩을 두면 건록격으로 명칭하고 음간은 다른 명칭을 쓰기에 공부하는 사람들에게 매우 혼동을 주었다. 여기서는 음양간 구분없이 사용한다. 즉 양인과 건록의 작용이 비슷하기 때문에 명칭을 통일시켜 부르기로 한다.
2) 『명리약언命理約言』은 자평명리학의 핵심이다. 음양오행의 정리에 따라 사주명리학의 핵심을 격국과 용신 등의 여러 가지 이론을 하나의 공식인 억부抑扶의 원리에 귀일시켜 놓았다. 사주명리학이 비교적 표준화된 논명 수단과 실질적인 체계를 갖춘 것은 『명리약언』으로부터 시작되었다

(2) 우주에는 좋은 것과 나쁜 것이 없다 : 억부용신론抑扶用神論

억부는 용신의 강약에 따라 길흉이 정해진다. 그러나 용신이 사주의 전부는 아니다. 용신보다 더 어려운 것이 격국의 성격과 파격이다. 결국, 용신은 격국과 더불어 파악되어야 제대로 사주를 감정할 수 있기 때문이다.

특히, 억부용신법抑扶用神法에 따라 용신을 정하는 기준은 사주의 신강·신약을 고려해 용신을 정하는데 억부의 기준은 다음과 같다.

첫 번째, 사주 내 인성이 강해 신강身强사주가 된 경우 인성을 제거하는 재성財星이 용신이 된다.

두 번째, 비겁이 강해 신강이 된 경우는 식상, 재, 관 중에서 충·극이 없는 십신十神을 용신으로 정한다.

세 번째, 재가 강해 신약身弱하게 된 경우는 비겁이 용신이 된다.

네 번째, 관이 강해 신약하게 된 경우는 인성이 용신이 된다.

다섯 번째, 식상이 많아 신약身弱할 때는 인성이 용신이 된다.

여섯 번째, 신강, 신약이 없는 균형된 사주는 충·극이 없는 십신 중에서 용신을 정하며 십신十神의 내용 모두가 충·극이 없다면 식상을 우선 용신으로 정한다.

억부용신이론抑扶用神論이 내격에서는 가장 중요하며, 항상 위의 원리에 기준하여 용신을 정해야 한다.

(3) 꽉 막힌 인생을 풀다 : 통관용신법

통관용신通關用神이란 서로 극 하는 오행이 강할 때 중간에서 상호 보완시켜 사주의 흐름을 좋게 만들어 주는 용신을 오행으로 삼는 것을 말한다. 예를 들어 丙 火나 丁 火 일간인데 水가 너무 강해 水에 의해 火가 꺼질 우려가 있다면 水剋火 중간에 木이 들어와 水生木, 木生

火하여 주면 水가 火를 극 하는 작용을 오히려 좋게 해준다. 이때 木을 통관용신이라고 한다.

이는 사주가 木과 金으로 구성되고 金이 강할 때는 중간에 水가 들어오면 金克木에서 金生水, 水生木으로 사주를 좋게 흘러가도록 한다. 사주가 水와 土로 구성되어 土가 강하면 土克水하는데 중간에 金이 들어오면 土生金, 金生水하여 막힌 사주를 유통시켜 흘러가게 하는 것이다.

또한, 사주가 金과 火로 구성되고 火가 강하면 火克金하여 나쁘게 막혀 있는데, 중간에 土가 들어오면서 火生土, 土生金으로 물 흐르 듯 유통시켜 주는 것이다. 이렇듯 사주가 좋은 방향으로 흘러가게 중간에서 작용하는 오행을 통관용신이라고 한다.

다음 사주의 예를 들어보면,

[통관용신 사주 1 예]

　　甲　丁　０　０

　　戊　亥　亥　子

　　시　일　월　년

위 사주 예는 年月이 전부 水라 水에 의해 丁 火가 꺼질 가능성이 크다. 이때는 꼭 木이 있어야만 水剋火에서 水生木, 木生火하여 사주를 흘러가게 할 수 있다. 이때 木을 통관용신이라고 한다. 위의 사주는 甲木이 용신이며, 戊 土가 식상이어서, 초년은 나쁘나 노년은 좋아진다. 다음 사주의 예를 들어보면,

[통관용신 사주 2 예]

　　庚　壬　０　０

申 子 戌 辰
시 일 월 년

위 사주 2 예는 年月이 모두 土라 土剋水하여 나쁘다. 이때 金이 들어오면 土生金, 金生水하여 극하는 작용을 완화시킬 수 있다. 따라서 金이 용신이며 이를 통관용신이라고 한다.

이때 통관하는 오행도 양권은 양권에서의 통관하는 오행이, 음권은 음권에서 통관하는 오행이 용신이 된다. 즉 壬 水가 음권이라 庚 金보다는 辛 金이 통관용신이 된다.

(4) 한 · 난 · 습 · 조 기후의 순환 : 조후용신

천지는 봄·여름·가을·겨울의 사시가 순환됨에 따라 춥고, 덥고, 메마르고, 습한 기온의 변동이 있다. 이에 따라 사주에도 사주를 구성하는 간지의 팔자가 차고, 덥고, 조하고, 습하게 구성되기도 한다. 기후가 너무 난조하면 만물이 메말라 죽고, 너무 한습하면 병들어 죽는다는 의미이다.

그러므로 한쪽으로 기울어진 기운을 조화시키는 법을 조후용신이라고 한다. 조후용신調候用神은 적천수適天髓에서 정리한 내용으로 사주가 차가우냐, 더우냐를 보고 차갑다면 더운 기가 덥다면 차가운 기가 필요하다고 보는 이론이다. 예를 들면, 지지가 亥 子 丑으로 水局이면 겨울이라 사주가 춥다. 이때는 더운 火가 필요하며 火가 용신이라고 보는 원리이다.

이때도 火의 천간으로 丙 火는 양권이라 용신의 기운이 약하고, 음권인 丁 火만이 용신이 된다. 그러나 지지가 巳午未 火局이라면 더우니 차가운 기운이 필요하다. 巳 午 未가 양권이니 양권의 癸 水가 필요하며, 壬 水는 음권이라 용신으로 선택할 수 없다. 즉 사주의 온도를 조절하는 이론이 조후용신이론調候用神理論인데 무조건 조후調候만 맞으면 좋은 용신이 된다고 보는 데는 많은 문제점이 있다. 이는 모든 용신을 그 사람의 사주 구성과 비교하여 어떤 용신이 중화를 이룰 수 있는가를 살피라는 의미이다.

예를 들어, 지지가 子일 때 온도가 맞으려면 午가 필요한데 이때는 子 午 沖으로 아주 나쁘게 된다. 또한, 천간이 壬일 때 온도가 맞으려면 丙이 요구되는데 丙 壬 沖이 되어 아주 나쁘다.

따라서 조후용신원리는 부분적으로만 적용시켜야 한다. 또한, 사주의 온도를 맞추더라도 일간이 양권일 때는 양권에 있는 오행 중에서 온도를 조절하는 오행으로, 일간이 음권일 때는 음권에 있는 오행 중 온도를 조절하는 오행으로 조후용신을 잡아야 한다.

결국, 이는 억부용신원리와 같은 결과가 되니 억부용신원리를 기본으로 하고 조후용신원리를 보완시킨다고 보면 된다.

예를 들어, 일간이 甲 木일 경우 지지가 亥 子 丑으로 구성되었다면 丁 火가 필요하다. 이는 甲 木이 음권이니 음권의 火인 丁 火가 요구된다. 이는 조후로도 좋고, 억부용신법으로도 水가 강하니 甲 木의 식상인 丁 火가 용신이 되는 것이다.

만약에 일간이 丙이면서 지지가 巳 午 未로 구성되었다면 사주가 더우니 水가 필요하다. 이때 丙 火가 양권이니 음권의 壬 水는 안 되고, '丙 壬 沖이 되기 때문에' 양권의 癸 水가 조후로 좋고 억부용신으로도 관官이라 丙 火의 힘을 빼서 좋다.

따라서 조후용신법도 자기 영향권, 즉 양권은 양권에서 음권은 음권에서 온도를 조절하는 용신을 잡는 것이다. 따라서 조후용신이론도 앞에서 설명한 억부용신이론에 기초를 두고 사주가 더우나 차가운 기운의 오행을 찾는데, 양권은 양권 중에서 차가운 水의 오행 癸 水를, 음권은 음권 중에서 차가운 水인 壬 水를 용신으로 잡으면 된다. 사주가 차고 양권이면 양권에서의 더운 火인 丙 火를, 음권이면 음권에서의 火인 丁 火를 조후용신으로 정하면 더욱 효과적이다.

결국, 조후용신이론은 억부용신이론을 보완시키는 원리라고 생각하면 된다. 억부용신이론을 기본으로 하여 우선 중화 용신을 정하고, 그 사주의 한·습·조·열을 판단하여 조후원리를 보완시키면 되는 것이다.

8) 운명의 묘미 : 지지에서 용신이 정해지는 경우

지지에서 용신의 역할은 천간의 용신에 비해 그 작용이 크다. 천간은 정신적인 기의 흐름이지만 지지는 생활과 밀접한 관계가 있는 재·관에 직접 영향을 미치기 때문이다. 우선 지지의 용신은 합이 중요하다. 지지의 합은 대운大運과 세운歲運의 운행에서 비롯된다.

특히 지지에 용신이 있는 경우는 지지가 삼합이 되는 경우를 뜻한다. 즉 지지가 삼합의 구성요소에서 한 글자가 부족할 때 나머지 한 오행이 들어와 삼합이 되어 나에게 좋은 작용을 하면 부족한 한 글자 '하나의 지지'가 용신이 된다. 예를 들어보면,

[지지용신 사주 1 예]   [지지용신 사주 2 예]

己 丁 癸 庚   庚 甲 戊 丙

酉 未 亥 子   午 辰 戌 申

시 일 월 년   시 일 월 년

위 사주 예는 水가 강해 신약身弱한 사주이다. 즉 水가 강해 丁 火가

꺼질 우려가 있다.

丁 火를 살리기 위해서는 木이 필요하다. 이때 지지가 亥 未인데 卯가 들어오면 亥卯未 木局 삼합이 되어 丁 火가 살아난다. 따라서 위의 사주는 卯가 용신이 된다. 위 사주는 卯 年이 오면 성공하는 운이 온다. 12년 중에 한 번은 반드시 卯年이 오니 이때 성공하여 10년을 버틸 수 있는 것이다.

위 사주 2 예는 水가 부족해 甲 木의 힘이 약하다. 이때 子가 들어오면 申子辰 水局 삼합이 되어 甲 木의 힘이 강해진다. 따라서 子가 용신이 된다. 이 사주의 경우에도 水가 용신이니 임자년이 돌아오면 반드시 성공할 수 있는 운을 맞이 할 수 있는 것이다. 그러나 오히려 삼합이 기신이 되면 더 나쁘다.

예를 들어보면,

[지지용신 사주 3 예]

乙 壬 庚 戊

未 申 申 辰

시 일 월 년

위 사주 3 예는 金 水가 강한 사주이다. 이때 子 年이 들어오면 申子辰 水局 삼합이 되어 壬 水가 더욱 강해져 아주 나쁘다. 그래서 水 年이 오면 물에 빠져 죽을 염려를 다스려야 한다. 이 때 지지에 용신이 있는 경우는 신약身弱사주의 경우가 대부분이며 삼합으로 일간의 힘이 강하게 만들어 일간에 필요한 용신의 경우에만 해당된다. 이때 사주에 충·극이 없어야 그 용신의 기운을 제대로 받을 수 있다.

9) 다양한 용신의 사례 : 용신을 정하는 법

앞에서 설명한 바와 같이 내격의 경우는 억부용신법에 따라 신강하면 식, 상, 재, 관에서 충·극이 없는 오행으로 용신을 정하되 자기권에 있는 즉 일간이 陽이면 양권에서 陰이면 음권에서 용신을 정해야 한다. 신약한 사주면 인성과 비겁 중에서 용신을 정하는데 식, 상이나 관이 강해 신약身弱해졌다면 인성을 용신으로 하고 재가 강해서 신약身弱해졌다면 비겁을 용신으로 한다.

[실전 사주의 1 예]

乙 甲 乙 癸

未 子 丑 巳

시 일 월 년

위 사주 예는 지지에 水가 강하고 천간이 비겁으로 구성되어 신강身強한 사주이다. 따라서 식상과 재가 용신이다. 특히 水가 강해 재가 용신이 된다. 이때 甲 木은 음권이니 상관인 丁 火가 필요하다. 즉 식신인 丙 火는 甲 木의 뿌리를 다치게 하여 나쁘며, (丙 火는 양권의 대표이기 때문이다) 온화하게 음권에서 뿌리를 보호하는 丁 火만이 용신이 된다.

또한, 재財도 戊 土는 양권의 편재偏財로써 재를 얻기 어려우니 己 土인 정재만이 용신이 된다. 특히 己 土는 甲 己 合 土가 되어 아주 좋은 용신이 된다. 관은 金으로 좋을 수도 있고 나쁠 수도 있다. 즉 지지가 巳 酉 丑으로 金局을 이루면 水를 끌어들여 나쁘다.

또한, 庚 金은 양권으로 甲 庚 沖하여 나쁘며 오로지 辛 金만이 좋게 작용한다. 결국 위 사주 예는 음권에서 용신이 정해진다. 세운歲運

에서 庚辰年이나 庚午年이 오면 아주 나쁘고 천간이 丁이나 己가 오는
해에 좋아질 수 있는 운이다.

[실전 사주의 1 예]
甲 乙 己 乙
申 亥 卯 未
시 일 월 년

위 사주 예는 여명女命인데 사주 구성이 아주 좋지 않다. 일간이 乙
木인데 지지가 亥 卯 未 水局으로 구성되어 신강한 사주인데, 천간 또
한 비겁이 많아 부모·형제 덕이 없는 사주이다.

위 사주는 乙 木이 卯月 출생으로 건록격 사주로 관이 용신이 된다.
乙 木에 관은 金이 용신인데, 乙 木이 양권이라 양권에 있는 庚 金만이
용신이 된다. 음권에 있는 辛 金은 乙 辛 冲으로 용신이 아니라 기신이
되어 오히려 나쁘다.

오직 庚 金만이 용신이며 時의 申이 지장간에 庚 金이 있으나 時의
庚 金이 甲 木을 치니 甲 庚 冲으로 늙어서도 남편 덕이 없이 혼자 지
낼 사주이다.

[실전 사주의 3 예]
乙 丙 戊 己
未 午 辰 丑
시 일 월 년

위 사주 3 예는 辰月의 丙 火로 사주 구성은 좋으나 土가 너무 강해

초년 고생이 심한 사주이다. 그러나 신약身弱하지만 丙 午 일주라 개인의 능력이 뛰어나다.

丙 火가 양권의 대표로 午가 제왕 자리이며 인성正印인 乙 木이 용신이라 乙 木이 時에 있어 늦게 성공할 사주이다. 즉 丙 火가 양권이라 같은 양권인 乙 木이 용신이며 음권인 甲 木은 소용이 없다.

위의 사주는 庚 金이 없는 게 아쉬워 학문적으로는 성공할 수 있으나 큰 부자 사주는 아니다. 하지만, 경 금이 들어오는 해에 더욱 정진하면 명예가 드높아져 학문으로 대기만성할 수 있다. 그래서 庚 金을 총명한 지혜를 만들어 주는 기운으로 판단하는 것이다.

[실전 사주의 4 예]

甲 丁 己 丁

辰 亥 酉 酉

시 일 월 년

위 사주 예는 丁 火가 음권의 불인데 음권으로만 구성되어 사주 구성이 좋다. 酉月의 丁 火의 역할을 충분히하며 亥의 관을 갖고 있어 공직 운이 좋다. 지지가 金 水가 강해 신약한 사주라 木이 용신이며 같은 음권에 있는 甲 木이 용신이다. 다행히 時에 甲 木이 있어 노후도 좋다.

천간에 甲 木이 들어오는 해나 지지에 卯가 들어온 해에 공직 진출해 성공한 사주이다.

[실전 사주의 5 예]

癸 戊 戊 己
亥 寅 辰 丑
시 일 월 년

위 사주 예는 여명이며 辰月의 戊 土로 건록격 사주로 관이 용신이다. 戊 土가 양권이라 정관인 乙 木이 용신인데 戊 寅 일주라 관을 갖고 있어 좋은 남편을 만나 잘 사는 사주이다. 土가 강한데 財도 풍부해 (戊 癸 合이 되어 더 좋다) 노후도 부유한 사주이다.

庚 金이 식상인데 金이 없어 일할 사주는 아니며 좋은 남편 덕에 편안히 살 사주이다.

[실전 사주의 6 예]

乙 己 甲 庚
亥 亥 辛 辰
시 일 월 년

위 사주 예는 申月의 己 土로 水가 강해 재다신약財多身弱 사주이다. 己 土가 음권이니 음권에 있는 인성으로 火인 丁 火만이 용신이 된다. 불행히 사주가 차고 丁 火가 없어 외로운 사주이다.

재財는 많아 식근 걱정은 없겠으나 항상 불안하고 외로울 가능성이 큰 사주이다. 또한, 용신인 甲 木이 甲 庚 沖으로 다쳐 신경계 질환으로 고생할 사주이다. 특히 계미년癸未年에 용신인 丁 火를 癸 水가 충하여, '丁 癸 沖' 심장질환과 신경계 질환이 생겨 크게 고생할 사주이다.

위의 사주는 丁 火가 가장 좋은 용신이고 두 번째는 甲 木이다. 甲

木, 丁 火 모두가 약해 수명이 짧은 사주로 간명看命이 된다.

[실전 사주의 7 예]

戊 庚 壬 壬

寅 戌 子 辰

시 일 월 년

위 사주 예는 여명인데 水가 강한 식상격食傷格 사주이다. 따라서 인
성인 土가 용신인데 庚 金이 양권이니 양권인 戊 土만이 용신이 된다.
庚 金 옆에 壬이 겹쳐 있는데 이는 庚 金의 관인 丙 火를 죽여 '丙 壬
沖' 남편 없이 혼자 살 팔자이다. 다행히 時에 戊 土 용신이 있고 寅의
재가 있어 노후까지 일하므로 노후는 부유한 사주로 간명된다.

[실전 사주의 8 예]

辛 辛 壬 壬

卯 丑 子 辰

시 일 월 년

위 사주 예는 여명으로 子月의 辛 金으로 水가 많아 식상격 사주이
다. 따라서 용신은 같은 음권에 있는 己 土가 용신이다. 사주에 水가
강해 火가 필요한데 같은 음권에 있는 丁 火가 용신이다.

특히 위 사주는 丁과 己가 용신인데 丁 火가 없어 애틋한 남편 덕이
있는 사주는 아니다. 그러나 사주가 음권으로만 구성되어 식상운이
좋아 직업(선생님 사주)을 갖고 대우받는 직위에 오를 수 있을 것이다.
또한, 時에 卯로 재財가 있어 노후가 풍족한 사주이다. 그러나 불행히

신약한 사주이기 때문에 時에 편재가 작용하여 자식으로 고통을 받는 사주이기도 하다.

[실전 사주의 9 예]
甲 壬 癸 戊
辰 子 亥 戌
시 일 월 년

위 사주 예는 亥月의 壬 水로 건록격 사주로 신강한 사주이다. 따라서 관과 재가 용신인데 壬 水가 음권이니 음권의 己 土인 정관과 丁 火인 정재 용신이 된다. 특히 이 사주는 늙어서까지 일을 많이 하는 사주이지만 음권인 丁 火가 없어 큰 부자 사주는 아니다.

[실전 사주의 10 예]
癸 乙 丙 乙
未 卯 戌 酉
시 일 월 년

위 사주 예는 戌月의 乙 木이나 사주 구성이 오행을 골고루 갖고 있다. 乙 木이 양권인데 천간이 양권으로 구성되어 편안한 사주이다. 지지가 卯·酉·戌을 동시에 갖고 있어 의료계에 종사할 사주인데 실제 의사로서 명성이 난 사주이다.

木이 약간 강하지만 토와 금이 용신으로 전체의 사주 구성이 균형을 잃지 않아서 부와 명예를 동시에 얻을 수 있는 사주이다.

[알아두기]

▶ 기신이 들어올 때 대처하는 자세

사주를 볼 때, 누구나 평생 좋을 수 없고 또한 평생 나쁠 수만은 없다. 이는 자기 용신운이 오면 좋으나 기신운이 들어오면 실패한다는 의미이다. 기신운이 들어오는 해는 몸가짐을 바로 하고, 실패할 수 있는 주변 요소를 최대한 점검해야 한다.

이 말은 실패할 운이 들어올 때는 나를 도와줄 수 있는(용신운이 들어온 사람) 사람과 콜라보를 하거나 또는 하던 일에 대해서 규모를 줄이면서 다음을 기약하는 지혜가 필요하다는 뜻이다. 나쁜 기신운이 들어 왔다고 하여 굿을 하거나 부적을 쓴다고 기신이 없어지는 것도 아니며 또한 종교에 매달리거나 엉터리 스님들이 말하는 죽은 자를 위한 천도제를 지낸다고 운이 변하는 것도 아니다.

평생을 살다 보면 대운과 세운에서 자기 운이 나쁜 해가 들어오는 때가 있으면 우선 욕심을 버리고 정직하게 살며 남에게 좋은 일을 많이 하고 가난한 사람에게 많이 베풀면 액운이 적게 온다.

인간의 화禍는 누구에게나 존재한다. 하지만 모두 욕심을 버리고 선행을 많이 베풀면서 보내게 되면 하늘은 스스로 액운을 덜어준다. 그래서 하늘은 스스로 돕는 자를 돕는다고 하지 않는가? 이는 인내심과 침착함을 일컫는 말이고, 또한 하늘의 섭리를 거스르지 말라는 경고이기도 하다.

2. 사주의 그릇 : 격국格局이란 무엇인가?

1) 사람의 그릇 : 격의 의미

사람에게는 성명姓名이 있다. 격국은 사주의 성과 이름이다. 격은 일간인 자신을 말하고, 국은 월지를 의미한다. 일간인 격은 이름이고 줄기이다. 또한, 일간은 그 나무의 꽃이며 열매이다. 일간인 격과 월지인 국이 합하여 격국이 되고, 그 사주의 그릇 특성을 나타낸다.

격국을 집으로 비유하자면 집의 종류가 되고, 지난 장에서 배운 바 있는 용신은 그 집을 지탱하는 대들보와 기둥이 된다. 그래서 격국과 용신은 서로서로 분리할 수 없는 한몸인 것이다. 또한, 격국은 사람의 신체에 해당되고 용신은 정신에 해당되니 서로 간에 화합이 잘 되어야 성공할 수 있다.

사주명리학에서 이론적으로 사주 구성 수數는 60갑자가 年·月·日·時로 돌아가니 60×60×60×60×2의 값 25,920,000개가 된다. 2를 곱하는 이유는 男과 女의 대운이 다르기 때문이다. 2천5백만 개가 넘는 사주 조합에서 60년을 기준으로 실제 파악되는 사주 수는 518,400개 ×12개월×30일×12시×2의 값이 된다.

우리가 현실적으로 볼 수 있는 사주 수도 50만 개가 넘는다. 이 값은 사주학자가 평생을 봐도 다 보지 못하는 숫자이다. 이렇듯 사주는 많고 또 각각 모두 특성이 있다.

이렇게 많은 사주를 검토하기 편하게 분류할 필요가 있다. 즉 특성이 유사한 공통분모를 찾아내 유사한 사주끼리 묶는다면 특성에 따라 사주 해석이 용이해질 것이다. 이처럼 사주의 특성에 따라 분류하는 것을 격국格局이라고 한다.

사주에서 가장 중요한 것은 어느 달에 태어난 나日干인가 하는 점이다. 어느 달에 태어났느냐 하는 것은 그 사주의 환경이 어떤가를 판단하는 것이고, 어느 날에 태어났는가는 그 사주의 힘이 어떻게 구성되어 있는가를 판단하기 위함이다. 즉 일간인 내가 어느 날에 태어나 일간의 뿌리가 있느냐 없느냐가 매우 중요하다.

설령 뿌리根가 있어도 그 뿌리가 강하냐 약하냐를 판단한 뒤 신강身强사주냐 신약身弱사주냐의 구분하여야만 올바른 격과 용신을 활용할 수 있기 때문이다.

또한, 이에 따라야만 나에게 좋은 해運와 나쁜 해運를 구분할 수 있다. 이는 용신을 알기 위해 격국을 정하는 순서이기 때문이다.

2) 고전에 나오는 사주명리학의 격국론格局論

(1) 『연해자평주淵海子平註』의 격국론

연해자평주의 격국은 내격과 외격으로 구분한다. 월지의 십신을 기준으로 하여 격을 정할 때를 내격正格이라 하고, 월지 외에 특별한 형태를 이루고 있는 격국을 외격從格 또는 편격偏格이라고 한다.

문헌상 송대에 저술된 것으로 알려진 연해자평주에서는 격국을 내격 18종과 외격 18종으로 구분하고 있다. 그러나 실제로는 내격 24종과 외격 23종으로 구분하여, 후대에 저술된 명리서와는 많은 차이점이 있다.

〈內十八格 · 外十八格의 분류〉

구분	분류			
내십팔격 (총24종)	①正官格	②雜基財官格	③月上傷官格	④時上傷財格
	⑤時上一位貴格	⑥飛天祿馬格１２	⑦倒沖格１２	⑧乙己鼠貴格
	⑨六乙鼠貴格	⑩合祿格１２	⑪子遙巳格	⑫丑遙巳格
	⑬壬騎龍背格	⑭井欄叉格	⑮歸祿格	⑯六陰朝陽格
	⑰刑合格	⑱拱祿格	⑲拱貴格	⑳印綬格
	㉑雜氣印綬格			
외십팔격 (총23종)	①六壬趨艮格	②六甲趨乾格	③勾陳得位格	④玄武當權格
	⑤炎上格	⑥潤下格	⑦從革格	⑧稼穡格
	⑨曲直格	⑩日德秀氣格	⑪福德格	⑫棄命從財格
	⑬傷官生財格	⑭棄命從殺格	⑮傷官帶殺格	⑯歲德扶殺格
	⑰歲德扶財格	⑱夾丘格	⑲兩干不雜格	⑳五行俱足格
	㉑支長一字格	㉒天元一氣格	㉓鳳凰池格	

(2) 『적천수천징의滴天髓徵義』의 격국론

『적천수滴天髓』에서는 격국을 정재격·편재격·정관격·편관격·정인격·편인격 식신격·편관격 등 팔격으로 분류하고 있다. 이를 재성과 관성

〈정격 · 변격의 분류 1〉

구분	분류		
정격 正格	▷官印格(官印相生格)	▷財官格	▷煞印格(煞印相生格)
	▷財煞格(財滋弱煞格)	▷食神財煞格	▷食神生財格
	▷傷官佩印格	▷傷官生財格	
변격 變格	▷從財格	▷從官殺格	▷從食傷格(從兒格)
	▷從旺格	▷從強格	▷從氣格
	▷從勢格	▷一行得氣格 (曲直格·潤下格·炎上格·從革格·稼穡格)	
	▷兩神成象格		

과 인수는 正·偏으로 나누고, 식신격과 편관격을 논함으로써 팔격이
정해진다. 『滴天髓』에서는 내격·외격이라는 용어를 쓰지 않았다.

(3) 『정선명리약언精選命理約言』의 격국론

『정선명리약언精選命理約言』에서는 격국의 구분을 정관격·편관격·인
격·재격·식신격·상관격 등을 정격正格으로 분류하고, 종격從格·화격化
格·일행득기격一行得氣格·양신성상격兩神成象格·암충격暗衝格·합격合格 등
을 변격變格으로 분류하고 있다.

(4) 『자평진전평주子平眞詮評註』의 격국론

『자평진전평주子平眞詮評註』의 격국은 正官格·財格·印綬格·食神格·偏
官格·傷官格·陽刃格·建祿月劫格 등을 正格으로 분류하고, 一行得氣格·
化氣格·倒沖格·朝陽格·合祿格·기명종재격棄命從財格·棄命從殺格·井欄叉

〈정격 · 변격의 분류 2〉

구분	분류	
정격 正格	▷ 正官格(官印格·財官格)	▷ 偏官格(殺印格·財殺格)
	▷ 印格(官印格·殺印格)	▷ 財格(財官格·財殺格)
	▷ 食神格(食神制殺格·食神生財格)	▷ 傷官格(傷官用印格·傷官用財格)
변격 變格	▷ 從格(從官格·從財格·從傷格·從殺格·從食格)	
	▷ 化格(化土格·化金格·化水格·化木格·化火格)	
	▷ 一行得氣格(曲直格·炎上格·從革格·潤下格·稼穡格)	
	▷ 兩神成象格 [水木相生格 · 木火相生格 · 火土相生格 · 土 金相生格 · 金水相生格 · 木相生格 · 土水相生格 · 水火相生格 · 火金相生格 · 金木相生格]	
	▷ 暗沖格(沖官格·暗沖格)　　　　　▷ 合格(合官格)	

格·刑合格·요합격遙合格 등을 잡격雜格으로 분류하고 있다.

3) 격국을 정하기 위해 사용되는 기준

결국 격국이란 사주의 특성을 보고 그 사람의 품위를 보는 것인데, 사주의 구성이 잘되어 있으면 성격이라 하고, 사주의 격이 깨지거나 혼탁하면 파격이라고 한다. 간단히 말하면 강한 오행의 특성이 그 사람의 격국의 특성이라고 이해하면 된다.

본서에서는 격국을 이해하기 쉽게 내격과 외격으로 구분하여 내격을 정격이라 하고, 외격을 변격이라고 한다. 내격은 정관격, 편관격, 편인격, 정재격, 편재격, 식신격, 상관격, 건록격, 양인격으로 구분하

〈정격 · 변격의 분류 3〉

구분	분류	
정격 正格	▷ 正官格(雜氣正官格·正官用財格·正官佩印格)	
	▷ 財格(財旺生官格·財用食生格·財格佩印格·財用食印格·財帶傷官格 財帶七殺格·財用殺印格)	
	▷ 印綬格(印綬用官格·印綬用財格)	
	▷ 食神格(食神生財格·金水食神格·食神帶殺格)	
	▷ 偏官格(食神財殺格·殺印相生格·七殺用財格·雜氣七殺格)	
	▷ 傷官格(傷官用財格·傷官生財格·傷官佩印格·傷官用官格·傷官帶殺格)	
	▷ 陽刃格(陽刃用官格·陽刃用殺格·官殺制刃格)	
	▷ 建綠月劫格(綠格用官格·綠劫用財格·綠劫用殺格)	
변격 變格	▷ 一行得氣格(曲直格 등)	▷ 化氣格(化土格 등)
	▷ 倒沖格	▷ 朝陽格(六陰朝陽格)
	▷ 合綠格	▷ 棄命從財格(從財格)
	▷ 兩神成象格	▷ 井欄叉格
	▷ 刑合格(沖官格·暗沖格)	▷ 遙合格

며, 외격은 종격, 전왕격, 합화격 등으로 구분하여 기술한다.

앞서 말한 것처럼 격국은 결국 내 사주의 힘이 강하냐, 약하냐를 나타내기 때문에 일간에 대한 월지月支의 역할이 중요하다. 이는 격국의 월지가 나에게 힘을 만들어 주는 일간의 둘러싸인 환경을 말하기 때문이다. 격국의 힘을 알아내기 위해서 태어난 달의 지장간地藏干을 활용한다. 즉 子월부터 亥월까지 각 월에는 지장간이 들어있다.

즉, 亥월에 태어났다면 亥월은 겨울이지만 甲 木과 壬 水가 다 들어있다. 지지 속 같은 亥월이라도 甲 木이 사령하는 날도 있고 壬 水가 사령하는 날도 있다. 이를 알아야만 亥월 태생이라도 일간의 힘을 정확히 가늠할 수 있게 된다. 이는 지장간 속에 숨어있는 하늘의 기운이 천간에 투철한 정도가 곧 일주의 격을 이루고 있다는 의미가 된다.

4) 사시팔절가[3]四時八節歌

사시팔절가는 1년의 절기, 즉 12절 12기 = 24절기를 이용해 지장간을 분석하는 이론이다. 즉 12절 12기는 입춘이 되어야 한 해가 바뀌고 봄이 되니 입춘부터 시작해 15일 단위로 입춘, 우수, 경칩, 춘분, 청명, 곡우, 입하, 소만, 망종, 하지, 소서, 대서, 입추, 처서, 백로, 추분, 한로, 상강, 입동, 소설, 대설, 동지, 소한, 대한의 24절기로 구분하는데 이 절기를 기준으로 지장간의 내용을 분류하는 이론이다.

(1) 인월寅月의 경우

인월의 지장간에는 戊·丙·甲이 들어있는데 입춘부터 시작해 5일 동

---

3) 지장간의 계절적인 기운을 분석하는 기준으로 대만의 송영성宋英成 선생이 제시한 사시팔절가四時八節歌를 일반적으로 사용한다.

안은 戊 土가 사령하고, 그 후 10일 동안은 丙 火가 사령하고, 우수 이후 경칩 전까지는 甲 木이 본기로 사령한다. 즉 寅月 태생은 戊 土가 20%, 丙 火가 30%로 여기餘氣가 있고, 본기인 甲 木이 50%로 사령한다는 의미이다.

이는 寅月 태생이라도 입춘 후 어느 날에 태어났느냐에 따라 戊 土의 힘이 있느냐, 丙 火의 힘이 있느냐 또는 甲 木의 힘이 강하냐를 판단하는 것이다.

(2) 묘월卯月의 경우

경칩 이후 춘분까지는 甲 木이 사령하고 춘분 이후 청명까지는 乙 木이 사령해 木 기운이 가장 강한 달이다. 이는 甲이 10일간 사령하고, 乙이 20일간을 사령한다는 의미이다.

(3) 진월辰月의 경우

청명 후 7일간은 乙 木이 사령하고, 이후 8일간은 癸 水가 辰 土 묘고에 머물며, 곡우 이후 입하 전까지는 본기인 戊 土가 중심이 된다. 즉 진월辰月의 전체 기운 중 20%는 乙 木 기운이 차지하고, 30%는 癸 水 기운이, 나머지 50%는 戊 土 기운이 사령한다는 의미이다.

(4) 사월巳月의 경우

입하부터 5일간은 戊 土가 사령하고 이후 10일간은 庚 金이 장생으로 生을 받고 있으며, 소만 이후 망종까지 본기인 丙 火가 사령한다. 즉 巳 중에 20%의 戊 土와 30%의 庚 金이 50%의 丙 火가 차지하고 있다는 의미이다.

(5) 오월午月의 경우

망종 이후 10일간 己 土가 사령하고 이후 하지를 지나 소서까지 丙 火와 丁 火가 사령한다. 이는 30%의 己 土와 70% 火의 본기가 사령한다. 이는 午는 양의 기운이 절정을 이룬 후 음의 기운이 서서히 들어오기 때문에 자·오·묘·유의 강한 기운에서 특별히 음권에 있는 己 土가 丁 火의 기운을 전달하는 과정을 하나 더 거치게 하는 것이다. 이 놀라운 자연의 이치가 명리학의 정수이다.

(6) 미월未月의 경우

소서 이후 7일간은 丁 火가 사령하고, 8일간은 乙 木이 묘고에 머무른다. 대서 이후 입추까지는 본기인 己 土가 사령하고 있다. 이는 양권에서 음권으로 변화을 나타내고 있으며, 미월이 지나면 가을의 기운이 음권에 수렴·저장하는 과정을 의미한다.

(7) 신월申月의 경우

입추 후 5일간은 戊 土가 사령하고, 그 후 처서까지의 10일간은 壬 水가 장생으로 사령하며, 처서 이후 백로까지 15일간은 庚 金이 사령한다. 즉 申 중에 20%의 戊 土와 30%의 壬 水가 50%의 庚 金이 사령한다는 의미이다. 그래서 신월을 맹추지절孟秋之節이라고 한다.

(8) 유월酉月의 경우

백로부터 추분 전까지는 庚 金이 사령하고, 추분 후 한로까지는 辛 金이 사령한다. 즉 金이 세력이 가장 강한 숙살지기肅殺之氣의 달이다. 계절로는 24절기 중 사절기를 3분기를 가르는 추분의 꼭지점이 된다. 이를 중추지절仲秋之節이라 한다.

(9) 술월戌月의 경우

한로 이후 7일간은 辛 金이 사령하고, 다시 8일간은 丁 火가 머물며 상강 이후 입동 전까지는 본기인 戊 土가 사령한다. 특히 戌월에는 서리가 내리고 찬기운과 찬바람이 심하여 가을의 끝인 계추지절季秋之節이라 한다.

(10) 해월亥月의 경우

입동 후 겨울의 본 계절로서 10일간은 甲 木이 싹을 트며 그 후 소설이 지나 대설까지 20일간은 본기인 壬 水가 사령한다. 해월은 겨울의 시작이다. 입동이 되면 동면하는 동물들은 땅속으로 들어가고, 또한 겨울이 되면 만물을 저장하고 응축하는 것이다.

(11) 자월子月의 경우

대설 이후는 본기인 壬 水가 사령하고 동지를 지나 소한 전까지는 癸 水가 사령한다. 즉 水 기운이 가장 강한 달이다. 오행에서 수는 단순히 물을 나타내는 것은 아니다. 해월의 水는 하늘 땅 모두가 얼어 있는 것이니, 차갑고 냉정하여 비집고 들어갈 구멍이 없는 것과 같다.

(12) 축월丑月의 경우

소한 이후 7일간은 癸 水가 사령하고, 그 후 8일간은 辛 金이 丑에 머물며 대한을 지나 입춘이 되기 전까지는 본기인 己 土가 사령한다. 즉 丑의 기운 중 20%의 癸 水와 30%의 辛 金이 들어있으며, 본기인 己 土가 50% 사령하고 있다.

축월은 기온의 간기에 놓여있다. 소한은 가장 춥고 대한이 되면 기온이 오히려 따뜻해지기 시작한다. 축월의 찬 기운은 씨앗에 더욱 압력을 가해 반발력을 키움으로서 발아하려는 힘을 강하게 한다.

이상 12달의 지장간의 내용을 파악하였는데 이 지장간의 머무는 내용에 따라 어느 달, 어느 일에 태어난 일간인 나의 힘을 파악해 격국을 정하고, 이 격국에 따라 나에게 좋은 오행, 즉 용신을 잡는 것이다.

이는 사시팔절가에 따라 내 사주의 힘이 강하냐, 약하냐를 계산하여 사주의 힘이 강하면 내 힘을 빼주는 오행이 내 힘이 약하면 내 힘을 보태주는 오행이 용신이 되는 것이다.

이를 전장에서 배운 억부용신법抑扶用新法이라고 하는데 이는 용신론에서 가장 중요한 기준이 되는 방법이다.

3. 사주의 크기, 격국格局을 정하는 방법

1) 내격內格

일반적으로 격국은 월지를 기준하여 지장간의 내용을 보고 정하는데 월지의 내용에 따라 십신론에 의거해 식신격, 상관격, 편재격, 정재격, 편관격, 정관격, 편인격, 정인격, 등 8개의 격으로 구성된다.

비견이나 겁재는 일간의 뿌리가 강해 녹祿이나 왕旺이 되어 일반 내격으로 보지 않고 특별한 외격特別格으로 본다. 특별격은 내격과 달리 기준이 정해져 있으며, 십신론에 의해 격을 정하는 것만이 내격이다.

본서에서는 사주 구성이 특별격의 의미가 강하면 특별격을 보는 것을 원칙으로 하며(특별격 우선의 원칙) 특별한 경우가 아니면 모두 내격에 의해 격국을 정한다.

(1) 내격에 따른 격국 결정 원칙

태어난 달을 기준해 일간의 십신에 따라 8개의 격이 정해진다. 즉 태어난 달의 지장간의 내용에 따라 식신격, 상관격, 편재격, 정재격, 편관격, 정관격, 편인격, 정인격으로 격국을 정하는데 그 기준은 다음과 같다.

첫 번째, 본기本紀가 천간에 투간透干한 경우는 투철한 오행에 따라 격국을 정한다. 이는 태어난 월의 지장간 내용에서 지장간의 본기가 사주 천간에 투철하여 나타났으면 그 본기를 보고 십신十神의 내용에 따라 격을 정한다는 의미이다.

예를 들면, 일간이 丙 火일 때 寅月生이면 寅의 지장간 중 본기인 甲

木이 사주 구성상 천간에 투간透干하여 존재하면 丙 火에 甲 木이 편인이 되므로 곧 편인격이 되는 것이다. 만약에 甲 木이 일간인데 申月 태생이라면 본기인 庚 金이 천간에 투간하면 金이 木을 극하니 편관격이 되는 것이다.

이를 사시四時·사절가四節歌와 지장간의 배합에 맞추어 배열하면, 寅月生은 甲 木이 본기이니 甲 木이 그리고 卯月生은 乙 木이 본기이니 乙 木이 천간에 투간하거나, 辰月生은 戊 土가 본기이니 戊 土가 투간透干하거나, 巳月生은 丙 火가 본기이니 丙 火가 투간하면 그 본기를 보고 십신의 내용에 따라 격을 정하면 된다.

또한, 午月生은 丙과 丁 火가 본기이니 丙이나 丁 火가 투간하거나, 未月生은 己 土가 본기이니 己 土가 투간하면 그 본기를 보고 격을 정하면 된다.

더불어 申月生은 庚 金이 본기이니 庚 金이 투간하거나, 酉月生은 辛 金이 본기이니 辛金이 투간하거나, 戌月生은 戊 土가 본기이니 戊 土이 투간하면 그 본기를 따라서 십신의 내용에 따라 격을 정하고, 이어서 亥月生은 壬 水가 본기이니 壬 水이 투간하거나, 子月生은 壬·癸 水가 본기이니 壬·癸 水가 투간하거나, 丑月生은 己 土가 본기이니 己 土가 투간한다면 각 지장간은 본기가 투철하니 투간한 오행에 따라 일간을 기준으로 십신의 내용에 따라 격국을 정하게 된다.

두 번째, 월지 본기가 천간에 투철하지 않을 때는 나머지 여기 중 천간에 투간한 오행을 십신의 내용에 따라 격을 정한다. 예를 들면, 甲 木이 寅月 태생일 경우 본기가 甲 木인데 천간에 甲 木이 없다면 나머지 寅 중의 여기인 丙 火나 戊 土 중 천간에 투철한 오행을 격으로 정한다.

즉, 천간에 甲 木이 없고 丙 火가 있다면 木生火하는 식신격이 되는 것이고, 丙 火가 없고 戊 土가 있다면 木剋土인 편재격이 되는 것이다. 이때 중요한 것은 子·午·卯·酉 月 태생은 천간에 투간하지 않아도 본기인 子·午·卯·酉에 따라 격을 정한다.

예를 들면, 甲 일간이 子月에 출생했다면 천간에 壬 水나 癸 水가 없어도 水生木하는 인성격正印格이 되는 것이다. 만약 丙 일간이 子월이라면 천간에 투철치 않아도 水剋火하는 정관격이다.

세 번째, 천간에 본기, 여기 모두 투철치 않으면 이때는 지장간 중 가장 강한 본기를 기준하여 격국을 정한다. 甲 木이 辰月 태생일 경우 본기인 戊 土나 여기인 乙 木과 癸 水가 모두 없다면 본기인 戊 土를 기준으로 木剋土하는 편재격으로 보면 된다.

2) 외격(外格)

격국 이론에서 내격으로 볼 수 없는 특별한 경우가 많은데 이를 특별격 또는 외격으로 구분한다.

내격은 일간을 기준하여 뿌리가 있는 경우가 일반적이다. 즉 甲 木이나 乙 木 은 지지에 寅卯辰이나 亥卯未의 뿌리가 되며, 丙 火나 丁 火 또는 戊 土나 己 土는 巳午未나 寅午戌이 뿌리가 되며, 庚 金이나 辛 金은 申酉戌이나 巳酉丑이 뿌리가 되고, 壬 水나 癸 水는 亥子丑이나 申子辰이 뿌리가 된다.

이때 일간의 뿌리가 없어 내격으로 분류하기가 어렵거나 또는 일간의 힘이 한쪽으로만 강할 경우 내격보다는 특별격으로 분류하여 용신을 잡는 것이 용이할 때가 많다. 이렇듯 내격으로 보기 어려운 경우는 모두 특별격으로 정해 용신을 잡는다.

특별격의 조건이 갖추어지면 반드시 특별격으로 보아야 한다. 이를 특별격 우선의 원칙이라고 한다. 특별격, 즉 외격에는 종격從格, 화기격化氣格, 일행득기격一行得氣格, 양신상색격兩神相生格, 건록격建祿格, 암충격暗沖格 등 여러 종류로 분류되는데 먼저 외격을 알아보고 그 나머지는 모두 내격으로 파악해 용신을 잡는다.

외격은 그 조건이 맞으면 용신이 정해져 있기 때문에 외격에 해당하는 사주는 의외로 용신을 잡기가 쉽다. 따라서 외격의 경우 그 성립조건을 반드시 알아야만 한다.

이상으로 내격의 기준은 지장간이 천간에 투철한 정도를 파악하는 것인데, 만약에 월지에 투간하지 않았으면 다른 천간을 비교하여 그 기운의 정도가 강한 오행을 십신으로 삼아 그 내용을 격으로 세우면 된다.

(1) 외격外格의 종류

■ 종격從格 : 진종격과 가종격

종격從格이란 일간인 내 힘이 약해 다른 오행에 완전히 굴복하는 경우를 뜻하는데 이런 종격에는 종관살격從官殺格, 종재격從財格, 종식상격從食像格 등이 있다. 또한, 종격從格은 엄격히 구분하여 진종격眞從格과 가종격假從格으로 구분되는데 원칙적으로 진종격만을 종격으로 분류한다.

그러나 완전치는 못해도 불안정하나마 종격從格에 따르는 가종격도 종격으로 본다. 하지만 가종격은 진종격보다 사주 구성이 한 단계 하급으로 판단하기 때문에 종격이 되려면 철처하게 진종이 되는 것이

좋다. 이에 가종격은 진종격보다 나쁜 운이 오면 더 나쁜 특성을 갖게
된다.

■ 진종격眞從格의 조건

진종격眞從格이 되려면 일간이 고립무원이어서 내 힘이 전혀 없어야
한다. 즉 일간의 뿌리가 전혀 없어야지 뿌리가 조금이라도 있으면 종
격이 되지 못한다.이 말은 곧 천간에 통근通根하지 말아야 한다는 의
미이다. 천간에 내 편인 인성과 비겁이 전혀 없어야 진종격이 성립한
다.

■ 종격從格의 종류

【 종관살격從官殺格 】

종관살격이 되기 위한 조건으로는 일간의 힘이 전혀 없는 종격으로
서 관살에 종속하는 경우를 종관살격 사주라고 한다. 이 사주의 구성
은 첫 번째, 지지에 일간의 뿌리가 전혀 없고, 두 번째 천간에 인성이나
비겁이 전혀 없어야 하며, 세 번째 지지가 관살로만 구성된 사주이다.

이때 일간은 다른 오행이 없어 힘을 쓸 수가 없으므로 더 관살에 의
존할 수밖에 없다. 이런 경우를 종관살격 사주라 하는데 이때는 관이
용신이 되며 전격적으로 관을 따르는 것이 매우 좋다.

[종관살격從官殺格 사주 예, 乾]

丙 庚 壬 丁

戌 午 寅 卯

시 일 월 년

대운

75 65 55 45 35 25 15 5
甲 乙 丙 丁 戊 己 庚 辛
午 未 申 酉 戌 亥 子 丑

위 사주 예는 일간 庚 金의 뿌리가 없고, 천간에 인성이나 비겁도 없으며 지지가 寅午戌 火局을 이루고 있어 火剋金인 관살로 구성되어 있다. 따라서 官에 종속하는 게 좋다.

戊 戌 대운(35세)에서 공직에 등극하여 고관으로 출세하였는데 丁酉 대운(45세)부터 酉 申 金 運이 들어와 빛을 못 보고, 丙 申 대운에서 공직에서 물러나 낙향하였다.

종관살격 위 사주 예는 첫 번째, 용신은 火인 官이고, 두 번째, 木은 희신喜神이 되며, 세 번째, 土金水는 기신忌神이 된다. 결론적으로 종격從格은 내 힘이 약할수록 좋다.

[가假종관살격從官殺格 사주 예]

丙 庚 壬 丁
戌 午 寅 未
시 일 월 년

위 사주는 丁未年 출생인데 지지가 寅午戌 火局이나 未 중에 己 土가 있어 庚 金을 생 해주는 인성이 들어있어 진종관살격이 못 되고 가종관살격이 되어 진종관살격보다 격이 떨어지는 사주가 된다. 대운이나 세운에서 戊 己 土 運이 오면 庚 金의 힘이 더 강해져 나를 극 하기 때문에 결국 나쁘게 작용한다.

위 사주 예는 첫 번째, 가종격은 진종격보다 하급임을 나타내고, 두 번째, 가종격은 진종격에 비해 파격破格으로 보며 인성운印星運이나 비겁운比劫運이 오면 진종격 사주보다 더 나쁘게 작용한다는 해석이다.

【종재격從財格】

종재격의 조건은 첫 번째, 사주원국에 내 힘이 전혀 없고, 두 번째, 지지가 재성財星으로 구성된 경우이며, 세 번째, 천간에 식상이 있어 재를 생하면 더 좋은 종재격이 된다. 이때는 오히려 일간이 재財를 따르면 다른 오행에 비교하여 더 좋은 사주 구성이 될 수 있다.

[종재격從財格 사주의 예]

己 丙 乙 庚
丑 申 酉 戌
시 일 월 년

대운
65 55 45 35 25 15 5
壬 辛 庚 己 戊 丁 丙
辰 卯 寅 丑 子 亥 戌

위의 사주 예는 첫 번째, 일간 丙 火의 힘이 전혀 없다. 천간의 乙 木은 乙 庚 合 金이 되어 乙 木의 역할을 못한다. 두 번째, 지지는 申酉戌 金局을 이루어져 丙 火는 財에 종속하게 된다.

세 번째, 천간의 己 土는 재를 생生 하여 더 좋다. 네 번째, 용신은 재인 金이고 희신은 식상인 土가 된다. 金·土 운이 오면 사업운이 온다. 기신忌神은 인성인 木과 비겁인 火가 되며, 오행에서 水는 한신閑神[4]이 된다.

네 번째, 상기 사주는 己丑 대운에 사업운이 오고 45세 庚寅 대운에서 寅申 沖으로 무역업으로 성공했다. 이때 만약 지지 지장간에 甲乙 木이나 丙丁 火가 들어있다면 파격으로 가종재격이 된다.

이때 상기 사주에서 가종격은 진종재격만 못하고 기신인 木火 대운이 오면 파탄을 맞는다. 즉 時가 己·未時라면 未 중에 乙木이 살아나 가종재격으로 진종재격보다 못하게 된다.

【종식상격從食傷格 또는 종아격從兒格】

종식상격 조건은 첫 번째, 일간의 힘이 없고 즉 통근通根되지 못하고 두 번째, 지지가 식상으로만 구성된 경우 종식상격 사주라 한다. 또한, 종식상격은 일을 하니 힘이 필요하여 인성이 있어도 좋다. 즉 인성이 있어 내 힘을 보태야 하기 때문이다.

그러나 인성보다는 비겁의 힘이 종식상격에 더 좋다. 그 이유는 인성은 식상을 파괴하는 작용을 하기 때문이다. 따라서 인성보다는 비겁이 있어 내 힘이 강한 상태에서 종식상격이 되는 것이 최고의 행운이다.

그러므로 종식상격은 식상이 강해 식상에 종속하기 때문에 식상을 죽이는 오행은 나쁘다. 이는 식상은 부지런하여 의식주를 해결하고, 인성은 앉아서 글을 읽는 선비의 기운이기 때문이다.

---

4) 한신閑神은 「무해무득無害無得하다」는 의미이다.

```
丙 癸 壬 丁
辰 卯 寅 卯
시 일 월 년
```

대운

```
63  53  43  33  23  13  3
乙  丙  丁  戊  己  庚  辛
未  申  酉  戌  亥  子  丑
```

위 사주 예는 일간 癸 水의 지지가 寅卯辰 木局으로 구성되어 있어 水生木하는 종식상격 사주가 된다. 대운에서 己亥(23세) 대운이 亥 卯의 木局이니 이때부터 사업운이 들어와 성공하게 된다.

이 사주의 용신은 식상인 木이 되고 희신은 재인 火가 된다. 기신은 金과 土가 나쁘게 작용한다. 이 사주에서 丙 火는 財라 좋고 壬 水는 丁 壬 合 木이 되어 木局인 식상으로 구성되어 진眞종식상격從食傷格 사주가 되어서 좋다.

만약에 지지의 지장간에 金이나 水가 들어있다면 진종식상격이 못되고 하격인 가假종식상격從食傷格이 되는데 이때는 金·水 운이 오면 진眞종식상격從食傷格보다 더 나쁘게 된다.

【화기격化氣格】

화기격이란 일간이 합이 되어서 변하는 경우로 일간이 土로 변하면 화토격化土格이 되고, 金으로 변하면 화금격化金格이 된다. 또한, 水로 변하여 화수격化水格되고, 다시 화수격化水格이 화로 변하여 화화격化

火格이 된다.

이때 화기격이 되려면 반드시 천간이 나란히 붙어 있어야 하고 뿌리가 확실해야만 한다. 예를 들면, 화토격化土格이면 土의 뿌리가 통근해야만 한다는 의미이다.

■ 화기격化土格의 종류

[화토격化土格 : 甲己合土, 中正之合]

화토격 조건은 甲이나 己 일간이 甲 己 合 土가 되는 경우인데 그 조건은 첫 번째, 甲 일주로 己가 月이나 時에 있거나 己 일주로 甲이 月이나 時에 있고, 두 번째, 지지가 반드시 月에 辰·戌·丑·未의 土月에 출생해야 한다.

즉, 일간이 甲일 경우 己 未月이나 己 丑月, 己일 경우는 甲 戌月이나 甲 辰月 태생이어야 한다. 세 번째, 가장 중요한 조건은 천간天干, 지지地支 모두에 土를 극하는 木이 없어야 한다.

이때, 화토격化土格의 용신은 土이고, 희신은 火가 되며 金은 한신이다. 또한, 다른 오행인 水와 木은 기신이 된다.

[화토격化土格의 사주 예, 乾]

己 甲 戊 戊
巳 辰 戌 辰
시 일 월 년

대운大運

65 55 45 35 25 15 5

己 戊 丁 丙 乙 甲 癸
巳 辰 卯 寅 丑 子 亥

위 사주는 甲 木 일주가 戌月 태생인데 辰 戌 충으로 甲 木의 뿌리가
없고 천간, 지지 모두에 木이 없어 甲 己 合 土의 화토격이 되었다. 화
토격은 火· 土 운이 와야 좋은데 丑 運부터 운이 들어와 시험에 합격하
였으며 戊 辰 대운(55세)에 크게 출세하여 집안을 크게 다스린 사주이
다.

[화금격化金格 : 乙庚之合, 仁義之合]

화금격 구성 조건은 첫 번째, 일간이 乙이나 庚이면서 乙 庚 合 金으
로 구성되어지고, 두 번째, 시지時支 특히 월지月支가 巳酉丑이나 申酉
戌의 金局을 이루고 있으며, 세 번째, 중요한 점은 金을 극하는 火가
천간 지지에 모두 없어야 한다.

[화금격化金格의 사주 예]
庚 乙 壬 戊
辰 酉 戌 申
시 일 월 년

위의 사주는 乙 庚 合金으로 천간이 이루어져 있는데 金을 극하는
火가 천간지지 모두에 없으며 지지가 申酉戌 金局으로 구성되어 있다.
천간의 戊 土는 金을 생 해주니 좋으며 戌 중의 丁 火는 申酉戌 방합
金局으로 흡수되어 金이 申酉戌 金局에 확실히 뿌리를 내리고 있어 화
금격이 되었다.

화금격의 용신은 金이고, 희신은 土이며 水는 한신이다. 또한, 오행 중 木과 火는 기신이 된다.

[화수격化水格 : 丙辛合水, 威嚴之合]

화수격의 구성 조건 첫 번째, 천간(일간 기준으로)이 丙 辛 合 水로 구성 되면서 두 번째, 지지가 申子辰이나 亥子丑의 水局을 이루고 있으며 세 번째, 水를 극 하는 土가 천간 지지에 없을 경우 이를 화수격이라고 한다.

[화수격化水格의 사주 예]

壬 辛 丙 甲
辰 丑 子 申
시 일 월 년

대운

73 63 53 43 33 23 13 3
甲 癸 壬 辛 庚 己 戊 丁
申 未 午 巳 辰 卯 寅 丑

위 사주는 辛 金이 丙 火와 합해 丙 辛 合 水局을 이루며 지지가 申子 丑 水局으로 구성되었으며 천간 지지에 戊 土나 己 土가 전혀 없고, 丑 도 亥子丑 水局의 의미가 되어 土의 역할이 없어 화수격化水格이 되었다.

화수격의 용신은 水이며, 金과 木은 희신이 되고 火와 土는 기신이 된다. 즉 戊 土나 己 土운이 오면 나쁘다.

[화목격化木格 : 丁壬合木, 仁義之合]

화목격 구성 조건은 첫 번째, 천간(일간 기준)이 丁 壬 合 木으로 구성
되고, 두 번째, 지지가 亥卯未나 寅卯辰의 木局으로 구성되며, 세 번째,
천간과 지지 모두에 金이 없으면 화목격 사주가 된다.

[화목격化木格의 사주 예]
甲 壬 丁 甲
辰 午 卯 寅
시 일 월 년

위 사주 예는 卯月 출생으로 丁 壬 合 木이 되고 지지가 寅卯辰 木局
을 이루며 천간 지지에 金이 없어 화목격 사주가 되었다.

위 화목격 용신은 木이고 水와 火는 희신이 되며 土와 金은 기신이
다. 火는 水生木, 木生火하여 식신과 재성의 의미를 갖기 때문에 좋으
며 배우자 운이 좋다는 의미를 갖는다. 丁 壬 合 木인 경우 여자는 이
쁘거나 끼가 있고 질투심이 심하다. 위 사주의 경우 학문을 하는 것이
매우 좋다.

[화화격化火格 : 戊癸合火=無情之合]

화화격의 구성 요건은 첫 번째, 일간이 戊 癸 合 火로 구성되고, 두
번째, 지지가 寅午戌이나 巳午未의 火局을 이루고 있으며, 세 번째, 천
간과 지지에 水가 없어야만 한다.

[화화격化火格의 사주 예]
甲 癸 戊 丙
寅 巳 戌 戌

시　일　월　년

　위 사주 예는 戊 癸 合 火局을 이루고 있으며 천간에 丙 火가 투철하고 지지가 寅午戌 火局의 의미를 갖고 있으면서 천간과 지지에 水가 없다.

　화화격의 용신은 火이고 희신은 木과 土가 되며 金과 水는 기신이다. 화화격은 木火運이 와야만 성공할 수 있다. 한편, 戊 癸 合 火는 이쁘고 총명한 경우가 일반적이다.

[화기격化氣格의 파격]

　화기격의 파격은 화기격을 구성하나 극하는 오행이 있어 화기격이 깨지는 경우나 투합하여 싸우는 형상이 되거나 다른 합이 있어 화기격이 무너지는 경우를 뜻하는데 파격이 되면 사주의 운행이 자주 나쁘다.

　첫 번째, 화기격이 극으로 합·화가 깨지는 경우 다음 사주 예를 보고 설명한다.

　　丙　辛　戊　己
　　申　亥　子　丑
　　시　일　월　년

　위 사주 예에서 子月의 辛 金이 丙 辛 合 水가 되어 合 水 화수격化水格이 되었는데 천간의 戊 土가 水를 극 하여 화수격이 되지 못하는 경우이다.

　이처럼 화수격이 깨져 파격이 되면 대운이나 세운에서 戊 土나 己

土運이 오면 화수격보다 더 나쁘게 작용한다. 두 번째, 화기격化氣格이 쌍합으로 파격이 되는 경우이다.

丁 壬 丁 己
未 午 卯 巳
시 일 월 년

위 사주 예에서 천간이 丁 壬 合 木이고 지지가 卯月의 木局이라 화목격化木格이나, 위 사주의 경우는 壬 水 하나를 놓고 丁 火가 서로 싸우는 형국이어서 화기격이라도 등급이 낮은 파격이 되었다. 특히 대·세 운에서 金운이 오면 더욱 나쁘다.

세 번째, 다른 合으로 인해 파격이 되는 경우이다.

己 甲 丁 壬
巳 戌 未 辰
시 일 월 년

위 사주 예에서 甲 木이 未·戌·辰 土에 甲 己 合 土로 뿌리를 내려 화토격化土格이 된다. 그러나 천간에 丁 壬 合 木이 있어 木剋土하니 화토격이 깨져 버린 파격이 되었다. 위 파격은 화기격 사주보다 등급이 낮게 평가되며 기신忌神운이 오면 화기격보다 더 나쁜 불행이 닥친다.

[화기격化氣格이 파격이 되었다가 다시 화기격으로 변하는 경우]

재화기격化氣格의 개념은 비록, 화기격이 무너졌지만 극 하는 오행이 힘을 못 써 다시 화기격이 되는 경우를 뜻한다. 또한, 화기격이 극으로 인해 파격이 되었다가 다시 합으로 화기격이 되는 경우이다.

　다음 사주를 보고 설명하면,

　　　庚 乙 丙 辛
　　　辰 酉 申 巳
　　　시 일 월 년

　위 사주 예는 乙庚 合 金이 申月에 뿌리를 내리고 있어 화금격化金
格이 되는데 丙火가 천간에 있어 金을 극 하니 파격이 되었다. 그러나
丙火가 辛金과 丙辛 合 水가 되어 丙火의 힘이 없어 다시 화금격이
될 수 있다. 다음은 다시 투합鬪合으로 파경이 되었다가 쌍합雙合으로
화기격이 되는 경우이다.

　다음 사주를 보면,

　　　丁 壬 丁 壬
　　　未 寅 未 寅
　　　시 일 월 년

　위 사주 예는 丁壬 合 木이 쌍으로 구성되어 투합이 아니라 쌍합雙
合으로 화목격化木格이 될 수 있다.

【일행득기격一行得氣格】

　오행 중 하나의 오행이 너무 강하여, 그 강한 하나의 오행으로 격이
이루어지고 용신이 정해지는 경우를 뜻하는데 곡직격曲直格, 염상격炎
上格, 가색격稼穡格, 종혁격從革格, 윤하격潤下格 등이 있다.

■ 일행득기격一行得氣格의 종류

[곡직격曲直格]

곡직격이라 사주가 목으로 구성된 경우로 '곡직인수격曲直印綬格'이라고도 한다. 곡직격의 구성 요건은 첫 번째, 반드시 일주가 甲이나 乙 木으로 일간이 이루어지고 두 번째, 월지가 寅月이나 卯月에 출생하고 지지가 寅卯辰이나 亥卯未의 木局을 이루고 있으면서 세 번째, 천간에 甲·乙 木을 극 하는 庚 金이나 辛 金이 없으면서 지지에도 申·酉 金이 없어야 한다.

곡직격의 용신은 木이 용신이 되며 인성인 水와 식상인 火는 희신이 된다. 그러나 金과 土는 기신이다.

[곡직격曲直格의 사주 예]
丙 甲 丁 甲
寅 辰 卯 寅
시 일 월 년

위 사주 예는 甲 木 일주가 卯月에 출생하고 지지가 寅卯辰 木局으로 구성되어 있으며 金이 없어 곡직격이다.

위 사주 예는 水·木·火 運이 오면 성공하는데 月과 時의 火는 목화통명木火通明, 즉 木生火라 미모가 뛰어나고 학문이 뛰어난 사주이다. 이런 경우를 녹방도화綠傍桃花사주라고 한다.

[염상격炎上格]

火가 중重·중重하게 겹쳐있는 사주로 천간·지지 모두가 火로 구성된 사주를 뜻하는데 水 운이 오면 아주 나쁘다.

염상격 조건은 첫 번째, 일주가 丙 火나 丁 火로써 巳月이나 午月에 출생하고, 두 번째, 지지가 巳·午·未나 寅·午·戌의 火局을 이루고 있어야 하며, 세 번째, 천간에 壬 水나 癸 水가 없고 지지에도 亥·子·丑의 水局이 없어야만 한다. 네 번째, 천간에 木이 있으면 염상격은 더욱 빛이 나서 좋다.

염상격의 용신은 火가 용신이면서, 木이 첫 번째 희신이고 土는 두 번째 희신이 된다. 그러나 오행 중에서 水가 가장 나쁜 기신이고 金도 기신이다.

[염상격炎上格의 사주 예]

乙 丙 丙 丁

未 寅 午 巳

시 일 월 년

대운

55 45 35 25 15 5

庚 辛 壬 癸 甲 乙

子 丑 寅 卯 辰 巳

위 사주 예는 丙 일주가 午月에 출생하고 지지가 寅·午와 巳·午·未 火局을 이루며 寅의 장생과 午의 제왕을 이루고 있는 전형적인 염상격이다. 그리고 火가 용신이라 乙 巳 대운이 좋아 부유한 집안에서 귀하게 자라서 성장환경은 매우 좋다.

이 사주 구성으로 보면, 甲辰年 대운이 좋아 별 탈이 없는 어린 시절을 보낸 것으로 해석이 된다. 그러나 癸 卯 대운에서 癸 水로 나쁘나 군대에 입대하였는데 癸 卯 운 때에 희신이 되어 군대에서 큰 공을 세우게 된다.

위 사주 예는 壬 寅 대운에서 壬 기운 때문에 실직할 수 있었으나, 寅 기운으로 寅·午·戌 火局으로 복직되어 큰 공을 세워 지휘관이 되었다. 하지만 다시 辛 丑 운부터 기신이 작용하여 庚 子 대운에 전쟁 중 사망하게 되었다.

[알아두기]

관운장 사주

甲	丙	甲	丙
午	午	午	午
시	일	월	년

대운

65	55	45	35	25	15	5
辛	庚	己	戊	丁	丙	乙
丑	子	亥	戌	酉	申	未

위 관운장 사주는 전형적인 염상격炎上格 사주로 火가 용신이고, 오행 중에 水가 기신이다. 따라서 관운장은 水운에 사망하였다. 즉 庚 子 대운에 오나라 장수 여몽에 의해 물에 갇혀 포로가 되어 참수되었다.

[가색격稼穡格]

가색격은 稼(심을 가) 穡(거둘 색)이란 흙에 '농사를 지어 거두어 들인다.'는 뜻으로 土로만 구성된 경우를 뜻한다.

가색격의 구성 요건은 첫 번째, 일주가 戊나 己 土이며 辰·戌·丑·未月에 출생하고 지지地支가 辰·戌·丑·未로만 구성되어야 한다.

두 번째, 천간과 지지에 木이 없어야 한다. 즉 지지가 寅·卯·辰 木局이 되지 말아야 한다. 세 번째, 水가 많아도 土의 기가 손상되어 나쁘지만 金이 있으면 식상이 좋아 부귀해지는 사주이다.

가색격의 용신은 土가 용신이 되며, 오행 중 金과 火가 희신이고 또다른 水와 木은 기신이 된다.

[진월辰月, 가색격稼穡格의 사주 예]

戊 己 丙 戊
辰 未 辰 戌
시 일 월 년

위 사주 예는 辰月 태생의 가색으로 土운과 火 金 운이 오면 성공하는데 木운이 오면 실패한다.

[술월戌月, 가색격稼穡格의 사주 예]

己 戊 戊 辛
未 辰 戌 丑
시 일 월 년

위 사주 예는 戌月 태생의 戊 辰 일주로 戌月의 가색격稼穡格인데 대운이나 세운에서 木운이 오면 나쁘고 戌月이라 火운도 좋지 않으며 土·金 운이 와야 성공한다.

[축월丑月, 가색격稼穡格의 사주 예]

己 戊 丁 己

未 辰 丑 未

시 일 월 년

위 사주 예는 丑月 태생의 戊 土로 丁丑月이 좋으며 가색격을 이루고
있다. 오행 중 土와 金운이 오면 좋으나 오행에서 木운이 오면 나쁘다.

[미월未月, 가색격稼穡格의 사주 예]

癸 戊 己 戊

丑 辰 未 戌

시 일 월 년

위 사주 예는 未月의 戊 土 일주로 가색격인데 土와 金이 오면 성공
하며 木운이 오면 실패하지만, 오행 중 火나 水운이 오면 그나마 다행
이다.

[알아두기]

김00 전 대통령의 사주

甲 己 乙 戊

戌 未 丑 辰

시 일 월 년

위 사주 예는 지지가 辰·戌·丑·未의 4庫를 갖는 경우 제왕격 사주라
하는데 천간에 乙 木과 甲 木이 있어 가색격이 아니며 土가 강해 壬 水

가 용신으로 92년 壬申年에 대통령이 되었다. 천간에 乙 木이 있어 甲 己 合 土인 화토격도 안된다. 따라서 위 사주는 자칫 외격으로 구분할 수 있으나 엄격히 내격으로 한 용신을 정해야 하는데, 이에 따라서 壬 水를 용신으로 삼아야 한다.

【종혁격從革格】

종혁격이란 金으로 구성된 사주를 뜻한다. 종혁격의 구성 요건은 첫 번째, 일주가 庚 金이나 辛 金으로 지지가 申·酉·戌이나 巳·酉·丑 金 局을 이루면서, 두 번째, 천간 지지에 火가 없어야 한다.

종혁격 용신은 金이 용신이고 土와 水는 희신이 된다. 하지만 오행 중에서 木과 火는 기신忌神으로 나쁘게 작용한다.

[종혁격從革格의 사주 예]
庚 庚 庚 庚
辰 申 辰 辰
시 일 월 년

위 사주 예는 庚이나 辛 일주가 申이나 酉年에 성공한다. 또한, 水운 이 와도 金生水로 식신운이 되어 좋은 운이 된다.

【윤하격潤下格】

윤하격은 水局으로만 구성된 경우이다. 윤하격의 구성 요건은 첫 번 째, 壬 水나 癸 水일주로 亥月이나 子月에 출생하고, 두 번째, 지지가 방합으로 구성된 亥·子·丑이나 삼합인 申·子·辰의 水局을 이루고 있는 사주구성이나, 세 번째, 천간·지지에 水를 극 하는 土가 없어야 한다.

윤하격의 용신은 水가 용신이고 金과 木은 희신이다. 하지만 오행 중에서 火와 土는 기신이 된다.

[윤하격潤下格의 사주 예]

乙 癸 甲 癸
卯 亥 子 酉
시 일 월 년

위 사주의 예는 전 일본 천왕 아키히토(명인)의 사주인데 윤하격 사주로 金·水·木운이 좋다. 특히 세운에서 신금과 해수가 들어오는 해는 희신이 작용하여 그 운을 더하여 밝아지고, 또한 갑목도 식신의 작용으로 좋은 한해가 된다.

【양신성상격兩神成相格】

양신성상격은 두 개의 오행으로만 천간·지지가 구성된 경우로 수목상생격, 목화상생격. 화토상생격. 토금상생격. 금수상생격 등이 있다.

■ 양신성상격兩神成相格의 종류

【수목상생격水木相生格】

수목상생격이란 사주원국이 水와 木으로만 구성된 경우로 水와 木의 용신이고, 오행 중 土와 金은 기신이 된다.

[수목상생격水木相生格의 사주 예]

癸 壬 甲 癸
卯 子 寅 亥
시 일 월 년

위 사주 예는 寅月의 壬 水 일주로 水와 木으로만 사주가 구성되어
있는데 水木운에서 성공한다.

【목화상생격木火相生格】

목화상생격이란 사주원국이 木 火로만 구성된 경우로 木과 火가 용
신이고, 오행 중에서 金과 水는 기신이 된다.

[목화상생격木火相生格의 사주 예]
丁 甲 丁 甲
卯 午 卯 午
시 일 월 년

위 사주 예는 木 火로만 구성되어 木生火이니, 木과 火운이 성공운
이며 金과 水는 기신으로 실패하는 운이다.

【화토상생격火土相生格】

화토상생격이란, 사주원국이 火와 土로만 구성된 사주로 火와 土가
용신이고, 오행 중에서 水와 木은 기신이 된다.

[화토상생격火土相生格의 사주 예]
戊 丙 戊 丙

```
戊  午  戊  午
시  일  월  년
```

위 사주 예는 火와 土로만 구성되어 대운과 세운에서 火와 土운이
와야 성공할 수 있다.

【토금상생격土金相生格】

토금상생격이란, 사주원국이 土와 金으로만 구성된 사주로 土와 金
이 용신이고 오행 중에서 木과 火가 기신이 된다.

[토금상생격土金相生格의 사주 예]
```
辛  戊  辛  戊
酉  戌  酉  戌
시  일  월  년
```

위 사주 예는 사주가 土와 金으로만 구성되며 대운과 세운에서 土와
金운이 돌아오면 성공하고 오행 중에서 木과 火운의 해가 들어오면 기
신으로 실패한다.

【금수상생격金水相生格】

금수상생격이란 사주원국이 金과 水로만 구성된 사주로 金과 水가
용신이고 오행 중에서 火와 土가 기신이 된다.

[금수상생격金水相生格의 사주 예]
```
庚  壬  戊  庚
```

子　申　子　申

시　일　월　년

위 사주 예는 金과 水로만 구성되어 대운과 세운에서 金·水 운 들어
서면 성공하는데 오행 중에서 土·火가 들어오는 해는 나쁠 수 있다. 상
기 사주를 보면, 월의 간지가 戊子라 戊 土가 나쁘게 작용하지만, 시
지가 子 水라 水운이 오면 성공할 수 있는 운이다.

■ 비천록마격飛天祿馬格

비천록마격은 특수외격의 하나로, 사주상에서 특히 지지에 재財나
관官이 없어 재財나 관官을 가상해서 격을 구성하고, 실제로 사주상에
財나 官이 있으면 파격이 되어 좋지 않다고 해석한다. 그리고 천간·지
지가 합이 되어도 파격이 되어 좋지 않게 보는데 비천록마격에는 庚
子, 壬 子. 辛 亥. 癸 亥의 4종류의 일주가 있다. 그 외 丙 午와 丁 巳 일
주는 도천록마격倒天祿馬格이라고 한다.

【庚 子 일주의 경우】

비천록마격飛天祿馬格 중 경자庚子 일주의 구성 요건은 첫 번째, 庚
子일주가 지지에 水가 많고 실제로 水를 극하는 巳나 午가 없어 財와
官이 없는데 丁 火나 丙 火를 가상해 도출하여 위관성爲官星하여 격을
정한다. 이때 실제로 丙 火나 丁 火가 사주에 있거나 지지에 巳 火나
午 火가 있으면 매우 나쁘다.

두 번째, 子의 경우 水 기능이 저하되면 안 되는데 子·丑 합이 되어
水의 기능이 저하되어 매우 나쁘다.

세 번째, 이때 지지에 寅이나 戌 중의 한 자가 있으면 좋고 未가 있

어도 午 火를 가상으로 유도하여 官운이 들어온다. 그러나 실제로 巳나 午운이 오면 매우 나쁘게 작용할 수 있다.

비천록마격飛天祿馬格 경자庚子 일주의 용신은 子가 많을수록 좋고眞用神, 寅이나 戌이나 未 중의 한 자가 있어도 좋다喜神. 그러나 경자庚子 일주에 午나 巳나 丑이 있으면 나쁘고, 丙 火 또는 丁 火 운이 와도 나쁘게 작용한다. 이는 세운歲運에도 마찬가지다.

[비천록마격飛天祿馬格 경자庚子 일주의 사주 예]

丙 庚 丁 丙
子 子 酉 子
시 일 월 년

위 사주 예는 천간에 丙 火·丁 火가 있어 파격이 되었으나, 지지에巳·午·丑이 없어 비천록마격을 구성하고 있다. 이 사주는 子운에 승상까지 올라간 사주이다.

【壬 子 일주의 경우】

비천록마격飛天祿馬格의 壬 子일주의 구성 요건은 첫 번째, 사주원국 등 지지에 子 水가 많을수록 좋고 허충虛沖의 午가 가상하여 丙 火와 丁 火로 재성을 삼고 己 土로 위관성을 삼아 비천록마격을 정하였다. 두 번째, 사주에 子가 있고 丑이 있으면 안되고 또한, 천간에 壬 水를 극 하는 戊 土나 己 土가 있으면 안된다.

비천록마격 壬 子일주의 용신은 子이고 희신은 寅·戌·未 중의 하나이면서, 오행 중 기신은 午와 丑이면서 戊 土와 己 土가 된다.

[비천록마격飛天祿馬格 壬 子 일주의 사주 예]

```
庚 壬 庚 丙
戌 子 子 申
시 일 월 년
```

위 사주 예는 子月의 壬 水로 비천록마격이다. 하지만 午 火로 시작되는 초년운이 나쁘다. 하지만 辰운에 申子辰 水局 삼합이 되어 검찰총장이 된 사주이다.

```
丙 壬 壬 壬
午 子 子 子
시 일 월 년
```

위 사주 예는 비천록마격이 午 火 때문에 안 되고 이로 인하여 午 火가 들어오는 해는 매우 나쁘다. 특히 시주의 천간·지지가 丙 午여서 子를 극 하니 노년에 쓸쓸한 거지 사주이다.

【申 亥 일주의 경우】

비천록마격 申 亥일주의 구성 요건은 첫 번째, 사주원국에 亥가 많고 巳가 없으면 巳를 허충으로 끌어내서 巳 중의 丙 火로 위관성爲官星하고 戊 土로 위인성爲印星하는 비천록마격을 구성하고 있다. 두 번째, 천간에 실제로 丙 火나 戊 土가 없어야 하고 지지에 巳가 없어야 한다.

비천록마격 申 亥 일주의 용신은 亥가 진용신이고 申·酉·丑 중의 한 자가 희신이 된다. 오행 중에 기신은 천간에 丙·丁 火와 戊 土이고 지지는 巳와 寅과 戌이다.

[비천록마격飛天祿馬格 신해申亥일주의 사주 예]

己 辛 壬 丁
亥 亥 子 未
시 일 월 년

대운

65	55	45	35	25	15	5
乙	丙	丁	戊	己	庚	辛
巳	午	未	申	酉	戌	亥

위 사주 예는 지지에 巳나 戌과 寅이 없고, 천간에 丙·丁이 투철하지 않아 비천록마격이 되었다. 이 사주는 戊申 대운에 법을 총괄하는 수장이 되었다.

【癸 亥 일주의 경우】

비천록마격 癸 亥일주의 구성 요건은 첫 번째, 사주원국에 亥가 많고 巳를 허충하여 巳 중의 丙 火로 위재성爲財星하고 戊 土로 위관성爲官星하여 비천록마격을 구성한다.

두 번째, 실제로 巳가 없어야 하고 寅이나 戌이 있으면 巳를 허충虛沖하지 못해 파격이 되며, 세 번째, 천간에 丙 火나 戊 土가 없어야 한다.

비천록마격 癸 亥일주의 용신은 亥가 진용신이고, 申·酉·丑 중의 한 자가 희신이 된다. 천간의 戊·己 土와 丙·火가 기신이 되고 지지에 巳가 가장 나쁘고 寅이나 戌도 기신이 된다.

[비천록마격飛天祿馬格 癸亥 일주의 사주 예]

癸 癸 癸 丁

亥 亥 卯 未

시 일 월 년

대운

65 55 45 35 25 15 5

丙 丁 戊 己 庚 辛 壬

申 酉 戌 亥 子 丑 寅

위 사주 예는 亥가 많고 亥·卯·未 木국이며, 이로 인하여 木이 강해져서 식신이 좋고 지지에 巳와 寅·午·戌이 없어 귀격의 비천록마격이 된 사주이다. 이 사주는 己亥 대운에 승상이 된 사주이다.

■ 도비천록마격倒飛天祿馬格

【丙午 일주의 경우】

도비천록마격 丙午 일주의 구성 요건은 첫 번째, 사주원국에 午가 많고 子를 허충하여 子 중의 癸水로 위관성爲官星하며, 두 번째, 천간에 실제 壬水나 癸水가 없어야 하며, 지지에는 子水나 亥水가 없고, 또한 지지에 未가 없어 午·未 合하지 말아야 한다.

도비천록마격 丙午 일주의 용신은 사주에 午가 많아야 용신이고, 또한 오행 중 子와 未가 기신이고 천간에서 壬과 水가 기신이 된다.

[도비천록마격倒飛天祿馬格 병 오丙午 일주의 사주 예]

己 丙 甲 辛

丑 午 巳 酉
시 일 월 년

위 사주 예는 지지에 子와 未가 없고, 천간에 壬 水와 癸 水가 없어 대운 午年에 성공한 귀격貴格의 사주이다.

【丁 巳 일주의 경우】
도비천록마격倒飛天祿馬格 丁 巳 일주의 구성 요건은 첫 번째, 巳가 많고 亥가 없으면서 亥를 허충하여 亥 중의 壬 水로 위관성하여 도비천록마격이 되었다.

두 번째, 지지에 辰이나 申이 없어야 하며 있으면 반합하여 巳의 기능이 상실되어 나쁘고, 천간에 실제로 壬·癸 水가 없어야 한다.

도비천록마격 丁 巳 일주의 용신은 巳가 용신이고 지지의 亥 및 申과 辰은 기신이며, 천간의 壬·癸 水도 기신이 된다.

[도비천록마격倒飛天祿馬格 丁 巳 일주의 사주 예]

乙 丁 丁 癸
巳 巳 巳 卯
시 일 월 년

위 사주 예는 지지에 亥가 없고 申과 辰이 없으며 천간에 壬 水나 癸 水가 투철치 않아 巳나 午운에 성공하였다. 이때 년의 癸 水가 나쁘게 작용해 초년운보다는 중년운이 좋은 사주이다.

■ 정란차격井欄叉格

정란차격이란 우물地下水를 다스려 지하수를 개발하는 격을 뜻하는데 庚 金 일주만 해당된다. 정란차격의 요건은 첫 번째, 사주원국 내 庚 金 일주가 지지에 申·子·辰 전부를 갖고 있는 경우이다. 그러나 지지에 申·子·辰이 하나라도 빠지면 안 된다.

두 번째, 사주에 庚 申, 庚 子, 庚 辰일 생이 지지에 申·子·辰 전부를 갖고 있어 지지가 水局을 이루어야만 한다. 세 번째, 지지에 巳·午·未 중에 한 자라도 있으면 안 되고, 또한 지지가 寅·午·戌 局을 이루면 안 된다. 또한, 천간에 壬 水나 癸 水는 庚 金의 관이 丙·丁 火를 깨뜨려 있으면 안 좋다.

정란차격井欄叉格의 용신은 木 火 동방 운이 용신이고, 즉 천간에 甲·乙 木과 지지에 亥운이 좋다. 이에 기신은 寅·午·戌 운이나 巳·午·未 운이 나쁘고 천간의 壬·癸 水 운도 나쁘다.

[정란차격井欄叉格의 사주 예]

庚 庚 庚 癸

辰 子 申 卯

시 일 월 년

위 사주 예는 3金에 지지가 申·子·辰 水局을 이루며 木·火 운에 성공하였다. 특히 지지에 寅은 나쁘나 卯運이 가장 좋은 운이다. 그 이유는 寅 중의 甲 木이 있어 甲·庚 충 하기 때문이다.

■ 괴강격魁罡格

괴강魁罡이란 음양의 기가 단절되고 소멸되는 곳을 뜻하는데 庚 辰,

庚 戌, 壬 辰, 壬 戌 4일주를 말한다.

괴강격의 구성 요건 첫 번째, 괴강은 성격이 엄격하고 지조가 있으며 총명한데 괴강이 중첩되어야만 귀격이고 괴강이 충과 극을 받으면 아주 나쁘다. 두 번째, 괴강의 나쁜 작용은 남자보다 여자가 더 강하게 작용한다.

[괴강격魁罡格의 사주 예]

庚 庚 戊 甲
辰 辰 辰 寅
시 일 월 년

위 사주 예는 주인공은 남명인데, 괴강이 겹쳐 있으면서 충과 극이 없어 괴강격 중 귀격이 되었다. 土·金·水 운에 성공하고 木·火 운에는 실패한다.

■ 건록격建祿格

건록격이란 사주 내 월지가 일간의 록祿이 되어 신강身强하게 된 사주를 뜻한다. 즉 甲 木 일간이 寅月 태생일 때, 乙 木 일간이 卯月 태생일 때, 丙 火나 戊 土 일간이 巳月 태생일 때, 丁 火나 己 土 일간이 午月 태생일 때, 庚 金 일간이 申月 태생일 때, 辛 金 일간이 酉月 태생일 때, 壬 水 일간이 亥月 태생일 때, 癸 水 일간 子月 태생일 때를 건록격 사주라 한다.

보통 年에 녹이 임하면 배록背祿이라고 한다. 月에 녹이 임하면 건록建祿이라 하고, 日에 녹이 임하면 전록專祿이라 하고, 時에 녹이 임하면 귀록歸祿이라고 하는데, 특히 月에 녹이 임하면 사주가 신강해질 우려가 있다.

건록격의 용신은 관성을 보아야 좋다. 이에 관성으로 용신으로 삼는다.

丁 甲 壬 壬
卯 寅 寅 辰
시 일 월 년

위 사주의 예는 甲 木이 寅月 출생으로 건록격이며, 신강사주身强四柱이다. 위 사주에서 식상인 丁 火와 辛 金과 己 土가 용신인데 특히 金이 지나친 木을 제어해야만 한다. 이때 甲 木의 경우 庚 金은 甲 庚 沖이 되어 나쁘고, 오직 辛 金만이 필요하다. 따라서 金이 용신이기는 하나 庚 金은 나쁘다는 점을 주의해야 한다.

만약 乙 木이라면 辛 金이 나쁘고 庚 金이 필요하다. 건록격은 관이 필요한데 천간의 충·극이 되지 않는 관官만이 용신이 되는 점을 주의해야 한다.

[알아두기]

▶ **사주에 따라 운명을 감정할 때**

첫째 : 체體를 보고 사주의 강약을 판단한다.

즉, 일간의 힘이 강하냐, 약하냐, 보통이냐를 판단한다. 이때 일간이 자기권의 일지日支를 갖고 있는 일주가 강한 것이다.

예를 들면, 甲 木 일간일 경우 일지가 子나 戌일 때가 강한 것이고, 甲 辰 일주나 甲 申 일주는 甲 木 자체의 힘이 약한 것이다. 甲 木이 자기권, 즉 절기상으로 겨울의 지지를 갖고 있어야 甲 木의 역할을 다 할 수 있는 것이다. 즉 甲이 음권이니 음권의 지지를 가져야 甲 木이 강하다는 의미이다.

이어서 丙 일간은 양권이니 지지가 따뜻한 辰이나 午가 강한 것이고 겨울인 戌이나 子는 약한 것이 되는 것이다. 즉 음권은 음권의 지지를 가져야 강한 것이고 양권은 양권의 지지를 가져야 강한 것이다.

둘째 : 격을 본다

하나, 격이란 사주 명조의 골격이며 근본 스타일이다. 그러기에 격에 따라 일간의 본질이 결정되며 가장 큰 영향을 받는다. 특히 월지 지장간 중 천간으로 투출된 유력한 천간을 일간과 대입한 육친의 명칭이 곧 격명이 되는데, 하나의 사주에서 격은 1~3개가 될 수도 있다. 이는 하나의 사주를 보고 판별하는 사람에 따라서 격을 다르게 잡는 경우가 있을 수 있다는 의미가 된다.

여러 개의 격이 구성될 조건을 가진 사주라면 여러 유형의 스타일과 삶의 모습을 내포하고 있기 때문에 용신의 판단이 더욱 치밀해야 한다.

둘, 격이란 어느 달에 태어난 일간을 보는 것인데 일간이 양권이면 양권의 달에 태어나야 격이 좋은 것이며 이는 일간이 음권이면 음권의 달에 태어나야만 격이 좋다는 의미이다. 즉 일간이 甲·壬·丁·己·辛은 겨울 계절의 태생이 신강身强한 것이고, 일간이 乙·丙·戊·庚·癸은 여름 계절 태생이 신강身强한 것이다.

셋째 : 체와 격을 보고 자기권에서 용신을 정하는 것이다.

즉, 체와 격이 약하면 양권이면 양권에서 음권이면 음권에서 비겁比劫과 인성印星을 택하여 용신으로 정하고, 강하면 자기권에서의 식食, 상傷, 재財, 관官 중에서 용신을 정하면 된다.

넷째 : 가장 중요한 1년, 즉 태세운太歲運을 본다

매년 오는 한 해는 그 한 해가 왕이다. 예를 들면 올해는 2021년이 辛丑年인데 이 辛丑年에 우리 모두는 辛丑 기운의 지배를 받는 것이다. 내 사주에서 辛丑이 용신이 되어 좋으면 2021년 운이 좋은 것이고 나쁘면 2021년 운이 나쁘게 작용하는 것이다.

한 해의 운명을 가늠해 볼 때는 자기 사주命主와 대운大運을 보고 2021년 辛丑이 용신운이면 좋고, 또한 기신운이 들어오면 나쁘다고 평가한다. 따라서 운의 흐름의 평가는 태세太歲가 가장 중요하기 때문에 한 해 한 해 운이 달라지는 것이다. 그리고 사주에 따른 명의 운행은 매년 달라지기 때문에 매년 한 해의 흘러가는 세운을 보고 평가해야만 한다.

제3부

세상을 바라보는
또 다른 시선

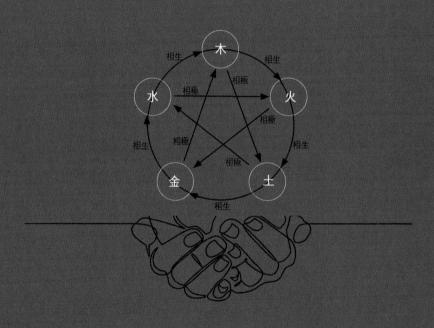

제8장

명리로 세상을 보라,
성공하는 운運

1. 사주팔자와 태원胎元

사주팔자란 자기가 태어난 환경과 한평생을 살아가는데 필요한 재財와 권력, 그리고 명예를 가질 수 있는 그릇을 나타내주는 것이다. 우리는 흔히 타고난 팔자가 좋다는 것은 자기 주위(부모·형제 등)의 환경이 좋고 이는 평생을 부와 명예를 갖고 잘 살 수 있음을 말해준다.

또한, 옛 속담에 큰 부자는 하늘이 낸다고 했다. 이는 곧 자기 그릇이 부자로 타고나야만 큰 부자가 될 수 있다는 뜻이다. 인간은 어머니 배 속에서 수태될 때 남과 여로 성별이 나누어지고, 이때 한 생명의 미래 운명이 결정된다고 볼 수 있다. 따라서 수태될 때의 운이 자기 운명을 좌우한다는 의미이다.

흔히 말하기를 세상에 태어나기 전 어머니 배 속에서 좋은 환경이면, 유년 시절이 행복해진다고 한다. 그래서 태어나기 전의 사주가 평생을 좌우할 수가 있다. 이는 어머니가 자식을 정성스럽게 양육할 수 있는 편안한 환경임을 암시하는 것이다.

어머니 배 속에서의 환경을 알아보는 것을 태원胎元이라고 한다. 태원은 사주팔자에서 월주月住를 기준해서 분석한다. 즉 어머니 배 속에서 수태한 달 다음 달부터 9개월을 어머니 배 속에서 자라서 태어나니 내가 태어난 달부터 9개월 전에 수태한 달을 보면 태원을 알 수 있는 것이다.

예를 들면, 내가 태어난 달이 癸·亥月이면 천간은 10이다. 癸 다음이 甲이니 甲월간에 지지는 12지지이니 亥에서 3번째 달인 子·丑·寅 순서에서 寅月에 따라서 甲寅月에 수태되었음을 알 수 있다. 태어난 달이 癸·亥月이면 甲 寅月에 수태되었으니 甲 寅이 태원이 되며, 내 사주 특히 일간과 비교해서 서로가 상생하면 수태할 때의 환경이 좋은 것이 된다.

특히, 태원이 내 사주의 용신이 된다면 태어날 때의 환경이 매우 좋았음을 말해 주는 것이다. 따라서 사주에서 태어난 달도 일주에 맞는 계절에 태어나야 하지만, 태원도 일주의 용신으로 태어나야만 평생이 안정하게 살아갈 수 있는 초년운이 형성된다. 특히 태원은 가문의 구성을 엿볼 수 있는 중요한 자리이다. 이에 태원을 포함해 내 사주는 초년, 중년, 노년의 삶의 행로를 밝혀주고 한평생을 살아가는 동안의 재財와 명예를 갖는 범위를 말해 주는 것이 된다.

60년을 한 주기로 보았을 때 분석할 수 있는 사주 수가 518,400개인데 이 숫자에서 아주 좋은 사주는 5% 미만이다. 대다수는 장단점(결함)이 있는 사주이다. 그래서 모든 인간은 살아가는 동안 누구나가 똑같은 희로애락을 겪으면서 살아가는 것이다.

이는 인간 누구나의 사주가 대부분 완벽치 못하고 결함이 있으니 평생을 살면서 누구나 돈 걱정, 자식 걱정, 병 걱정을 하면서 살게된다는 의미아다.

또한, 어떤 이의 사주가 아주 좋아도 매년 오는 운歲運이 나쁠 수 있으니 나쁜 기신운이 들어오는 세운에서 고통을 받게 된다. 따라서 누구나 삶 자체가 근심 걱정의 연속인 것이다. 그러나 사주 구성이 좋고 나쁘고 간에 따라 매년마다 어느 정도의 근심 걱정이 결정되는 것이며, 특히 세운의 영향이 내 사주와 비교해 특히 나쁜 해에는 큰 고통을 당하는 것이다.

천간과 지지, 즉 음양오행의 운행이 내가 태어난 사주팔자인데, 이는 한평생을 살아가는 나의 그릇이 된다. 이에 내 사주를 알면 내 그릇을 알 수 있으며 내 그릇을 알면 허황된 욕심을 버릴 수 있으니 마음이 편안해질 수 있는 것이다.

모든 인간은 자기 능력을 모르면서 터무니없는 욕심을 부리기 때문에 고통을 당하는 것이다. 이 말은 모든 이의 사주팔자가 비슷할진데, 누구나가 잘 나고 못남이 없듯이 지나친 과욕을 부려서는 안 된다는 것이 하늘의 가르침이다.

한편으로, 세운에서 금년이 나쁘면 욕심을 버리고 좋은 일을 많이 하고 남과 시비하지 않으면 그 나쁜 정도가 아주 미약해진다. 또한, 나보다 운이 좋고 용신이 되는 사람과 함께 뜻을 나누면 그해 나쁜 기운을 극복할 수 있다는 것이 또 다른 지혜이다. 이를 무시하고 운이 좋지 않은데 쓸데없는 욕심을 부리면 불행이 시작되는 것이다.

흔히 자기 사주에서 해마다 오는 운이 기신의 해인데, 이를 좋은 운으로 바꾸게 해달라고 종교에 의탁하거나 조상에게 빈다고 나쁜 운이 좋아지는 것이 아니다. 이보다 더 중요한 것은 내 주위 사람에게 선행을 많이 베풀면서 인내와 봉사로 그 기간을 넘기면 나쁜 액운의 화가 나에게 적게 미치는 것이다. 따라서 운이 나쁠 때는 편안한 마음으로 선행을 베풀고 남에게 거짓 행동을 하지 않아야 액운을 피할 수 있다.

이미 자기 운이 기신의 해로 들어왔는데, 이 운을 좋게 해달라고 세간에서 떠드는 천도제를 지낸다든가 부적을 쓴다든가 종교에 부탁하는 것은 모두 자기 욕심에서 비롯되는 그릇된 행동이다. 자기 운이 나쁠 때는 선행을 베푸는 일만이 액운을 줄이는 것임을 반드시 명심해야 한다. 다시 정리해서 말하면, 타고난 사주는 일간이 나를 기준으로 천간·지지의 환경이 좋아야 하고 사주 구성이 년, 월, 일, 시에서 조화를 잘 이뤄야 하는데 이 모두를 이루기는 어렵다.

따라서 누구나 사주상의 결함은 있는 것이다. 다만 그 결함의 정도가 많은가 적은가에 따라 삶은 고통의 크기가 결정되어지는 것이라고 생각하면 속 편할 일이다. 아무리 사주 구성이 좋아도 대운·세운이 나쁘면 대운 기간 중 혹은 그 한 해에 고통이 생기는 것이다.

사주 구성이 좋아도 살아가는 그릇의 범위는 정해져 있는 것이며 또한 그 좋은 사주를 잘못 운영하면 별 볼 일 없는 사주가 되는 것이다. 또한 사주 구성이 나쁘다 해도 자기가 노력하는 여부에 따라서 높은 지위에서 살아갈 수 있는 큰 그릇으로 성장할 수 있다. 이는 삶을 살아가는 그릇과 사주 구성이 반드시 일치하는 것은 아니며 큰 부자와 큰 인물은 사주의 충·극이 심하면서도 그 그릇이 큰 사주이기 때문이다.

그래서 맹자는 삶의 시련의 의미를 하늘이 어떤 사람에게 큰 임무를 내리려 할 적에는 반드시 그의 마음과 뜻을 고통스럽게 하고, 그의 힘줄과 뼈를 피곤에 지치게 하여 그의 몸에 아무것도 남아 있지 않게끔 한다. 그리고는 그가 행하는 일마다 그가 원하던 바와는 완전히 다르게 엉망으로 만들어 놓곤 하는데, 그 이유는 그렇게 함으로써 그 사람의 마음을 뒤흔들어 놓고 그 사람의 성질을 참고 견디게 하여 예전에는 해내지 못하던 일을 더욱 잘 할 수 있게 해주기 위해서이다.[1]

사주의 그릇이 큰 건가 혹은 작은 건가는 태원胎元을 포함해 사주가 일간인 나에게 어떤 영향을 주는가에 따라 결정되는 것이다. 또한, 일간에 힘이 크게 작용하느냐 작게 작용하느냐는 대운이나 세운에서 용신운이 어떻게 작용하느냐에 따라 결정되는 것이다.

---

1) 『맹자』《고자편》天將降大任於是人也 必先苦其心志 勞其筋骨 餓其體膚空乏其身 行佛亂其所爲 所以動心忍性 增益其所不能

2. 사주팔자와 용신운用神運

　사주팔자의 구성이 나쁘다고 인생이 평생 불행해지는 것은 아니다. 물론 사주가 너무 안 좋아서 불구자不具者[2]가 되는 사주라면 고통을 받고 살아가겠지만, 그러나 사주원국이 조금 부족함이 있어도 그해 운의 흐름이 뚜렷하고 세운이나 대운에서 용신운이 좋으면 그해 운에서 발복할 수 있다.

　이는 사주 내 원국에서 용신이 없어도 대운이나 세운, 특히 세운에 누구나 반드시 용신운이 10년이나 12년에 한 번은 온다. 이때 들어오는 용신운이 잘 작용하면 한 해 운으로 10년을 버틸 수 있는 것이다. 반대로 사주 구성이 좋아도 기신忌神이 들어오는 해에 크게 당해 평생을 고통 속에 지내는 경우도 있다. 예를 들면, 태어난 사주가 좋아도 나쁜 운이 오는 해에 교통사고로 큰 고통을 당하는 경우도 있다. 결국 사주팔자도 중요하지만 내 사주의 용신운이 어떻게 들어오고 어떤 작용을 하느냐가 매우 중요하다.

　이 말은 곧 사주팔자가 아무리 나빠도 대운이나 세운, 특히 한 해에 들어오는 세운에서 나에게 길성인 용신운이 들어오면 그해에 크게 성공해 10년 동안 이름을 내는 경우가 사주명리학의 묘미이다. 다음 사례연구를 통해 사주 구성의 흥망을 연구해 보면,

[사례연구 사주 1 예]

丁 丁 癸 癸

---

2)　불구라는 것은 반드시 불행한 것은 아니다. 불구는 불편할 뿐이지 성공과는 별개의 문제이다.

未 巳 亥 未
시 일 월 년

위 사주 예는 丁 일간에 천간과 지지 구성이 아주 나빠 어려서 영·육이 불구자가 되었다. 이는 용신이 신약身弱한 사주이고 일간이 丁 巳이며, 용신이 甲 木이어서 甲이나 卯를 갖고 오는 해에 학문적으로 크게 이름이 빛났다. 특히 이 사주는 木이 용신이라 학문적으로 성공할 수 있었다. 대·세 운에서 卯년이 들어오면 亥·卯·未, 木局으로 학문적인 업적을 크게 이루었다. 따라서 사주 구성이 나빠도 용신운이 잘 들어오면 10년을 버티고 살아가는 것이다.

결국, 사주명리학은 용신론이며, 용신의 영향과 작용을 잘 연구하면 한 사람의 인생을 잘 알 수 있다. 사주 구성이 좀 나쁘다고 실망할 필요가 없으며 내 용신이 무엇인지를 잘 알고 용신운이 왔을 때 목숨 걸고 승부를 하면 인생은 성공하게 된다. 따라서 자기 용신이 오행 상 또는 60갑자에서 어느 해인지를 아는 게 아주 중요하다.

반대로 나쁜 기신운이 오면 욕심을 줄이고 마음을 편안히 하면서 남에게 좋은 일을 많이 해 평판을 좋게 한다면 액운을 적게 받을 수 있다. 이는 마음을 사악하게 갖지 말고 선행을 많이 베푸는 길만이 기신운을 피할 수 있는 지혜로운 방법이다.

[목원木元의 단상]

사주명리학을 연구하는 학인들의 학파는 용신을 바라보는 시각이 다를 수 있다. 사주를 통변할 때 용신 중에서도 조후調候를 중요하게 여기는 학맥이 있는 반면, 용신보다는 12운성과 신살 등을 더 유용하게 여기는 학맥이 있다.

이는 여러 학맥의 시각이 좋고 나쁘다는 양분론적인 사고는 매우 위험한 사고임을 경계해야 한다. 우주를 인간의 학문으로 해석할 수 없는 영역이 있는 것처럼, 사주명리의 통변도 학문적이고 이론적인 견해만을 가지고 해석할 수 없는 시공간이 있다는 걸 알아야 한다.

본서 통변의 주관은 용신을 중요하게 여기는 치유명리학적 개념에서의 서술이다. 모든 사주 구성원들이 자기 용신Self-Care God을 정확하게 파악하여 용신운Care God이 왔을 때 전력투구한 후, 자기의 인생을 주도적으로 살아가길 바라는 마음이다. 이는 사람마다 자기 운을 주관하는 혁명적 사고이다.

3. 관운官運이 좋아 성공하는 운運

　사주에 관운이 좋아 공직으로 성공하는 경우는 용신운이 관에 좋은 기운으로 작용하였기 때문이다. 이에 용신운이 관에 좋은 방향으로 작용하여 성공한 경우를 역대 대통령들의 사주를 갖고 풀어보기로 한다.

[사례연구 사주 1 예]

```
戊 庚 辛 丁
寅 申 亥 巳
시 일 월 년
```

대운
```
62 52 42 32 22 12  2
甲 乙 丙 丁 戊 己 庚
辰 巳 午 未 申 酉 戌
```

　위 사례연구 1 예의 사주 구성의 특성은 寅·申·巳·亥를 모두 갖고 있다. 寅·申·巳·亥 는 역마살인 동시에 하늘의 운기運氣가 모두 장생의 위치에 있다. 그래서 寅·申·巳·亥 모두를 갖추면 힘이 강하여 황제의 운이 되든가, 초년에 일찍 죽든가 둘 중에 하나가 될 확률이 높다고 하였다.

　위 사례연구 1 예는 庚 申 일주라 자체 힘이 아주 강한 사주라 역마인 寅·申·巳·亥를 활용할 힘을 갖춘 진취적 기상이 깃들여져 있다. 그래서 각고의 역경을 딛고 ○○○이 될 수 있었던 것이다.

또한, 庚 金이 비견인 申을 갖고 있어 庚 申 일주는 본인 자체의 힘이 아주 강하다. 그래서 寅·申·巳·亥 형살은 본인은 물론 배우자와 자식을 극 하는 특성을 지니고 있어 두 번 결혼하고 본인의 말로가 비명횡사하게 된 것이다.

[사례연구 사주 1 예, 격국과 용신의 분석]

위 사례연구 1 예는 亥月 태생의 庚 金이라 식상격이지만 亥가 巳의 극을 받아 힘이 없으며 庚 金 일주의 힘이 강해 식상격이라도 신강身强 사주이다. 따라서 金·水의 힘이 강해 木과 火 기운이 설기하여 일간에 도움이 되며 특히 火가 용신이 된다. 火 중에서 천간으로는 丙 火가 丁 火보다 중요한 관으로 용신의 기운이 더 크게 작용이 되며 지지로는 巳보다는 午가 중요한 관이 된다.

한편, 巳운은 申과 합해 巳 申 合 水의 기운이 되어 좋은 것은 아니다. 따라서 丙 午 대운이 최고의 용신운이 된다. 즉 庚 金이 양권陽圈에 있어 丙 火가 아주 좋은 용신운으로 관성운官星運이 되는 것이다.

[사례연구 사주 1 예, 사주 통변通辯]

사례연구 사주 1 예는 연지年支와 월지月支가 巳 亥 沖이라 초년에는 이동이 심하고 타향살이하며 부모 덕이 없는 사주이다. 그러나 庚 申 일주라 본인의 의지가 강해 군인이 될 수 있었다. 20대 운이 戊 申 대운인데 기신이라 결혼했어도 순탄치 못하며 직업적으로 안정되고 성공하기가 어려웠다.

그러나 30대 丁 未 대운부터 힘을 쓰게 된다. 그 이유는 丁 火에 있는 것이 아니고 未 土에 있다. 未 土는 여름에서 가을로 가는 길목의 土인데 결실을 맺어 주는 따뜻한 土이다. 未 土는 결실을 맺어 辛 金의 힘이 되어 자체 힘이 커지면서 인생의 결실을 맺게 해주기 때문이다.

사례연구 사주 1 예는 운의 흐름에서 40대 丙 午 대운이 최고의 관운으로 쿠데타에 성공하여 OOO이 될 수 있었다. 이 사주 대운의 흐름에서는 42세에서 51세까지가 최고의 운이었다. 그 후 52세 乙 巳 대운도 乙 庚 合 金으로 財를 얻어 버틸 수는 있으나 乙 申 合 水가 되어 40대와 같은 길운은 아니다.

또한, 52세 乙 巳 대운부터는 내리막길이며 종국에는 비명횡사한 것이다.

사례연구 사주 1 예는 51세까지만 OOO을 하고 물러났다면 비명횡사하지 않았을 수도 있었는데 위 사주의 구성상 51세에 OOO에서 물러나기는 어려웠을 것이다. 이는 모두가 하늘의 뜻이며 운명인 것이다. 그래서 사주의 명을 천명이라고 하지 않는가?

사례연구 사주 1 예의 원국에서 형살刑殺이 심하고 강하여 관이 용신이 되면 공직으로 출세할 수 있는 것이나 사주가 신약하면서 형살이 심하면 관운이 올 때 명예가 실추되거나 패가망신할 수 있다. 일반인들에게는 寅·申·巳·亥 형살을 두려워하여야 하며 寅·申·巳·亥 형살은 본인뿐만 아니라 자기 주위를 극 하는 무서운 신살神殺 중 하나이다.

[사례연구 사주 2 예]

```
戊 癸 辛 辛
午 酉 丑 未
```

시 일 월 년

대운
92 82 72 62 52 42 32 22 12 2
辛 壬 癸 甲 乙 丙 丁 戊 己 庚
卯 辰 巳 午 未 申 酉 戌 亥 子

사례연구 사주 2 예의 사주 구성의 특성은 丑月의 癸 水이나 천간이 金이 강하면서 일지가 癸 酉로 금이 강하다. 즉 土 生 金, 金 生 水하여 土에서 水로 통관하는 사주로 丑月 태생의 癸 水가 힘이 강하다는 점이다. 사주에 木이 없어 식상이 없으니 사업가 사주는 될 수 없으며 金이 강해 군·검·경으로 성공하는 사주이다. 사주 구성보다는 대운이 좋아서 000이 될 수 있었던 사주이다.

[사례연구 사주 2 예, 격국과 용신의 분석]

사례연구 사주 2 예의 격국과 용신은 辛·丑月의 癸 水라 金이 강해 인성격印星格으로 신강身强한 사주이다. 따라서 위 사주는 인성이 강해서 財인 火가 제일 중요한 용신이고, 두 번째는 식상인 木이 용신이다. 즉 木·火 용신인 사주이다. 火 중에는 癸 水가 양권이니 丙 火가 丁 火에 비해 더 좋은 용신이고 木 중에는 음권인 甲 木에 비해 양권인 乙 木이 더 좋은 용신이 된다.

[사례연구 사주 2 예, 사주 통변通辯]

사례연구 사주 2 예는 年月이 丑·未 沖이라 좋은 가문 태생이 아니고 초년은 고생이 심하고 공부를 썩 잘할 수 있는 사주는 아니다. 그러나 金이 강해 군·검·경으로 진출하는 사주이며 22세 戊 戌 대운이 戊 癸 合 火하여 좋아 군인으로 성공할 수 있는 기틀이 마련된 것이다. 사례연구 사주 2 예는 42세 丙 申 대운부터 힘을 얻게 된다. 즉 丙 火가 같은 양권으로 더 좋은 용신이라 이때부터 군대에서 이름이 나기 시작한다.

특히, 52세 乙 未 대운이 최고의 운으로 乙 木과 未의 따뜻한 土를 갖으면서 木 火 기운이 최고조에 달해 000이 될 수 있었다. 특히 1978년 戊午年이 천간으로는 戊 癸 合 火하면서 지지가 午 火라 최고의 운으로 1978년 혼란기에 정권을 장악할 수 있었던 것이다. 그러나 72세 癸 巳 대운부터는 좋지 않아 명예가 실추될 우려와 건강에 유의해야 될 것 같다.

[사례연구 사주 3 예]

丁 庚 戊 壬
丑 戌 申 申
시 일 월 년

대운
87 77 67 57 47 37 27 17 7
丁 丙 乙 甲 癸 壬 辛 庚 己
巳 辰 卯 寅 丑 子 亥 戌 酉

사례연구 사주 3 예, 사주 구성의 특성은 申月의 庚 金 일주라 土와 金이 강한 신강身强사주로 비견급에 해당되어 자존심과 자만심이 아주 강한 사주이다. 사주 구성이 좋아 부귀영화를 누릴 사주이면서 장수할 사주이다. 아쉬운 점은 木이 없다는 점이다. 사주에 木이 없어 木을 탐욕貪慾할 경우 財가 되는데 지나치게 돈을 욕심慾心내면 구설수에 오를 가능성이 큰 사주이다. 돈보다는 명예가 좋은 사주로 제왕격 사주이다.

[사례연구 사주 3 예, 격국과 용신의 분석]

사례연구 3 예, 격국과 용신은 戊·申月의 庚 戌 일주라 土 金이 강한 비견급으로 건록격 사주이다. 초년운은 土 金 운이라 좋지 않으며 水·木·火 운이 좋은 운이며 특히 木·火 운이 성공할 운이다. 위 사주의 용신은 木·火이며 오행 중 土·金은 기신이다. 木은 庚 金이 양권이라 乙木과 火는 양권의 제왕인 丙 火를 용신으로 쓰는 것이 제격이다.

[사례연구 사주 3 예, 사주 통변通辯]

사례연구 사주 3 예는 金이 강해 군인으로 성공할 사주이며 초년보다는 20대 이후가 좋은 사주이다. 27세 辛 亥 대운부터 水운이라 군인으로 출세의 길이 열렸으며 水 대운에 1987년 丁卯年을 맞으면서 木 火 기운이 최고조에 이르러 000이 될 수 있었다.

사례연구 사주 2 예의 용신은 천간에서는 乙 木과 丙 火이고 지지로는 寅과 卯이다. 寅은 木이라 좋고 卯는 卯 戌 合 火가 되어 최고로 좋다. 즉 지지에서는 卯가 최고의 용신운이다. 그래서 丁卯年에 대통령이 될 수 있었던 것이다. 그런데 甲 寅 대운에서 000은 되었으나 '寅 용신', 甲 庚 沖으로 財를 지나치게 밝혀 구설수에 오를 요인을 갖게 된 것이다. 67세 乙·卯 대운 이후 木·火 대운이니 90세까지 장수하고 노후가 편안할 사주이다. 70대 이후가 역대 OOO 중 가장 장수하고 편안할 사주이다.

[사례연구 사주 4 예]

```
甲 己 乙 戊
戌 未 丑 辰
시 일 월 년
```

대운
87 77 67 57 47 37 27 17 7
甲 癸 壬 辛 庚 己 戊 丁 丙
戌 酉 申 未 午 巳 辰 卯 寅

사례연구 사주 4 예의 사주 구성의 특성은 명나라 황제 주원장의 사주와 같이 辰·戌·丑·未를 모두 갖고있는 사주이다. 전장 사주연구에서 보았듯이 寅·申·巳·亥는 형살로써 제왕격 사주라고 하지만, 辰·戌·丑·未도 사주 내에서 모두 갖추면 중화의 도를 이룬 사주이면서 바른 제왕격의 큰 그릇이라고 한다.

[사례연구 사주 4 예, 격국과 용신의 분석]

사례연구 사주 4의 격국과 용신은 乙丑月의 己未 일주라 土가 강한 비견급으로 건록격 신강身强사주이다. 따라서 金 水 木이 용신이고 火 土는 기신이다. 특히 土가 강해 水가 가장 좋은 용신이며 천간으로는 癸 水보다는 壬 水가 좋고 지지는 亥 子 모두 좋다. 특히 壬子年 壬申年

이 최고 좋은 운이다. 항상 강조했듯이 대운도 좋아야 하지만 매년 오는 세운이 좋아야 그해에 성공하는 것이다.

이 사주는 水가 용신이어서 壬子年이나 壬申年이 최고의 용신 해가 된다.

[사례연구 사주 4 예, 사주 통변通辯]

사례연구 사주 4 예는 제왕격 사주임에는 틀림없으나 金이 없어 군, 검, 경과는 인연이 멀고 사주상 金이 식상이라 사업가로서 성질은 전혀 없는 사주이다. 26세까지는 木 火 운이라 좋은 운이 아니고 47세 이후 庚 午 대운부터 金 운이 들어와 성공의 기틀이 마련되었다. 일주가 己 土 일주라 금도 庚 金보다는 辛 金이 좋다. 따라서 57세 辛 金 대운이 최고 좋은 대운이라 000이 될 대운을 갖게 되었다.

특히, 사례연구 사주 4 예는 92년 세운에서 壬申年이 와 金 水 기운이 강했고 특히 壬 水가 최고 용신이라 92년에 000이 될 수 있었다. 그러나 土가 지나치게 강하면서 사주에 水가 없어 생0기 계통의 질병이 있는 사주라 2000년 庚辰年에 전0선 수술을 받게 되었다. 근본적으로 신장 및 비뇨기 계통이 약한 사주이다.

사례연구 사주 4 예는 辰·戌·丑·未 모두를 갖고 있어 구설수가 따르며 1997년 火 운에 명예가 실추되었다. 그러나 대운이 86세까지 좋아 큰 고통 없이 무난한 삶을 살아가고 명예도 회복될 것이다.

즉, 67세 이후 86세까지가 壬 申과 癸 酉 대운으로 金 水로 흘러 두 번 다시 명예가 실추되는 일은 없고 건강한 삶을 살 것이다.

[사례연구 사주 5 예]

甲 己 辛 乙
子 酉 巳 亥
시 일 월 년

대운
89 79 69 59 49 39 29 19 9
壬 癸 甲 乙 丙 丁 戊 己 庚
申 酉 戌 亥 子 丑 寅 卯 辰

사례연구 사주 5 예, 사주 구성의 특성은 사주가 오행을 모두 갖춘 균형된 사주이다. 다만 년·월이 천간·지지 모두가 충을 받고 있어 조상과의 인연이 적은 편이고, 또한 초년에 이동이 심한 역마 기질이 있는 사주이다. 巳月 태생의 己 土인데 火의 기운이 亥의 충을 받고 있어 약간 신약身弱한 사주이다.

[사례연구 사주 5 예, 격국과 용신의 분석]

사례연구 사주 5 예의 격국과 용신은 巳月의 己 土이나 己酉日 생이라 인성보다 식신이 강한 신약한 사주로 木 火가 용신인 사주이다. 火는 丙 火보다는 丁 火가 용신이고 木은 정관인 甲 木이 용신이며, 천간에 甲 木이 뚜렷해 정관 운이 좋은 사주로 공직 운이 좋다.

[사례연구 사주 5 예, 사주 통변通辯]

사례연구 사주 5 예는 28세까지는 신통치 않으나 29세 戊 寅 대운부터 寅 木 운이 들어서면서 두각을 나타낸 사주이다. 사주에 酉의 장생과 문창성이 좋아 공부를 잘하는 수재형 사주이다. 위 사주의 운행 중 甲 木 운이 좋아 20대에 법관이 되었으며 39세 丁 丑 대운부터 火운으로 크게 성공하는 사주이다. 특히 49세의 丙 子 대운은 더 좋아 법관의 최고 직위까지 갈 수 있는 운에 도달한 것이다.

사례연구 사주 5 예는 甲 木이 뚜렷하여 甲 己 合이면서 정관 운이라 공직에의 운이 아주 좋은 사주이다. 그러나 甲子 時에서 子는 신약 身弱한 사주 기운인 財의 기신이어서 이로 인한 자식 운이 좋지 못해 자식으로 고통을 받을 우려가 크다. 천간으로는 丁 火나 己 土와 甲 木이 용신이고 지지로는 寅이나 午 火가 좋다. 「卯는 卯 酉 沖으로 나쁘다.」 불행히 자식 덕이 없는 사주이면서 水는 기신이다. 지난 壬午年에 천간에 壬 水라 뜻을 이루기 어려웠으며, 이듬해 癸未年은 癸 水라 더 나빠 구설수에 오를 운이었다.

[사례연구 사주 6 예]

```
庚 壬 庚 丙
戌 子 子 申
시 일 월 년
```

대운
85 75 65 55 45 35 25 15 5
己 戊 丁 丙 乙 甲 癸 壬 辛
酉 申 未 午 巳 辰 卯 寅 丑

사례연구 사주 6 예, 사주 구성의 특성은 庚子月 태생의 壬 水라 金·

水가 많은 비천록마격飛天祿馬格 사주이다. 천간의 年柱에 丙 火가 있어 격이 떨어지는 비천록마격인데 용신운이 좋아 성공했다.

[사례연구 사주 6 예, 격국과 용신의 분석]

사례연구 사주 6 예는 金 水가 강한 비천록마격 사주로 용신은 水이고 金과 木은 희신이다. 즉 金 水 운에서 성공하며 火 土 운이 기신이다. 특히 火 운이 가장 나쁘며 丙 午 대운이나 丙 午 세운이 오면 생명이 위험하다.

초년은 丙 火로 고생을 많이 하였으나 본인의 의지가 강해 30대 甲辰 대운에 크게 성공하였다. 즉 甲 辰 대운에 申·子·辰 水局 삼합을 이루어 용신운이 되면서 천간에 甲 木으로 식신 운이 좋아 공직으로 30대에 크게 성공하였다.

[사례연구 사주 6 예, 사주 통변通辯]

사례연구 사주 6 예는 水가 용신이라 초년은 고생이 심했고 인성이 많아 두 어머니를 모신 사주이다. 그러나 壬 子 일주라 본인의 강인한 정신력으로 공부해 크게 성공하였다.

위 사주의 운행은 35세 甲 辰 대운에서 申·子·辰 水局을 이뤄 용신운을 만나 30대에 00총장이 되었다. 그러나 공직운은 잠깐이고 45세 이후 대운이 巳와 午의 火 운으로 흘러 노후가 안 좋고 수명이 짧아 60이 되기 전에 사망하였다.

결론적으로, 관운이 좋은 사주는 일주가 좀 신강하고身强 관이 용신이 되면서 대운에서 관의 용신운이 들어와야 관으로 성공함을 알 수 있다. 한편으로, 사주원국에서 관이 충·극을 받지 말아야 하며 관이 기신이 되면 공직운이 좋지 않다.

이는 대운에서 관의 용신운이 와야 관에서 성공할 수 있거나, 세운 歲運에서 관의 용신운을 만나야 그해에 고시가 붙든가 장관이 되든가 하는 것이니, 이는 세운에서 들어오는 관운이 좋아야 공직으로 성공할 수 있다.

4. 재산 및 사업운이 좋아 성공하는 운

재산이 증식되거나 사업이 성공하여 큰돈을 버는 것도 역시 財 용
신운이 들어와야만 가능하다. 사주가 강하면 식상이나 재의 용신운이
오든가, 반대로 사주가 약하면 비겁이나 인성운의 용신운이 들어와야
재財가 들어오는 것이다.

돈이 벌리는 것도 역시 자기 용신운이 와야만 성공하는데 인성이
용신인 경우는 인성운에 제조업보다는 서비스업 쪽에서 성공하는 경
우가 많다. 부동산 투자로 큰돈을 버는 것도 용신운이 들어올 때인데
특히 재의 용신운이 좋으면 부동산으로 큰돈을 벌 수 있는 것이다. 사
람의 재도 사주팔자에 타고난 것으로 자기 그릇이 있는 것이다. 대운
이나 세운에서 용신운이 좋아야만 재산을 증식할 수 있다.

사주 구성과 운의 흐름에서 나쁜 기신운일 때, 사업을 확장하면 망
하는 것이고, 용신운을 대운과 세운에서 만나면 큰 부자가 될 수 있
다. 이에 용신운이 재에 좋게 작용해 성공한 경우를 역대 재벌들의 사
주를 갖고 풀어보기로 한다.

[사례연구 사주 1 예]

```
0 戊 戊 庚
亥 申 寅 戌
시 일 월 년
```

대운

78 68 58 48 38 28 18 8

丙 乙 甲 癸 壬 辛 庚 己

戌 酉 申 未 午 巳 辰 卯

사례연구 사주 1 예, 사주 구성의 특성은 寅月의 戊 土이고 寅 申 沖을 갖고 있어 신약해 보이나 年柱의 庚 戌이 寅을 제어하고 있으며 일지가 戊 申이라 土生金, 金生水로 흘러가고 있는 상급 사주임을 알 수 있다.

또한, 時가 亥 水로 水가 강하면서 戊 癸 合 火의 의미가 되어 인성운과 재성운을 동시에 갖고 있어 노후가 부자 사주임이 나타나고 있다. 다만 사주 내 木 火가 빈약해서 운로運路가 신약身弱해졌으며, 따라서 건강 문제가 심각할 수 있으며, 특히 간장과 심장이 약함을 알 수 있다.

[사례연구 사주 1 예, 격국과 용신의 분석]

사례연구 사주 1 예, 격국과 용신은 戊·寅月의 戊 申 일주라 비견급 사주로 장생 월지를 갖고 있으면서 약간 신약한 사주이다. 따라서 火가 용신이다. 대운이나 세운에 巳午年 火局으로 흐르면 아주 좋다.

위 사주는 천간이 모두 자기권, 즉 양권陽圈으로만 구성되어 사주 구성이 아주 좋은 사주이다. 다만 寅의 장생이 土와 金의 극을 받아 힘이 약하다. 대운에서 金 운이 들면 寅 木이 더 약해져 건강, 특히 간에 병이 생길 우려가 있다. 58세 甲 申 대운 간암이 발생한 것도 이런 연유에서였다.

[사례연구 사주 1 예, 사주 통변通辯]

　사례연구 사주 1 예, 우선 사주원국 구성이 아주 좋다. 즉 천간이 양권陽圈에 모두 포함되어 있어서 편안한 사주이다. 또한, 운로運路 중 28세 辛 巳 대운 이후 巳·午·未 火局으로 흘러 30년간 용신운이 들어와 크게 성공하였다. 또한, 사주원국 내 지지에서 寅 申 沖이라 무역으로 큰돈을 벌고 時에 癸 水로 財이면서 戊 癸 合 火의 용신이 되니 큰 사업가로 성공한 것이다. 戊 土가 時에 財를 갖추었으니 돈도 많고 처복도 많으며 두 여자를 거느릴 수 있는 사주이다.

　그러나 59세 甲 申 대운부터 金이 강해 기신으로 작용하여 寅 木이 다치고「寅 申 沖이 강해짐」간암으로 고생할 사주여서 간암 수술을 받고 신체적 정신적 고통을 받는다. 위 사주는 애석하게도 68세 乙 酉 대운은 金이 더 강해져 결국 77세에 간 질환으로 고인이 되었다.

[사례연구 사주 2 예]

　　　丁 庚 丁 乙
　　　丑 申 亥 卯
　　　시 일 월 년

대운

86　76　66　56　46　36　26　16　6

戊　己　庚　辛　壬　癸　甲　乙　丙

寅　卯　辰　巳　午　未　申　酉　戌

　사례연구 사주 2 예, 사주·구성의 특성은 亥月 태생의 庚 申 일주인데 지지가 亥 卯로 木이 강한 사주이다. 즉 재를 깔고 있는 사주이면서 본인이 庚 申 일주여서 재를 얻을 수 있는 사주이다. 또한, 사주 구성이 木·火·土·金·水 오행을 모두 갖춰 부귀영화를 누릴 사주이다.

[사례연구 사주 2 예, 격국과 용신의 분석]

사례연구 사주 2 예, 水 木이 강해 재성격財星格 사주로써 火 土가 용신이다. 특히 木이 강해 木生火 하는 火가 중요한 용신이 된다. 지지가 亥 卯 木이 강해 巳·午·未 火局으로 운이 흘러야 성공할 수 있다. 또한, 사주원국에 재가 많은 큰 사업가 사주이다.

[사례연구 사주 2 예, 사주 통변通辯]

사례연구 사주 2 예, 사주 통변은 36세 癸 未 대운부터 火 土 기운이 들면서 土生金, 金生水, 水生木 하는 기운이 들어 사업가로 성공하게 된다.

특히, 운행運行상 46세 壬 午 대운부터 午 火가 가장 강해 사업이 번창해 대재벌 그룹을 이룰 수 있었다. 그러나 財가 강해서 돈도 많지만, 처 또한 여럿이 되며 천간이 庚 金으로 양권陽圈인데 양쪽의 丁 火가 음권陰圈으로 평생 정신적 고통을 많이 받을 사주이다.

그래서 자식을 많이 두었으나多妻多息 또한 이 자식들로 인해 고통을 많이 받아 생전에 큰아들을 잃게 된 것이다. 본인도 木이 기신인데 76세 己 卯 대운부터 사업이 기울고 건강도 나빠져 86세 寅 기운이 돌아온 해에 수명을 다한 것이다. 그러나 사주가 강하면서 재가 많아 평생을 풍족하게 살다간 사주이다.

결국, 사업운이나 재운도 사주에 財를 갖고 있으면서 「지장간地藏干

포함」용신운이 와야만 큰돈을 벌 수 있는 것이다. 큰돈을 벌기 위해서는 자기 용신Self-Care God운이 언제 오냐를 보고 그 시기를 결정해야만 한다.

[사례연구 사주 3 예]

```
己 辛 己 丙
亥 亥 亥 子
시 일 월 년
```

대운
87 77 67 57 47 37 27 17 7
戊 丁 丙 乙 甲 癸 壬 辛 庚
申 未 午 巳 辰 卯 寅 丑 子

사례연구 사주 3 예, 우선 사주 구성의 특성은 亥 水가 비천록마격 사주이다. 이 사주는 年柱의 丙 火가 있어 약간 격이 떨어지나 辛 金과 합하면 丙 辛 合 水의 의미가 되어 크게 극 하는 것은 아니다. 즉 火生土, 土生金 하면서 金生水하는 水 기운이 많은 비천록마격 사주로 격의 구성이 좋은 사주이다. 오행 중 水의 비천록마격飛天祿馬格은 水가 많을수록 좋으며, 또한 사주의 품격이 높아지는 것이다.

[사례연구 사주 3 예, 격국과 용신의 분석]
사례연구 사주 3 예, 격국과 용신의 분석은 亥月의 辛 金 일주라 비천록마격飛天祿馬格으로 식신 운이 좋은 사주이다. 따라서 용신은 土·

金·水인데 천간의 己 土는 辛 金을 生하여 좋고 亥 水가 많아 비천록마격으로 상급 사주이다. 亥의 지장간 중에 甲 木이 있어 식신 중에 정재를 갖고 있는 부유한 사주이다.

특히, 辛 金 일주를 중심으로 천간·지지 모두 자기권陰圈을 깔고 있어 신수가 편안한 사주이다. 특히 이 사주는 亥 중에 甲 木 구성이 많아서 정재가 많으니 처가 여럿 있을 가능성이 크고 사업도 번창하여 계열회사를 거느린다

이는 위 사주가 木이 재를 구성하고 있기 때문에 木은 학문이라 학원으로 큰돈을 벌 사주이다. 하지만, 巳 火가 극이면서 기신이라서 巳운이 올 때 망할 우려가 있다.

[사례연구 사주 3 예, 사주 통변通辯]

사례연구 사주 3 예, 사주 통변은 56세까지 대운이 金·水·木 운으로 흘러 이때까지 크게 성공한다. 辛 金에 子와 亥가 문학성과 학당에 해당하여 머리도 좋고 공부도 잘하고 학문적으로도 크게 성공해 박사가 될 사주이다.

또한, 식신운이 좋아서 가르치는 직업으로 크게 성공해 학원 사업으로 40대에 이르러면 큰 부를 이룰 부자 사주이다. 특히 亥 중의 甲 木이 들어 정재가 많고, 처를 여럿 둘 사주이고 배다른 자식을 여럿 둘 팔자이다.

특히, 57세 이후 乙 巳 대운부터 火 운으로 기신이 들어오면서 巳 亥 沖으로 사업이 기울고 가정이 이복 자식들로 고통을 크게 받을 형편이다. 또한, 57세 이후는 벌어놓은 돈으로 노후를 보내는데 자식들 때문에 고통을 심하게 받을 것이다.

[사례연구 사주 4 예]

丙 辛 丙 戊
申 卯 辰 辰
시 일 월 년

대운
85 75 65 55 45 35 25 15 5
乙 甲 癸 壬 辛 庚 己 戊 丁
丑 子 亥 戌 酉 申 未 午 巳

사례연구 사주 4 예, 우선 사주 구성의 특성은 辰月의 辛 金 일주로 지지에 卯의 재성을 깔고 있다. 辛 金은 과일 열매 후의 씨앗의 의미를 갖는데, 원래는 酉月(음력 8월) 이후에 씨앗이 만들어지니 辛 金은 봄에 싹을 트기 위해 발아되는 의미도 있어 여름의 씨앗이 되기도 하는 특성이 있다.

따라서 辰月 출생의 辛 金은 여름의 씨앗으로 성품과 행동이 활달한 의미를 갖는다. 즉 辛 金은 陰이지만 여름 씨앗이라 陽의 성질을 갖는다는 의미이다. 따라서 성품이 밝고, 명랑하고, 도량이 있어 그 품이 넓다. 흔히 지지의 辰·辰 자형살은 부모·형제의 덕이 약하다고 볼 수 있다. 하지만 이 사주는 辰 辰으로 정인이 강한 사주라 장남 사주이면서 조상 음덕이 큰 사주로 간명된다.

[사례연구 사주 4 예, 격국과 용신의 분석]

사례연구 사주 4 예, 격국과 용신의 분석은 사주 내 인성이 강한 사주로 정인격이며 식신과 재성이 용신이며 관은 희신이 된다. 또한, 위 사주는 여름에 힘을 쓰고 꽃을 피는 열매라 지장간의 癸 水가 식신의 활동이 왕성하여 재관을 도와주는 형국이다. 이는 지장간의 乙 木의 재성과 천간의 丙 火의 관이 길신으로 용신의 기운이 된다.

丙 火가 강해 54세까지는 직장생활을 하며 55세 壬 戌 대운 이후는 사업을 할 사주이다. 辛 卯 일주라 財를 깔고 있어 돈이 많은 부자 사주이다. 즉 용신은 水와 木으로 중년 이후에 용신 기운이 왕성하여 큰 부자가 될 수 있는 사주로 간명 된다.

[사례연구 사주 4 예, 사주 통변通辯]

사례연구 사주 4 예, 사주 통변通辯은 丙 火가 일간을 상해傷害하여 50대 중반까지는 직장생활을 하며 55세 이후는 사업가로서 성공할 사주이다. 즉 55세 壬 戌 대운부터는 丙 火를 壬 水가 극 하여 직장생활이 어렵고 자기 사업을 하게 되는데 유통업과 부동산으로 재산을 많이 모을 운이다.

특히 65세 이후 癸 亥 대운은 水와 木의 운이라 재산이 기하급수적으로 불어날 운이며 실제로 강남의 빌딩 값이 폭등해 수천 억에 가까운 재산이 증식되었다.

위의 사주는 土가 강해 水가 용신인데, 특히 천간에 癸 水가 좋으며 癸·亥가 최고의 대운이다. 즉 亥의 지장간 중 甲 木이 정재운이어서 부동산 사업으로 큰돈을 벌어들였다. 일간 辛 金이 음권일 때는 壬 水가 필요하지만, 辛 金이 辰月 태생으로 양권陽圈이니 오히려 癸 水 운이 더 좋을 수 있다.

위 사주의 운로는 癸·亥 대운이 최고의 용신운으로 식신과 재산운이 좋아 큰 부자가 될 수 있다. 그러나 水 운도 亥는 좋으나 子는 나쁘다. 즉 子·丑 습이 되어 子 水 운에는 본인이 병이 날 가능성이 크다.

　사례연구 사주 4 예, 사주의 육친관계는 辰월 辛 金의 월과 시에 정관 丙 火가 강해 편관인 丁 火가 개입될 여지가 없다. 따라서 아들이 없는 사주이다. 20대에 결혼해 본처에서 자식이 없어 45세 辛 酉 대운에 가정이 깨질 수 있었으며, 이때 첩을 두었고 첩에게서도 아들이 없어 딸만 두게 되었다.

　사례연구 사주 4 예, 사주 내 時柱는 丙 申 時가 편관 丁 火를 극 하고, 申이 辛 金의 제왕이라 겁재의 성격이 강해 자식들 간의 재산분쟁이 발생할 소지를 갖는다. 위 사주가 두 처를 거느리는 것은 辰·辰의 지장간이 乙·癸·戊인데, 乙 木이 편재를 쌍으로 갖고 있어 두 처를 거느릴 사주이기 때문이다.

　사례연구 사주 4 예, 건강운은 土가 강한 사주라 피부질환으로 고생한다. 또한 水가 약해 신장과 비뇨기 계통이 약하다. 75세 甲 子 대운이 나쁜 운이며 子·卯 刑으로 신장과 비뇨기 계통의 병으로 고생할 수 있으며 또한 피부병으로 고통을 받을 운이라 75세 甲 子 대운을 넘기기가 쉽지 않을 듯하다. 子가 용신이기는 하나 자묘형子·卯刑으로 본인의 질병을 끌어들이니 비뇨기 계통의 병으로 고통을 받거나 피부질환이 생길 수 있는 운이다.
　위 사주의 운로運路 중 75세 甲 子 대운이 나쁜데, 특히 지난 乙酉年에 乙 辛 沖, 卯 酉 沖으로 천간·지지가 모두 극 하여 그 시기에 가장 어려운 일로 고통받은 것으로 추명한다.

5. 주식Stock투자로 성공하는 운運

우선 주식투자 운이란 경제를 바라보는 안목을 전제로 한 사주 운행상 편재의 흐름을 일컫는 말이다. 이는 주식투자로 성공하려면 본인의 부단한 노력으로 증권시장을 보는 안목이 있어야만 성공한다는 의미이다. 따라서 주식투자를 전혀 안 해 본 사람은 운만 믿고 할 수는 없다. 즉 주식투자에 대한 노하우가 있는 경험자가 좋은 용신운이 왔을 때 투자하여야 성공할 수 있다는 의미이다.

증권시장은 거시적으로는 세계의 정치·경제 상황에 좌우되고 미시적으로는 개별 기업의 실적에 따라 등락이 결정되기 때문에 주식투자 이전에 먼저 경제에 대한 안목을 갖추는 것이 운보다 더 중요한 지혜이다. 또한, 국가의 경제 상태가 좋아져야만 주식으로 이득을 볼 수 있는 것이다. 주식투자도 개별적인 재화의 공급과 수요의 흐름이기 때문에 경제를 읽는 전체의 시각이 필요할 것이다. 하지만 경제가 좋아져 주가가 올라간다고 해도 어떤 개별 기업에 대해 투자하느냐에 수익은 천차만별이 될 수 있다.

하지만, 시장경기가 활황일지라도 개인 투자자들의 엄청난 손실로 인하여 가정경제 파탄은 물론, 목숨까지도 버리는 경우가 있다. 즉 종목 선정을 잘못했거나 매매 타이밍을 잘못 선정하면 상승장에서도 손실을 입을 수 있다는 의미이다.

따라서 증권시장에서 성공하려면 개별 기업에 대한 미시적 분석능력이 있어야만 성공할 수 있다. 하지만 주식시장을 분석해 낼 능력이 있어도 자기 운이 나쁜 기신운이 돌어 올 경우에는 투자 손실을 볼 수 있다는 게 중론이다.

주식투자에 다다익선多多益善이라는 말이 있다. 이는 주식에 대한 분석능력도 있으면서 자기 용신운이 들어오는 해에 투자를 결심하고, 나와 음양오행이 맞는 즉, 동기감응同氣感應하는 종목을 선택한다면 큰 손실을 줄일 수 있을 것이다.

1997년 IMF 사태, 2008년 재정 파탄, 2014년 글로벌 위험, 2018년 국제 재정 위험 등 경제 위기 상황에도 주가 폭락으로 인해 손실을 적게 보는 투자자가 있게 마련이고, 2020년 폭등장이라고 해서 투자자 누구나 이득을 본 것은 아니다. 흔히 주식장에서 몇십 배의 엄청난 이득을 얻은 투자자가 많았는데 이는 그해가 자기 용신운과 개인별 동기감응에 맞는 투자종목을 선택한 투자자들이었을 것이다. 이는 곧 주식에 투자하는 것도 자기 용신 해에 투자해야 큰 이득을 볼 수 있다는 결론이다.

운이 좋은 해에는 종목 선정도 자기 운에 잘 맞는 개별 기업이 정해지게 마련이다. 경제 위기 때마다 증권회사 직원들 얘기를 듣고 손실을 크게 본 사람이 있는가 하면, 빨리 시장에서 빠져나와 손실을 적게 입은 사람이 있는데 이도 자기 용신운과 개별 주식간 음양오행의 동기감응에 연관되어 있다.

증권시장에서 기업에 대한 거시적 분석, 미시적 분석, 기술적 분석도 다 중요하지만, 이와 같은 분석에 기초해서 꼭 이득을 보는 것도 아니다. 모든 분석은 과거에 대한 기록이지 미래를 정확히 예측하는 것은 아니기 때문이다.

증권시장은 불확실한 시장이라 예측할 수 없는 돌발사태가 자주 일어난다. 따라서 기술적 분석으로만 성공하는 것은 아니다. 증권시장에서 주식투자로 성공하려면 자기 용신 해에 재財를 가져다주는 종목을 선정해야 한다. 특히 편재와 인성이 도와주는 희신의 기운을 받아야 더 큰 성공을 할 수 있다.

예를 들면, 한글 오행으로 金이 용신인 사람은 ㅅ이나 ㅈ·ㅊ으로 시작되는 기업에 투자하고, 木이 용신인 사람은 ㄱ이나 ㄲ으로 시작되는 기업에 투자하는 것은 재에 대한 운의 기운이 음양오행으로 보완하기 때문이다.

또한, 火가 용신인 사람은 ㄴ, ㄷ, ㄹ로 시작되는 기업에, 土가 용신인 사람은 ㅇ, ㅎ으로 시작되는 기업에, 水가 용신인 사람은 ㅁ, ㅂ, ㅍ으로 시작되는 기업에 투자하는 게 수익을 더 얻을 수 있다. 이는 개별 기업 선정도 중요하지만 더 중요한 것은 투자하려고 하는 해가 용신운이 있는 해인가, 특히 나하고 어떤 용신 관계인가를 판단하여 투자하는 게 손실을 피할 수 있는 방법 중 하나가 될 수 있다.

○ 백락伯樂의 안목[3]

모든 투자가 그렇듯이 기본적인 분석은 매우 중요하다. 아무리 용신운이라도 기본적인 기업의 상태를 분석하지 않고서 투자하는 것은 마치 만세력을 준비하지 않고서 그 사람의 사주를 보는 것과 다를 바가 없을 것이다.

결국, 투자는 심리이고, 운칠기삼의 기회를 엿보는 것이기 때문에 스스로가 운의 기운이 가장 왕성할 때 투자하는 게 여러 가지로 현명한 판단을 내릴 수 있는 통찰력이 생기는 법이다. 그래서 용신운이 온 해에 투자하면 보다 더 큰 수익을 얻을 수 있는 힘이 생긴다. 물론 주

---

3) 『천리마를 고르는 눈』, 백락伯樂이란, 훌륭한 안목을 가진 사람이 있어야 비로서 천리마가 있게 된다.

식투자에 대한 노하우와 자기와 동기감응하는 경우에는 더 큰 이득을 볼 수 있다.

주식투자하는 분들이 습관적으로 매일 매매하는데 기신忌神인 해에는 손실만 보게 된다. 용신운이 왔을 때 성공하는 것이다. 주식투자자들은 자신에게 2021년 辛丑年이 나쁘면 투자 규모를 줄이고 소극적으로 투자해야 하며, 더불어 辛丑年이 아주 좋아 용신운이 되는 투자자는 전력투구해 과감히 투자하면 성공할 수 있다.

즉, 주식투자도 자기 용신운이 온 해에 투자해야만 성공할 수 있다고 확신한다. 필자도 경영학박사이면서 주식투자에 관심이 많은 유경험자이다. 때로는 손실도 이익도 많이 보았는데 항상 검증해보면 내 용신운에는 큰돈을 벌었고 기신운에는 항상 손실을 보았다. 주식 투자자들은 본인의 부단한 노력으로 시장을 보는 안목을 키우면서 자기 사주를 보고 용신운이 온 해에 집중적으로 투자한다면 주식투자로 패가망신하는 일은 없을 것이다.

일부 엉터리 스님이 죽은 자를 위한 천도제를 지내면 증권시장에서 대박이 터졌다고 사기 치는데 현혹되지 말아야 하고 더욱이 부적을 쓰거나 산신제를 지낸다고 이득을 보는 것은 더더욱 아니다. 증권시장에서 이득을 보려면 시장을 보는 안목을 키우면서 개별 기업에 대한 분석과 특히 외국인 매매 동향을 잘 파악해 투자해야 한다.

만약, 2021년 辛丑年이 기신이면 투자를 소극적으로 하거나 투신운 영회사에 간접투자 하는 것이 좋다. 또한, 투자를 용신운이 들어오는 해로 미루는 게 좋다. 만약 2021년 辛丑年이 용신운이 되면 적극적으로 투자하라. 그러면 다른 해보다 더 큰 수익을 낼 수 있다.

결론적으로 주식투자는 본인의 능력에 달려있으나 용신운과 음양오행에 맞는 종목 선택이 성공 확률을 더 높일 수 있다는 것이다. 이

에 용신의 기운이 투자 운에 좋게 작용해 주식투자로 성공한 사주를
연구해 보자.

[사례연구 사주 1 예]

辛 辛 壬 壬
卯 丑 子 辰
시 일 월 년

대운
76 66 56 46 36 26 16 6
甲 乙 丙 丁 戊 己 庚 辛
辰 巳 午 未 申 酉 戌 亥

사례연구 사주 1 예, 우선 사주 구성의 특성은 辛 金에 여자坤命이
다. 위 사주는 壬·子月 생으로 水가 많은 식상격 사주이다. 사주에 식
상이 많으면 반드시 직업을 갖고 살며 밖에서 상냥하고 활동적인 삶
을 살아간다.

이는 식상이 많아 남에게 베푸는 직업을 갖고 있으며, 가르치는 선
생님 직업이 좋은 사주이다. 사주 구성이 음권陰圈으로 구성되어서 안
정되었으나 사주가 차가워 丁 火가 있어야 하는 데 그렇지 못해 애틋
한 남편 복이 있는 사주는 아니다. 그렇다고 남편이 없는 사주는 아니
며 대운이 좋게 흘러 좋은 직업을 갖고 열심히 살 사주이다.

[사례연구 사주 1 예, 격국과 용신의 분석]

사례연구 사주 4 예, 격국과 용신의 분석은 壬·子月 생이 辛 金 일주이어서 상관격 사주이며 용신은 辛 金을 도와주는 土가 용신이다. 土 중에서도 戊 土는 양권陽圈이라 안되고 辛 金이 음권陰圈에 있으니 같은 음권인 己 土만이 용신이고 辛 金은 희신이 된다. 水가 기신이나 때로는 木·水 기운을 빼주는 희신으로 바뀌게 된다. 따라서 용신은 己 土이고 희신은 甲 木과 辛 金이 된다.

[사례연구 사주 1 예, 사주 통변通辯]

사례연구 사주 1 예, 위 일간은 여명의 사주로 상관이 많아 직업 활동이 좋은 사주이며 집보다는 밖에서 대우를 받는 사주이다. 상관이 지나치게 많고 기신으로 작용되어 아들이 없고 딸만 있는 사주이다. 또한, 사주가 차 따뜻한 丁 火가 필요한데 丁 火가 없어 남편의 애틋한 사랑을 받기가 어렵다.

또한, 남편 복은 크지 않으나 본인의 능력이 뛰어나 머리가 좋고 영리하고 명랑해 밖에서 대우받고 집안을 끌고 갈 사주이다. 시주에 卯의 편재를 갖고 있어 노후가 부유한 사주로 식근食根 걱정은 평생 없다. 그러나 신약身弱한 사주로 자식 때문에 고통을 받아 노후까지 힘들게 살 팔자이다.

사례연구 사주 1 예, 주식투자로 성공한 용신운이 己卯年이었는데 己 土가 최고의 용신 해이고 卯는 편재 운이 있는 해였다. 그해 봄 "ㅁ"경제 신문에서 S 기술이 미국에 인터넷 국제 전화회사를 설립한다는 기사를 보고 그해 5월에 그 회사 주식 000주를 주당 0만 0천원에 매입하였다. 본인 스스로가 용신운을 알고, 주식을 매입 후 가격이 올라도 연말까지 참고 기다리니 0000주가 액면 분할되어 2만 주가 되었는데 주당 00만 원 근처까지 상승하였다. 그해 未에 팔아 총 0억

0천 투자해서 몇십 억대에 가까운 거금을 벌게 되었다.

이는 세운의 흐름상 己卯年이 용신운이라 가격이 상승해도 끝까지 버텨 큰돈을 벌 수 있었던 것이다. 그러나 다음 해 庚辰年에 주식투자의 기대를 버리지 못해 계속 투자하다 00억쯤 손실을 보았다. 투자 손실을 본 해는 辰年인데 申·子·辰 水局이 되니 기신이라 손해를 본 것으로 판단된다.

그러나 다시 己卯年에 큰돈을 벌어 평생을 돈 걱정 없이 살 수 있게 된 것이다. 상기 사주에서 己 土가 용신이고, 卯는 편재운이면서 S 기술은 金이니 기술분석, 용신운, 동기감응 등 세 박자가 맞아서 성공할 수 있었던 것이다.

[사례연구 사주 2 예]

```
己 甲 丁 乙
巳 戌 亥 亥
시 일 월 년
```

대운

75	65	55	45	35	25	15	5
己	庚	辛	壬	癸	甲	乙	丙
卯	辰	巳	午	未	申	酉	戌

사례연구 사주 2 예, 우선 사주 구성의 특성은 丁·亥月의 남자乾命 사주이다. 위 사주의 일간은 甲 木으로 식상 운이 매우 좋으나, 관인 金이 없어 직장생활은 못하고 젊어서부터 000중개업을 한 사주이다.

특히, 이 사주는 일간이 약하면서 재가 많아서財多身弱 30대까지는 돈의 고통을 받고 사는 사주이다.

[사례연구 사주 2 예, 격국과 용신의 분석]

사례연구 사주 2 예, 격국과 용신의 분석은 丁·亥月의 甲 木으로 인성격이지만 土가 강해 재다신약財多身弱 사주이며 또한 식상이 강한 사주이다. 따라서 용신은 水이고 희신은 木이다. 甲 木이라 水의 용신은 壬 水이고 희신은 甲 木이다. 또한 지지에 亥와 未가 있어 卯가 들어오면 亥·卯·未 삼합으로 木局이 되어 좋다.

[사례연구 사주 2 예, 사주 통변通辯]

사례연구 사주 2 예, 사주 통변은 丁·亥月의 甲 木으로 우두머리 기질이 있고 사주 구성이 좋아 초년보다는 노후가 좋은 사주이다. 품성이 활달해 대인 관계가 좋아 사업적으로 성공할 수 있는 기질이 내재되어 있다. 時의 己 巳가 좋아 甲 己 合 土로 재財가 있어 늙어서까지 일하면서 노후가 부유한 사주이다. 재가 많아 첩을 둘 가능성이 크며, 군중을 이끌어가는 리더십이 있고 여성들에게 인기가 많은 사주이다. 또한, 말년에 부동산으로 더 큰 재산을 모을 수 있는 사주이다.

이 사주는 정축년이 기신운이다. 이때 경제위기가 닥쳐 부동산 경기가 위축되면서 재산상의 큰 손실을 입었다. 특히 지난 丁丑年은 丑·戌·未 삼형살로 아주 나쁜 기신운으로 그해에 큰 고통을 받았다.

그 후 2년이 지난 己卯年이 오면서 亥·卯·未 木局 삼합이 되어 甲 木의 힘을 받으면서 甲 己 合 土로 재성운이 와서 다시 재기하게 되었다. 그해 己卯年이 용신의 해로 주식으로 성공할 수 있었으며, 몇년 후 주식의 이득금으로 다시 재기하여 지금은 부동산으로 큰 부자가 되었다.

결론적으로, 주식이든 부동산이든 재산 증식에 필요한 힘은 용신운이 들어온 해에 가능한 것이다. 또한, 용신의 해가 정해지면, 편재격(주식·부동산), 인성(부동산 등)과 동기감응을 유심하게 살펴야 한다. 이는 투자에 대한 지혜는 우선 자기 용신 해를 정확히 알아두어야 할 필요가 있다는 말이다.

[사례연구 사주 3 예]

```
丁 丁 癸 癸
未 亥 亥 巳
시 일 월 년
```

대운
78 68 58 48 38 28 18 8
辛 庚 己 戊 丁 丙 乙 甲
未 午 巳 辰 卯 寅 丑 子

사례연구 사주 3 예, 우선 사주 구성의 특징은 여명坤命의 사주인데, 관官이 많은 관살혼잡官殺混雜형 사주로 기구한 사주이다. 관이 많으면서 丁 癸 冲이라 20대에 결혼 후 실패를 경험하고 직업 전선에 뛰어들어 여러 직업을 전전하였다. 다행히 대운이 좋아 그나마 삶을 버틸 수 있는 사주이다.

[사례연구 사주 3 예, 격국과 용신의 분석]

사례연구 사주 3 예, 격국과 용신 분석은 癸·亥月의 丁 火라 편관격 사주이며 용신은 木이다. 木 중에서도 乙 木은 안 되고陰圈 甲 木이 용신陽圈이다. 亥 중에 甲 木이 있어 용신은 있으나 亥가 지나치게 많아 남자 유혹이 심하고 또 잘 넘어가서 남자로 인한 구설수가 끊이질 않는다.

[사례연구 사주 3 예, 사주 통변通辯]

사례연구 사주 3 예, 사주 통변은 癸·亥月의 丁 火라 힘이 약한 신약身弱사주인데, 초년에 己 亥 沖이라 일찍 시집가면 이혼하고 다시 재혼할 사주이다. 水가 많아 유흥업에 종사할 가능성이 크고 유통업에 종사하게 된다. 다행히 대운이 좋아 40대에 돈을 벌어서 자기 용신인 木에 해당하는 직업, 즉 의류 계통에 종사하면 성공할 수 있다. 성격이 착해 남자 유혹에 쉽게 넘어가서 여러 남자를 거친다. 그러나 時柱에 丁·未時가 좋아 늙어서까지 일을 하고 노후는 중년보다 훨씬 좋다.

사례연구 사주 3 예의 용신운을 보면, 우선 위 사주는 구성이 좋은 편이 아니다. 그러나 모든 사주가 그렇듯이 용신 해를 잘 만나면 10년이 좋아진다는 것을 보여주는 좋은 임상 사례이다.

위 명주는 10년 동안 운영하던 사업을 처분한 후 그해 己卯年 용신운 해에 주식에 투자하였다. 위 사주는 亥가 용신인데 亥·卯·未 삼합으로 木局이 되어 관성官星인 亥가 인성인 木으로 바뀌게 되었다.

그해 제3자에게 주식에 대한 정보를 듣고 1억을 과감하게 투자해 연말에 10억의 수익을 얻었다. 이는 남의 돈까지 끌어다가 투자해 대박이 터졌으니 인생이 달라지게 된 것이다.

○ 역전 인생

위 사주의 사례는 사주 구성은 나쁘나 용신운인 卯年을 만나 삼합으로 합국을 이룬 뒤 그 한 해가 평생을 달라지게 한 상담사례이다. 그리고 위 사주는 비록 결혼은 실패했어도 용신운이 재산운과 겹쳐서 오는 행운으로 평생 재물 고통에서 벗어나게 되었다.

결론적으로 주식투자로 인한 성공도 본인의 머리와 능력과 노력도 중요하지만, 용신운이 온 해에 투자해야만 이득이 크게 됨을 할 수 있다. 그래서 운칠기삼은 삶의 지혜이다.

6. 복권福券으로 대박 터지는 사주

로또복권 1등에 당첨되어 인생 역전의 행운을 얻는 사주는 아무리 사주가 좋고 용신의 해가 왔어도 당첨된 확률은 100만분의 1이다. 1등은 한 명이나 많아도 10명 미만이니 요즘처럼 300만 명 이상이 투자해 1등으로 당첨된다는 것은 하늘에서 주는 용의 운을 타고 나야만 가능하다. 아무리 2021년 辛丑年이 용신운라고 해서 다 1등에 당첨될 수 있는 것은 아니다.

그러나 사주 구성상 辛丑年이 용신用神 해인 사람은 기신忌神인 사람보다 당첨 확률이 높아지는 것은 틀림없다. 전례를 살펴보면, 복권당첨으로 행운을 안은 사람은 용신 해에 복권을 사는 날이 용신 일이고, 발표하는 날도 용신 일이 되면 당첨될 확률은 높아진다.

솔직히 말해서 사주만으로 로또복권에 1등으로 당첨될 수 있는 사주인지는 알 수 없다. 다만 사주에 편재가 용신이면서 당첨되는 해가 용신 해이고 사는 날이 용신 일이라면 당첨될 확률은 아주 높아진다는 예견일 뿐이다.

하지만 우리가 믿고 싶은 것은 사주 내에서 편재가 용신이고 2021년 辛丑年이 용신 해인 사람은 로또복권을 2021년 한 해 동안은 매주 살 필요가 있다. 당첨 확률이 아주 높으니 기대하기 바란다.

이때 번호를 조합할 때도 자기와 동기감응同氣感應이 일어날 수 있는 용신 번호를 택하는 것이 당첨 확률이 높아진다. 즉 木이 용신인 사람은 3과 8을 중시하고, 火가 용신인 사람은 2와 7을 중시하고, 土가 용신인 사람은 5와 10을 중시하고, 金이 용신인 사람은 4와 9를 중시하고, 水가 용신인 사람은 1과 6을 중시하고 숫자를 잘 조합한 후 복권 등을 구입하면 당첨 확률을 높일 수 있다.

일반적으로 복권에 당첨되는 사주는 편재가 용신이면서 자기와 맞는 용신 해를 만나야 당첨 확률이 높아진다. 그러나 아무리 사주 구성이 좋고 편재가 용신이고 용신운을 만났다 하더라도 1등에 당첨되는 것은 네 개의 용신운과 하늘을 나는 용의 운을 받아야만 가능한데 이는 하늘만이 아는 일이다.

결론적으로 복권이 당첨될 수 있는 운은 재성이 용신이 되어야 하는 건 확실하지만, 이 네 가지 용신운에 맞추어 복권을 구입하는 것도 힘들지만, 간절한 소원 없이 요행을 바라고 사는 것은 더욱더 용인하지 않는 것이 하늘의 섭리이다. 이에 용신의 기운이 복권 운에 좋게 작용해 복권 구입으로 성공한 사주를 연구해 보자.

[사례연구 사주 1 예]

庚 乙 癸 戊

辰 巳 亥 戌

시 일 월 년

대운

84 74 64 54 44 34 24 14 4

壬 辛 庚 己 戊 丁 丙 乙 甲

申 未 午 巳 辰 卯 寅 丑 子

사례연구 사주 1 예, 우선적으로 사주 구성의 특성은 亥月에 태어난 乙木 일주로, 巳亥 沖, 辰戌 沖이 심해 사주 구성 자체는 좋은 편이 아니고 삶의 굴곡이 심한 사주이다. 그러나 오행을 두루 갖추고 있으면서 대운이 좋게 흐르고 있는 장점이 있는 사주이다.

[사례연구 사주 1 예, 격국과 용신의 분석]

사례연구 사주 1 예, 격국과 용신의 분석은 亥月의 乙 木으로 건록격建祿格 사주라 財·官이 용신이다. 乙 木은 천간에 戊 土와 庚 金을 바라보는 것이 좋은데, 위 사주는 사주에 戊 土와 庚 金을 다 갖고 있다. 따라서 40대 초까지는 직장생활을 하며 44세 戊 辰 대운 이후는 정재운이라 사업을 할 사주이다. 또한, 위 사주는 乙 木이 癸 水, 戊 土, 庚 金이 모두 용신이라는 좋은 특성을 갖고 있다. 이런 사주를 오행 구성이 좋아 중화中和된 사주라고 말한다.

[사례연구 사주 1 예, 사주 통변通辯]

사례연구 사주 1 예, 사주 통변은 사주 운행상 대운이 좋게 흘러 40대까지 순탄히 직장생활을 한다. 위 사주는 아쉽게도 천간에 丙 火가 없어 큰 사업가 사주는 아니나 乙 巳 일주라 식신운이 좋은 사주이다. 아시다시피 식신은 재·관을 앞세운 기운이기 때문에 부지런하여 식근食根을 튼튼하게 하는 길신이다.

위 사주 구성은 사주가 건록격이면서도 약간 신약한 편인데, 대운의 흐름이 癸未年이 되면서 乙 木에 癸 水 편인이 들어와 용신이 되는 해이다. 이는 癸 水로 인해 乙 木의 힘이 강해졌는데 癸未年의 未 土가 乙 木의 편재로 용신 역할을 하여 乙 木이 편재를 얻을 수 있는 것이다.

따라서 癸未年은 횡재할 수 있는 용신운이 들어온 해여서 복권에 당첨되어 힘든 직장생활을 그만두고 사업을 할 수 있는 기틀을 만든 해가 되었다. 사주 구성이 좋지 않아도 용신운을 만나면 발복할 수 있는 것이니 한 해 한 해 오는 용신운이 얼마나 중요한 지를 더 잘 알 수 있는 것이다.

결론적으로 매년 오는 해에서 그해가 용신이 되느냐가 중요한데 그 용신해가 官이면 직장생활 및 공직운이 좋아지며 財면 돈을 벌든가 사업운이 좋아짐을 뜻한다. 용신이 인성운이면 학문적으로 성공하거나 명예가 드높아진다.

따라서 매년 오는 해가 자기 사주상 용신인지 기신인지의 판단이 아주 중요하고, 그 용신이 財인지, 官인지, 식상食傷인지, 인성印星인지를 보고 그 한 해의 진로를 결정해야 한다.

예를들면, 2021년 辛丑年이 기신인 사람은 욕심을 버리고 자기 직분에만 충실하고 선행을 많이 베풀어 주위 사람에 호감을 받도록 노력해야 나쁜 액운을 덜 받게 할 수 있는 것이다. 또한, 명상과 독서를 통해 자기 수양과 인격도야人格陶冶에 매진하면서 실력을 쌓는 한 해를 보내면 반드시 용신의 해가 왔을 때 그 진가를 발휘할 수 있을 것이다.

다시 강조하지만 기신운이 왔는데 이를 피하려고 부적을 쓴다거나 굿을 하거나 천도제를 지낸다든가 사이비 종교에 매달리든가 하는 것은 다 소용없는 일이다. 이 모두 자기 욕심에서 나온 헛된 욕망이다. 오로지 자기 직분에 충실하고 정직하게 살면서 남을 위해 봉사와 선행을 많이 하는 길만이 기신 해의 액운을 줄일 수 있는 것이다.

어느 누구든지 그해가 용신운이 도래하였을 때는 좋은 해이니 내 몸과 정신을 집중해 사업이든 학문이든 어떤 투자든지 매사에 전력투구한다면 그해에 크게 성공할 수 있을 것이다. 따라서 자기 용신 해가 언제인지를 정확히 알아두고 세상을 살아간다면 평생 큰 탈 없이 살아갈 수 있을 것이다. 이 또한 삶의 지혜가 아니겠는가?

제9장

운과 명의 역동자,
성공하는 운運

1. 실패하는 운의 특성

인생에서 실패하는 것은 사주원국이 나쁜 이유도 있지만 근본적으로는 내 사주의 운행이 세운歲運과의 관계가 안 좋아서, 즉 그해가 기신의 해이든지 아니면 내 사주의 여덟 글자 중 한두 자가 충·극을 받아 실패하는 것이다. 사주가 나빠도 매년 오는 세운이 좋으면 그해는 좋다. 하지만 사주 구성이 아무리 좋아도 그해 세운이 기신를 만나면 당연히 실패하게 된다. 따라서 사주상 용신의 오행이 극을 받거나 기신忌神운이 오면 그해에 크게 낭패를 보게 된다는 의미이다.

내 사주에서 기신운이 오는 해에는 욕심을 부리지 말고 가정과 직장에 충실하고 선행을 베풀도록 노력한다면 그 액운은 내 인생을 좌우할 정도로 크게 당하지는 않는다. 그런데 내 사주상 기신운이 왔는데 이를 모르고 허황된 욕심을 부리거나 남과 시비를 하면 내 인생을 좌우할 정도로 나쁜 액운을 만나 실패하는 것이다. 심지어 목숨까지도 잃게 된다는 것을 간과해서는 안된다. 자기 사주상 기신운이 오면 우선 욕심을 버리고 자기 직분에만 최선을 다하고, 용신이 들어오는 해를 기다리면서 실력을 쌓아 두는 것이 중요하다. 그래서 옛 선조들께서는 한 해를 잘 준비한 자는 반드시 5년 후를 걱정하지 않아도 된다고 했다. 즉 두려운 마음을 벗어나기 위한 점을 치지 말라는 훈계이다.

또한, 기신운이 되는 해는 남에게 나쁜 인상을 주지 않도록 노력하고 시비에 연관되지 않도록 하면서 넉넉한 마음으로 남을 대하면 기신의 액운을 줄일 수 있다. 본 저자가 경험해 보았는데 나를 포함하여 실패하는 사람 대부분은 나쁜 기신운을 만났는데도 욕심을 부려 더욱 큰 고통을 받게 되는 안타까움을 경험할 수 밖에 없었던 것이다.

2. 실패하는 사주의 사례연구

[사례연구 1 예, 병으로 고통을 받는 명주]

戊 辛 丙 庚
子 未 戌 子
시 일 월 년

대운
69 59 49 39 29 19 9
癸 壬 辛 庚 己 戊 丁
巳 辰 卯 寅 丑 子 亥

사례연구 1 예, 우선 사주 구성의 특성은 戌月 태생의 辛 未 일주인데 辛 未는 여름에서 가을로 넘어가는 결실의 계절을 뜻한다. 이때 土의 기운이 많아지면 子 水의 기능에 영향을 주어 생식기 계통이 약해지는 경우가 많다.

특히 이 사주는 辛 金이 戌月 태생이라 가을에서 겨울로 가는 보석이므로 음권陰圈으로 구성되어야만 일간이 제대로 기운을 받아 편안하다. 그런데 천간이 전부 戊·丙·庚 양권陽圈으로만 구성되어서 일간의 흐름이 안 좋다. 따라서 이 사주는 고독하고 주변의 도움이 빈약하여 삶이 고통스럽다. 반대로 가을 태생의 辛 金은 壬·甲·丁 등을 음권陰圈의 천간을 가져야 편안하다.

[사례연구 사주 1 예, 격국과 용신의 분석]

사례연구 사주 1 예, 격국과 용신의 분석을 해보면, 戌月 태생의 辛 未 일주는 약간 신강身强한 사주로 인성격印星格 사주이다. 따라서 용 신은 식상食傷인 水와 재인 木과 관인 火가 모두 용신 역할을 한다. 이 때 辛 金이 음권이라 水는 壬 水만이 용신이고 재財는 甲 木이고 관官 은 丁 火만이 용신이 된다.

[사례연구 사주 1 예, 사주 통변通辯]

사례연구 사주 1 예, 이처럼 사주 구성이 안 좋으며 특히 천간이 일 간과 반대인 양권으로만 구성되어 삶이 고통스럽다. 특히 土 氣가 강 해 水가 있어도 역할을 못 해 신장 및 비뇨기 계통이 약하다. 위 사주 의 건강상 특징은 土 氣에 의해 庚 金이 지나치게 강해지면서 辛 金을 불편하게 하여 폐 기능이 나쁜 사주이다. 폐가 나빠지면 성욕性慾이 넘치게 마련이니 색色을 지나치게 밝히는 사주가 된다.

또한, 위 사주는 29세 己 丑 대운이 매우 나쁘다. 즉 丑·戌·未 삼형 살三刑殺을 구성하니 土 氣가 지나치게 강해지면서 성욕이 넘치고 방 광 및 비뇨기는 약해지는데 이로 인해 문란한 성생활을 하게 된다. 그 로 인해 000라는 무서운 병에 걸리게 되었다.

[사례연구 2 예, 병을 얻어 사망하는 운]

癸 甲 乙 乙

酉 戌 酉 酉

시 일 월 년

대운

68 58 48 38 28 18 8

戊 己 庚 辛 壬 癸 甲

寅 卯 辰 巳 午 未 申

사례연구 2 예, 우선 사주 구성의 특성은 酉月의 甲 木 일주인데 水가 전혀 없어 甲 木이 힘을 쓰기가 어려운 사주라 인생이 고통의 연속이다. 특히 천간이 甲 木을 도와주는 음권이 전혀 없으며 오히려 乙 木의 겁재만 있어 형제지간의 의리도 좋지 못하다.

[사례연구 사주 2 예, 격국과 용신의 분석]

사례연구 사주 2 예, 乙·酉月의 甲 木으로 官이 강한 정관격 사주라 水가 용신이다. 壬 水가 용신이며 癸 水는 오히려 양권의 水로 甲 木의 뿌리를 다치게 하여 그리 좋은 것은 아니다. 이 사주는 水가 전혀 없어 甲 木이 약하니 신경계와 간이 근본적으로 약하게 태어났다.

[사례연구 사주 2 예, 사주 통변通辯]

사례연구 사주 2 예, 사주 통변은 乙·酉月의 甲 木으로 관官이 강해 성격이 난폭한 면이 있다. 甲 戌 일주라 의욕이 넘치고 자만심이 큰 사람인데 주변이 나를 도와주지 않으니 사업하면 반드시 큰 고통을 한 번 겪는다. 따라서 사업보다는 직장에 있는 게 좋은데 사업을 해도 소규모 유통업만 가능하다.

사주에 겁재가 강해 부모형제 덕이 없고 본인의 능력으로 헤쳐 나가야 하는데 甲 戌 일주라 처 덕妻德은 있는 편이다. 위의 사주는 甲 木의 힘이 부족하여 신경계 및 간이 너무 약한 것을 알 수 있다. 48세 庚

辰 대운이 아주 나빠 庚 戌 沖하면 庚 金이 강해지고 甲 庚 沖으로 甲 木을 치게 되는데 지난 庚午年 세운에서 庚 金이 더 강해져 甲 木이 부러지고 몸에 병을 얻는 최악의 상태가 되었다.

[사례연구 3 예, 정신질환으로 고통 받는 사주]

丁 甲 戊 辛
卯 戌 戌 酉
시 일 월 년

대운
75 65 55 45 35 25 15 5
丙 乙 甲 癸 壬 辛 庚 己
午 巳 辰 卯 寅 丑 子 亥

이 사주는 여명坤命이다. 사주 구성의 특성은 戌月의 甲 木으로 土가 강한 사주이다. 甲 木이 戊·戌月로 천간의 구성이 안 좋으며 대운 상 초년운이 안 좋은 사주이다. 土가 강하여 재다신약財多神弱 사주로 초년보다는 중년 이후 木 運이 들어올 때 일간의 힘이 왕성해지는 사주이다.

[사례연구 사주 3 예, 격국과 용신의 분석]

사례연구 사주 3 예, 격국과 용신의 분석은 戊·戌月의 甲 木으로 재다신약財多神弱 사주이고, 이에 인성인 水와 비겁인 木이 용신이다. 水는 같은 음권에 있는 壬 水와 비견인 甲 木이 용신이다. 특히 이 사주는 시지에 卯가 겁재이나 같은 음권에 있는 卯 木이라 내 편이 되어 중년 이후 노후는 초년보다 더 좋아진다.

[사례연구 사주 3 예, 사주 통변通辯]

사례연구 사주 3 예, 이 사주는 정통한 재다신약 사주로 초년이 안좋다. 특히 15세 대운 庚 子 대운이 매우 나쁘다. 甲 木이 약한데 甲 庚 沖이니 신경계에 병이 날 사주이다. 15세 庚 子 대운에 있는데 0000년 辛巳年이 되면 金이 더 강해지면서 巳 火가 戌의 기운을 더하니 火生土, 甲 木은 무너진다.

특히, 巳 戌은 귀문관살로 정신질환의 발생 요소가 된다. 따라서 0000년 辛巳年에 정신병으로 고통을 받게 되는 사주이다. 그러나 위 사주는 35세 壬 寅 대운부터 좋아져 이때부터 병이 나아서 정상적인 활동을 하게 된다. 즉 壬 寅 모두가 용신운이라 아주 좋고 결혼을 해도 용신운이 들어오는 35세 이후에 하는 게 좋다.

위 사주는 時가 丁·卯인데 卯는 내 편이라 노후는 편안하고 부유하다. 그러나 천간의 丁 火가 상관인데 신약사주로 時에 상관은 백년해로가 어렵다. 따라서 노후는 부유하나 혼자 살게 될 팔자이다. 결론적으로 甲 木을 받쳐주는 壬 水가 사주에 없어 삶이 고통스럽고 甲 木이 다쳐 정신질환을 앓게 되는 사주이다.

[사례연구 4-1 예, 배우자를 잃어버리는 사주]

壬 壬 癸 戌 〈坤命 1〉
寅 寅 亥 申
시 일 월 년

대운

77 67 57 47 37 27 17 7
乙 丙 丁 戊 己 庚 辛 壬
卯 辰 巳 午 未 申 酉 戌

사례연구 4-1 예, 이 사주는 여명坤命이다. 사주 구성의 특성은 癸亥月의 壬 水인데 비겁이 많아 형제가 많고 寅 申 沖이 강해 부모·형제와 인연이 박하고 일주와 시주가 같은 사주로 두 번 시집을 갈 가능성이 큰 사주이다. 또한, 壬 水는 음권인데 년간과 일간이 양권이라 삶이 불편하고 고통스러운 면이 많은 사주이다.

[사례연구 사주 4-1 예, 격국과 용신의 분석]

사례연구 사주 4-1 예, 격국과 용신의 분석은 癸·亥月의 壬 水로 건록격建祿格이며 신강사주이다. 대부분의 건록격 사주는 관官이 용신이고 재財와 식상이 희신이 된다. 따라서 壬 水 일간이니 己 土인 관官이 용신이고 丁 火인 財와 甲 木인 식신이 희신이다.

특히, 이 사주는 월주가 癸 亥로 己 土와 丁 火를 설기하여 남편 복과 財가 빈약한 사주이다.

[사례연구 사주 4-1 예, 사주 통변通辯]

사례연구 사주 4-1 예, 여명인데 일주와 시주가 동일하여 늦게 두 번 시집갈 사주이며 己 土인 관과 丁 火인 재가 서로 극 하여 남편을 젊어서 상부하게 될 우려가 많은 사주이다. 초년 대운도 안 좋아 부모 형제 덕이 없으며 좋은 집안 태생이 아니다.

위 사주 운행상 27세 庚申 대운에 시집을 가는데 대운이 안 좋아 남편과 이별할 사주이다. 즉 金이 기신이고 寅申 沖인데 0000년 辛巳 年에 寅·申·巳 삼형살을 맞으니 남편이 교통사고로 사망하였다.

한편, 위 사주는 壬寅 일주로 식신을 깔고 있어 평생 일을 하면서 사는 게 좋다. 木이 식신食神운으로 희신喜神이니 가르치는 직업을 갖고 살아가는 게 좋다.

다행스럽게도 이 사주는 37세부터 己未 대운이 좋은 운이라 40세 전후로 재혼운이 오며 재혼을 해도 자기 직업을 갖고 살아가는 편이 좋은 사주이다.

[사례연구 4-2 예, 배우자를 잃어버리는 사주]

　　　丙　癸　壬　辛
　　　辰　酉　辰　丑
　　　시　일　월　년

대운
79　69　59　49　39　29　19　9
庚　己　戊　丁　丙　乙　甲　癸
子　亥　戌　酉　申　未　午　巳

사례연구 4-2 예, 이 사주는 여명坤命이다. 사주 구성의 특성은 辰月의 해 일주인데 土와 金이 강한 약간 신강사주이면서 관살官殺이 심한 사주라 남편이 여럿 있을 사주이다. 이는 지지에 土가 강해 관살혼잡 官殺混雜이면서 木이 없어 식신운이 없는 사주로 간명看命이 된다.

[사례연구 사주 4-2 예, 격국과 용신의 분석]

위 사주의 격국과 용신은 壬辰月의 癸 일주로 土와 金이 강한 신강
사주로 식상인 木과 재財인 火가 용신이다. 辰月의 癸 水이어서 오행이
양권이니, 乙 木인 식신과 丙 火인 정재가 용신이다.

이에 癸 酉 일주에 壬辰月이라 壬 水가 丙 火를 제압하니 재財가 파
괴되고 년간의 辛 金이 乙 申 沖으로 乙 木이 충·극을 받아 식신운도
없는 사주이다. 또한, 지지에 土가 강해 관살이 심하고, 그 관살은 여
러 남자를 상대할 팔자이다. 한편 관살이 좋은 작용을 하면 그 역할이
일간에 도움을 받는 기운으로 바뀌지만 반대로 남자로 인해 큰 망신
을 당할 수도 있다.

[사례연구 사주 4-2 예, 사주 통변通辯]

사례연구 사주 4-2 예, 오행 중 癸 水인 일주가 土와 어울려 관살혼
잡이 심한 사주라 결혼생활이 순탄치 못하다. 39세 丙 申 대운이 매우
나쁘다. 즉 金이 기신인데 辛 金이 들어오니 일지인 酉와 합세해 金局
을 이뤄 남편궁이 흔들린다. 운의 행로 상 59세 戊 戌 대운이 와야 약
간 좋아지는데 이때까지는 삶이 고통스럽다.

그 후 0000년 辛巳年이 되어 巳·酉·丑 金局으로 최악의 기신운을 만
나 남편궁이 흔들려 남편이 사망하였다.

[사례연구 4-3 예, 배우자를 잃어버리는 사주]

丙 庚 丙 丙

戌 申 申 申

시 일 월 년

대운

75 65 55 45 35 25 15 5

戊 己 庚 辛 壬 癸 甲 乙

子 丑 寅 卯 辰 巳 午 未

사례연구 4-3 예, 이 사주는 여명坤命이다. 일간은 申月의 庚 金으로 申이 년지, 월지, 일지에 비견이 강한 사주이면서 천간에 丙 火가 3개나 있는 官이 강한 사주이다. 庚 金은 결실의 계절 金인데 같은 양권인 丙 火가 있는 것이 좋다. 그러나 丙 火가 3개나 되어 태과太過하니 남편이 여럿으로 3번 시집갈 가능성이 큰 사주이다.

[사례연구 사주 4-3 예, 격국과 용신의 분석]

사례연구 사주 4-3 예, 격국과 용신은 丙·申月의 庚 金으로 비견이 강한 신강사주로 식신인 水가 용신이고, 재財인 木이 희신이다. 즉 水는 같은 양권인 癸 水의 乙 木이 용신이다. 사주에 木이 전혀 없어 재財가 빈약한 사주이다. 하지만 대운과 세운에서 용신운이 오면 재·관을 바로 세울 수 있다.

[사례연구 사주 4-3 예, 사주 통변通辯]

사례연구 사주 4-3 예, 이 사주의 통변은 丙 火가 너무 많아 官이 강하니 여러 번 시집간다. 특히 35세 壬 辰 대운이 매우 나쁘다. 즉 음권의 壬 水가 양권의 丙 火을 치니 官이 무너지면서 辰이 기신인 金을 도우니 남편을 잃어버리게 된다.

또한, 양권의 丙 火가 너무 강해 남자 없이는 못 사는 사주라 0000년 壬午年에 午 火의 기운이 강하여 관官 남자와 재혼했다. 하지만 사주원국뿐만 아니라 지장간에도 癸 水와 乙 木이 없어 식신과 재財가 약해 남자가 벌어다 주는 것으로 살아가야 할 팔자이다.

[사례연구 5 예, 관살혼잡官殺混雜인 사주]

```
己 壬 丙 戊
酉 子 辰 戌
시 일 월 년
```

대운
```
72 62 52  42 32 22 12  2
戊 己 庚 辛 壬 癸 甲 乙
申 酉 戌 亥 子 丑 寅 卯
```

사례연구 5 예, 이 사주는 여명坤命이다. 흔히 사주에 관이 너무 많으면 팔자가 드세다고 한다. 반대로 사주에 관이 전혀 없으면 남편의 따뜻한 정을 받기가 어렵다는 뜻이기도 하다. 위 사주처럼 관이 너무 많으면太過 여러 남자를 거쳐 가게 될 가능성이 크고 첫 남편과 이별할 우려가 있다.

위 사주의 구성은 壬 水 일간에 土가 강하니 관살혼잡형 사주이다. 22세 癸 丑 대운에 壬 子 일주라 子 丑 合으로 결혼을 한다. 그런데 32세 壬 子 대운이 나쁘다. 사주에서 자기 일주와 같은 대운이나 세운이 들어오면 그 대운이나 그해는 본인에게 매우 나쁘게 작용한다.

만약 월주와 같은 대운이나 세운이 되면 부모궁이 불편하다고 하며, 시주와 같은 대운이나 세운이 될 때는 자식궁이 불편하다고 한다.

위 사주의 년주를 보면 일간에 작용하는 강도가 미약하다. 그리고 32세 壬 子 대운은 본인의 일주와 같은 대운이라 본인에게 안 좋은 영향을 미친다.

이처럼 나쁜 32세 壬 子 대운에 있으면서 0000년 庚午年에 子 午 沖을 받아 남편궁이 무너져 이혼할 수밖에 없다. 하지만 시주時柱가 己 酉라 노후는 좋아서 결국 늦게 재혼하는 사람과 평생 해로한다. 壬 일주는 己 土가 정관正官이니, 42세 辛 亥 대운에서 만나는 남자와 늦게 해로할 사주이다.

이렇듯 사주에 관이 많으면 여러 번 시집갈 가능성이 크며 또한 辰 戌 沖과 같이 관살이 충·극을 받으면 이혼할 확률이 더 높아진다. 특히 일지를 기준으로 월지와 충·극을 받을 때가 가장 가능성이 크고, 시지 時支와 충·극을 받아도 재혼할 확률이 높아진다. 특히 관을 깔고 있으면서 충·극을 받으면 첫 번째 결혼은 실패할 확률이 매우 높아진다.

[사례연구 6 예, 지지가 합으로 구성되어 있으면서 천간이 합으로 구성된 사주]

戊 癸 丁 己
午 亥 卯 未
시 일 월 년

사례연구 6 예, 사주 구성상 지지에 합이 있으면서 천간도 합으로 구성되면 주위에서 인기는 있으나 줏대가 없고 정조 관념이 희박해 남자에게 잘 이용당하고 남자로 인해 고통을 당할 가능성이 크다. 또한, 이 사주는 미모가 있는 사주로 뭇 남성에게 잘 넘어가 남자에게 이용당할 우려가 있다. 하지만 식신운이 일간을 바치고 있어 늙어서까지 일해 노후 걱정은 없다.

위 사주는 천간에 戊 癸 合을 가지면서 지지가 亥·卯·未 水局 삼합을 이루고 있다. 이는 격국이 亥·卯·未 木局으로 식신운이 있어 평생 일하는 식신격食神格 사주이다. 이 사주의 용신은 庚 金이며, 時의 干支가 무戊와 오午이기 때문에 노후는 좋고 늙어서 일해 경제적 여유가 있다.

그러나 내가 벌어 남편을 돌볼 가능성이 큰 사주이다. 또한 식신격이라 일하면서 뭇 남성의 인기를 받아 남편 몰래 바람을 피울 수 있는 확률이 큰 사주이다.

[사례연구 7 예, 간여지동干與地同이거나 괴강魁罡과 고란孤鸞이 겹치는 경우]

```
庚 壬 丁 戊
戌 戌 巳 戌
시 일 월 년
```

간여지동干與地同이란 천간과 지지가 같은 오행으로 비견급 사주인 경우를 말한다. 특히 천간·지지가 陽으로 구성된 경우, 즉 戊 辰, 庚 申 등 간지가 동기로 구성되어 있어 더욱 작용이 크다.

예를 들면, 여명 사주가 년, 월, 일, 시 모두 陽·陰으로만 구성되면 남자처럼 밖에서 활동해야 하니 가정생활을 등한시하여 남편에게 버림받을 가능성이 커진다. 또한, 사주가 괴강으로 구성되어진 庚 辰, 庚 戌, 壬 辰, 壬 戌 등과 고란孤鸞이 겹쳐 있는 경우는 남편 복이 없고 밤이 외로운 사주가 된다.

특히, 고란孤鸞은 일주가 甲 寅, 丁 巳, 戊 申, 辛 亥에 해당되는데, 괴강과 고란이 일과 월에 붙어 있으면 그 가능성은 매우 커진다.

사례연구 7 예, 곤명坤命 사주인데 壬 戌, 庚 戌이 괴강魁罡이면서 丁 巳月이 고란살孤鸞殺이다. 이렇듯 괴강과 고란이 겹쳐 있으면 남편 복이 없고 밤이 외롭다. 이런 사주는 밖에서 개인적인 전문 분야에 몰두해 직업 안에서 삶의 긍지를 찾아야 한다. 특히 여명 사주의 경우 너무 양으로만 구성되어 있으면 사주 전체의 기운이 강해 남자가 따르지를 못한다.

위 사주의 경우 여자가 자존심이 강하니 남자를 제압하여 남편과의 사이가 좋지 못하고 남편과 별거할 가능성이 매우 커진다. 사주의 천간·지지 모두가 陽으로만 이뤄지면 개인적인 전문 분야에서 두각을 나타낼 수 있으니 자기가 하고 싶은 전문 분야에서 일인자가 되도록 일에서 삶의 보람을 찾으면 노후는 명예롭게 된다. 남편 복은 없어도 남자보다 더한 여자로서 활기찬 삶을 살도록 노력하면 오히려 중년 이후는 부와 명예를 얻을 수 있다.

[사례연구 8 예, 사주 구성이 정란차격井欄叉格인 경우]

庚	庚	戊	庚
辰	申	子	申
시	일	월	년

정란차격이란 사주의 구성이 庚 金을 3개 이상 가지고 있는 명주命柱이다. 정란차격인 사주는 가정보다는 밖에서의 활동이 좋아 남편 및 가정에서의 행복보다는 직업 속에서 삶의 행복을 찾아야 한다.

사례연구 8 예의 경우, 사주가 여명으로 천간에 3개의 庚 金과 지지가 申·子·辰, 水局으로 구성된 전형적인 정란차격 사주이다. 이 사주가 여명이라 집보다는 밖에서 활동을 많이 한다. 남편의 외조를 받으면 대성할 사주이다. 만약 남편의 외조를 받지 못하면 남편과 평생 해로가 어렵다.

[사례연구 9, 사주 구성이 년 · 일 또는 월 · 일의 사주가 동일해도 여자 사주는 과부가 되거나 두 번 시집갈 가능성이 큰 경우]

사주 구성이 년주와 일주가 같으면 좋은 구성이 아니다. 물론 사주 구성과 용신을 보고 판단해야 하나 년주와 일주가 같으면 여명의 경우 두 번 시집갈 가능성이 커진다. 이때 지지가 용신을 깔고 있으면 여명이라 해도 좋은 경우가 있으나, 일반적으로는 첫 번째 남편과는 이별할 가능성이 크다. 또는 남편 몰래 두 집 살림할 가능성이 커진다. 사주 구성상 월주와 일주가 동일해도 같은 의미를 갖는다. 이때도 지지가 용신이 되면 오히려 좋은 경우가 많다.

[사례 9-1 예]	[사례 9-2 예]
丁 庚 戊 庚	丙 庚 庚 辛
亥 子 子 子	子 子 子 丑
시 일 월 년	시 일 월 년

사례연구 9-1 예는 년주와 일주가 동일한 여명 사주인데 사주에 水가 강해 식신운이 강해 두 번 시집가서 평생 자기 일을 하고 사는 사주이다.

또한, 이 사주는 時柱에 丙 火가 있어 종식상격從食傷格이나 정란차격井欄叉格이 되지 못하는 일반 내격內格의 사주이다. 월주와 일주가 같은 庚 子인데 지지에 水가 강해 식신운이 좋다. 그래서 유통업으로 성공한 대단한 여장부 사주이다. 그리고 時에 丙 火가 있어서 庚 金이 강하지만, 한 남자로 만족하지 못하고 남편 몰래 두 집 살림하고 있는 사주이다. 하지만 년, 월, 일의 사주가 동일하다고 반드시 두 번 시집가거나 바람을 피우는 것은 아니다. 만약에 지지가 용신운을 갖고 있다면 오히려 편안한 복락을 누릴 수 있다.

시대에 따라 사주의 해석과 적용하는 방식도 변하는 법이다. 특히 여자의 권리가 강한 요즘은 오히려 사례연구의 사주처럼 독특한 명주들이 시대의 정신에 더 맞을 수가 있다. 특히 과거에는 여명 사주에 식상이 많으면 나쁘고 팔자가 드센 것으로 보았다.

그러나 현대에서는 남녀의 직업상 구분이 없어지고 여자도 남자 못지않은 사회활동을 하는 시대라 여명 사주에 식상이 많다고 팔자가 드세고 혼자 살 팔자로 보면 안 된다. 지금 시대는 오히려 여자 사주에 식상이 많아야 좋은 직업군에서 일할 수 있다.

3. 음양오행에서 오장육부가 주관하는 병과 음식 요법

인간을 비롯한 지구상의 모든 생명체는 목·화·토·금·수 오행의 기운을 가지고 태어난다. 오행은 음양이 나누어진 것으로 지구상의 모든 생물에 깃들어 있는 천지의 생명 기운이다. 그중 만물의 영장인 인간은 오행의 기운을 모두 가지고 있다.

사람의 오장육부 중에서 간·담은 목의 기운, 심·소장은 화의 기운, 비·위는 토의 기운, 폐·대장은 금의 기운, 신·방광은 수의 기운을 대표하는 장부이다. 이 장부들은 각각 독립적인 임무를 수행하고, 각 장기만의 고유한 생기를 발하여 서로 영향을 주고받으면서 조화와 균형을 이루게 되는 데 이것이 자연 생명현상의 근원이다.

첫 장의 출발에서 논하였듯이 인간이 병을 얻는다는 것은 우선, 몸·맘·숨의 균형이 깨지는 상태를 말함이다. 이는 사주에서 기신忌神인 오행으로 오장육부가 나빠지는 경우인데, 이를 회복하기 위해서는 우선 오장육부를 바로 세워야 한다. 이 말은 곧 식약동원食藥同原이라는 조상들의 지혜이면서 식생활의 원천이 된다.

1) 木의 경우

사주 구성에서 木이 약하거나, 木이 충·극 하는 경우, 즉 甲 庚 沖 등 또는 木이 기신인 경우는 머리神經系를 다치거나 간·담에 병이 온다. 木이 약한 사람은 항상 신맛 나는 음식이 좋다. 따라서 사과, 귤, 오렌지, 딸기, 감자, 강낭콩, 보리 등이 몸에 좋다.

이는 사주 운행에서 木 기운이 약한 사람은 평생 신맛 나는 음식을 많이 들면 木의 허한 기운을 보충하여 간과 담을 보호할 수 있다는 의미이다.

2) 火의 경우

화의 대표적인 특징은 빠르고 급하다. 이 급한 성격으로 스트레스를 가장 많이 받는 기운이다. 특히 화 기운은 매운 음식 때문에 마음과 관련된 질병이 많이 걸리며 위염, 변비, 기관지를 해칠 수 있는 특성이 있다.

사주 구성에서 火가 허약하거나, 火가 충·극을 받거나, 火가 기신忌神인 경우는 쓴맛 나는 음식이 좋다. 따라서 은행. 냉이, 쑥, 도라지, 인삼, 토마토, 도토리묵 등이 좋으니 쓴맛 나는 음식을 많이 먹으면 심장과 소장 기능이 좋아진다.

3) 土의 경우

토 기운의 대표적인 특징은 축적하고 쌓아 놓는 것이다. 토는 포용하고 너그러운 안정을 지향하지만, 조용하고 인내심이 강한 탓으로 표현이 소극적이다. 이 소극적인 대항 때문에 소화 기능을 주관하는 비·위를 다칠 수 있다.

사주 구성에서 土가 허약하거나, 土가 충·극을 받거나, 土가 기신인 경우는 단맛 나는 음식이 좋다. 예컨대 호박, 대추, 시금치, 단감, 쇠고기, 꿀 등을 많이 먹으며 위장을 보호할 수 있다.

4) 金의 경우

금 기운의 대표적인 특징은 뿌린 것을 거두는 추수의 시간을 의미한다. 금 기운은 양기와 음기가 교차하는 시기이므로 환절기에 발생하는 오장육부의 조절기능 균형을 중요하게 여겨야 한다. 오장육부의 기능 중에서 호르몬 변화가 가장 극심한 기운이기도 하다.

사주 구성에서 金이 허약하거나, 金이 충·극을 받거나, 金이 기신인 경우는 매운 음식을 먹는 것이 좋다. 즉 마늘, 풋고추, 파, 생강, 배추, 복숭아, 배등 매운맛이나 하얀색 알맹이가 든 음식을 많이 먹으며 폐와 대장 기능이 좋아진다.

5) 水의 경우

수 기운의 대표적인 특징은 물 흐르듯 자연스러움을 의미한다. 수는 소음인을 대표한다. 수 기운은 과묵하면서 내면이 강한 외유내강형 선비형 스타일이다. 특히 수 기운은 북방의 찬 기운이 몸 구석을 침해하기 때문에 정·기·신의 조화로 수승화강水昇火降을 조절하여 물이 찬 아래를 따뜻하게 보호해야 한다.

사주 구성에서 水가 허약하거나, 水가 충·극을 받거나, 水가 지나치게 많아 기신忌神인 경우는 짠 음식을 많이 먹는 게 좋다. 즉 검정콩과 검정깨가 특효약이다. 검정콩과 검정깨를 7:3으로 섞어 평생을 먹으면 신장과 방광 기능이 매우 좋아진다.

결론적으로 『황제내경』에 식약동원食藥同原이라는 말이 있다. 이 말은 사람이 병이 생겼을 때 먹는 '음식에서 약을 찾아내고' 그 음식에 따른 '오장육부의 기능을 보호'하면서 자연치유적Natural-Healing 오운육기五運六氣를 찾으라는 의미이다. 또한, 모든 음식을 골고루 잘 먹는 게 건강상 최고 좋으니 식사를 때맞춰 골고루 먹는 습관이 건강상 최상의 비결이다. 인스턴트 음식의 지나친 섭취는 피하는 게 좋다.

제10장

어떻게 만날 것인가, 궁합宮合 보는 법

1. 궁합의 의미

궁합이라는 것은 혼인할 남녀가 일주의 음양오행을 비교하여 부부궁이 서로 합하느냐 즉 서로 맞느냐를 따져보는 것인데, 궁합을 본다는 것은 기본적으로 두 사람 간에 끌림, 쏠림을 감각적으로 확인할 필요가 있을 때 보는 것이다.

궁합을 알고자 하는 것은 이 같은 두 가지를 다스리고자 하는 것과 같으며 서로 간의 궁합을 헤아려 이해하고 나쁜 부분을 고쳐나가려는 것이 궁합의 본질이다. 그래서 궁합은 가장 빛나는 진주를 찾는 것이 아니라 내게 꼭 맞는 신발을 찾는 것과 같다. 내게 잘 맞지 않는 신발

을 신고 인생을 걸어간다면 얼마나 불편하겠는가?

자연의 법칙은 우연을 통해 필연을 만들어나가는 변화과정의 연속이다. 즉 사람에게 있는 오만가지 인연이 각 개인의 고유한 성질, 외적으로는 시각, 촉각, 미각 등의 오감으로 전해져 받는 교류와 내적으로 느끼는 마음에서 보는 이상향의 타인과의 교류를 서로 이해하고 깨달아가는 과정과 결과물을 우리는 궁합 또는 인연이라고 말할 수 있다.

이는 사람과 동물, 사람과 자연 등의 포괄적인 것들이 인연에 포함되지만, 결국 우리가 말하고자 하는 궁합은 그러한 큰 범주에서 사람과 사람이라는 인연을 말한다. 우리는 왜 궁합을 선호하는가? 이는 개인의 성질에 따라서 만남이 우연으로 끝나는 경우와 필연으로 연결되는 경우가 있을 것이다.

이것은 개인의 특성에 따라 끌림과 쏠림의 기운이 다르기 때문이다. 이는 사람은 인연이 깊어질수록 각 개인의 특성에 머물러 있던 기운의 흐름이 서로 화합하거나 제압하여 변화되어 가기 때문일 것이다. 이는 상호 간 얼마나 좋은 기운을 받고 혹은 조절해 가느냐에 따라 그 인연이 깊어지거나 소홀해질 것이다. 궁합을 보는 것은 이와 같은 기운을 판별하고 발전시켜나가기 위함이다.

2. 궁합의 원리

남녀가 결혼하는 일은 인생에서 가장 중요한 일이다. 따라서 서로 좋다고 무조건 결혼하면 큰 실패를 보아 이혼하는 경우가 허다하다. 따라서 남녀가 만나 결혼할 때는 궁합을 잘 보고 해야 백년해로할 수 있다. 이때 반드시 피해야 할 원칙이 있다.

첫 번째, 궁합 당사자 간 충·극沖 · 剋을 피해야 한다.
예를 들면, 일간이 甲 戌인데 배우자 일간이 庚 辰이라면 천간·지지가 모두 충이라 결혼을 피하는 게 좋다.

두 번째, 배우자 한쪽이 서로 기신忌神인 일주가 되면 안 좋다. 예를 들면, 남자의 기신이 壬 水인데 여자 일주가 壬 子라면 이때도 피하는 게 좋다. 즉 배우자가 서로 기신忌神 일주를 갖고 있을 때도 결혼을 피하는 것이 좋다.

세 번째, 상대방과 천간의 구성이 서로 반대인 경우도 피하는 게 좋다. 예를 들면, 남자는 천간이 양권陽圈인 乙·癸·丙·庚으로 구성되었는데 상대방의 천간이 주로 음권陰圈인 甲·壬·辛·丁·己로 구성되었을 때 음양의 공수供需가 어려워 상호 간 비보裨補가 안 될 수 있다. 이는 음양의 공명共鳴이 서로 교환될 수 있는 즉 같은 권역에서 만나는 게 좋다.

네 번째, 사주원국이 나쁘면 무조건 하면 안 된다. 즉 상대방 사주원국 자체가 나쁘면 피하는 게 좋다. 즉 관살혼잡官殺混雜, 재다신약財多身弱, 식상과다食傷過多 등 피하는 게 좋다.

3. 좋은 궁합이 되는 경우

남녀가 결혼할 때 백년해로할 수 있는 좋은 궁합은 첫 번째, 서로 합이 되면서 합한 오행이 용신이 되는 경우이다. 예를 들어 남자 일주가 甲子인 경우, 여자 일주가 己丑일 때 서로 甲己 合 土가 되면서 子丑 合 土가 된다.

이때 土의 오행이 서로 용신이면 최고로 좋은 궁합이 된다. 그런데 한 쪽만 용신이 되면, 즉 남녀 한쪽에 기준으로 合이 된 오행이 용신이 되면 이때도 궁합이 좋은 쪽으로 보고 판단하면 된다.

두 번째, 상대방이 용신 일주를 가진 경우이다. 예를 들면, 남자 일주가 甲子인데 여자 일주가 丁亥라고 볼 때, 남자에게는 丁 火가 그리고 여자 쪽에서는 甲 木이 용신이면 서로가 맞는 궁합이 된다. 만약 한 쪽만 용신이 되면 남자 쪽에서 보아 丁 火가 용신이면 이때도 서로 맞는 궁합으로 보면 된다.

세 번째, 배우자 간 궁합에서 서로 용신이 같은 경우이다. 궁합 당사자인 남녀가 서로 용신이 같을 경우인데, 예를 들면, 남자도 여자도 용신이 같아서 서로 甲 木이면 궁합을 맞는 쪽으로 해석한다. 단 이때는 서로 일주가 같은 권역에 있느냐와 충·극이 없느냐를 보고 결정해야 한다. 만약 서로 간 충·극이 없다면 결혼해도 좋다.

네 번째, 삼합三合의 한 지지를 상대방이 갖고 있는 경우이다. 예를 들면, 남자 사주에 지지가 申과 子를 갖고 있는데 여자 일주가 辰 일지라면 申·子·辰 삼합 水局이 된다. 이때 申·子·辰 삼합 水局이 남자 사주에서 용신이 되면 최고로 좋은 궁합이 된다. 그러나 水局이 남자 사주에서 기신이 되면 나쁜 것인데 서로 결혼하면 어려워진다. 즉 삼합이 된 경우는 그 삼합이 된 오행이 서로 용신이 되면 좋고 기신이 되면 나쁘다는 뜻이다.

[사례연구 1 예]	[사례연구 2 예]
辛 丁 癸 戊	甲 丁 壬 壬
亥 未 亥 子	戌 卯 寅 辰
시 일 월 년	시 일 월 년

사례연구 1 예의 경우 남자는 水가 많아 木이 용신이다. 특히 지지에 卯가 들어오면 亥·卯·未 삼합 水局이 되어 좋다. 그런데 여자 일주가 丁卯로 卯를 갖고 있고 木이 강한 사주이다. 따라서 남자의 용신을 여자가 일지에 갖고 있으니, 특히 남자 쪽에서는 아주 좋은 궁합이 된다.

이처럼 삼합이 되는 경우는 삼합의 오행이 용신이 될 때만 좋은 궁합이 되지 기신이 되면 오히려 나쁘니 결혼을 피하는 게 좋다.

다섯 번째, 사주원국이 좋은 경우이다. 배우자 상호 간 사주원국이 귀격貴格이면 서로 일주가 충·극만 아니라면 결혼을 하는 게 좋다. 이는 배우자 간 사주원국이 좋아서 부귀영화를 누릴 사주라면 다른 것을 비교하지 말고 결혼하는 게 바람직하다는 의미이다. 세상을 살다 보면 배우자 덕에 잘 되는 경우가 허다하다. 그러니 배우자를 잘 얻는 것 또한 인생을 성공하게 되는 지름길이다.

우리나라 사람들은 사주와 궁합을 얼마나 믿을까? 앞서 이야기한 것처럼 궁합을 본다는 것은 결혼을 생각하는 두 사람의 사주팔자를 대조해 보는 것이다. 궁합에 대한 통계조사를 살펴보면, 우리나라 사람 중에 적어도 30%~40%는 사주팔자나 궁합을 믿고 있다고 한다. 이는 적지 않은 숫자이다.

이미 0000년 MBC-한국응용통계연구소에서 서울거주 20대 1,400명을 대상으로 조사한 내용 중 "궁합이 나쁘면 결혼하지 않겠다"가 34%나 되었으며, 모 여대 재학생을 대상으로 조사한 기록에는 무려 "결혼할 때 궁합을 보겠다"는 사람이 41%로 조사되었다. 이보다 더 충격적인 것은 0000년 모 결혼정보회사 조사에서는 "결혼 전 궁합을 봐야 한다" 남성 41%, 여성 71.6%로 사주 궁합을 믿는 사람의 수가 급격히 증가했다는 점이다.

또한, 0000년 서울의 8개 종합병원에 입원 중인 240명의 환자를 상대로 조사[1]가 있었는데 "사주를 본 경험이 있다"는 남자 환자 57.6%, 여자 환자 68.7% 이며, "사주가 운명에 영향을 미친다" 남자 환자 58.8%, 여자 환자 69.8%로 조사 되었다. 또한, 이들의 사주관은 "사주가 맞는다"가 무려 73%이다.

이는 그들이 건강한 사람들보다 사주팔자를 더 신뢰한 것을 나왔다. 이는 지금 사주명리를 믿지 않는 사람일지라도 삶이 힘들어지고, 몸이 허약해지면 그 역시 사주팔자를 원망하거나 아니면 사주명리에 귀의할 수 있다는 증명이 될 수 있다.

---

1) 정창근, 0000, 『주역을 통한 인체 질병 연구』, 한양대학교 행정대학원 논문 인용

현대 사주명리학의 과제

인간의 운명은 본인의 의사와는 상관없이 태어날 때부터 이미 정해진 것일까? 만약 운명이 정해진 것이라면 우리는 어떻게 대처를 해야 할 것인가? 이보다 더 심각한 것은 내 운명이 좋은 방향으로 태어난 것이면 그나마 다행인데, 나쁜 운명으로 태어났으면 어떻게 해야 할 것인가? 이처럼 양 극단적인 운명을 사주명리학은 어떻게 풀어낼 것인가?

또한, 현대과학은 사주명리를 어떤 형태로 바라보고 있는가? 이에 사주·명리는 과연 인문철학인가 사회과학인가? 그리고 사람의 마음을 치유할 수 있다면 치유·명리·심리 등과 관계설정은 어떻게 해야 할 것인가? 더불어 종교와 새로운 관계 모색 등 많은 궁금증을 어떻게 정리할 것인가에 대한 고민에서부터 이 책은 시작되었다.

사주·명리는 이미 인간의 삶과 가장 밀접한 관계가 형성되어 우리 곁에 성큼 다가오고 있다. 아니 이미 나의 생활과 함께하고 있는지도 모른다. 이를 증명이라도 하듯이 많은 분야에서 사주·명리를 기반으로 인간 심리와 행동을 연구하고 있으며, 또한 정치, 사업 등 사람의 리더십이 필요다고 생각되면 오너는 반드시 그 사람의 인성을 파악하고자 하는 욕망이 사주·명리를 불러 세우고 있는 것이다.

지금의 현실은 동양에서만 중요하게 여겨오던 사주·명리가 서양의 과학이론과 접목하여 새로운 궁합이론으로 탄생하고 있으며, 우주 천문학은 사주팔자와 별의 역학관계가 인간의 삶에 미치는 영향을 연구하고 있다. 또한 양자물리학은 음양 탄생의 비밀이 어떻게 연관되어 있는가를 과학적으로 검증하고 있는 중이다. 또한, 요즘처럼 불확실한 시대를 살아가면서 나와 음양오행이 맞는 사람을 선택하는 것을 일상처럼 받아들이고 있다.

과연 사주·명리는 신비인가? 과학인가? 이는 우리 모두가 가지고 있는 고민일 것이다. 옛날부터 신비라는 표현은 뭔가 호기심은 가지만, 그러나 미신적 또는 전근대적인 의미가 포함되어 있다. 그것은 비이성적이며 그런 의미에서는 비합리적이고 비과학적인 표현으로 일상화되어 있다.

과학合理性과 신비非合理性이라는 이분법적 사고와 그 속에 담긴 이성주의 편향은 언제부터 우리의 삶 속에 깊이 들어와 있을까? 아마도 20세기 초 식민지배의 영향이 서구문화의 유아기적 동경이 접목되면서 인간의 영성과 직관은 과학과 합리주의라는 미명으로 강제되어 버린 것이다.

지금 우리가 지켜내야 할 인간의 행복이 서구적 합리주의에 잠식되어 버리고 그것을 되찾을 시간도 없이 잘 살아야 한다는 자본주의적 신념과 서구적 프로테스탄트가 편협하게 우리의 삶을 양분화시키는 데 혈안이 되고 있다.

지금 돌아보라! 동양의 사유가 서구 과학에 미치는 영향을 -이는 과학과 종교가 결국 인간의 질서와 교양을 제단하고 있으며, 인간을 지배하기 위한 새로운 제도를 만들기 위해서 몸부림치고 있는 현실에서- 가슴 깊이 새겨야 한다.

돌이켜 볼 때, 과학적으로 검증할 수 없는 형이상학적 관념이나 철학적 논증, 그리고 종교적 신비가 우리 인간의 사유와 행동을 구속하면서 시대마다 지배적 이데올로기가 되어 인간의 자유를 억압하여 온 것은 사실이다. 하지만 이 지배적 이데올로기를 벗어난 음양오행, 기氣, 수많은 영성과 자기초월 등 신비적 체험이 실제로 경험되고, 실증되는 사실까지도 자기들의 지배 이데올로기에 맞지 않으면 관심의 대상에서 제외되고 있다는 사실이다.

본서가 주장하고 싶은 것은 사주명리학이 비과학적이고 신비적인 유물이 아니라 우주의 운행과 관련이 있으며, 또한 수천 년 동안 우리의 삶을 지켜 온 경험적 사실들을 설명하기 위한 보편적이고 확률적인 통계의 결과들을 열심히 나열해 본 것이다.

이른바 과학적이고 이론적인 도구들로 그 인과과정을 설명할 수 없고, 인간의 짧은 지혜로 이해될 수 없다고 해서 여실히 증명되고 있는 통계적 사실을 버릴 수는 없다. 다시 말해서 사실 때문에 이론이 있는 것이지 이론을 위해 사실이 존재하는 것은 아니다. 즉 신비적인 현상도 생활 속에서 존재하는 것이며 엄연한 경험적인 현상으로서 나타나는 것인데, 우리가 그것을 도외시한다면 수천 년 동안 인간의 삶 속에 녹아있는 문화의 원형을 저버리는 무지를 저지르게 되는 것이다.

따라서 현대 명리학도 지나친 신비주의에 벗어나고 상상할 수 있는 모든 학문적 가설들을 포용하여 이론적인 설득력을 보완하고, 또한 끊임없는 새로운 사실과 경험들을 바탕으로 과학적인 논증을 통하여 자기비판의 실증적 개방성을 확보해야 한다. 또한, 사주·명리를 바라보는 제 지식인의 사고도 과학적인 도그마에 빠지지 말고 자연의 무

작위적인 인과법칙에 대한 이해와 동시에 사주명리도 인문과학적인 철학적 인식의 대전환이 필요한 시점이다.

홍익인간, 관악의 기운을 품다

치유명리학
-성공하는 운, 실패하는 운

초판 1쇄 인쇄 | 2021년 4월 23일
초판 1쇄 발행 | 2021년 5월 5일

지은이 | 현용수
펴낸이 | 최병윤
펴낸곳 | 행복한마음
출판등록 | 제10-2415호 (2002. 7. 10)

주소 | 서울시 마포구 성산로2길 33, 202호
전화 | (02) 334-9107
팩스 | (02) 334-9108
이메일 | bookmind@naver.com